O julgamento de Flordelis

Paulo Sampaio

O julgamento de Flordelis

A história de
uma família brasileira

todavia

1. A chegada, 7 de novembro de 2022 7
2. O casal 12
3. O primeiro dia 23
4. A defesa 32
5. O Ministério Público e a acusação 45
6. A delegada 48
7. O delegado sucessor 62
8. A testemunha-bomba 69
9. O inspetor de polícia 89
10. O filho que renegou o nome 98
11. O filho que se voltou contra a mãe 114
12. A defesa contra o informante 135
13. A nora 138
14. O ex-filho biológico 164
15. A filha com dilema 188
16. A neta invisível 197
17. A comadre da ré 216
18. A sobrinha 226

19. A filha castigada 228

20. A testemunha que exasperou a juíza 233

21. O médico, o desembargador e o perito 254

22. O psicólogo 273

23. O psiquiatra 286

24. A neta biológica 311

25. A vítima mais valorizada 329

26. A hora dos réus 338

27. Flordelis chora 343

28. A garota encontrada no lixo 358

29. A filha leal 363

30. A filha e o câncer 374

31. Os debates dos doutores 396

32. A sustentação da defesa 429

33. As réplicas da madrugada 449

34. A tréplica e a exaustão 467

Agradecimentos 489

I.
A chegada, 7 de novembro de 2022

Desde muito cedo na manhã daquela segunda-feira, dezenas de setoristas do noticiário de cidades, fotógrafos, cinegrafistas, youtubers e duas equipes de documentaristas aguardavam no portão dos fundos do Fórum de Niterói, na região metropolitana do Rio de Janeiro, a chegada da principal manchete policial do dia. A espera se prolongou até por volta das oito horas, quando um comboio de carros pretos de vidros escuros dobrou ruidosamente a esquina, com luminosos giroflex acionados nas capotas; então, houve um corre-corre alvoroçado para acompanhar o desembarque da pastora evangélica caída em desgraça e deputada federal cassada Flordelis dos Santos de Souza, 61 anos, acusada de ser a mandante do assassinato do próprio marido.

Três anos e cinco meses antes, na madrugada de 16 de junho de 2019, o também pastor Anderson do Carmo de Souza, 42 anos, havia sido morto a tiros na garagem de casa, em Pendotiba, a cerca de oito quilômetros do centro de Niterói, quando chegava de um passeio ao Rio com a mulher. Em um primeiro momento, Flordelis disse à polícia que o marido havia sido vítima de latrocínio (assassinato associado a roubo), versão descartada no mesmo dia com a análise das imagens registradas pelas câmeras do departamento de trânsito da cidade e de um condomínio vizinho. A rápida evolução das investigações logo revelaria que os autores do crime não eram estranhos, mas pessoas que viviam na casa da pastora. Em menos de 48 horas, dois filhos de Flordelis estavam presos; um deles confessou que havia efetuado os disparos que mataram o pastor. Até o fim da semana, ela própria era apontada como mentora intelectual do crime. Presa preventivamente em agosto de 2021, dois dias após ser cassada e perder o foro privilegiado, a ex-deputada agora seria submetida a júri popular.

Para chegar ao Fórum, vinda da cadeia, Flordelis foi acomodada no banco traseiro de uma picape da Secretaria de Estado de Administração Penitenciária (Seap-RJ), e sua identificação pelos jornalistas ficou dificultada pelo fato de o carro estar mimetizado entre os furgões da caravana. Ao entrar de ré no acesso ao estacionamento dos veículos oficiais, o motorista que dirigia a picape acelerava muito, aparentemente para espantar os curiosos que se aglomeravam na calçada da rua Coronel Gomes Machado. "É ela!", gritou uma repórter de TV. "Não é, não! Cadê a peruca!?", reclamou outra. "É ela, sim, EU filmei com o celular!", garantiu a primeira, mostrando a tela do aparelho. "Gente, ela cortou o cabelo curto e pintou", comentou uma terceira.

Dos nove familiares e dois colaboradores que, de acordo com a Polícia Civil e o Ministério Público do Estado do Rio de Janeiro, fizeram parte da associação criminosa que engendrou o assassinato de Anderson do Carmo de Souza, cinco seriam julgados a partir daquela segunda-feira: além de Flordelis, estavam no banco dos réus André "Bigode" Luiz de Oliveira, 44 anos, filho afetivo da pastora que se tornou seu genro; Simone dos Santos Rodrigues, 42, filha biológica, ex-mulher de Bigode; Rayane dos Santos Oliveira, 28, neta (criada por André e Simone, teria sido encontrada em um lixão ainda recém-nascida, segundo testemunhos prestados por Flordelis e Anderson em seus cultos); e Marzy Teixeira da Silva, 39, que se juntara à família quando já estava com 25 anos e, de acordo com vários irmãos e agregados, teria feito qualquer coisa para conquistar o amor improvável da mãe — inclusive participar de uma conspiração para matar o pai.

Os cinco réus foram transportados até o Fórum ao mesmo tempo, mas em veículos diferentes, porque não vinham necessariamente da mesma penitenciária. Os outros seis acusados — contando um casal de colaboradores que não era da família — já haviam sido condenados ou absolvidos em julgamentos anteriores. Em 24 de novembro de 2021, Flávio Rodrigues dos Santos, 41 anos, filho biológico de Flordelis e autor confesso dos disparos que mataram o pastor, fora condenado a 29 anos de cadeia; Lucas Cézar dos Santos de Souza, vinte anos, filho adotivo que auxiliara na compra da arma do crime, a nove anos. No segundo julgamento, realizado em 13 de abril de 2022, os réus tinham sido Adriano "Pequeno" dos Santos Rodrigues, 33 anos, caçula biológico de Flordelis; Carlos Ubiraci Francisco da Silva, 49, filho afetivo; Marcos Siqueira Costa, 49, ex-policial militar, presidiário; e sua mulher, Andrea Maia, 46, que produzia custódias (cestas de alimentos para vender a parentes dos detentos). As penas foram de dois a cinco anos de prisão; Adriano e Ubiraci ganharam liberdade condicional.

O início do julgamento de Flordelis e dos outros quatro acusados estava marcado para as nove horas, e a previsão era de que poderia se estender por alguns dias, talvez pela semana toda. A sessão começou por volta das 10h30, depois do sorteio dos jurados e da apreciação de alguns requerimentos da defesa pela juíza. De acordo com o ordenamento legal, promotores e advogados dos réus podiam recusar jurados que eles considerassem tendenciosos para o lado adversário, ou sobre os quais tivessem conhecimento de algum fato que acarretasse suspeição. Cada parte poderia pedir três dispensas por réu. A acusação dispensou duas mulheres, por acreditar que "talvez elas fossem empáticas com a nova tese de conveniência trazida pela defesa" (que agora acusava a vítima de abusos sexuais); e a defesa rejeitou catorze, "por serem evangélicos, apoiadores do governo, mais velhos e homens". Restaram três mulheres e quatro homens.

Na plateia, esperando a chegada da juíza, dos advogados e dos réus, estavam familiares dos envolvidos, estudantes de direito, curiosos, voyeurs e exibicionistas. Quase sempre nas primeiras filas, sentava-se o produtor musical Allan Soares, 23 anos, noivo de Flordelis, com quem ela iniciara o relacionamento em janeiro de 2021, sete meses antes de ser presa e um ano e meio depois do assassinato de Anderson do Carmo. Soares explicou que seu escritório "terceiriza a agenda" de vários cantores (faz a ponte entre o contratante e o artista), entre os quais Flordelis. "Eu a conheci um ano antes dos fatos", lembrou ele, preferindo usar "fatos" a crime ou assassinato. Também por perto estava um pequeno mas agitado grupo da Ordem dos Advogados do Brasil (OAB-RJ), cujos doutores se apresentavam como "coordenadores de prerrogativas junto aos tribunais". Tinham a função, segundo explicaram, de cuidar para que não houvesse violação de prerrogativas nem cerceamento da defesa. Convocados pelos advogados dos réus, eles foram chamados diversas vezes ao plenário para acudi-los em alegadas arbitrariedades.

Simpática e descontraída, dra. Bianca, da Ordem, trajava uma jaqueta Gucci, óculos Dolce & Gabbana e vestido "normalzinho" (sem grife), muito curto e justo. O sapato, de bico fino, cravejado de *spikes*, era Valentino. De quando em quando, Bianca e a colega Fernanda, que ostentava um imemorial corte assimétrico de cabelo, com franjão na lateral, jeans colados no corpo, saltos muito altos e algumas tatuagens, acariciavam e beijavam a cabeça coberta por uma touca de dona Carmozina Motta, 88 anos, mãe de Flordelis. Com cerca de 1,50 metro de altura, miúda e debilitada, dona Carmozina assistia ao julgamento na companhia de contraparentes. Sua aparência frágil perdeu um pouco do apelo à comiseração quando uma das testemunhas de acusação declarou que ela fazia uso de um taco de beisebol disponível na casa para castigar crianças da família.

Não era preciso ser um fenômeno de perspicácia para enxergar no julgamento de Flordelis e nos dos outros dez acusados o valioso retrato de uma época. O Brasil todo estava ali. Pastora evangélica nascida e criada em uma das favelas mais violentas do Rio de Janeiro, a do Jacarezinho, na Zona Norte da cidade, Flordelis havia alcançado a celebridade como mãe dadivosa de supostos 55 filhos, entre biológicos, adotivos, afetivos e de consideração. Graças à divulgação da história de sua vida, primeiro nos jornais, depois nos programas de variedades da TV, ela atraiu o patrocínio de empresários criados na rica Zona Sul carioca e passou a migrar com a família para casas cada vez maiores e mais confortáveis e em diferentes lugares. Publicou uma autobiografia em 2011 (*Flordelis: A incrível história da mulher que venceu a pobreza e o preconceito para ser mãe de cinquenta filhos*), em que se proclama, a partir de premonições e milagres atribuídos a ela por ela mesma, uma mulher "usada por Deus para salvar crianças e adolescentes abandonados ou perdidos para o tráfico". Apontado como o cérebro por trás de Flordelis, o pastor assassinado era dezesseis anos mais novo que a mulher. Foi ele quem a lançou como cantora no mercado gospel e concebeu uma organização religiosa com o nome dela, o Ministério Flordelis, que chegou a ter sete congregações, trinta pastores e atrair por volta de 3 mil fiéis; articulou ainda com um senador bolsonarista a escalada política da mulher. Em 2018, ela foi eleita deputada federal do Partido Social Democrático (PSD) pelo Rio de Janeiro, com o maior número de votos entre as candidatas do estado: 196 959.

2.
O casal

Em 1990, Flordelis se separou do primeiro marido, o pastor Paulo Rodrigues Xavier, pai de seus três únicos filhos biológicos, com quem havia se casado aos dezoito anos, após um rápido namoro. Os dois se conheceram durante as evangelizações itinerantes da jovem missionária. O casamento durou onze anos. Ela teria deixado Xavier por considerar que ele não dispunha de fibra suficiente para acompanhá-la em seus projetos cristãos — "O gosto em me dedicar ao próximo foi crescendo, a tal ponto que meu casamento começou a enfrentar crises", escreveu em sua autobiografia. Outras versões surgiram para explicar o fim da união, incluindo traições dos dois lados. Separada, Flordelis voltou a morar com a mãe, e ali criou os filhos Simone, Flávio e Adriano. Já viviam na casa seus quatro irmãos — Laudiceia (que na verdade era filha do irmão de Carmozina, cuja mulher morreu no parto), Eliane e Amilton (de um relacionamento anterior de Carmozina) e Fábio.

Francisco, pai de Flordelis e de Fábio, que tocava sanfona em uma banda cristã chamada Angelical, morrera em um acidente de automóvel quando voltava de uma apresentação em Guarulhos, na Grande São Paulo, em 1976. Uma carreta abalroou a Kombi que transportava o grupo, enquanto seus integrantes descarregavam o porta-malas no acostamento, depois de já terem sofrido uma capotagem. Francisco viajava com o filho caçula, que era baterista e sofreu ferimentos leves. Flordelis, então com quinze anos, cantava e tocava guitarra na banda, que tinha sete membros. Não havia embarcado com eles porque teria pressentido a tragédia.

Cheguei a implorar [para que eles ficassem]. [...] Meu pai, ao mesmo tempo que respeitava a minha aflição, não acreditava que aquilo que eu dizia pudesse de fato acontecer. [...] Segundo a minha mãe, ele também ficou receoso, [...] mas não se deixou impressionar. E, como éramos muito ligados, preferiu [...] seguir viagem enquanto eu ainda dormia.

O enterro de Francisco dos Santos reuniu mais de mil pessoas no Cemitério de Inhaúma, na Zona Norte do Rio, de acordo com a autobiografia de Flordelis. Entre o velório, na Assembleia de Deus do Jacarezinho, frequentada então pela família, e o sepultamento, ela ensaiou com fiéis uma música chamada "Multidão", composta pelo irmão acidentado, para cantar durante o cortejo. "[Eu] era líder do grupo de jovens na igreja [que a mãe frequentava desde os seus dois anos] e há alguns anos reunia os fiéis [com idades] entre quinze e 25 anos para evangelizar os passantes na Quinta da Boa Vista [parque na Zona Norte do Rio]." Certa de que Deus havia concedido a ela a "enorme responsabilidade" de representá-Lo na Terra, a missionária continuou cantando nas pregações que fazia na favela e redondezas. Já aí ela atraía um número crescente de seguidores para cultos improvisados na sala de casa, especialmente jovens.

A fama, para além do Jacarezinho, veio quando ela passou a abrigar naquela mesma casa, que tinha sala, dois quartos, cozinha e banheiro, 37 menores de idade — um número que mais tarde oscilaria entre 25 e 55, dependendo do relato e do público ouvinte. A história que Flordelis costumava contar era a de que a maioria dessas crianças e adolescentes batera à sua porta de madrugada, depois de fugir de uma batida policial violenta na praça Onze, vizinha à Central do Brasil, no centro da cidade. Escreveu ela na autobiografia:

> Pedi que tivessem calma e as convidei para entrar. Elas [as crianças] falavam que um grupo de homens, de dentro de um carro, disparou contra elas. [...] Eram muitas crianças, espalhadas por todos os cômodos. Resolvi contar e só parei quando cheguei ao número 37. Não tinha condições de criar todas aquelas pessoas, mas muito menos tinha coragem de expulsá-las, colocá-las de volta na rua e lhes virar as costas. Eram catorze bebês.

Tornada uma espécie de mãe coragem, a jovem evangélica virou notícia ao enfrentar publicamente a Justiça, que cobrava a adoção legal dos menores. Autodeclarada negra, favelada e pobre, Flordelis dizia que estava "impedida de dar amor, sem pedir nada em troca" a jovens que ela adorava como se fossem seus filhos.

Quando Anderson apareceu em sua vida, em 1991, aos catorze anos, ela tinha acabado de completar trinta. Estagiário no Banco do Brasil, em pouco tempo o adolescente migrou da casa em que morava com os pais e duas irmãs, também no Jacarezinho, para a de Flordelis. Dona Edna, mãe de Anderson do Carmo, chegou a bater algumas vezes na porta da pastora, com a intenção de trazer o filho de volta. Mas o ambiente abarrotado de jovens, os louvores, as músicas, toda aquela animação o afastou para sempre da família original. Um pouco antes, outros quatro rapazes, com idades parecidas, também tinham passado a viver ali. Carlos Ubiraci Francisco da Silva, então com dezenove anos, era o mais velho. Liberado havia pouco do serviço militar, ele começara a frequentar a igreja porque, segundo Flordelis, "o vício da cocaína já havia fugido do controle"; André Bigode, de catorze anos, apareceu levado pelo irmão, Nélson, que teve um breve namoro com a pastora.

O terceiro recém-chegado, trazido por André, era Wagner Andrade Pimenta, que à época tinha doze anos. Poucas semanas depois de passar a frequentar a casa, Wagner foi rebatizado. Passou a se chamar Misael. Seu rebatismo seguiu um rito que ele descreveu em diversas ocasiões depois do crime: "Ela me colocou deitado no chão da sala e disse: 'A partir de hoje, o Wagner está morto; você é meu filho espiritual, que veio do Céu, seu nome é Misael. Esquece a sua família biológica, ela morreu, seu pai é Deus, e Ele tem ciúme de você'". Na autobiografia, Flordelis escreveu que Wagner vinha de uma família de criminosos e alimentava planos de ser o "melhor dos traficantes da história do Jacarezinho".

De acordo com o próprio Misael, os relatos de Flordelis eram propositalmente romanceados para provocar comoção nos cultos. Ele afirmou que tinha, sim, dois tios envolvidos com o tráfico, mas que pouco os via. Garantiu que jamais alimentou planos de ser do "movimento", muito menos possuía familiaridade com armas de fogo:

> Os meninos que chegavam já grandes na casa da Flor tinham que ter uma história sofrida para render um bom testemunho. Ela mesma criava os relatos, para atrair fiéis. Meus pais biológicos são cristãos evangélicos, eu tenho uma irmã psicóloga, um irmão empresário e outro gerente de uma fábrica. Nenhum chega nem perto de ser traficante,

lembrou ele, rindo, em uma entrevista concedida para o autor deste livro, em 1º de junho de 2022, em um café de Maricá, cidade onde vive hoje, a sessenta quilômetros do Rio.

Ainda antes dos 37 menores da Central do Brasil, apareceu mais um adolescente. Alexsander Felipe Mattos Mendes tinha quinze anos e, a pedido do próprio, também ganhou outro nome — Luan. A história se repete: o garoto surgiu um dia na casa de Flordelis e, segundo ela, "foi ficando". A família biológica registrou uma denúncia formal no Juizado de Menores. "Falaram que eu tinha feito lavagem cerebral no Luan", ressentiu-se na ocasião a pastora, que, em todo caso, achou melhor convencê-lo a voltar para casa. "Deus sabe com que dor no peito eu tomei essa decisão." De acordo com ela, o menino "fez sua mochilinha e foi embora". Mas não foi para casa: decidiu morar na rua: "[Ele] chegou a me falar que [...] qualquer coisa era melhor do que voltar para o inferno que era a sua vida em família". Quando soube por um vizinho que Luan estava dormindo embaixo de um viaduto, a missionária diz ter enfrentado a mãe dele e a Justiça a fim de trazê-lo de volta.

Enfeitiçados pelos poderes de conversão de Flordelis, aqueles cinco jovens — Carlos Ubiraci, André Bigode, Misael, Luan e o próprio Anderson do Carmo — logo passaram da admiração à devoção. Mas Anderson era um caso à parte. Longe de ser apenas um devoto passivo, ele tinha ideias — e com o incentivo de Flordelis. Naquele tempo, a proatividade dele a estimulava: "Depois do Carnaval de 1992, quando ele começou a assumir o grupo de jovens do Evangelismo da Madrugada, nossa igreja cresceu bastante". A liderança natural de Anderson e seu destacado empreendedorismo o levaram a galgar patamares expressivos na escala de poder da família, até que, em 1998, aos 21 anos, ele registrou sua união com a pastora em um cartório. Ambos concordavam que não ficava bem, para uma mulher evangélica, manter tantas crianças em um lar sem uma figura paterna. Assim, sete anos depois de sua chegada, o filho de consideração, que já havia tido um namoro rápido com Simone, filha mais velha de Flordelis, foi promovido a marido da mãe. Desde então, assenhoreou-se do poder de chefe da família, condição respeitada inclusive pelos irmãos afetivos que eram mais ou menos de sua idade. Mais tarde, e durante muitos anos, até seu assassinato, acreditou-se que Anderson do Carmo era pai de um suposto quarto filho biológico de Flordelis. Daniel dos Santos de Souza, o Danielzinho, 24 anos à época do julgamento, foi registrado pelo casal como filho natural. Ninguém duvidaria disso na comunidade evangélica, incluindo o próprio garoto, que tocava teclado na banda do Ministério Flordelis e, segundo se diz até hoje, "era muito parecido com o Anderson". Ocorreu que, pouco mais de um ano depois do crime, em junho de 2020, a mãe verdadeira do garoto, Janaína Manoel do Nascimento Barbosa, apareceu durante a investigação. Soube-se então que os primeiros filhos afetivos de Flordelis, que evidentemente nunca a viram grávida de Daniel, tinham conhecimento da consanguinidade forjada.

Com cerca de 1,75 metro de altura e compleição física mediana, de acordo com o laudo da necropsia, Anderson do Carmo de Souza era magro e tinha um olhar vivo; o nariz, bojudo, de certa forma harmonizava com os lábios volumosos e os dentes grandes. Sexualmente, de acordo com as testemunhas de defesa de Flordelis — a parte que ficou do lado dela —, o pastor agia de forma abusiva. Filhas e netas relataram que Anderson costumava lhes aplicar "tapas na bunda", "encoxadas" e "beliscões nos seios". Esse alegado mau comportamento propiciou à defesa montar sua tese em cima dos supostos abusos sexuais cometidos por ele. Verificou-se, contudo, que a maior parte dos relatos surgiu muito depois do crime, o que os promotores estranharam; na primeira fase do inquérito, nenhuma das jovens da casa os havia mencionado.

Flordelis, por seu turno, era extremamente vaidosa e abertamente sedutora. Com cerca de 1,60 metro, compunha um tipo mignon que, segundo seus admiradores, "crescia muito quando subia em um palco". "Ela tinha um apelo especial com homens, pelo encantamento. Se você a observasse na igreja, veria que a maioria dos missionários e obreiros que ficavam ao redor dela era do sexo masculino", contou Misael. Apesar da expressiva diferença de idade entre a pastora e o marido, ela não parecia tão mais velha. A voz potente e afinada reforçava a ideia de que seu espírito era muito maior que seu corpo físico. Fora de cena, Flordelis encarnava uma personagem volátil e imprevisível. Tinha desejos imperiosos, prontamente atendidos não só pelo marido, que os acatava com um misto de eficiência e desvelo, mas por todos da casa. Em determinado momento, Anderson baixou uma norma na igreja que estabelecia que, quando a pastora chegasse, todos deveriam ficar de pé. "A gente só sentava depois que ela estivesse sentada. Como se fosse uma deusa mesmo", lembrou Misael. Para dimensionar o poder de "mãe Flor" na casa, ele deu um exemplo: "Se ela estivesse aqui em Maricá, agora, e quisesse comer carambola, eu ia virar a cidade de cabeça para baixo até voltar com uma".

Completamente seduzido pelo produto Flordelis, embevecido por si mesmo como o criador da criatura, Anderson do Carmo pretendia no futuro lançá-la senadora, enquanto ele próprio tentaria a Câmara Federal, e Misael, a Assembleia Legislativa do Rio. Ultimamente, de acordo com testemunhas a favor e contra Flordelis, a agitação do pastor mal o deixava dormir. "Depois de um dia frenético de trabalho, ele recomeçava às onze da noite e entrava pela madrugada, organizando a agenda do dia seguinte", contou, em entrevista para este livro, Hugo Mello, 65 anos, assessor político e colaborador na campanha de Flordelis. "A vida do Anderson passou a se resumir a uma palavra: poder. Ele queria mais."

Entre os personagens próximos ao casal que atribuíam o sucesso de Flordelis a Anderson do Carmo estava o empresário do ramo da construção civil Fábio José da Silva, 48 anos, conhecido nos meios evangélicos fluminenses como pastor Fabão. Com 1,90 metro de altura, barba e cabelos fartos e grisalhos, forte sotaque regional e prosódia de pregador, ele ainda não era pastor quando passou a frequentar, em 2003, os cultos que Anderson e Flordelis promoviam no salão de festas de um condomínio chamado Guanabara, em São Gonçalo, cidade vizinha a Niterói. "Tudo decorria das articulações dele [Anderson]. O cara era inteligentíssimo, um absurdo", lembrou pastor Fabão. Em uma entrevista para este livro, realizada em julho de 2022, o pastor contou que não falava com Flordelis desde o crime. "Ela com certeza se arrependeu muito da bobagem que fez, e já no dia seguinte. Mas aí viu que era tarde, não dava para voltar atrás." A entrevista se realizou no escritório do galpão de 4 mil metros quadrados que antes abrigava a igreja do bairro do Mutondo, a segunda maior do Ministério Flordelis depois da de Laranjal, que Anderson do Carmo não chegou a inaugurar. O galpão agora pertencia à Igreja Pentecostal Templo dos Milagres (IPTM). Além de pregar ali, pastor Fabão se encarregava das obras de novos templos da IPTM e da ampliação e manutenção dos já erigidos. No passado, acumulou passagens pela prefeitura de São Gonçalo, onde chegou a ser secretário municipal de Políticas sobre Álcool e Drogas.

Admirador do dinamismo de Anderson do Carmo, o pastor acreditava que Flordelis devia especialmente a vitória na política ao marido assassinado. Ela já havia tentado se eleger vereadora, em 2004, e fora pré-candidata a prefeita de São Gonçalo pelo Partido do Movimento Democrático Brasileiro (PMDB), em 2016. Quando finalmente venceu, em 2018, foi fundamental o apoio do senador bolsonarista Arolde de Oliveira, que havia sido deputado federal por nove mandatos seguidos e era sócio, com a mulher, Yvelise, da gravadora MK Music, considerada um colosso no mercado gospel. Flordelis integrava o cast de estrelas da MK. A migração da pastora do MDB para o PSD ocorreu com o apadrinhamento de Arolde. "Na época, a gente era obediente a dois personagens: ao Arolde e ao [deputado estadual Edson] Albertassi, que nos direcionavam aos partidos", contou Fabão. Em seu ávido investimento na candidatura da mulher, Anderson do Carmo seguiu à risca a cartilha de Arolde, que recomendava produzir conteúdo massivo na internet. Misael lembrou:

> Ele criou um canal no YouTube para a Flor, e determinou a colaboração de voluntários da igreja. Pegava os quatrocentos obreiros que trabalhavam lá e dizia: "Gente, vocês precisam entrar na rede social da Flor. Comentar, curtir, compartilhar". Com isso, ela chegou a ter 1 milhão de seguidores. Todo lugar que ele ia, pedia ao povo para acessar o canal dela, se inscrever, curtir, compartilhar.

Apesar do consagrado protagonismo do filho que se tornou marido, Flordelis nunca deixou, e nem pretendia deixar de ser a figura central da casa, a mandatária — a grife. Aconteceu que, embora dependesse da mulher para ir adiante em seus ambiciosos projetos, o autoungido pastor já não a consultava sobre a disposição dela para acompanhar o seu ritmo. Estava obcecado. A pastora alegou mais tarde que havia chegado ao seu limite, e que teria alertado o marido a respeito disso, em vão. Segundo ela, qualquer menção à separação era recebida por ele com contrariedade. Nessas ocasiões, Anderson acionava o discurso do dano que isso representaria à imagem de família cristã que eles tinham construído ao longo de tantos anos. Argumentava que já não era possível romper o contrato formal, e irrevogável, de união até que a morte os separasse, estabelecido duas décadas antes. "Seria dar adeus aos fiéis, fãs e eleitores", ele dizia. Nos momentos de maior desgaste, a pastora se queixava aos filhos e os aliciava para que a defendessem; fazia inclusive premonições. De acordo com sua mais remota lembrança, de quando era uma garotinha de cinco anos, Flordelis já produzia revelações e profecias. Seu anúncio mais recente era, justamente, a morte do marido. Segundo Misael, fazia algum tempo que a pastora incluíra em suas previsões um enigmático presságio: "Deus vai levar ele, a hora dele está chegando. Ele está atrapalhando a obra de Deus, no ministério as coisas não acontecem, não fluem, porque ele trava".

Em toda a sua trajetória, sempre que preciso, Flordelis apelava para o ocultismo mágico ou para qualquer recurso ilusionista que servisse como prova de que mantinha conexões diretas com Deus — e várias outras entidades. Aproveitava-se da liberdade que os protestantes dos movimentos pentecostal e neopentecostal oferecem aos pastores para criar sua própria liturgia. Certa vez, em um culto sobre "duas igrejas", ela fez a seguinte analogia com grupos distintos de virgens, "as loucas e as prudentes":

Vamos chamar a louca de Laudiceia, e a prudente de Joel. Aleluia, Aleluia, Aleluia! A igreja louca, de Laudiceia, estava preocupada só em pregar prosperidade financeira, em pregar cura física, em só pregar milagre, milagre, milagre, achando que isso ia atrair multidão, atrair mais dízimo, mais dinheiro; a igreja de Joel, a do arrebatamento [aos berros], ela [a igreja] acredita em prosperidade, mas ela sabe que se tiver uma vida separada, uma vida santificada, uma vida de oração, ela vai ter prosperidade, vai ter milagre, vai ter cura, vai ter libertação [os fiéis se levantam e erguem os braços, alguns chorando; a pastora continua]... ÔÔÔÔ... Ô rabachara, alabadaia, arabacho.

Os termos ininteligíveis, em geral ditos ao final dos louvores gritados, são chamados pelos pentecostais de língua estranha. Para os devotos, representa a manifestação do Espírito Santo. As palavras improvisadas não têm significado específico nem se repetem. De acordo com a crença dos seguidores do pentecostalismo, que teve origem nos Estados Unidos no final do século XIX, o Espírito Santo concedeu aos propagadores da palavra de Deus poderes de cura e glossolalia — aptidão para falar línguas durante um transe.

Independentemente de toda a encenação própria do culto, em Flordelis havia o acréscimo de um carisma excepcional. Sua presença no palco, tanto na igreja quanto nos shows de música, era saudada com arrebatamento. Suas apresentações atraíam multidões, e esse público de crentes migrou para a política; o assessor Hugo Mello classificou a pastora como um fenômeno.

No primeiro dia de campanha, na Central do Brasil, eu fiquei maravilhado de ver o apelo dela com o público, e a disposição de atender todo mundo. Quando nós chegamos lá, já havia umas seiscentas pessoas aguardando a chegada da cantora, mais do que a da candidata. Ela ficou das sete da manhã às sete da noite, tirou mais de setecentas fotos, conversou com todo mundo. Batemos a meta de 100 mil santinhos entregues.

3.
O primeiro dia

O processo de 43 mil páginas, ou mais de quinhentos gigabytes, correu na 3ª Vara Criminal de Niterói, localizada a cerca
de oito quilômetros da casa onde Anderson do Carmo de Souza
foi morto. A sala em que se deu o julgamento tinha por volta de
trezentos metros quadrados e era atravessada de fora a fora, em
sua largura, por uma grade baixa de madeira escura, dotada de
um prosaico portãozinho ao centro, que permitia a circulação
dos doutores; essa estrutura separava o plenário, de cerca de
cem metros quadrados, da plateia, guarnecida com 72 cadeiras
duras, ressentidas, hostis. O acesso a esses assentos era feito
pelas laterais e pelo centro, por meio de degraus baixos e muito
largos, dispostos em ligeiro aclive. Com paredes cobertas por
carpete, o lugar tinha um cheiro acinzentado e um ar burocrá-
tico, e a coloração predominante era o ácaro. Ao fundo, em uma
pequena cabine envidraçada, ficavam os técnicos de audiovisual que, quando o equipamento colaborava, prestavam apoio
ao Ministério Público (promotores) e à defesa na exibição de
conteúdo processual gravado ou digitalizado.

Antes de anunciar o início da sessão, a enérgica juíza, dra.
Nearis dos Santos Carvalho Arce, permitiu que os fotógrafos e
cinegrafistas presentes fizessem imagens de Flordelis e dos outros acusados. Os cinco réus foram acomodados em duas fileiras paralelas de cadeiras, junto à parede da esquerda para quem
olhava para o plenário. A pastora ficou na fileira da frente, ao
lado de André; imediatamente atrás dela estava Simone, que

se encontrava em tratamento contra um melanoma (câncer de pele); à direita de Simone, Rayane e, na sequência, Marzy. A princípio, seriam ouvidas trinta testemunhas, mas o receio de que o julgamento se prolongasse indefinidamente levou a juíza e as partes a fazerem um acordo para reduzir esse número. Passaram a ser 24: treze da acusação, onze da defesa.

A liberação inicial concedida pela dra. Nearis aos fotógrafos e cinegrafistas não foi de grande serventia, já que os advogados de defesa formaram uma espécie de biombo humano em torno dos réus, com o objetivo de impedir que se produzissem imagens deles. Alegaram estar protegendo a dignidade de seus clientes ("para que eles não fiquem expostos como animais"), o que pareceu contraditório a um requerimento anterior para que se promovesse a transmissão integral da sessão de julgamento pelo YouTube. Ao fim do tempo autorizado pela juíza, o biombo se desfez e a audiência pôde examinar à vontade o novo cabelo de Flordelis — e todo o seu resto. Normalmente apresentada como estrela gospel e pastora vibrante, sempre de peruca, maquiagem caprichada e vestidos chamativos, a Flordelis que surgiu por trás dos advogados era a imagem da devastação. Sem pintura no rosto e sem o reforço do Botox, ao qual ela havia recorrido pela última vez pouco antes de ser presa, a pastora agora usava óculos de armação grande e transparente, e tinha os cabelos originais tingidos de um tom de cúrcuma. O figurino seguia o padrão do dos demais réus: jeans escuros, blusa de moletom branca e chinelos estilo Havaianas brancos e meias da mesma cor. Nas redes sociais, foi logo postado um meme com uma foto antiga dela, muito produzida, acompanhada da legenda "Com o dízimo", e outra, no plenário, "Sem o dízimo". Transformada pela dor e o sofrimento, a personagem que Flordelis encarnava agora exibia uma atitude maníaca, com gestos agitados e olhar assustadiço; ocasionalmente, a título de choro, empreendia uma tremedeira com a cabeça. Nos momentos em que as testemunhas de acusação faziam relatos sobre os planos dela e de seus colaboradores para matar o pastor, Flordelis tapava os ouvidos com as mãos e mexia os pés nervosamente, com as pernas cruzadas. Em boa parte do tempo, enrolava-se até a altura do nariz em um pano grosso, bege-claro, arranjado para protegê-la do ar gelado. "Dra. Nearis gosta de trabalhar com o ar [condicionado] no máximo: leva casaco", tinham avisado os assessores de imprensa aos jornalistas credenciados.

Sentadas lado a lado no banco dos réus, Simone e Rayane se mostravam alegres pela oportunidade de rever familiares. Exibindo cabelos negros, com fios longos, lisos e sedosos, elas afastavam as mechas que lhes caíam no rosto, entre um aceno e outro aos parentes e amigos que estavam na plateia. As duas davam tchauzinhos emocionados, sorriam e choravam na direção de dona Carmozina e dos irmãos. Quando viam alguém que não esperavam, abriam bem os olhos e, sem emitir nenhum som, mexiam os lábios no movimento de quem exclama: "Gente, não acredito!". Ambas tinham traços negros e indígenas, sendo Rayane mais rechonchuda. Simone usava óculos de grau, blusa e jeans muito justos, marcando o quadril largo, e se expressava com voz de garotinha. Não tão exuberantes, Marzy e André Bigode mostravam mais apreensão do que folguedo.

Por volta das onze horas, dra. Nearis Arce anunciou o início da sessão. Leu o enunciado formal maquinalmente, como se estivesse falando sozinha.

Bom dia, todos de pé, por favor. Declaro aberta a sessão do [...] processo 0074870-44/2019 que o Ministério Público move em face dos acusados Flordelis dos Santos de Souza, Marzy Teixeira da Silva, Simone dos Santos Rodrigues, André Luiz de Oliveira, [...] Rayane dos Santos Oliveira, e outros corréus, Flávio, Lucas, Adriano, Andrea e Marcos, esses já julgados em plenários anteriores .

Àquela altura, dra. Nearis já havia autorizado a retirada das algemas dos réus e analisado diversos requerimentos que a defesa reiterava a cada novo julgamento do caso. Entre eles: a) que não se lesse a denúncia para as testemunhas antes dos depoimentos delas, para evitar influenciá-las; b) que se rearranjasse a disposição física do plenário, de forma a trazer a acusação — instalada à direita da juíza — para o mesmo plano da defesa, acomodada mais abaixo: argumentava-se que o "privilégio descabido" dado aos promotores, de "permanecer em patamar superior", representava violação ao princípio de "paridade de armas"; c) que se promovesse igualdade de acesso a documentos e perícias do processo: a defesa alegava que havia "um rol extenso de documentos" que não foram submetidos à sua apreciação; e d) que se estendesse o tempo de sustentação,* uma vez que se tratava de "um processo volumoso, com grande material apreendido e diversos réus". Ponderava-se que apenas duas horas e meia era "pouco tempo para o exercício da defesa técnica de forma adequada". A juíza rejeitou todos os requerimentos. Em relação à leitura da denúncia antes dos depoimentos das testemunhas, dra. Nearis considerou que se tratava de um "procedimento padrão adotado há anos, mostrando-se essencial que todas as testemunhas tomem ciência sobre quais fatos serão inquiridas, em busca da verdade real". A respeito da disposição física das partes no plenário, ela afirmou que a questão já havia sido "suscitada e enfrentada no curso do processo", quando foi esclarecido que "a paridade de armas se refere ao tratamento igualitário das partes, e não à conformação física do plenário". Sobre os documentos a respeito dos quais a defesa se queixou de não ter tido acesso, a juíza lembrou que "tal matéria já foi objeto de questionamento nos autos" e que "todas as

---

* Sustentação: parte final do julgamento, quando os advogados apresentam suas alegações e eventualmente refutam ou rechaçam a outra parte.

cópias de todas as mídias foram disponibilizadas a todas as partes a todo tempo, inclusive no cartório, quando não foi possível, por questões técnicas, anexar aos autos". "À medida que a defesa pontuou objetivamente eventuais ausências de laudos, todos os requerimentos possíveis foram atendidos." Quanto ao pedido de extensão do tempo de sustentação em virtude do tamanho do processo e do número excessivo de réus, a magistrada escreveu que "não existe qualquer previsão legal para tal extensão de tempo" e que "hoje estão em julgamento apenas cinco dos onze réus". Tudo foi consignado* em ata.

Dra. Nearis Arce tinha cerca de cinquenta anos, mas aparentava ser mais jovem. Pele do rosto muito lisa e bronzeada, ela ostentava cabelos longos, obedientes e discretamente tonalizados. Magra mas encorpada, 1,74 metro de altura, dava a impressão de ser mais alta do que todos os doutores que a rodeavam naquele ambiente. "É porque eu estou de salto", disse, durante uma pausa na sessão, sorrindo rapidamente, em uma breve concessão à trivialidade. Apesar de se preservar em caso de assuntos prosaicos, eis que, por baixo da toga, a meritíssima revelava uma personalidade exuberante. Foi o que se observou em um dos intervalos do julgamento, quando ela atravessou à paisana o congestionado e lamuriento corredor do 12º andar, no trecho que ia do elevador à porta de acesso à sua sala; na ocasião, usava um vestido de um ombro só, branquíssimo, que contrastava com o tom dourado de sua pele e remetia a uma "grega" de festa à fantasia. Em meio à penúria estética dominante, a passagem da doutora resplandeceu como uma alegoria de dropes gigante de menta. "Essa mulher é um espetáculo", suspirou um cinegrafista.

* Consignado: registrado.

De acordo com a cenografia no plenário, à direita da juíza se sentavam os promotores. À esquerda dela, suas assistentes; desse mesmo lado, próximos à parede perpendicular à da mesa de sua excelência, se acomodavam os sete jurados, cujas identidades não podem ser reveladas; de frente para eles, na extremidade oposta, ficavam os réus, os três advogados de defesa e seus quatro assistentes. No canto, entre os réus e os promotores, instalavam-se o assistente de acusação e sua auxiliar. Os móveis feitos de madeira maciça, pesada e escura, compunham um cenário forjado para infundir austeridade, solidez e cerimônia à eventual glutonaria do Judiciário. Segura do seu direito de mandar em todo mundo, dra. Nearis volta e meia dava a impressão de mergulhar em torpores até compreensíveis, diante das tediosas delongas de alguns depoentes, mas então, de repente, ela despertava meio enfezada e aplicava formidáveis descomposturas nos advogados, nos réus e na audiência. Nessas ocasiões, o esbregue era acompanhado de um gesto de mão que consistia em juntar os dedos e cortar o ar com golpes precisos, semelhantes aos aplicados no caratê. A meritíssima usava vários anéis, inclusive no polegar. "Quem está presidindo o julgamento sou eu!", lembrou ela diversas vezes, sempre que se sentia afrontada por testemunhas ou advogados.

No quesito provocação à juíza, dificilmente alguém terá superado a advogada de Flordelis, dra. Janira Rocha. As duas mulheres trombaram de frente em inúmeras oportunidades, com óbvia desvantagem para dra. Janira. Pelas tantas, em um momento em que a meritíssima se mostrava especialmente colérica, a advogada perguntou, com um toque cínico: "Excelência, a senhora está nervosa?", tendo ela própria, dra. Janira, afirmado antes ao assistente de acusação que estava "com Rivotril na veia".

Dra. Janira e o outro advogado que representou Flordelis no julgamento, dr. Rodrigo Faucz, apresentado também como ilustre professor, fizeram de tudo para desaforar o processo — transferi-lo para outra vara, distante de onde o crime ocorrera —, alegando que o clamor social causado pelo assassinato do marido da pastora famosa poderia "impactar negativamente o Conselho de Sentença [jurados]". Citaram o linchamento digital sofrido por Flordelis, quando, no dia em que foi presa, teve a condução até a viatura da polícia, à saída de casa, filmada e gravada em vídeo e transmitida em escala digital. Dra. Janira Rocha, que estava com Flordelis no momento da prisão, alegou mais tarde que não tinha informação a respeito do acordo de exclusividade envolvendo remuneração que sua cliente havia fechado com a produtora HBO, que filmava uma série documental sobre o caso (*Em Nome da Mãe*). Uma equipe da produtora estava dentro da casa de Flordelis nos momentos que precederam sua detenção pela polícia, e a acompanhou enquanto ela se arrumava para ser levada.

A revelação do acordo foi feita pelo jornalista Mauricio Stycer, depois do julgamento, em dezembro de 2022, um ano e quatro meses após a prisão da pastora-deputada. Em sua coluna no portal UOL, Stycer noticiou que

Flordelis iria ganhar uma "taxa de pesquisa" pelo levantamento de materiais a serem usados na série (fotos, vídeos, imagens das redes sociais, conteúdo do YouTube e gravações musicais). E, posteriormente, seria paga por uma "taxa de licença", autorizando a produtora a fazer uso destes materiais na série. Flordelis se comprometeu a cooperar para a realização do programa, falando tanto da sua vida pública quanto da vida privada, de acordo com os interesses da produtora. A oferta inicial feita pela produtora foi de 46 mil reais pela pesquisa, e um valor entre 90 mil e 100 mil reais por cada um dos quatro episódios. Ou seja, um total entre 406 mil e 446 mil reais. Um segundo contrato detalhou esses valores e a forma de pagamento.

O pedido de desaforamento do processo feito pela defesa argumentava ainda que a juíza "tratou rispidamente" Flordelis, e "proferiu decisão de pronúncia* sem que tivessem sido apresentadas alegações finais", decretando a prisão preventiva da acusada.

Em outro apontamento, classificado como gravíssimo pelos advogados da pastora, eles mencionavam que a juíza havia se reunido com potenciais jurados e, na ocasião, proibido a participação de um representante da defesa, afirmando que isso causaria constrangimento ilegal aos presentes. Por fim, segundo o entendimento da defesa, dra. Nearis havia deixado clara sua parcialidade ao empregar as palavras "bárbaro", "repugnante" e "desprezível" em referência ao crime, "supostamente encomendado" por Flordelis.

Em entrevista para este livro, concedida no dia 7 de junho de 2022, no restaurante de um hotel três estrelas em Icaraí, bairro habitado pela elite de Niterói, dra. Janira Rocha e dr. prof. Rodrigo Faucz reiteraram sua insatisfação em ter dra. Nearis presidindo o julgamento: "A gente queria que fosse outro [juiz]. Nossa vontade é que fosse qualquer um, menos ela", disse Faucz.

Ao indeferir o pedido da defesa, o desembargador Celso Ferreira Filho, do Tribunal de Justiça do Estado do Rio de Janeiro, lembrou que o desaforamento "constitui medida excepcional, quando houver interesse de ordem pública ou dúvida fundada sobre a imparcialidade do júri ou a segurança pessoal do acusado". Escreveu Ferreira Filho: "A magistrada rotineiramente toma medidas necessárias para a garantia da ordem pública e a incolumidade física dos depoentes", e reforça a

---

* Decisão de pronúncia: quando o juiz determina que existem elementos suficientes para garantir a materialidade — que houve crime — e indícios consideráveis de autoria; então, encaminha o acusado para o temido júri popular.

segurança "facilitada pela proximidade do Fórum de Niterói do 12º Batalhão de Polícia Militar".

Dra. Nearis proibiu repórteres e cinegrafistas de filmar e até mesmo gravar os longos depoimentos das testemunhas, assim como as argumentações e contra-argumentações dos advogados. Para tomar conta da audiência, foi convocado um pequeno destacamento de PMs que circulava pelos acessos à plateia, com o intuito de flagrar eventuais desobedientes. Um dos mais eficientes fuçadores de mochilas alheias era o segundo-sargento Leandro Crisóstomo, cerca de 1,60 metro de altura, fisionomia grave e atitude vigilante. Ele caminhava com as mãos apoiadas na parte frontal do cinturão da farda, pouco acima da região pubiana, como se o apêndice genital fizesse parte da munição intimidatória. Apesar do aparato operacional, nem Crisóstomo nem nenhum de seus colegas conseguiram impedir que se produzissem áudios e vídeos no local, e que esse material fosse amplamente divulgado no YouTube. Imagens dos depoimentos gravadas dentro do próprio plenário, para serem arquivadas no processo, surgiram no último capítulo do documentário que a plataforma digital de streaming Globoplay produziu sobre o caso (*Flordelis: Questiona ou Adora*), cujo título faz referência ao nome de uma canção do repertório da pastora.

4.
A defesa

Marcado a princípio para o dia 9 de maio de 2022, o julgamento foi adiado para 6 de junho do mesmo ano, e então dra. Janira e dr. prof. Faucz, sob a alegação de que não haviam tido acesso a documentos do processo, requisitaram uma nova transferência de data. Os dois assumiram esse pedido de adiamento, mas não o anterior. Distanciar o julgamento da data do crime costuma ser uma estratégia que a defesa adota, acreditando que as chances de absolvição aumentam quando diminui a influência do clamor social sobre o júri.

Ela [a juíza] nos usou [no adiamento de 9 de maio para o dia 6 de junho], dizendo que a gente não conseguiu trazer para a defesa a documentação solicitada, sendo que nós havíamos requisitado as coisas [documentos]. Tivemos uma reunião com ela na quinta, 2 de junho, pedimos adiamento para julho. [Era] para que eles organizassem uma força-tarefa, entregassem para a gente as coisas, e marcassem em julho. Ela [a juíza] falou: "Julho são minhas férias". Nós dissemos: "Então, agosto". Ela: "A minha pauta está para março". Nós: "Então faça como quiser".

Dra. Nearis teria então marcado o julgamento para o dia 12 de dezembro. Porém, como a ocasião coincidia com a realização da Copa do Mundo — e a prioridade dos doutores, segundo inconfidências de alguns funcionários no prédio do Fórum, era assistir aos jogos —, foi antecipado para 7 de novembro.

Dra. Janira e dr. prof. Faucz chamaram para reforçar o time já bastante populoso da defesa o advogado Jonatan Ramos de Oliveira, que, coincidentemente, estava impedido de atuar em julgamentos presididos por dra. Nearis. Em uma sessão realizada em 2019, a juíza tinha indeferido duas perguntas de Oliveira a uma testemunha, e o advogado deixara o plenário esbravejando "palavras de baixo calão". De acordo com a própria dra. Nearis, a inclusão de dr. Oliveira no processo, feita em agosto de 2022, passou despercebida por ela. Dra. Janira e dr. prof. Faucz insistiram em mantê-lo em sua equipe, e isso tumultuou o início do julgamento. Por pouco não foi necessário adiá-lo — o que, tudo indicava, era precisamente a intenção da defesa ao chamar Oliveira.

Na aparência, dra. Janira Rocha era o contraponto mais distante da figura de dra. Nearis Arce. Com 1,62 metro de altura, ex-obesa, ela contou que pesava mais de cem quilos antes de se submeter a uma cirurgia de redução do estômago. Aos sessenta anos, mantinha os cabelos grisalhos em um corte joãozinho, bem curto, e não apelava a nenhum recurso cosmético para suavizar o eventual abatimento na fisionomia. Com histórico de abuso sexual, vítima de um tio e um avô, relatou, na entrevista concedida no hotel de Icaraí, que ainda muito jovem havia se tornado militante feminista e pelos direitos humanos. "Eu ajudei a construir a reação democrática no país [depois da ditadura militar]. Participei da fundação do Partido dos Trabalhadores (PT), e, mais tarde, da formação do PSOL [Partido Socialismo e Liberdade]."

Ao chegar ao Fórum, Janira carregava o livro *Abuso: A cultura do estupro no Brasil*, da jornalista Ana Paula Araújo, no qual havia feito várias marcações. Embora reiterasse ao longo do julgamento a tese de que o comportamento abusivo do pastor teria concorrido para seu próprio assassinato, a advogada não atribuía a autoria intelectual do crime a nenhum dos réus que ela defendia. Parecia desarrazoado. Ou a defesa responsabilizava alguém pela suposta desforra, e aí seria preciso definir um réu para chamar de assassino, ou estaria assumindo um caso raro de autoassassinato, ou suicídio terceirizado.

Janira e Flordelis se conheceram bem antes do assassinato de Anderson do Carmo, em um evento na favela Chapéu-Mangueira, na Zona Sul do Rio. "A Flor estava lá. Ela, o Anderson e a Simone. Fomos apresentadas formalmente, mas ela nunca esteve no meu radar. Eu sabia dela por matérias de jornais", recordou a advogada. Um tempo depois, em um congresso de criminalistas em Goiás, o nome de Flordelis chegou ao seu ouvido mais uma vez, agora como a mulher acusada de ser a mandante do assassinato do marido: "Já em casa, entrei na internet para pesquisar a respeito". Segundo contou, quanto mais lia sobre as acusações feitas a Flordelis, mais empatia sentia. "Comecei a me identificar com aquele sofrimento, aquela pressão a que ela estava sendo submetida."

A identificação a que Janira se referia estava ligada aos dissabores que ela enfrentara em seu mandato como deputada estadual (2011-4) pelo PSOL do Rio. Na ocasião, dois ex-assessores a acusaram de promover "rachadinha", ou "cotização", como ficou conhecido o repasse de parte do salário de auxiliares a parlamentares. Servidora pública aposentada da Previdência Social e, até 2010, diretora financeira do sindicato da categoria (Sindsprev), ela também teria, de acordo com a dupla de acusadores, usado dinheiro da entidade em sua campanha. Em entrevista concedida ao *g1* em 2013, muito antes da aproximação com Flordelis, Janira fez uma analogia entre a colaboração da militância com o partido e a dos cristãos evangélicos com os pastores.

Se você faz parte de uma igreja, você vai pagar dízimo. Se você é de um movimento, você também vai pagar uma contribuição. Só que no movimento é diferente, ninguém vai te obrigar. No MTL [Movimento Terra, Trabalho e Liberdade], que é o movimento social a que algumas dessas pessoas pertenciam junto comigo, nós pagávamos a contribuição eventualmente. Eu, por exemplo, pago todo mês.

A corregedoria da Assembleia Legislativa do Estado do Rio de Janeiro (Alerj) abriu sindicância para apurar o uso de dinheiro do Sindsprev na campanha de Janira Rocha, supostamente em um esquema de caixa dois. Sob a alegação de erros regimentais, os advogados dela entraram com um recurso junto à Comissão de Constituição e Justiça (CCJ), travando assim o processo até o final da legislatura. Janira concorreu a um novo mandato, mas não se reelegeu. Em 2016, o Ministério Público estadual moveu uma ação contra a ex-deputada e sua então chefe de gabinete, Christiane Gerardo Neves, acusada de ser a responsável por "recolher os valores indevidamente exigidos". Janira, que foi candidata do PSOL pelo MTL, afirmou que seu mandato era "coletivo", que tudo era decidido em reuniões e que o critério da cotização seguia o mesmo desde a fundação do movimento, em 2002. Acontecia que, pela lei, isso era crime. Condenada a três anos e quatro meses de prisão, Janira não teve de cumprir a pena porque o tempo decorrido entre o recebimento da denúncia, em 13 de outubro de 2016, e a promulgação da sentença, em 21 de setembro de 2021, excedeu quatro anos, e o Ministério Público não recorreu. Assim, a ação prescreveu e foi extinta.

O presidente nacional do PSOL à época, Luiz Araújo, isentou Janira de qualquer prática ilícita. Mas a ex-deputada acabou deixando a legenda. "Outras divergências acumuladas entre ela e o partido a levaram a deixar o PSOL. Não acompanhei a vida dela nem as investigações após a saída", disse Araújo, por telefone, ao autor deste livro.

***

"Eu já levei tanta pancada da vida que pancada [agora] me relaxa", disse dra. Janira à juíza Nearis Arce, em uma conversa informal, no plenário. O apelo da advogada às próprias mazelas surgia como um cacoete, nas mais diferentes situações. Em um intervalo no depoimento de Misael, ela ajeitou a echarpe enrolada no pescoço e se dirigiu à meritíssima em tom suplicante:

Excelência, é uma questão de ordem,* é um requerimento, é um clamor! A senhora é juíza, magistrada, o MP [Ministério Público], nós aqui, da defesa, somos todos trabalhadores, nós estamos aqui trabalhando. Todo trabalhador precisa de condição de trabalho. Eu queria pedir encarecidamente a vossa excelência que pedisse para diminuir o ar-refrigerado. Eu tô passando mal.

Dra. Nearis: "Doutora, isso não é uma questão de ordem! A senhora poderia ter falado comigo aqui?".
Dra. Janira: "Eu já falei, eu já tinha falado com a senhora... desculpa, eu sinceramente...".
Juíza: "Tá bom, tá consignado aqui".
Dra. Janira: "É, mas o ar...".

---

* Questão de ordem: expressão formal do jargão jurídico usada pelas partes (acusação ou defesa), sempre que consideram que a sessão não corre de acordo com as normas de procedimento do direito, ou que houve violação ou ilegalidade na argumentação da outra parte. Se, por exemplo, a defesa quer reivindicar a nulidade do julgamento durante a sessão, deve fazê-lo de imediato. Se deixar para depois, não poderá recorrer da questão porque haverá a "preclusão" (perda de prazo). A expressão "Questão de ordem!" não deve ser confundida com "Pela ordem!", acionada pelos advogados em caso de urgência e pertinência. "Pela ordem!" é usada a qualquer momento, independentemente de autorização do juiz; trata-se de uma prerrogativa do advogado.

Juíza: "Pois é, mas a gente sente um calor danado [apontando para o alto], eu também, inclusive".

Dra. Janira: "Mas nós estamos morrendo de frio…".

Juíza, demonstrando impaciência: "Ok, doutora, vamos lá. Queria pedir que a senhora viesse mais agasalhada, por favor. A gente não pode sentir calor aqui".

Dra. Janira: "Mas não é questão de agasalhar, é que faz mal à saúde".

Dra. Nearis: "Eu vou pedir para aumentar [a temperatura] um pouquinho, tá bom? Nem lá nem cá. Dando continuidade então…".

Dra. Janira: "Obrigado, é uma questão de conforto técnico".

Dra. Nearis: "Dando continuidade… Se a senhora puder sentar mais afastada da saidinha do ar, é melhor".

Janira arrastou ruidosamente a cadeira e a instalou um pouco à frente: "Tá tudo gelado. Lá tá gelado, aqui tá gelado…".

A iniciativa de procurar Flordelis para socorrê-la em seu infortúnio partiu de Janira. Na entrevista em Icaraí, ela contou que foi arrebatada pela compatibilidade que julgava existir entre a vexação injusta que havia sofrido como deputada e o drama imerecido vivido pela pastora como acusada de homicídio. "Sofri um processo de desconstrução muito semelhante ao que submeteram a Flor." Na série da HBO, a dra. se comove ao lembrar que, no seu caso, não houve "uma Janira" que lhe estendesse a mão:

> A despeito do que as pessoas acham, eu vivi uma situação em que eu era inocente; apesar de tudo o que montaram contra mim, eu sabia que, bom, o mundo todo acha que eu não sou, mas eu sei que eu sou [inocente], então, pensei: "Por que Flordelis não pode ser?". Fiquei com aquilo na cabeça.

À época, ela era diretora de relações institucionais do Instituto Anjos da Liberdade, uma ONG de defesa dos direitos humanos fundamentais, e isso ensejou sua aproximação com a pastora: "Eu pesquisei a localização da igreja dela, peguei o carro e fui até lá. Uma senhorinha da igreja deu à Flor o recado de que a representante de uma ONG a procurava. Ela respondeu: 'Manda vir na minha casa'". Janira foi. Em um primeiro momento, não estendeu suas credenciais: "Não me apresentei como ONG ou ex-deputada. Disse: 'Vim aqui para tentar te ajudar'".

E qual teria sido a ideia que a advogada fez da futura cliente?

Minha primeira impressão foi de que tinha alguma coisa errada. Ela contou, durante cinco horas, a história de uma família Doriana. Perfeita, funcional. Só que eu sou macaca velha. Enfim, tenho uma história de vida. Eu, por exemplo, vivi abusos na infância. Tenho um histórico disso. Aí ela foi contando, eu fui vendo que as coisas não batiam. Fiquei só naquela percepção.

Mais adiante, na conversa, a visitante falou de suas conexões em Brasília. "Aí, ficou uma coisa de eu tentar ajudá-la na articulação política. Conversar com parlamentares. Eu tenho muitos amigos estaduais, federais, e então comecei a fazer uma movimentação política."

Na época, Flordelis era representada por dr. Anderson Rollemberg, um advogado corpulento de cerca de cinquenta anos, rosto redondo, barba negra e cerrada. Em suas manifestações no plenário, Rollemberg costumava fazer uso de um palavrório indolente e pouco objetivo. Na audiência de instrução,* presidida por dra. Nearis em novembro de 2020, ele dava a impressão de se deleitar em atormentar a juíza com alegações periféricas,

---

* Audiência de instrução: espécie de ensaio para o júri popular, em que o juiz colhe mais provas das partes e ouve testemunhas, a fim de se convencer ou não da decisão de pronúncia.

cuja intenção parecia ser desmerecer o processo — mais do que expor argumentos da defesa.

Em dado momento, a meritíssima anunciou que um problema de som na gravação poderia estar comprometendo o registro audiovisual da sessão, e estabeleceu um intervalo de uma hora para almoço — período em que os técnicos fariam o reparo do equipamento. Determinou que Flordelis almoçaria no Fórum, com os outros réus. Rollemberg quis saber se a refeição estaria "à altura da ré". Soava como um questionamento irrelevante, diante da epopeia que estava em julgamento no plenário, mas fazia sentido frente à robustez física do requerente. Dra. Nearis respondeu que, em todas as audiências anteriores, a ré havia chegado atrasada, e que dessa vez a refeição seria feita ali. O advogado insistiu: "Se o cardápio estiver à altura e merecimento da deputada...". A juíza se mostrou relativamente calma: "Doutor, eu sei que ela é uma pessoa simples e que não vai se importar de comer aqui conosco". Rollemberg seguiu numa tréplica: "A questão não é ser simples. É que a deputada não pode comer igual a comida de presídio". Dra. Nearis encerrou: "Aqui não tem comida de presídio, não. Essa comida é a que todos comemos".

Em fevereiro de 2021, bem antes de Flordelis ser presa, dr. Anderson Rollemberg já havia divulgado o melhor de si no canal da pastora no YouTube — que à época tinha cerca de 400 mil inscritos. Convidado pela cliente para promover a defesa dela em escala digital, ele saudou a audiência com animação: "Olá! Falar de Flordelis... pastora Flordelis, deputada federal Flordelis, cantora Flordelis... Muito, é muito fácil. Eu me sinto honrado! Desde já quero fazer esse registro!". Ao lado dele, no vídeo, Flordelis retribuiu com efusão: "Olá, genteeee! Hoje, eu tenho a honra, o privilégio de receber o dr. Rollemberg, o meu advogado, para mim um dos maiores advogados desse país, e ele tem muita coisa para esclarecer pra você, hoje aqui, no nosso canal!".

Rollemberg: "E por que eu me sinto honrado?". Com os olhos semicerrados e a mão apoiada no tornozelo direito, cruzado sobre o joelho esquerdo, ele explicou:

É, eu não sei a idade de quem está me assistindo. Alguns mais novos, outros da minha idade, outros mais velhos, devem se recordar que em 1994, há quase trinta anos atrás, começou a Flordelis fazer sua história. Na realidade, ela vinha desde os seus vinte e poucos anos. Ali, aos trinta anos de idade, meados de trinta anos, ali, quando o Brasil... tivemos a felicidade de o Brasil ser campeão do mundo, né?, pela... fomos tetra... Flordelis foi personagem, é personagem daquela tragédia da Central do Brasil. Central do Brasil que poucos devem se lembrar porque já faz quase trinta anos, houve uma chacina, uma chacina terrível, teve morte de crianças, crianças que foram alvejadas por balas, né?, por pessoas que desferiram disparos, ceifando a vida de crianças, e Flordelis, por ser naquela época uma missionária dentro das comunidades do Mandela, do Jacarezinho, todos daquelas comunidades [sorriso afetuoso] conheciam a missão de Flordelis, que era resgatar almas, resgatar crianças que estavam sem pais...

Ao citar a "chacina" da Central do Brasil, que na verdade nunca aconteceu, ou, pelo menos, nunca com essa classificação, dr. Rollemberg fazia uma confusão providencial com a chacina da Candelária, ocorrida em 1993, esta, sim, um monstruoso massacre de crianças perpetrado pela Polícia Militar do Rio. Além das datas próximas, os locais das ocorrências também são avizinhados: a estação de trem Central do Brasil e a igreja da Candelária ficam a menos de dois quilômetros uma da outra. Flordelis, assim, era eleita "personagem" de uma chacina inventada, da qual escaparam 37 crianças das quais catorze bebês — que teriam percorrido a pé os dez quilômetros que separam a estação da estreita rua Guarani, número 29, onde a jovem pastora morava. Trata-se de uma viela minúscula, perdida na populosa favela do Jacarezinho, que, de acordo com o censo realizado em 2023 pelo Instituto Brasileiro de Geografia e Estatística (IBGE), contava 30 mil habitantes em seu um quilômetro quadrado.

A exposição de Flordelis nas redes sociais, com ou sem dr. Rollemberg, foi sumariamente condenada por dra. Janira e dr. prof. Faucz. Os dois afirmaram ter adotado uma postura completamente diferente quando assumiram o caso da pastora. Apontou dra. Rocha:

> Eu acho que um dos grandes problemas da defesa da Flor foi na orientação dada pelos advogados. A gente sempre orientou a invisibilidade... "Pô, submerge, para de ficar dando entrevista, para de falar! Tudo o que você falar vai ser usado contra você!" Pode ver que ela não deu mais entrevista.

Segundo a advogada, foi preciso empenhar um esforço extra para persuadir sua cliente a permanecer "submersa". "Ela tinha dificuldade de aceitar nossa orientação. Achava que, se falasse, ia conseguir se defender..."

Faucz: "Ela achava que ia convencer".

Janira: "E ela é péssima pra falar. Não basta você ser honesto e inocente. Tem que parecer que é. E ela não parece. Ela não consegue articular a própria defesa".

Antes de ser contratada por Flordelis, dra. Janira Rocha já ia a Brasília para acompanhar os depoimentos da pastora no Conselho de Ética e Decoro Parlamentar da Câmara, que instaurou um processo disciplinar contra a deputada. O relator, Alexandre Leite, deputado federal por São Paulo do Democratas (DEM), recomendava sua cassação, em razão de [a parlamentar] estar se utilizando do mandato não só para permanentemente se defender, mas também para obstruir a justiça e coagir testemunhas. [...] Isso mostra que a briga por poder que levou à morte do Anderson foi, sim, motivada pela busca plena do exercício do mandato parlamentar.

Janira afirmou que, naquele início, estava imbuída basicamente de ideologia. "Em muitos momentos, eu paguei do meu bolso para estar nessa militância. Eu, Janira, posso dizer que empenhei uma dedicação muito grande nesse caso. Encaro como direitos humanos."

É importante lembrar que Janira Rocha estava se formando em direito à época. Era o primeiro caso grande — e midiático — que a "jovem advogada", como ela se referiu a si mesma no plenário, assumiria. Previsivelmente, ela discordou logo de cara de dr. Rollemberg. "Muito!", lembra. E comunicou isso a Flordelis. "Tanto é que eu estou aqui, e ele, não."

Participei de todas aquelas audiências da primeira fase, comecei a ver os problemas, e passei a dizer isso para ele [Rollemberg]. Para ele e para ela, na frente dele. Eu era dissonante, houve uma crise, obviamente, e eu me afastei. Falei para ela: "Não vou acompanhar o seu enterro".

Ainda de acordo com o relato de dra. Janira Rocha e de dr. prof. Rodrigo Faucz, Rollemberg teria garantido a Flordelis que ela não seria pronunciada. Janira:

Ele afirmava, eu discordava. Dizia a Flor: "Você vai ser pronunciada. Se continuar desse jeito, vai pegar quarenta anos de cadeia, no bom". Falei o que eu pensava, e fui cuidar da minha vida. Aí, a Flor foi pronunciada,* o pau comeu, ele

---

* Pronunciada: levada a júri popular.

42

perdeu o prazo para as alegações finais, bababábá, ela me chamou. Eu falei que não me sentia capacitada para pegar o caso sozinha, um processo vultoso como aquele...

De acordo com Janira, Flordelis insistiu em tê-la como representante no julgamento. "Eu acabei aceitando", lembrou a advogada, com avultado orgulho da própria valentia. "Eu sou peituda. Mas condicionei minha atuação à formação de uma banca com outros advogados. Ela autorizou."

Baseado em Curitiba, dr. prof. Rodrigo Faucz, 47 anos, pronunciava as palavras letra por letra, especialmente o "t" e o "d", emitidos secamente com o toque da ponta da língua nos dentes da frente da arcada superior. Isso conferia a seu discurso uma sonoridade asséptica, higienizada. Tal percepção era reforçada pela barba escanhoada com capricho, o corte de cabelo estilo clássico-contemporâneo e os ternos impecáveis, que transmitiam a impressão de terem sido passados a ferro com dr. Faucz dentro. Imaginá-lo caminhando pelas ruas precariamente pavimentadas da favela do Jacarezinho, onde Flordelis nasceu e foi criada, requeria um certo esforço de abstração. Não seria possível afirmar que os sapatos de bico fino que ele usava, sempre lustrados com esmero, resistiriam à empreitada. Ao lado do doutor, acompanhando-o em silêncio para onde quer que fosse, leal e dedicada, estava sua mulher, dra. Priscilla Kavalli, uma moça loura, magra e forçosamente invisível, apesar de ser mais alta do que ele cerca de um palmo. Kavalli também era advogada.

No site do escritório Faucz Santos & Advogados Associados, lia-se, na ocasião do julgamento, um descritivo ao mesmo tempo alvissareiro e bolorento: "Prover soluções jurídicas eficazes e inovadoras, comprometidas com a satisfação dos clientes e o desenvolvimento de uma advocacia de excelência". Enquanto jovem advogada, dra. Janira estava segura de que fez uma escolha acertada ao convocar o "doutor e pós-doutor, que tem muitos livros escritos na área" para se juntar a ela na tarefa de representar Flordelis.

E com que dinheiro a cliente pagaria a conta?

"Nosso contrato é por êxito", garantiu dra. Janira. "Se ela for absolvida, a gente ganha. Se não, não. Ela não tem dinheiro nenhum." Isso ela disse antes de o jornalista Mauricio Stycer revelar em sua coluna no portal UOL que Flordelis havia recebido mais de 400 mil da produtora HBO.

Além da pastora, mais três dos cinco réus daquele julgamento eram representados por Rocha e Faucz — André Bigode, Rayane e Marzy. Simone tinha uma defensora só para si: Daniela Grégio. A pele lisíssima de dra. Grégio, de um tom entre cenoura e beterraba, em conjunto com as sobrancelhas permanentemente suspensas, davam a ela a expressão de alguém que havia escutado uma confissão assustadora, da qual nunca mais tinha conseguido se recuperar. Difícil arriscar uma idade para a doutora. Podia ter 45, cinquenta anos, até mais. De perfil físico avantajado e sinuoso, a patrona de Simone surgiu no plenário com trajes que harmonizavam com a eloquência de seu discurso. Por baixo da toga, nos primeiros dias de julgamento, ela vestia uma calça comprida ampla, branca, com grossas listras horizontais pretas, que cobria parcialmente seus pés, acomodados em sandálias de saltos altíssimos, estilo pata de vaca, cujo revestimento produzia um efeito glitter. Grégio tinha as unhas das mãos pintadas com esmalte vermelho, e alguns dedos ganhavam o ornamento de anelões dourados. Volta e meia, ela segurava o queixo com uma expressão inteligente que, não fosse o espanto provocado pelas sobrancelhas, teria o seu charme.

5.
O Ministério Público e a acusação

Como o processo era muito volumoso e excepcionalmente complexo, o Ministério Público se fez representar por três promotores. Dr. Carlos Gustavo Coelho de Andrade recebeu o suporte de dra. Mariah Soares da Paixão e de dr. Décio Viégas de Oliveira; contou ainda com assessores, assistentes jurídicos e estagiários, cuja dedicação foi devidamente louvada nas saudações do início dos debates. No plenário, o empenho do trio não impediu que a coreografia vez ou outra evoluísse destrambelhada. A voz enfraquecida de dr. Coelho não correspondia ao esforço extra que ele empreendia para expressar o histrionismo esperado de um promotor em um julgamento criminal. A beca frouxa fazia lembrar um vestido de cintura baixa dos anos 1920. Nada disso comprometia a masculinidade do doutor, muito ao contrário, o contraste da figura varonil dentro de um "vestido anos 20" reforçava a incompatibilidade de um com o outro.

Já dr. Viégas, de compleição parruda, barba aparada estilo máquina 1 e voz trovejante, preferiu apertar a beca na cintura com a faixa vermelha que a acompanha, de tal forma que se apresentou fatiado em duas metades. Lembrava um guerreiro medieval. Seus passos ruidosos, com sapatos sociais de solado liso sobre o piso polido do tribunal, soavam másculos e afirmativos. Em sua virilidade extremada, dr. Viégas parecia atingir em cheio os brios ultrafeministas de dra. Janira, que o chamava jocosamente, a uma distância segura, de *go-go boy*.

A terceira representante do Ministério Público, dra. Paixão, era miúda, gostava de brincos muito grandes e mantinha os cabelos ruivos e finos quase na altura do cóccix; tinha um discurso claro e seguro, e conseguiu atrair mais a atenção dos jurados que a dupla masculina.

Por fim, posicionado em um canto remoto do plenário, estava o destemido dr. Ângelo Máximo Macedo da Conceição, que representava a família de Anderson do Carmo como assistente de acusação. Entre pilhas de papel transportadas em uma pequena mala com rodinhas, ele parecia ter encontrado no midiático julgamento de Flordelis a oportunidade de gritar ao mundo seu talento. Em entrevista em seu escritório, no centro de Niterói, o advogado contou que foi contratado a princípio pela irmã de Anderson do Carmo, Michele, e pela mãe dele, Maria Edna. As duas morreram menos de um ano depois do crime, alegadamente de desgosto. Michele em 21 de outubro de 2019, vítima de anemia profunda, e Edna, em 8 de abril de 2020, de infarto. O padrasto de Anderson, Jorge, manteve a contratação de dr. Máximo, até que também morreu, em 11 de dezembro de 2021. "A família foi dizimada pela tragédia", afirmou o assistente de acusação, sempre muito receptivo aos repórteres. A partir da morte do padrasto de Anderson do Carmo, quem passou a tratar com o advogado sobre o processo foi a sobrevivente Cláudia, que era irmã da vítima por parte de pai. Munido de um relógio grande, redondo e dourado, dr. Máximo fazia suas argumentações com um tom singelamente desafiador, que não encontrava muito eco no plenário. Em mais de um momento, a juíza se esqueceu de dar a palavra a ele, de acordo com a liturgia do julgamento, depois da fala dos promotores e antes da defesa. "Perdão, dr. Ângelo, é que o senhor está escondidinho aí nesse canto", desculpava-se ela. O tom amigável de sua excelência logo se convertia em expressão de enfado quando dr. Máximo começava a tecer suas argumentações quase aos berros. Embora o assistente de acusação efetuasse pausas cautelosas em frases longas, aparentemente para não atropelar concordâncias, nem sempre o recurso funcionava. A concatenação de ideias, nele, parecia ameaçar a fluência verbal.

6.
A delegada

Como em todo julgamento criminal, os primeiros a depor foram as testemunhas de acusação — ou meramente informantes, como são classificados aqueles que possuem vínculo familiar com os réus ou estabeleceram com eles um relacionamento muito próximo e, por isso, têm o pré-requisito da imparcialidade questionado. No primeiro dia, ouviu-se a delegada Bárbara Lomba, que presidiu o inquérito desde o início; na sequência, o sucessor dela, o delegado Allan Duarte Lacerda; por fim, a comerciante Regiane Rabello, dona de uma oficina mecânica vizinha à casa de Flordelis. Antes dos depoimentos, dr. prof. Rodrigo Faucz se dirigiu à juíza para requerer que nenhum dos três fosse ouvido. Em relação aos delegados, argumentou que eles presidiram o inquérito e que, por isso, "de forma alguma" apontariam eventuais falhas na investigação — ambos teriam a isenção discutível. A contradita* do advogado se estendeu por longos minutos. Disse ele: "O fato de o delegado vir aqui confirmar a acusação, como um confirmador de tese do Ministério Público, [...] ofende o sistema acusatório, o princípio da presunção da inocência, o devido processo legal, o contraditório...".

Dra. Mariah o interrompeu, irônica: "Os debates já começaram?". (De acordo com o rito do julgamento, os debates são reservados à fase final. É o momento em que o Ministério Público

---

* Contradita: questionamento da credibilidade do depoimento da testemunha pela parte contrária.

e a defesa apresentam suas teses e argumentações, com a intenção de convencer os jurados da inocência ou culpabilidade dos réus.)

Faucz seguiu em frente, como se não tivesse ouvido o aparte de dra. Paixão. Afirmou que seu requerimento ganhava "ainda mais relevo, quando temos no Brasil um dos poucos países do mundo que ainda permitem que elementos colhidos na fase do inquérito policial sejam apresentados aos julgadores, né? Porque se sabe que antes...".

Juíza: "Doutor...".

Dr. Faucz: "Excelência, eu preciso fazer a contradita, porque vai constar em ata, e é minha obrigação...". Ele repetiu seus argumentos, e disse mais uma vez: "É que nos outros lugares [do mundo] é assim...".

Ciosa de seu plenário, a juíza atalhou: "É, mas estamos no estado do Rio de Janeiro, o julgamento é aqui, então procedemos desta forma...".

O advogado informou que ia terminar de falar. Citou o "sistema presidencialista" seguido pela juíza, "em que não há controle dos princípios constitucionais, [...] uma parcialidade que é incompatível com o conceito de testemunha...". Alegou que a delegada Bárbara Lomba "não era uma pessoa que tinha conhecimento do fato, não estava lá, nunca se relacionou com as pessoas do crime, ou seja, realizou uma investigação com fatos que foram levados a seu conhecimento...". Lomba teria, "como todos os delegados", escolhido uma "hipótese" e, segundo ele, "trabalhado para confirmar essa hipótese", com base em "uma série de conclusões de relatórios".

Ao encerrar a contradita, dr. prof. Faucz agradeceu a paciência da magistrada. Dra. Nearis se declarou surpresa com o requerimento ("Causa até espanto"); lembrou que a própria defesa havia arrolado a delegada Bárbara Lomba entre as testemunhas, o que deixava claro que os advogados consideravam a oitiva* dela legítima. A juíza perguntou a Faucz e Janira o que os levou a mudar "de repente" de posicionamento. O advogado respondeu que tinha pleiteado o depoiment da delegada como informante. (Poucos dias antes do julgamento, a defesa havia dispensado Lomba.) Portanto, ela estava lá agora como testemunha de acusação, não de defesa.

A promotora Paixão também citou "espanto" em relação ao requerimento da defesa. "A profissional aqui, dra. Bárbara, fez um trabalho excelente, é reconhecida não só por essa investigação, mas por outras, é uma servidora pública, tem fé pública, e até que se demonstre o contrário não tem nenhum interesse particular nem em um sentido nem em outro."

A juíza, por fim, indeferiu o requerimento do doutor professor e autorizou a oitiva da delegada.

Já sentada na modesta cadeira reservada aos depoentes, a qual fazia conjunto com uma pequena mesa posicionada no centro do plenário, de frente para a juíza, dra. Bárbara Lomba usava vistosos scarpins de salto alto que, em seu fulgor, produziam o efeito de uma afronta à despretensiosa calça azul-clara de boca fina e à blusa branca de manga comprida que completavam seu traje: muito independente, o par de sapatos dava a impressão de ter chegado ao Fórum sozinho. Contudo, foi parcialmente ofuscado pelo magnetismo de Lomba. O rosto anguloso da doutora de 46 anos, sem maquiagem, os cabelos longos e naturalmente desalinhados, o corpo esguio e a maneira firme como ela se expressava imprimiram uma espécie de legitimidade customizada a seu discurso. Na avidez com que detalhou passo a passo a investigação, e aclamou a ação rápida e eficaz de sua equipe, misturavam-se orgulho e volúpia.

* Oitiva: audição das testemunhas.

A delegada começou pela "data dos fatos, dia 16 de junho de 2019", e procurou seguir uma cronologia. Contou que, naquele domingo, seu pessoal chegou à delegacia por volta das dez horas. Um grupo ficou ali para coletar termos de declaração; outro foi ao Centro Integrado de Segurança Pública de Niterói, para solicitar imagens captadas por câmeras de segurança (e tentar identificar não só os supostos motoqueiros que, segundo Flordelis, teriam seguido o carro do casal na volta para casa como a movimentação na rua); e o terceiro se dirigiu ao endereço da ocorrência, à rua Cruzeiro, número 145, no bairro Badu, região administrativa de Pendotiba, Niterói, para ouvir testemunhas e vizinhos.

Desde o início, suspeitou-se de participação dos filhos da pastora. Lomba falou das versões iniciais e contradições, das revelações involuntárias dos implicados, das evasivas usadas para confundir os investigadores, da falta de sincronismo nos relatos. Como havia muita gente na casa, e os familiares estavam divididos em grupos a favor e contra Flordelis, a velocidade com que se relatavam verdades e mentiras, na mesma proporção, obrigou a delegada a ir e voltar algumas vezes em seu depoimento no plenário, para explicar vários porquês. Embora houvesse, já nos primeiros dias, uma quantidade razoável de informações, tudo era muito caótico. Para não deixar que os envolvidos combinassem uma narrativa, a equipe de Lomba os interrogara ao mesmo tempo, mas separadamente, na segunda-feira, 24 de junho, oito dias após o assassinato. Eram quinze pessoas ao todo. Os pormenores da investigação davam a noção de quão pedregoso havia sido o caminho percorrido no inquérito. Ao lembrar que os celulares dos principais suspeitos haviam desaparecido na própria casa de Flordelis, dra. Lomba foi sarcástica: "Sim, porque naquela casa se perdiam coisas...".

Dr. Faucz objetou: "Isso é uma impressão pessoal...?", e emendou uma "questão de ordem, excelência!".

Lomba o cortou:

Eles [mesmos] falavam, doutor. O Flávio, que foi condenado, disse que perdeu o telefone meses antes do crime, na casa! A Flordelis diz que perdeu o telefone dela na casa! O dela! O telefone que nós apreendemos não foi o primeiro que ela usava, foi o segundo. O telefone da vítima também sumiu! Tinham afirmado que estava dentro da casa. Inclusive a Flordelis, em depoimento, afirmou que o telefone tinha ficado com eles [...]. Então, é isso: dentro da casa, pelo que foi informado pelos próprios envolvidos, se perdiam algumas coisas. Só que, no caso da nossa investigação, se perderam os telefones do condenado como executor do crime, da vítima e da Flordelis! Três!

A delegada levantou três dedos e sorriu, muito séria: "Os outros não se perderam, se perderam só esses! Então, a polícia é obrigada a tirar conclusões. A gente não tira conclusões porque quer escolher um acusado. Tiramos com base no que nós vimos, no que nos é apresentado".

A versão do sumiço dos três celulares na casa foi substituída, ao longo do inquérito, por pelo menos duas outras. A primeira, relatada por Misael e sua mulher, Luana Rangel, dava conta de que os aparelhos haviam sido jogados no mar. O casal teria sabido do arremesso pela própria pastora, quatro dias depois do assassinato de Anderson do Carmo. Àquela altura, Misael já havia concedido um depoimento-bomba na delegacia de homicídios, onde esteve voluntariamente para dizer que a mandante do crime só podia ser Flordelis. "Nada acontecia na casa sem a anuência dela. Impossível que ela não soubesse de tudo o que estavam armando", afirmou. Convocado a comparecer ao templo do Mutondo, a fim de "explicar a traição", o casal conseguiu se esquivar da conversa com a pastora. Mas ela os intimou de novo, à noite, e aí não houve escapatória. Os dois foram recebidos no quarto de Flordelis. Naquele momento, ela acreditava que a polícia havia plantado escutas ali; por isso, em vez de falar aos dois visitantes, preferiu escrever em uma folha de papel: "AINDA BEM QUE QUEBRAMOS O CELULAR DO NIEL E JOGAMOS DA PONTE RIO-NITERÓI". "Niel" era a forma reduzida do codinome de Anderson do Carmo, também chamado de Daniel. Ele fora um dos rebatizados pela pastora. O nome escolhido seria um louvor ao profeta bíblico do Antigo Testamento que representava a inteligência. A folha de papel em que Flordelis teria escrito a mensagem da destruição e arremesso do celular da ponte nunca foi encontrada ou levada à polícia. Segundo Luana, ela e Misael consideraram arriscado voltar ao quarto para tentar achá-la e fotografá-la. "A gente estava com muito medo!" E pensava: "Se matou o marido, para matar a gente não custa nada!".

Em uma subversão produzida por Simone na audiência de instrução, em janeiro de 2021, os telefones teriam sido descartados por ela na praia de Piratininga, a cerca de onze quilômetros da casa de Flordelis. "Eles [os aparelhos] me deram medo", declarou à juíza, que então quis saber se havia "alguma coisa comprometedora" nos celulares. Simone desconversou: "Não sei, não vou comentar. Eu estava desesperada". Foi nessa mesma audiência que ela confessou ter planejado o assassinato do pastor, alegando, outra vez, "desespero". Afirmou não suportar mais os abusos sexuais dele. Mais uma versão que seria subvertida pela própria Simone posteriormente.

Por fim, ainda com relação aos celulares, os investigadores suspeitaram de outra incursão a Piratininga, nesse caso realizada por Lorrane, a primogênita biológica de Simone e André Bigode. Ao depor, Lorrane confirmou a ida à praia, mas negou o eventual descarte dos telefones. Contou que sempre teve "ansiedade e pânico", e que naquele dia — justo na hora em que os agentes de dra. Lomba realizavam a diligência de busca e apreensão na casa — ela precisou espairecer. Seja como for, Lorrane não tinha saída a não ser admitir a ida a Piratininga, já que a polícia havia localizado o mototaxista que a levou. Ela disse que tentou ir até lá em um dos carros da família, mas foi impedida por uma "pane seca" (falta de combustível). Em depoimento, o mototaxista negou a versão de Lorrane de que ela ficou na beira da praia "por dez ou quinze minutos", espairecendo. O homem contou que, ao chegar a Piratininga com a passageira, parou a moto no ponto final do ônibus 39, onde Lorrane teria descido e pedido para aguardá-la por cinco minutos, porque iria retornar com ele. No registro do depoimento do mototaxista no processo, lê-se:

Que a senhora foi correndo em direção às pedras que dividem o praião da prainha de Piratininga. Que [o depoente] achou estranho a senhora sair correndo, e ficou acompanhando para ver aonde a senhora iria. Que a senhora correu para o lado das pedras, da prainha, descendo da calçada, entrando na areia, em direção ao mar. Que [o depoente] não sabe exatamente o que ela fez.

Respondendo à promotora Mariah da Paixão, no plenário, Lorrane admitiu que havia feito aquele trajeto ("em direção à pedra"), mas manteve como motivação a necessidade de desabafar. "Caminhei até a prainha, realmente em direção ao mar, chutei a areia, gritei, gritei muito. Me acalmei, estraguei meu tênis esse dia, voltei para a moto… Fiquei lá entre dez e quinze minutos, ele me levou pra casa."

A propósito da "complexidade psicológica" da apuração, dra. Bárbara Lomba citou sua longa experiência como detetive, e proferiu uma dedução digna de romance policial inglês:

Vou fazer aqui um comentário de quem tem 21 anos de investigação. Na narrativa de uma mentira, dentro dela, tem sempre verdades. O mentiroso não consegue bolar tudo — teria de ser alguém realmente muito genial, com talento de um escritor, um artista de ficção. [...] Criar uma história totalmente fantasiosa, ainda mais em um momento de alta pressão, é praticamente impossível.

Ao responder à pergunta de um dos jurados sobre quem estava na casa na hora do crime, a delegada passou a lembrar alguns nomes, "André, Carlos [Ubiraci], Daniel, Flávio... Flordelis tinha acabado de chegar. [...] Tem também os que não estavam na casa... Lorrane, Simone... isso é muito importante... Marzy...". Lomba se referia à constatação, ocorrida logo na primeira semana, de que o crime havia sido efetuado por uma associação criminosa familiar; o fato de alguns envolvidos não estarem presentes no momento da execução de Anderson do Carmo não garantia, de modo algum, que eles não tinham participado da trama para matar o pastor.

A confissão de Flávio foi citada pela delegada como a conquista mais importante da investigação até aquele momento. Não só porque aconteceu apenas três dias depois do crime, mas também porque desencadeou uma série de outras revelações. E o mais alentador: tratava-se de uma declaração inequívoca, em meio a uma profusão de relatos contraditórios. A princípio, nem Lucas (o primeiro a ser detido) nem Flávio foram presos por envolvimento no assassinato do pastor. No caso de Lucas, o delito pelo qual o detiveram havia sido cometido antes de ele completar dezoito anos, e por isso, no jargão jurídico, a prisão era chamada de apreensão — mesmo que ele agora já fosse maior de idade. Em 15 de maio do ano anterior, a polícia o flagrara portando um radiotransmissor em uma boca de fumo na favela da Cocada. Conduzido para a delegacia, foi liberado depois de se comprometer a comparecer em uma audiência na Vara da Infância, da Juventude e do Idoso de Niterói.

Não compareceu. Acabou sendo apreendido, digamos, retrospectivamente, na manhã do dia do assassinato de Anderson do Carmo (entre oito e nove horas) por descumprimento da ordem judicial. Alguém poderia se perguntar por que, em uma casa tão populosa, os investigadores abordaram justamente Lucas. É que naquele momento, de acordo com o que se apurou depois, os envolvidos no crime fizeram de tudo para levar a polícia a crer que ele, o "negro envolvido com o tráfico", seria o principal suspeito.

Na cadeia, o relato de Lucas sobre onde havia estado na "madrugada dos fatos" assumiu diferentes versões. Ainda na manhã de domingo, ele dissera que só tinha voltado para casa entre seis e sete horas, depois de receber uma ligação de Flávio comunicando o assassinato de Anderson do Carmo. Foi desmentido no mesmo dia à tarde, pelos registros das câmeras de segurança instaladas na rua. Ao examinar as imagens, dra. Lomba viu algo que chamou sua atenção:

Às 3h15, minutos antes do crime — que ocorreu entre 3h20 e 3h30 —, um carro [Ford Fiesta preto] chegou à rua, parou e dele saiu uma pessoa que entrou na casa com uma mochila, parecendo segurar também algo nas mãos. A mesma pessoa voltou pouco depois correndo, sem nada nas mãos, apenas com o que parecia ser um celular. O [motorista do] carro havia feito a manobra no fim da rua [que é sem saída e acaba no portão da casa de Flordelis], e a pessoa entrou de volta. O carro deixou a rua.

Lomba achou que a tal "pessoa" se parecia muito com Lucas. Mas a imagem era imprecisa, de modo que a equipe decidiu tirar a dúvida com o próprio suspeito.

Ele acabou contando que de fato havia estado na casa mais cedo, "para deixar roupa suja para lavar". Mentiu de novo. (Na mochila "de roupa suja", Lucas levava, na verdade, a féria da boca de fumo daquele dia, um pouco de droga e a arma "funcional" usada para proteção no morro.) Os relatos ficavam cada vez mais elaborados, de acordo com o que dra. Lomba chamara de narrativa de um mentiroso. Mas havia "verdades no meio". Só aos poucos, segundo a doutora recordaria, elas começaram a aparecer. A certa altura, o depoente revelou que quem estava ao volante do Ford Fiesta era o motorista de Uber Daniel Solter, o Gordinho, apontado mais tarde como a pessoa que intermediou a compra da arma do crime, uma Bersa 9 mm.

A arma fora encomendada por Flávio, que, de acordo com Lucas, não revelou sua verdadeira intenção. "O Flávio foi atrás de mim no comecinho de junho de 2019, disse que estava sofrendo umas ameaças e me perguntou se eu não conhecia alguém que tivesse uma arma para vender." Motorista de aplicativo, Flávio estava sempre se queixando de falta de dinheiro, o que não o impediu de pagar 8 mil reais pela pistola e quinhentos reais por dois pentes. Acompanhados de Solter, Lucas e Flávio foram até a favela Nova Holanda, no Complexo da Maré, Zona Norte do Rio, na antevéspera do assassinato de Anderson, para buscar a encomenda.

Em entrevista por videochamada para este livro, Reinaldo Leal, o eficiente chefe de operações de dra. Lomba, contou que foi preciso arriscar um blefe com Lucas na delegacia para esclarecer o episódio. "Na noite do próprio domingo [do crime], antes de a gente ir embora pra casa, um dos policiais foi à cela do Lucas e disse: 'Olha, o Daniel, o Gordinho do Uber, já está aí e contou tudo'." Deu certo. Na manhã do dia seguinte, segunda-feira, 17 de junho, Lucas chamou o policial para falar. Foi então que a Bersa apareceu pela primeira vez na narrativa. Leal: "Quando eu cheguei à delegacia, o policial apareceu na minha sala com o olho esbugalhado e disse: 'O Lucas tá falando que o Flávio tem um mandado de prisão por violência doméstica'".

A história do mandado também ganhou versões. A princípio, segundo Lucas, Flávio teria dito a ele que precisava de uma arma para se defender das ameaças do namorado de sua ex-mulher, Tatiana. Mais tarde, em novo relato do próprio Lucas, o violento passou a ser Flávio. Ele teria enviado para o celular de Tatiana fotos de armas de fogo com o aviso de que ia "arrebentar os dois" (ela e o companheiro). Em uma busca nos registros de boletins de ocorrência e mandados de prisão digitalizados, descobriu-se rapidamente que a versão que condizia com a realidade era a segunda: a Justiça estava atrás de Flávio por descumprimento de medida protetiva por violência doméstica.

Naquele momento, o corpo de Anderson do Carmo estava sendo enterrado. Escalados por Reinaldo Leal, três homens da equipe de Lomba foram ao cemitério Memorial Parque Nycteroy, em São Gonçalo, para dar ordem de prisão a Flávio. "Só que havia centenas de pessoas acompanhando o enterro, então os policiais aguardaram até o fim. Fecharam os portões de entrada e saída, e efetuaram a prisão na hora em que ele estava indo embora", contou Leal. No instante em que foi retirado da Chrysler Caravan da família, Flávio deu um jeito de passar para Simone, que também estava no carro junto com Flordelis e o assessor político dela, Hugo Mello, seu celular e um bolo de notas que somavam 5 mil reais. Soube-se depois que Flávio havia retirado o dinheiro da mochila do morto. Segundo o pastor Fabão, a quantia corresponderia a uma das três parcelas de uma dívida que Anderson do Carmo tinha com ele, por conta de obras feitas em uma das igrejas do Ministério Flordelis. "Na véspera de ser morto, o Anderson me ligou para dizer que já estava com o dinheiro [da dívida]. Me chamou para ir até lá, mas eu deixei para pegar no dia seguinte, já que a gente se encontraria na igreja." Fabão diz que nunca mais viu "a cor dos 5 mil". Se Flávio levou mesmo o dinheiro depois de matar o pastor, então, em parte, Flordelis acertou ao se referir ao crime como um latrocínio. Só trocou as personagens envolvidas: não eram os dois motoqueiros que ela diz ter visto na rua, mas um filho que estava dentro de casa.

A confissão do crime por Flávio teria sido deflagrada pelo que psicólogos chamariam de mecanismo contrafóbico de autodefesa (quando a pessoa se entrega antes que a acusem), ou mesmo por uma crise aguda de ansiedade. Quem levou Flávio a contar tudo, em detalhes, foi o próprio Reinaldo Leal. Ruivo, barbudo e encorpado, o chefe de operações de dra. Lomba compunha um tipo bonachão e acessível. Na entrevista pelo Zoom, ele explicou, envaidecido, que a rapidez com que o assassino confessou a execução do pastor se deu graças a uma ideia sua. Híbrido de policial e roqueiro, Leal liderava uma banda metaleira chamada Unmasked Brains ("The New Order of Disorder") e, com o conhecimento que adquiriu ao montar um pequeno estúdio em casa, propôs à chefia reproduzir a engenhoca na delegacia.

Nas séries de TV, as salas de interrogatório das delegacias de homicídios são equipadas com um vidro que é espelhado para quem está lá dentro, e translúcido para quem acompanha de fora. Eu não tinha o espelho, mas tinha a sala. Foi só correr atrás de espuma para o isolamento acústico e equipamento de qualidade.

A delegada gostou da iniciativa de seu agente, que trabalhava na equipe dela havia quase vinte anos. Ele estava certo quando afirmou que, por um motivo inexplicável, criminosos tendem a ter reações catárticas diante de câmeras e luzes.

Antes de conduzir Flávio para a oitiva na sala forrada de espuma, Leal o fez assinar um termo de declaração. "Colocamos tudo no papel, e eu disse a ele: 'Vou ler o que você declarou, e a gente esmiúça cada um dos elementos citados nesse documento?." Mesmo dispondo de uma sala com boa acústica, o investigador reconheceu que não esperava ouvir a confissão tão vivamente. "O Flávio sofreu uma espécie de purgação. Foi como se ele estivesse passando mal e precisasse colocar tudo para fora. Eu não o induzi nem o obriguei a nada. Apenas aproveitei o momento." Leal recordou depois que o assassino, ao confessar o crime, "não parecia ter muita compreensão do que se passava em torno dele".

Não digo que seja um psicopata, mas é um elemento à deriva no contexto daquela família. Por isso, muito provavelmente, foi o instrumento que eles escolheram para realizar a execução. Acredito que criaram a circunstância para que ele desenvolvesse ódio ao pastor, e ele embarcou.

Julgado junto com Lucas, Flávio cumpre pena no presídio Bandeira Stampa, uma das unidades do Complexo Penitenciário de Gericinó, localizado em Bangu, também na Zona Norte carioca.

Apesar de a confissão ter sido considerada uma vitória, o motivo alegado por Flávio para disparar contra o pastor não convenceu a equipe de investigadores. A crer no que ele contava, foi uma decisão de última hora. Naquela madrugada, ele estaria quase dormindo quando percebeu que Lucas havia chegado, tomado banho e saído. (Desde que voltara a morar na casa da mãe, depois de um longo período afastado por não aguentar a convivência com a profusão de irmãos adotivos e afetivos, Flávio dormia no quarto da avó, dona Carmozina.) Ele alegou que, naquele momento, ao se lembrar das discussões que Lucas havia tido com Anderson do Carmo por causa do envolvimento com o tráfico, e considerando o perigo que o irmão adotivo representava para a família, decidiu segui-lo a fim de evitar que cometesse algum crime na casa. Para se defender em caso de confronto, pegou na gaveta a arma que admitiu ter comprado. No caminho, em vez de Lucas, teria deparado com Anderson, na garagem, ao lado do carro (Honda Civic). Por um instante, segundo afirmou, vieram-lhe à mente as queixas de Simone a respeito de abusos e crimes sexuais cometidos pelo pastor contra ela e outras pessoas da casa — incluindo meninas; então, depois de se dar conta de que nunca gostara do padrasto, embora jamais houvesse pensado em matá-lo, fora assaltado por uma onda de ódio que o levou a apertar o gatilho várias vezes, compulsivamente.

Em sua cela, Flávio recebeu a visita dos irmãos Misael, Luan e Daniel. Baixada a adrenalina, na solidão que experimentou frente à própria estupidez, e ao se dar conta de que pagava por um crime afinal desnecessário, ele desmoronou em um pranto copioso. "O Flávio chorava tanto que mal conseguia falar. Só repetia 'Me usaram, me usaram, encheram a minha cabeça'", recordou Misael, lamentando o estrago. "Ele jogou a vida fora. É um cara cheio de ideias, superprestativo." Por sua vez, Artur Duarte, 43, que viveu durante três anos na casa, quando tinha por volta de vinte anos, como filho agregado, contou que Flávio sofria de uma "enorme dificuldade de socialização". "Ele mal abria a boca pra falar. E, quando falava, não olhava para a gente. Era estranhíssimo." Nas palavras de dra. Bárbara Lomba, o assassino confesso do pastor era "mobilizado psicologicamente".

Qualquer que fosse a estrutura psíquica de Flávio, já não era mais possível dar crédito às afirmações de Flordelis de que o pastor havia sido vítima de latrocínio. A verdade é que, antes mesmo da confissão do filho, a polícia já vinha estranhando o fato de a viúva usar uma expressão tão técnica para se referir ao assassinato do marido que tanto amava. Na experiência dos investigadores, quem perde um ente querido em um crime brutal não costuma se referir ao ocorrido com um termo como "latrocínio". Soa estudado.

7.
O delegado sucessor

A oitiva do depoente seguinte, dr. Allan Duarte Lacerda, também foi contestada previamente por dr. Rodrigo Faucz, com o mesmo argumento usado em relação à da delegada Lomba. A juíza procedeu da mesma forma: indeferiu a contradita da defesa, e o delegado foi ouvido como testemunha. Quando dr. Lacerda assumiu a Delegacia de Homicídios de Niterói e São Gonçalo (DHNSG), especulou-se que Bárbara Lomba havia saído por motivos políticos, por divergência interna. Para Lacerda, a saída da delegada apenas seis meses depois do início do inquérito aconteceu por pressões internas:

> Na ocasião em que a Bárbara estava presidindo o inquérito, o diretor [do Departamento Geral de Homicídios e Proteção à Pessoa (DGHPP) da Polícia Civil, Antônio Ricardo], precisava divulgar informações sobre o caso. Uma investigação de vulto, a imprensa cobrando resultado, ele tinha que dar uma resposta. Isso estava incomodando a Bárbara, e então começou a haver um ruído de comunicação.

Em entrevista para este livro concedida por telefone, Antônio Ricardo, que assumiu a diretoria do DGHPP em janeiro e logo depois comunicou a Bárbara Lomba que ela deixaria o inquérito, deu a sua versão a respeito do vazamento de informações.

> Houve um pequeno ruído na comunicação, por favorecer mais um grupo televisivo que outro, e isso gerou um certo

incômodo com os demais colegas da imprensa. Eu adoto a conduta de tratar os profissionais da imprensa de forma igualitária. E a gente observou que isso não estava acontecendo.

Dr. Lacerda envergava um estilo mais protocolar que o de dra. Lomba. Em uma entrevista concedida para este livro, seis meses antes do julgamento — quando o inquérito já havia sido finalizado, e ele transferido para a Cidade da Polícia (Cidpol), no bairro Jacarezinho, subúrbio do Rio —, o delegado vestia camisa social branca e justa, que marcava os músculos definidos dos braços e do tórax, e exibia as iniciais de seu nome bordadas na altura do peito. Dava expediente em uma sala pequena, espartana, limitada por divisórias de fórmica cinza-clara, atravancada por duas mesas do mesmo material. Aparentava menos idade do que seus 41 anos, tinha cabelos escuros, penteados impecavelmente para o lado, pele branca e olhar atento. Ao falar sobre o crime, assumiu uma seriedade empostada.

Quando prestaram socorro à vítima, que chegou ao hospital em óbito, eles [alguns familiares que estariam envolvidos no plano do assassinato de Anderson do Carmo] desfizeram tudo ali ao redor [cena do crime]. Inclusive, simularam um latrocínio. A Flordelis disse que o telefone do pastor tinha sido subtraído e, no entanto, usou o aparelho naquela mesma manhã para falar com a Yvelise. Um dado técnico confirmado, que demonstra mais uma mentira dela.

Yvelise de Oliveira era a viúva do senador Arolde de Oliveira e proprietária da MK Music. A empresária, que não renovou o contrato da pastora depois do crime, não toca no assunto do assassinato. "Não quero falar sobre Flordelis. Apaguei da minha vida."

O contato telefônico entre Flordelis e Yvelise na manhã do crime vazou para a imprensa, e então ocorreu uma espécie de (trocadilho necessário) telefone sem fio. Publicada precipitadamente, sem uma apuração aprofundada, a notícia levantava a suspeita de que a mulher do senador estava envolvida no crime. Para entender melhor o que aconteceu, o delegado Lacerda recuperou o início do inquérito e o que havia sido publicado a respeito dos fatos:

A morte acontece às 3h30 da manhã; às 10h30, Flordelis retorna uma ligação de condolências da Yvelise, usando o telefone da vítima — que estava gravado na agenda da Yvelise como "Flordelis". Ao meio-dia, de acordo com a informação divulgada, o registro do [mesmo número de] telefone aparecia na casa de um delegado federal em Brasília.

Lacerda destrinchou o mistério das ligações com o auxílio de um especialista em comunicação por telefonia celular e armazenamento de dados. As suspeitas sobre Yvelise logo foram descartadas.

E por que o número do delegado federal apareceu?

Porque a Flordelis ligou para um pastor que alugava o apartamento do delegado federal em Brasília. O wi-fi do apartamento ainda estava no nome do delegado. Ou seja, o locatário, o pastor, que estava morando no apartamento, usava o wi-fi do delegado federal que era dono do apartamento. Por isso, apareceu o nome dele.

Assim como diversas testemunhas e investigadores envolvidos na apuração do crime desde o início, dr. Lacerda mencionou a divisão da família em "duas bandas" principais: a dos filhos favoritos de Flordelis, que eram os biológicos e alguns poucos adotivos e afetivos; e a dos que compartilhavam afinidade com Anderson do Carmo — e se tornaram os principais acusadores da pastora. A primeira banda, segundo o delegado, e também de acordo com as testemunhas de acusação, desfrutava de uma vida boa, acordava tarde, não trabalhava e ganhava os melhores modelos de celular. A outra banda trabalhava no ritmo frenético do pastor, acatava as vontades dele e o admirava pela inteligência e pelo espírito empreendedor. O resto da família, a grande maioria, incluindo boa parte das crianças, não tinha nenhum tipo de regalia. Segundo Lacerda, "havia diferenciação na alimentação, no vestuário, no lazer e em relação ao respeito no tratamento". O delegado afirmou que o pastor era considerado "duro, mas justo". "Ele era o fiel da balança. Tentava estabelecer um equilíbrio para reduzir as arbitrariedades da Flordelis, e isso contrariava os protegidos dela, que não queriam perder os privilégios. A insatisfação desse grupo, ao longo dos anos, foi aumentando."

Em suas diligências na casa da família, dr. Lacerda reparou que a discriminação era constatada até na qualidade de acabamento nos quartos dos desfavorecidos.

A casa era grande, mas muito bagunçada. Você via cômodos muito próximos e, ao mesmo tempo, bem desiguais. As crianças não privilegiadas ficavam em quartos com chão de contrapiso e reboco nas paredes. O da Flordelis, logo ao lado, tinha uma cama confortável, frigobar e muita roupa espalhada. Mesmo sendo superior aos outros, era uma zona generalizada. Você percebia que o ambiente familiar refletia a desorganização da cabeça dela, que faz tudo de qualquer jeito, e foi por isso que deu no que deu.

O delegado constatou o que a investigação preliminar, presidida por dra. Lomba, já havia anotado. Flordelis era a grande estrela da família.

O Anderson a produzia, a fim de fazê-la aparecer para o grande público como deputada federal ativa, cantora de sucesso e pastora seguida por um séquito de fiéis. Uma figura acima de qualquer suspeita. Ironicamente, o cuidado que o pastor dedicava à mulher a levou a acreditar, por conta do cargo que ocupava na política e do poder que alcançou graças a ele, que estava suficientemente blindada para colocar em prática o plano de matá-lo. Até lograr êxito, houve tentativas sucessivas de envenenamentos, e a contratação de pistoleiros para emboscar a vítima, simulando um latrocínio. A busca por assassinos contratados aconteceu depois da recusa de Lucas em executar, ele mesmo, o pastor Anderson.

No dia a dia, quando não há ocorrências de grande repercussão, os titulares das três delegacias de homicídios do Rio de Janeiro (da Capital, da Baixada Fluminense e de Niterói) se ocupam basicamente do setor administrativo da corporação — planejamento de operações, mobilização de policiais, coordenação da logística para executar buscas e apreensões e gerenciamento da parte burocrática. Na maior parte das vezes, a ocorrência é comunicada à delegacia pela Polícia Militar, e então os plantonistas do Grupo Especial de Local de Crime (Gelc), que trabalham em regime de 24 por 72 horas, se dirigem para o local. O grupo, formado por um delegado próprio, um perito, um papiloscopista e alguns policiais que dão apoio à diligência, é sempre o primeiro a chegar à cena do crime. Reinaldo Leal explicou que, por isso, o trabalho deles deve ser o mais detalhado possível.

A equipe do Gelc não vai apenas examinar superficialmente o corpo, fazer fotos da cena do crime, verificar digitais e evidências deixadas pelo assassino. Todas as informações que eles puderem colher, em detalhes, são importantes: o horário exato da execução da vítima, o estado de conservação do local, as condições climáticas, a iluminação da área; se foi em via pública, se havia câmeras de segurança, se existem testemunhas — se sim, devem ser ouvidas ali mesmo. É preciso aproveitar enquanto tudo está recente. O delegado responsável pelo grupo [naquele dia, Wilson Luiz Palermo Ferreira] produziu um relatório para formalizar todas essas circunstâncias, incluindo apreensões [armas, estojos de munição, instrumentos cortantes etc.].

Em casos muito midiáticos, como o do assassinato de Anderson do Carmo, em que a imprensa chega quase ao mesmo tempo que o Gelc, o delegado titular (no caso, Bárbara Lomba) assume completamente o inquérito — e isso inclui lidar com a comunicação junto à assessoria de imprensa da Polícia Civil, uma das tarefas mais delicadas da operação.

Entre o momento em que Allan Duarte Lacerda assumiu o inquérito e o final das investigações, segundo observou dra. Janira Rocha, houve uma mudança na conduta do delegado. De acordo com Rocha, a princípio Lacerda "não havia sido tão taxativo em relação à culpabilidade de Flordelis": "Há várias entrevistas dele na internet aliviando a condenação da Flor. Até falando a favor dela". O que o fez alterar seu ponto de vista, conforme a advogada, e o levou a condenar Flordelis abertamente foi o suposto envolvimento dele em uma ação policial desastrosa no Complexo do Salgueiro, em São Gonçalo, que culminou na morte de um garoto inocente chamado João Pedro Mattos Pinto, de catorze anos. O episódio teve enorme repercussão, com protestos na favela e manifestações promovidas por organizações de defesa dos direitos humanos. Janira: "A imprensa vai em cima dele [Lacerda] por causa da morte do menino, e o que ele faz? Indicia a Flordelis. Ninguém presta atenção nessas coisas. Pega a data, pega o período para você ver a quem interessa o posicionamento dele".

Allan Duarte assumiu a delegacia em janeiro, o assassinato do garoto no Salgueiro aconteceu em maio. Nesses quatro meses, nada foi dito pelo delegado que aliviasse a culpa de Flordelis, ao contrário do que dra. Janira indicou.

8.
A testemunha-bomba

A terceira depoente do primeiro dia do julgamento foi Regiane Rabello, proprietária de uma oficina mecânica situada a menos de quatrocentos metros da casa de Flordelis. Ardorosa defensora de Lucas, condenado por intermediar a compra da arma do crime, Regiane vestiu estrepitosamente a personagem da principal testemunha de acusação; desde o início do inquérito, suas afirmações se tornaram cada vez mais devastadoras. Em entrevista concedida ao autor deste livro em abril de 2022, ela afirmou que Flordelis usava o "marketing dos 55 filhos" para lucrar. "Tem gente que encara isso, de pedir doação, como trabalho. Ela [Flordelis] acordava à uma da tarde e jogava todo mundo na rua para pedir doação. E tirava tudo dos outros. Se você chegasse lá com um tênis de marca, corria o risco de sair sem tênis." A respeito das queixas de Simone em relação a abusos sexuais que Anderson do Carmo teria lhe infligido, Regiane afirmou: "Mentira! Você acha que quem ganha silicone [nos seios] e abdominoplastia é assediada!? A Simone já destruiu muitos casamentos! É a pombajira completa! Pior, acho até que ela quer roubar o lugar da pombajira!". Rabello declarou ainda que o ex-marido de Simone, André Bigode (também no banco dos réus), era um "pastor abusador". "Esse, sim, é um estuprador! O André! E eu vou falar lá [no julgamento]. Fica quieto, que eu tô me preparando. Ele abusou da Gabriela [irmã de Lucas]. Ela me contou."

Pode-se imaginar o enorme transtorno que Regiane Rabello representou para a defesa, e o quanto dr. prof. Rodrigo Faucz e dra. Janira Rocha se empenharam para desqualificá-la como testemunha. A dona da oficina se tornou a pedra mais incômoda nos sapatos dos dois advogados. Antes do temerário depoimento dela, Faucz voltou à carga: "Excelência, questão de ordem!, [...] prometo que é a última, não tenho mais contraditas". Intuindo o que o advogado solicitaria, a juíza se adiantou: "Ela [Regiane] vai ser ouvida como informante, doutor, não como testemunha". Mas Faucz queria mais. Para evitar o estrago irrecuperável, ele pretendia solicitar que a empresária nem sequer fosse ouvida — nem mesmo na qualidade de informante. Disse ele: "A defesa apresenta a contradita à sra. Regiane, tendo em vista que desde o início ela cometeu e continua cometendo ataques difamatórios e injuriosos a respeito da vida pessoal de Flordelis, mas além dessa gravidade dos fatos".

Dra. Nearis: "Doutor, o senhor está imputando crimes à informante...".

Dr. Faucz: "Tô...".

Juíza: "É, mas aqui não cabe: então, o senhor tome as providências cabíveis. Aqui, não! Prossiga com as providências cabíveis".

Dr. Faucz: "Eu tomei. Por isso, eu preciso falar, eu tomei...".

Juíza: "Por favor, prossiga com as medidas cabíveis. Aqui, não!".

Dr. Faucz: "A gente já tomou!".

Juíza, mais alto: "Foi julgada? Foi julgada? Isso foi reconhecido em algum juízo? Não foi! Então, por favor".

Dr. Faucz: "A gente tem inclusive uma liminar".

Dra. Janira: "Foi reconhecido, excelência, tem liminar".

Juíza: "Ela não foi julgada, doutora! Tem sentença definitiva? Foi condenada ou não?".

Faucz continuou falando.

Juíza: "Só um instantinho, doutor. É que a doutora está falando ao mesmo tempo, eu estou rebatendo os argumentos dela, tem que ser um de cada vez. Então, eu estou rebatendo os argumentos dela, o senhor fala ao mesmo tempo, tumultua, não é isso? Tem que ser pela ordem, correto? O senhor se abstenha de imputar crimes aqui à testemunha, ok? Vamos seguir!".

Dr. Faucz: "No dia 4 de setembro de 2020, Flordelis e outros foram acusados de terem supostamente lançado um artefato junino na residência dela [Regiane]. E isso foi registrado".

O advogado tentou citar os alegados ataques difamatórios e injuriosos promovidos por Regiane, mas não obteve sucesso. A juíza mais uma vez indeferiu a contradita.

No momento em que Regiane Rabello concedeu a entrevista para este livro, ela lavava o chão da oficina com uma mangueira de borracha. Negra, esguia, exuberante, usava camiseta silkada com dois Cs entrelaçados — remota alusão à grife francesa Chanel —, calça estilo cigarrete preta, muito justa e sapatos modelo anabela com saltos revestidos de corda. Aos 42 anos, ostentava a pele do rosto muito lisa e luminosa, lábios avolumados e cílios postiços espessos. O nariz lembrava o de Latoya Jackson, irmã de Michael Jackson; pouco se destacava em sua desvantajosa desproporção com a boca, e em meio à abundância do *megahair* ondulado. Muito falante, ela não parecia ter pressa para contar tudo o que sabia sobre o assassinato de Anderson do Carmo. Enquanto prolongava a lavagem por mais de vinte minutos, Regiane Rabello anunciou seu valioso testemunho.

Quando eu abrir a boca naquele tribunal, você vai ver, me aguarde. É que eu não posso falar agora o que eu sei. Na verdade, eu nem precisaria me envolver nisso tudo, mas eu não aguento ver tanta coisa errada. Eu me recuso a compactuar com a safadeza daquela quadrilha de vagabundos,

disse, ao mesmo tempo que enxaguava um canto remoto da oficina, atrás de um carro suspenso pelo eixo que ligava as duas rodas da frente.

Regiane contou que conheceu Lucas cerca de quatro anos antes do crime, quando ele era um adolescente de catorze anos e já morava na casa da pastora havia três, desde 2012. O garoto chegou com as três irmãs, Gabriela, Júlia e Bruna, e o irmão, Miguel, algum tempo depois que a mãe deles morreu, aos 32 anos, em decorrência de um câncer de mama; o pai alegava falta de condições para cuidar da prole. A pedido de um dos patrocinadores de Anderson e Flordelis, os cinco foram adotados legalmente. Lucas se queixou em juízo de que nem todos os filhos podiam contar com a consideração do casal, o que se tornou um relato recorrente no processo — não só dele. "O tratamento era muito desigual. Questão de comida, roupa, tratamento emocional, tudo. Eu era o menos favorecido ali. Tinha que fazer todos os trabalhos da casa, caso contrário não podia sair. Acordava cedo para varrer o quintal e arrumar tudo." Em seu depoimento na audiência de instrução, Flordelis afirmou que fez o possível para que Lucas se sentisse em casa — descontando, claro, a eventualidade de ter recrutado Marzy e Rayane para que o convencessem a matar o próprio pai adotivo. "Foi dito aqui que meu filho era tratado como lixo, isso é mentira", fungou ela.

Minha sala tinha o teto alto, que eu desfiz para montar um quarto só para ele, com ar-condicionado e TV, para que ele pudesse jogar video game no cantinho dele, com o irmão, Miguel. E quando ele foi preso, eu disse: "Meu filho, os meus joelhos vão trazer você de volta". Ele me ligava todo dia: ligava para pedir a bênção, para saber como eu estava... então, eu jamais faria isso com meu filho.

Lucas negou a existência do quarto com ar-condicionado e TV, e também as ligações que teria feito para a mãe, da penitenciária. Autora da categorização "lixo" para classificar o status de

Lucas na casa, Regiane reiterou os pormenores que já havia citado. "Ele foi totalmente abandonado", lembra. "Não sabia o que era uma escova de dentes, um desodorante, um cortador de unhas." Indignada com o alegado desprezo de Flordelis, a dona da oficina assumiu por iniciativa própria o papel de tutora do garoto. "O Lucas gosta de carros, e por isso passava muito aqui pela frente. Nesse horário [dezessete horas], por exemplo, a gente ia à padaria lanchar. Ele ia comigo e meu marido, pra nós pagarmos. Os olhinhos dele brilhavam quando viam o pão saindo quentinho." Na ocasião, Regiane o teria chamado para trabalhar na oficina: "Eu, vendo aquele interesse dele por carros, pensei: 'Em vez de ficar o dia todo sentado aqui na frente, nos olhando, esperando que a gente pague o lanche, ele poderia trabalhar conosco, aprender a profissão'". Lucas aceitou o convite. Sua protetora então o ajudou a alugar um quarto próximo dali e passou a orientá-lo em suas decisões. Evangélica, Regiane demonstra espanto quando perguntam se ela frequentava o Ministério Flordelis. "Tá louco? Deus me livre! Minha igreja tem nível!" Ela contou que é fiel da Igreja Universal do Reino de Deus, fundada pelo empresário Edir Macedo, proprietário da TV Record.

No culto, eu dou meu dízimo, mas tenho ar-condicionado e posso pedir ao bispo para subir um pouquinho a temperatura quando está muito gelado. As cadeiras lá são tudo colchoada. Eu deixo o carro em um estacionamento com seguranças que cuidam para ninguém arranhar. Não é o templo dessa quadrilha!

Todo o investimento de Regiane na tutela de Lucas não foi suficiente para evitar que ele se envolvesse com o tráfico, sob os auspícios da organização criminosa Comando Vermelho, uma das três maiores do país. Ela garante que o ingresso dele no crime aconteceu apenas quatro meses antes do assassinato de Anderson do Carmo. "O Lucas ficou revoltado porque a Flordelis não cumpria nada do que prometia. Na verdade, ele queria chamar a atenção dela. Mas não chamou. Chamou a minha. Eu fui na comunidade, entrei lá dentro e ó, dei uma coça nele." Finda a lavagem do chão da oficina, Regiane ofereceu um café. No exíguo escritório de cerca de seis metros quadrados, a conversa evoluiu até chegar no relato do planejamento da execução de Anderson do Carmo. "A Marzy me pediu o telefone do Lucas, dizendo que a Flordelis estava querendo falar com ele. Eu pedi autorização para passar o número, ele disse que tudo bem." Ao depor, Lucas contou que Marzy o procurou a princípio para transmitir um recado do pastor. Anderson do Carmo queria falar com o filho a respeito do roubo de um carro, do qual ele, Lucas, teria participado. "A Marzy falou que o Niel estava atrás de mim, e que ele pretendia ir na delegacia para dar parte [denunciá-lo]." De acordo com o assistente de acusação, dr. Ângelo Máximo, "Flordelis orientou Marzy a falar com o Anderson sobre o roubo do carro, na esperança de que o pastor castigasse severamente o filho, talvez com uma surra, e, assim, com alguma sorte, fizesse com que Lucas, em uma possível reação odiosa, o matasse ali mesmo". Não aconteceu.

A incumbência seguinte de Marzy era convencer Lucas a aceitar uma proposta de Flordelis, que oferecia 10 mil reais para que ele recrutasse amigos e emboscasse Anderson do Carmo em um latrocínio forjado. Segundo Regiane, o rapaz mostrou a ela a mensagem de Marzy, e disse: "Olha o que elas querem de mim". Armada de sua inabalável valentia ("É minha marca registrada"), a dona da oficina decidiu "desmascarar Flordelis". Ao contar como isso aconteceu, Regiane refez a cena; no escritório onde serviu o café, ela se levantou da cadeira e bateu forte, com o nó dos dedos, na porta da minúscula copa, como se ali fosse o portão da casa da pastora. "TOC, TOC, TOC. Bati,

bati, TOC, TOC, e nada", recordou. "Comecei a gritar: 'Ô Flor-deliiiiinnsss!!!'" (a empresária pronuncia o nome da pastora com um "n" na última sílaba). "Aí desceu a Neinha [cozinheira] e disse: 'Ela tá dormindo'. E eu: 'Vai acordar ela. Diz que eu quero falar'. Apareceu a Marzy. Eu repeti: 'Quero falar com ELA'. Aí veio a Flordelins: 'Oi, querida, tudo bem?'" (Regiane fala de um jeito infantilizado para reproduzir "o tonzinho falso de voz" da pastora). "Ela veio para me abraçar e me beijar, eu recuei. Avisei: 'Não me beija, não, que eu não gosto'." (Falando mais baixo, para imprimir um toque de esnobismo ao relato, a narradora afirmou: "Nunca deixo ela me beijar".) E continuou: "Mostrei a Flordelins a mensagem e disse: 'A Marzy me per-guntou o telefone do Lucas, me disse que você tinha pedido. Depois, ela enviou pra ele esse *print* aqui [Regiane aponta o vi-sor do próprio celular, apenas como "imagem ilustrativa", en-quanto refaz a cena]'. A reação da pastora, segundo a dona da oficina, teria vindo aos gritos: "Tira a Marzy disso! A Marzy não tem nada a ver com isso! Apaga, apaga, apaga!".

Depois de conceder várias entrevistas a jornalistas, produto-res de séries de TV, autores de livros e podcasts, Regiane Ra-bello agora esbanjava uma celebridade presumida. Sete me-ses antes de enfrentar o aparato do plenário e o implacável contra-ataque de dr. prof. Faucz e dra. Janira, Rabello fanta-siava promover uma espécie de chacina do bcm no julgamento de Flordelis. E quanto mais a imprensa a procurava em busca de boas declarações, mais ela enchia o peito para falar aos ho-lofotes. Lorrane, nas suas palavras, era "delinquente" e "ban-dida"; Rayane "não foi achada no lixão coisa nenhuma, é tudo mentira desse bando"; dona Maria Edna e Michele, a mãe e a irmã mortas ("de tristeza") de Anderson do Carmo, seriam apaziguadas "no céu" por ela, Regiane: "No dia em que a Flor-delins receber a sentença, eu juro a você! Eu vou gritar assim [olhando para o teto da oficina]: 'Dona Edna, Michele! Tá tudo certo, viu?'". Quem a ouvia repercutindo com grande alarido o próprio testemunho, cheio de acusações exclusivas contra todos os envolvidos, tinha a impressão de que Regiane Rabello havia se apropriado do processo à revelia do Tribunal de Justiça. Mas se suas acusações a esmo estavam sujeitas a checagem ou a contestações, a situação se complicou para a defesa de Flordelis quando Regiane convenceu Lucas a revelar que uma carta que ele supostamente havia escrito na cadeia, confessando a autoria do crime, era na verdade cópia de um texto forjado pela própria pastora. Além de acrescentar mais uma qualificadora ao homicídio imputado à ré (uso de documento falso e falsidade ideológica), a revelação catapultou Regiane Rabello à condição de corajosa heroína que desvendou o plano sujo e salvou o filho menosprezado pela mãe desnaturada.

Rabello teria tomado conhecimento da "trama da carta" cinco meses depois do crime, em 31 de outubro de 2019, na audiência de instrução de Lucas.

> Eu conhecia o Lucas mais do que ela [Flordelis]. Quando olhei para ele sentado no plenário, todo sujo, maltrapilho, aquilo me deixou num estado... O olhar dele era um olhar de desespero, de quem pede socorro, de quem diz "Me ajuda!". Ele estava com os olhos cheios d'água. Então, eu pedi à juíza para falar a sós com ele.

Dra. Nearis autorizou a conversa reservada, mas determinou seu registro em áudio e vídeo. "Foi ali, minutos antes da audiência, que ele me contou a história toda", disse Regiane, ao narrar a versão consagrada no processo. "Ele disse que a carta tinha sido escrita pela Flordelis e que chegou a ele na cadeia por intermédio da Andrea Maia e do marido." O ex-cabo da PM Marcos Siqueira Costa cumpria pena pela participação, em

2015, da "Chacina da Baixada", que ficou conhecida como o maior morticínio daquele gênero na história do Rio de Janeiro. Revoltados com a troca do comando do 15º Batalhão da Polícia Militar, de Duque de Caxias, um grupo de policiais abateu a tiros de fuzil 29 pessoas inocentes.

Condenado a 474 anos de prisão, Siqueira Costa havia sido promovido à "faxina" na cadeia e tinha acesso à cela de Lucas. O ex-cabo foi a júri popular junto com a mulher, acusada do transporte da carta, e com Adriano Pequeno, que entregou a carta a Andrea do lado de fora da cadeia. Marcos Siqueira Costa teve acrescentada a seu portfólio de crimes mais uma condenação, de cinco anos e vinte dias de prisão, seis meses a mais do que Adriano Pequeno e nove a mais que Andrea Maia.

O Lucas copiou o texto [da carta], mas, imagina!, o Lucas não tem português para escrever aquilo! Ela [Flordelis] nem procurava saber se ele estava indo para a escola! O Flávio e o Marcos [Siqueira] fizeram algumas alterações, e deram duas versões para o Lucas copiar. A Flordelis ia escolher uma.

A seguir, estão reproduzidos trechos decifráveis das duas versões copiadas por Lucas.

Versão 1:

Minha mãe. Venho por meio desta carta te pedir desculpa por um mal que fiz à senhora. Estou aqui para te contar a verdade. Eu tive na casa da senhora e a Marzy falou comigo que o Anderson agarrou a Rafaela [filha de Simone] aí eu fui perguntar à Simone e ela confirmou aí eu fiquei irritado aí eu fui falar com a Marzy que disse que o Luan e o Misael queriam falar comigo aí eu disse que ia falar com o Flávio, ela disse melhor ouvir o Misael fui na direção dele ele me fez uma proposta de mudar de vida me dando um emprego na prefeitura carro e ia me deixar voltar para a casa da senhora mais para isso tinha que dar um susto no Anderson ele queria impedir a senhora de me ajudar aí eu pedi a um amigo para dar um susto nele mais o moleque disse que ele tentou agarrar ele aí ele apertou em cima dele mais não era pra fazer isso era para dar um susto só mais deu ruim, Misael falou que tinha só um problema com o Anderson e que o Flávio manipula a senhora depois falou que eu não estaria pecando porque ele tentou agarrar a Rafaela falou que ele atrapalhava ele na política que controlava todo o seu dinheiro no dia do acontecido eu fui abrir o portão de trás para o cara entrar e dar um susto nele o moleque já sabia o que fazer mas deu ruim falei só para dar uns tapas nele só que deu ruim na hora depois que eu fui preso ele tratou um advogado pra mim depois que eu falei tudo que ele queria ele me abandonou aí agora vou falar a verdade porque eu não acho certo uma pessoa do bem estar preso por uma coisa que ele não fez o Misael tinha acesso livre na DH [delegacia de homicídios] só o Flávio que é torturado e apanha na DH.

Versão 2:

Bênção mãe venho por meio dessa carta te pedir desculpa por tudo que está acontecendo quero te pedir desculpas por tudo isso quero te dizer que tudo isso é culpa minha fui pela onda dos outros acabei machucando quem eu mais amo! Antes disso tudo acontecer a Marzy quando eu fui na casa da senhora me falou que o Anderson tentou agarrar a Rafaela aí eu perguntei à Simone ela falou que era verdade aí eu fui falar com a Marzy que disse que o Misael e o Luan queriam falar comigo eu disse que iria com o Flávio ela disse que era melhor ouvir o Misael aí fui na direção dele e ele me fez uma proposta de mudar de vida me dando um emprego na prefeitura, carro e iria me deixar voltar pra casa da minha mãe mas pra isso teria que dar um jeito no Anderson ele quem impedia minha mãe de me ajudar aí eu falei que podia falar com um amigo lá do morro onde eu ficava para dar um susto nele, mas ele reagiu aí deu no que deu, Misael me falou que tinha um problema eu tinha que colocar a culpa no Flávio pra ninguém desconfiar de mim eu falei mas o Flávio não para na casa da minha mãe... o Flávio manipula a mãe depois o Anderson tem que tirar as pedras do caminho e ele falou que eu não estaria pecando porque ele tentou abusar da minha sobrinha e que estaria atrapalhando ele na política e que controlava todo o dinheiro dela aí eu decidi que podia me beneficiar com isso decidi que podia dar um jeito nele mas aí no dia do acontecido ele me mandou uma mensagem falando que era o dia de fazer o negócio que ele tinha saído com a senhora se eu podia fazer naquela noite aí eu falei que iria dar um papo nos moleque para ver se eles fazia aí eu dei outra pistola na mão dos moleque igual a que eu deixei na mão do Flávio aí só fui lá abrir o portão já tinha explicado como eles iria fazer aí deu no que deu, Misael tinha acesso livre no DH. O Flávio apanhou e foi torturado no DH porque não falava o que os cara queria. Só que depois que eu falei tudo que eles queria o Misael e os advogados me abandonaram agora eu queria contar a verdade para todo mundo saber. No DII tiraram o barbeiro para eu cortar meu cabelo, entre outras coisas...

Misael e Luan, os filhos que aparecem na carta como articuladores da execução do pastor, eram justamente os que depuseram contra Flordelis desde o início. A narrativa de Lucas sobre a trama deixou Regiane, nas palavras dela, "em estado de choque". "Eu não acredito que você topou participar disso!", horrorizou-se, na conversa gravada. Ele então contou que Flordelis havia usado o argumento de que seria mais fácil para ela, que tinha dinheiro e influência, bancar as despesas da defesa dele estando ela fora da prisão. A carta foi divulgada pela pastora em uma reportagem do *Fantástico*, exibida no domingo 22 de setembro de 2019. Aconteceu que, quando o programa foi ao ar, Flordelis não obteve o resultado que esperava. Em pouco tempo, a Polícia Civil e o Ministério Público reuniram provas suficientes para concluir que se tratava de mais uma manobra da pastora para se livrar das acusações feitas a ela. Desde que o latrocínio fora descartado pelos investigadores, ela vinha declarando que queria muito ajudar a descobrir quem eram os autores da "maldade" que pusera fim à vida de seu marido. Contudo, ao contrário do pretendido, sua obsequiosidade só fez reforçar as suspeitas cada vez maiores de que a autora era ela. Ao oferecer a carta para a produção do *Fantástico*, Flordelis não levou em conta que a polícia encontraria conversas reveladoras no WhatsApp de seu novo celular, apreendido em 17 de setembro, cinco dias antes da exibição do programa. A partir da análise desse conteúdo, a equipe da delegada Bárbara Lomba chegou a Andrea Maia, que integrava o grupo Guerreiras de Bangu, composto de mulheres de presidiários. Os diálogos entre Flordelis e Andrea mostraram que as duas estavam mancomunadas na elaboração e transporte da carta.

Um ofício da Seap enviado à 3ª Vara Criminal de Niterói documenta a visita que Lucas recebeu na cadeia de dois advogados de Flávio — Mauricio Mayr e Flávio Crelier —, nos dias 17 e 18 de setembro; a dupla teria ido até lá especialmente para convencê-lo a não participar da reconstituição do crime, marcada para sábado, 21, um dia antes da exibição da carta no *Fantástico*. Àquela altura, a polícia já havia encontrado no celular de Flordelis diálogos mantidos entre a pastora e seu advogado à época, Fabiano Migueis, nos quais ela perguntava se a reconstituição aconteceria, "mesmo se conseguirmos a confissão de Lucas". No primeiro contato entre os dois, ocorrido no dia 10 de setembro, Flordelis informava que "o marido da moça vai falar pra ele confessar. Ele só quer ter certeza de que vou perdoá-lo". No dia 11, o advogado pergunta à pastora se "Lucas já escreveu a outra carta [a cópia]" e indica que "é importante ele ficar em Bangu 9 [presídio Bandeira Stampa]". Ali, pelo que se inferiu, Lucas estaria acessível para Marcos Siqueira Costa e o próprio Flávio, encarregado de incentivá-lo a copiar o texto que o incriminaria.

O promotor Sérgio Luís Lopes Pereira — que à época era do Grupo de Atuação Especializada de Combate ao Crime Organizado (Gaeco) e trabalhou na fase investigativa do caso — havia considerado uma impropriedade instalar Flávio e Lucas no mesmo ambiente. Nos dois meses em que os irmãos passaram na delegacia de homicídios de Niterói, eles haviam sido encarcerados separadamente. Pereira observou que a fraude de provas (a trama da carta) ocorreu, entre outros motivos, pela "inusitada colocação dos réus na mesma cela, e em um presídio destinado a milicianos e policiais, o que nenhum dos dois é". Ao depor, Lucas alegou ter embarcado na arriscada impostura de Flordelis porque não aguentava mais ver Flávio "choramingando" ("Todo dia era um chororô no meu ouvido") e também porque "ele garantiu que me ajudaria quando estivesse fora dali". "A carta veio pra mim na mão. Só copiei. Foi minha mãe que mandou pra mim, da rua", afirmou ele à delegada Bárbara Lomba em 17 de dezembro de 2019, depois da audiência de instrução, em inquérito aberto por determinação da juíza Nearis Arce. Na ocasião, Lucas contou que, após reescrever o texto da carta, perguntou a Flávio o que havia sido feito da carta original, escrita pela pastora: "Ele disse que picou, jogou na privada e deu descarga".

Os 2 mil reais que Andrea Maia e Marcos Siqueira teriam embolsado pelo serviço foram transferidos por Flordelis em

16 de setembro de 2019 para a conta de Jailton dos Reis Dantas — filho de Andrea com o primeiro marido. Ao tentar se explicar, no júri popular, Andrea apelou para as cestas de alimentos (custódias) que produzia para os presidiários. Disse que os 2 mil reais eram referentes à encomenda feita por Flordelis de um estrogonofe de camarão, um dos pratos favoritos de Lucas. Em 15 de setembro, um dia antes de a pastora efetuar a transferência do dinheiro (o comprovante aparece em uma das mensagens de WhatsApp), Andrea anuncia: "Sua vitória está nas mãos do Adriano [que entregaria de volta para a mãe a carta reescrita por Lucas e transportada de dentro para fora da cadeia por Siqueira e Andrea]. Seu filho [Lucas] mandou [a carta]". O "recibo" da transferência é passado no próprio dia 16, em uma mensagem cifrada: "Pagaram o Lucas". Apesar de ter cumprido sua parte, Andrea se mostrou receosa de que o texto da carta não fosse suficientemente persuasivo para convencer as autoridades. Em um áudio para Flordelis, ela diz: "Na hora em que pegar essas provas, é o advogado fazer o papel dele muito bem-feito, porque eles vão fazer de tudo para não dar importância, né? Então, a gente tem que movimentar todas as estratégias certas para desbancar". Ao final da mensagem, ela faz menção à delegada Bárbara Lomba, que à época ainda presidia o inquérito: "Tu vai destruir a carreira dessa delegada da DH. Você sabe, né?".

"Conversa da Andrea!", desconsiderou Reinaldo Leal, chefe de operações de Lomba. "Ela era mulher de um presidiário, quis criar intimidade com Flordelis porque acreditava que poderia obter vantagens sendo amiga de uma deputada." A respeito do depoimento de Maia na delegacia, Leal lembrou: "A gente tentou a princípio gravar o termo de declaração só em áudio, mas ela não respondia objetivamente a nenhuma pergunta. Só enrolava. É uma 171 nata!", disse ele, referindo-se ao artigo do Código Penal que versa sobre o crime de estelionato ("obter, para

si ou para outrem, vantagem ilícita, em prejuízo alheio, induzindo ou mantendo alguém em erro, mediante artifício, ardil,
ou qualquer outro meio fraudulento").

Aí, nós resolvemos gravar em vídeo. Eu disse que leria em
ordem cronológica as mensagens trocadas com a Flordelis, para que ela explicasse uma a uma. Como não havia explicação plausível para aquilo, os argumentos dela eram os
mais despropositados.

Andrea, segundo Leal, chegou a alegar que suas mensagens
para a pastora eram um blefe: por não acreditar na inocência
de Flordelis, ela teria jogado verde para colher uma confissão,
ou, no mínimo, eventuais contradições. "Não tinha o menor
cabimento", riu ele.

Durante a conversa reservada que teve com Lucas, antes da
audiência de instrução, Regiane Rabello o teria encostado na parede. "Você vai ficar comigo ou com eles? Quem fica comigo não
faz coisa errada!" A versão é dela mesma. Em sua autoproclamada
condição de justiceira implacável, Regiane disse que havia inclusive bancado os advogados de seu protegido — dr. Walter Santos,
que era "extremamente competente", e dra. Fernanda dos Anjos.
No entanto, ao revelar tudo sobre a carta forjada, Lucas, pressio-
nado pela própria Regiane, solicitou um advogado à Defensoria
Pública. Assim, a partir dali, quem passou a representá-lo foi dr.
Jorge Mesquita. Calvo, musculoso, por volta de quarenta anos,
dr. Mesquita concedeu uma entrevista para este livro pouco antes
do julgamento de Flordelis. Muito receptivo, usava uma gravata
azul-turquesa que disputava a atenção com um aparelho orto-
dôntico que deixava sua dicção ligeiramente sibilante. Na ocasião, o defensor público contou que as muitas versões apresentadas pelos onze acusados do crime, incluindo o próprio Lucas,
o levaram a considerar o processo um dos mais imperscrutáveis

83

de sua carreira. "Eu pisava em ovos o tempo todo, por não saber o que era verdade. São pessoas extremamente volúveis, descomprometidas com os relatos que fazem. Eu tive de tirar as minhas conclusões, abrindo mão de certezas absolutas", disse. Em relação a Lucas, Mesquita afirmou que

é aquele jovem fanfarrão, que quer mostrar que tem poder com a bandidagem, acha que dá status... Aí, o cara diz pra ele: "Você tem como arrumar uma arma?". Ele, para mostrar conhecimento com os bandidos, arruma. Eu perguntei várias vezes se ele tinha conhecimento do uso que se faria da arma quando intermediou a compra e, honestamente, não consigo afirmar com cem por cento de certeza que ele não tinha. A Regiane assegura que não, mas ela é acelerada, a gente tem de dar um desconto. Muitas coisas que a Regiane disse sobre o que se passava na casa não se confirmaram.

Apesar da dificuldade de trabalhar em um caso tão cheio de pontos cegos, o advogado afirmou que estava satisfeito com a pena que conseguiu para Lucas.

Eu e o promotor conversamos, chegamos a um denominador comum. Se eu não propusesse um acordo com o promotor e a juíza, o Lucas seria condenado por homicídio triplamente qualificado, e ia sair dali, no barato, com quinze ou dezoito anos de pena. Você para pra pensar: "Pô, ele saiu com nove, está preso há três, daqui a pouco já está indo pra rua. Eu vou ficar batendo pé?".

Dr. prof. Faucz estava certo em suas previsões de turbulência no depoimento de Regiane Rabello. No plenário, ela surgiu dentro de um vestido cor de vinho colado no corpo, descrito depois por ela como "um longuete bem-comportado, bem elegante";

calçava scarpins prateados de bico fino e um manto bege ("de tecido especial, vindo de Israel"). Ao responder às perguntas que lhe faziam, repetiu o repertório habitual de invectivas, sem se preocupar com o que seria pertinente ao processo e o que era apenas opinião pessoal. "Ela [Flordelis] não aceitava ser mãe de um preto fedorento [...]. Lucas não foi ensinado nem a usar um desodorante, um higienizador bucal, o Lucas fedia. Eles [os meninos] não eram criados, eles se criavam." Orgulhosa da própria valentia, Rabello afirmou ter enfrentado momentos muito difíceis em sua cruzada por justiça.

Eu tô me sentindo coagida para não falar a verdade. Eu tô me sentindo coagida por essa família! Tive uma bomba jogada na minha casa, onde sempre tive paz, os carros da minha oficina rabiscados na rua pela sra. Lorrane. Qual é a paz que eu tô tendo? Isso tudo pra me calar? Eu tô de saco cheio! Aqui, quem são a família de criminosos são eles! [...] [Os advogados] estão me processando, estão me pedindo 5 mil reais por danos morais a Flordelins. Eu não entendi! Agora, no Brasil, a gente não pode mais falar a verdade? A gente tem que ser processado e ainda pagar 5 mil para o réu? [...] A mandante é a Flordelis. Ela e todo aquele pessoal que está sentado ali [desenha um arco com o dedo indicador, na direção dos réus, sem olhar para eles; suas unhas alongadas com silicone estão pintadas de uma cor próxima da do longuete]. Todo mundo ali tem sua participação especial...

Ao promotor Coelho, Regiane repetiu em detalhes como foi que Flordelis teria assediado Lucas para tentar convencê-lo a matar o pastor.

Eu fiquei apavorada com o pedido que estava sendo feito. Eles queriam se livrar do pastor, que ninguém mais aguentava ele dentro da casa. [Flordelis perguntava] se ele [Lucas] podia "fazer" ou arrumar alguém para "fazer". Ela jogaria os relógios [do pastor] dentro do carro, e ele [Lucas] poderia fugir no carro para parecer que foi um assalto, e ficar com os relógios.

Pressentindo o uso de munição pesada, dr. prof. Faucz tinha se aparelhado como pôde para tentar conter a dona da oficina. Ao interrogá-la, pediu ao juízo que fossem reproduzidas três mensagens encontradas no celular de Flordelis. Na primeira, Regiane se referia a Lucas como "bandido" e "psicopata".

Dr. prof. Faucz: "Você considerava o Lucas um psicopata?".

Regiane: "Eu já estava ficando com medo do Lucas, porque já não sabia quem ele era de verdade [...]. Foi quando eu liguei pra ela [Flordelis] pedindo pelo amor de Deus se ela podia ajudar. Já que o testemunho dela era esse, de tirar pessoas do crime, por que ela não poderia ajudar o Lucas? [...] Só que ela tinha tanta vergonha dele que chegou ao ponto de não dar nem a certidão de nascimento para ele tirar a identidade. Até hoje, o Lucas não tem nem identidade".

A mensagem exibida por dr. prof. Faucz serviu para arrefecer a ferocidade de Regiane, que reagiu meio aturdida, mas a informação de que Lucas ainda não possuía um número de registro geral (RG), supostamente porque Flordelis não havia fornecido a certidão de nascimento dele, pareceu ter pegado a defesa igualmente de surpresa. Faucz se escorou em outra mensagem, enviada por Flordelis a Lucas, que contradizia sumariamente tudo o que Regiane tinha acabado de vociferar contra a pastora. Antes de exibi-la, o advogado informou que datava de 13 de junho de 2019, três dias antes do crime. Nela, a pastora mostra uma atitude que não combina com a da mãe adotiva que teria tentado convencer o filho a matar o pai, e que, depois, quis aliciá-lo para confessar o assassinato. Dizia a mensagem: "Para de ficar com essa postura de bandido. Não é esse o projeto de Deus na sua vida, e eu não vou desistir de orar para você deixar essas coisas erradas, voltar a trabalhar. Você é inteligente. Tanta gente que não tem estudo e trabalha".

Dr. prof. Faucz: "Essa mensagem é compatível com alguém que havia desistido do filho?".

Regiane, subitamente desarmada: "Ela procurava ele bem de vez em quando".

O advogado mencionou a ação que citava a dona da oficina, no caso das acusações e ataques injuriosos à família, e ela disse: "Chegou na minha mão hoje, ainda agora... Eu queria um copo de água com açúcar porque eu não tô aguentando essa pressão dos advogados, não. Eu tô sendo perseguida aqui, gente. Só Deus...".

Dra. Janira Rocha assumiu o microfone e quis saber detalhes da tentativa de atropelamento que Regiane afirmava ter sofrido na porta de sua oficina, durante uma gravação do documentário produzido pela Globoplay. "Você falou em uma determinada ocasião que a Lorrane passou na sua porta pra te provocar, e isso foi filmado. Filmado por quem?"

Regiane: "Eu não falei a Lorrane, eu falei que foi filmado a Rafaela jogando o carro quase nas minhas pernas".

Dra. Janira: "E a Lorrane estava junto?".

Regiane: "A Lorrane estava numa van mais à frente. Ela veio correndo com um celular querendo filmar, [...] porque elas queriam pegar alguma cena de comoção, alguém fazendo alguma coisa contra elas. Então, elas jogaram [a van em cima de mim], mas elas não viram que eu estava filmando a Rafaela. Está filmado".

Dra. Janira: "A filmagem foi feita por quem?".

Regiane: "Por mim mesma. O rapaz do trânsito até veio... Eu estava em cima da faixa de pedestre, aguardando o Uber".

Dra. Janira: "Junto com a Rafaela e a Lorrane havia outras pessoas?".

Regiane: "Tinha. A Mariana, que era a produtora, né?... diretora. A Mariana foi até lá na oficina pra tentar conversar comigo. 'Ah, nós nem vimos isso acontecer.' Porque ela ficou com um certo medo de eu arrumar algum problema".

Dra. Janira: "A Mariana presenciou essa cena?".

Regiane: "Ela estava dentro do carro. Falou que nem prestou atenção, porque estava de cabeça baixa mexendo em alguma coisa. Na verdade, é sempre uma comoção que eles gostam de causar".

O microfone de dra. Janira emudeceu subitamente. Quando a equipe técnica do tribunal recuperou o som, a advogada estava em uma altercação com a juíza. Pleiteava que se ouvisse Mariana Jaspe, a diretora do documentário da Globoplay.

Dra. Janira: "A testemunha está aqui fazendo várias acusações a pessoas da família, em relação a Lorrane e Rafaela, que, inclusive, são testemunhas de...". A juíza a interrompeu, então a advogada alegou que se sentia acuada, coagida, e no final dra. Nearis autorizou a oitiva de Jaspe. Nitidamente contrariada, a diretora do documentário se esquivou das perguntas feitas a ela e não acrescentou nenhuma informação relevante sobre o episódio.

9.
O inspetor de polícia

No segundo dia, a sessão se iniciou com mais de uma hora de atraso, porque esqueceram um dos réus na cadeia; os cinco eram levados diariamente da penitenciária para o Fórum e trazidos de volta. A responsabilidade pelo esquecimento de André Bigode foi atribuída à Seap, que não o teria incluído na lista do transporte naquele dia.

Enquanto Bigode não chegava, o fluxo de jornalistas, parentes e curiosos se tornou intenso no corredor do 12º andar, que tinha cerca de quarenta metros de comprimento por quatro metros de largura. Muito excitada, uma repórter de TV logo espalhou a falha da secretaria: "Gente, não colocaram o André na lista dos réus, e a Seap não trouxe ele! Tá bom para vocês!? Eles vão até o Rio AGORA para buscar o cara!". Um colega reagiu: "Caralho, puta que o pariu!".

Além de dona Carmozina, Lorrane, Rafaela e alguns outros filhos e netos de Flordelis — e do seu devotado noivo, Allan Soares —, estavam no corredor parentes que não pertenciam ao núcleo duro da família. Pelo que se observava, achavam-se ali para sondar o ambiente, averiguar os papéis que as testemunhas assumiram no plenário ("Quanta falsidade, meu Deus") e fazer inconfidências maldosas a respeito de todos. "A Flor nunca teve bunda, e continuou não tendo mesmo depois de botar silicone. Não adiantou nada, é murcha até hoje", avaliou Lauriceia Motta, 71 anos, a tia mais velha da pastora. Ieda dos Santos, 54, cunhada de Flordelis — mulher de Fábio, irmão da pastora que Anderson do Carmo se recusava a receber em casa —, também se encontrava na área. Morena clara, pele castigada pelo sol e pelo cigarro, cabelos secos e desbotados, envergava a personagem da assessora de imprensa do marido. Usava a clássica estratégia da "entrevista praticamente impossível". "Nem adianta, o Fábio não fala por nada nesse mundo. Já ofereceram 100 mil, 120 mil, 250 mil... se fosse dinheiro o problema..." Algum tempo depois, caso Ieda percebesse que não havia interesse pela entrevista, ela reaparecia em um canto esquecido do corredor, próximo ao hall que dava acesso aos banheiros, com o telefone na orelha, e: "Psiu!", chamava o repórter. Dessa vez, dizia que estava com o marido na linha e que o havia consultado sobre a possibilidade de "dar uma entrevista exclusiva". Enquanto mordia os lábios e dava uma piscadela, forjando um sorriso nervoso, ela perguntava ao marido (como se ele estivesse do outro lado da linha): "Pode então dar o número para o repórter?". Finalizada a ligação, a assessora ocasional passava o contato do potencial entrevistado, com a boa notícia: "Ele topou falar!".

A testemunha que inaugurou a terça-feira, possivelmente o depoimento mais improdutivo de todo o julgamento, foi o inspetor da Polícia Civil Tiago Vaz de Souza, que trabalhou no caso a partir de janeiro de 2020, quando o delegado Allan Duarte Lacerda assumiu o inquérito. Com um tom de voz evasivo, Vaz, de cerca de quarenta anos, respondia de forma vaga e aparentemente descompromissada às perguntas feitas pelos promotores. Sem mostrar muita confiança na própria memória nem preocupação com a precisão dos fatos, disse que os detetives deduziram, pela análise de mensagens enviadas a Anderson do Carmo por Carlos Ubiraci, que o pastor tinha conhecimento de que havia um plano para matá-lo; que Simone e Marzy comentaram com familiares que elas estavam colocando veneno na comida de Anderson; que tentaram contratar pistoleiros, pagos por Flordelis, para executá-lo; e que o celular da vítima, supostamente inutilizado e jogado no mar, permaneceu dando sinal em Niterói dias depois do crime. Com uma atitude esquiva, o inspetor repetiu, enfim, de maneira superficial, o que Bárbara Lomba, Allan Lacerda e Regiane Rabello já haviam detalhado, incluindo o plano fracassado da carta confessional de Lucas.

Justamente a respeito da carta, deu-se, por tabela, um novo embate entre a advogada de defesa de Flordelis e a juíza — fenômeno que viria a se consagrar como grande atração naquele julgamento. Dra. Janira tentava provar que a verdadeira vítima na trama da carta havia sido a pastora. Sua cliente teria sido extorquida por Andrea Maia e Marcos Siqueira Costa. Por essa versão, a carta fora escrita voluntariamente pelo próprio Lucas, e, com ela em mãos, o casal de criminosos teria cobrado 2 mil reais de Flordelis para transportá-la para fora da cadeia. "O que nós estamos dizendo é que houve, sim, essa história da carta, mas que não foi a Flordelis que mandou entregar. Na verdade, a Flordelis mandou buscar uma carta que foi produzida a partir da trama da Andrea e do marido."

Dra. Janira pretendia mostrar aos jurados que foi Andrea quem primeiro procurou Flordelis, e não o contrário. Ocorreu que, para chegar ao momento da alegada extorsão de sua cliente por Maia, a advogada enveredou por um caminho muito longo, e a juíza perdeu a paciência. Janira iniciou apresentando uma troca de mensagens de texto entre Andrea e a pastora.

Andrea: "'Prazer, eu te conheço, mas você não [me conhece]'".

Dra. Janira explicou: "O celular [do qual se extraiu o diálogo] é da Flordelis...".

Juíza: "Isso eu já entendi. É uma mensagem da Andrea".

Dra. Janira: "Sim, o lado azul é da Andrea, o verde, da Flordelis".

Andrea: "Te conheço, mas você, não. Eu e minha família".

Flordelis: "Prazer. Você é linda".

Andrea: "Você que é, sua boca é linda kkkkk. Você tem preenchimento nos lábios, acho sua boca linda. Queria fazer, mas tenho medo...".

Flordelis: "Tenho não...".

[...]

Andrea riu. Indagou se era melhor fazer o preenchimento no Niterói Shopping ou no Bangu Shopping, onde havia mais vagas para estacionar...

Juíza: "Só um instantinho, doutora, [...] estamos passando várias mensagens, a testemunha está aqui parada, tem perguntas para a testemunha?".

Dra. Janira: "Excelência, a acusação exibiu várias mensagens".

Juíza: "Sim, mensagens que tinham relação com os fatos, doutora. Boca, preenchimento não têm nada a ver".

Dra. Janira, ao mesmo tempo que a juíza: "Quem vai... a defesa acha, na sua escolha defensiva, ela acha importante que o policial [Tiago Vaz] e os jurados vejam o conteúdo da mensagem toda. A nossa reflexão lógica nós vamos tirar não dos pedaços, mas da mensagem como um todo. A defesa pede à senhora... nós queremos passar toda a mensagem. [...] Ao final, nós vamos fazer as perguntas".

Juíza: "Deixa só eu explicar uma coisa para a senhora". O tom era de educada intolerância. "Nós não estamos em alegações, nós não estamos no momento dos debates, nós estamos em um depoimento. Então, o que tem que ser exibido no momento não é o que os senhores acham importante que os jurados saibam; isso tem de ser exibido nos debates..."

Dra. Janira cortou: "Não, excelência".

Juíza: "Só um instantinho! Posso terminar? Eu esperei a senhora".

Dra. Janira: "Desculpe".

Juíza: "Eu acho importante que seja mostrada a mensagem em relação à qual vai ser feita a pergunta. Tem mais perguntas para a testemunha ou não?".

A ideia, pelo que se observava, era enredar os jurados com uma história trivial, de preenchimento nos lábios e na bochecha, e então questionar Tiago Vaz sobre alguma minúcia da investigação a respeito da carta — o que o policial desmemoriado provavelmente não saberia responder. A estratégia até poderia representar um pequeno ganho para a defesa, mas nada que valesse outra refrega com a juíza.

Dra. Janira: "Excelência, a senhora é a magistrada, é a organizadora da sessão. Eu sou advogada de defesa, sou eu que patrocino a defesa das pessoas, então eu faço as escolhas...".

Juíza: "A senhora não precisa dizer nossas funções, doutora, vamos ser objetivos aqui, né?".

Dra. Janira: "Quantos minutos a senhora vai me dar para eu responder à sua pergunta? Um minuto?".

Juíza: "Vai depender se a senhora vai responder ou não. Porque a senhora está é procedendo a comentários desnecessários sobre funções exercidas por mim ou pela senhora, que todos sabem qual é a minha posição e a sua".

Dra. Janira: "A senhora quer me dizer como eu devo trabalhar. A senhora está me limitando...".

Juíza: "Não, não. Eu estou indeferindo a exibição de algo que não tem a ver com perguntas para a testemunha, é isso".

Dra. Janira: "É isso!? A senhora está indeferindo a defesa de passar o conjunto da mensagem".

Juíza: "Neste momento, a não ser que seja reformulada a pergunta...".

Dra. Janira: "A defesa não tem o que fazer. Se vossa excelência, que administra a sessão, indefere a produção de provas frente aos jurados, eu não posso fazer nada. A defesa agradece, obrigada".

Juíza: "Doutora, eu não vou deixar que a senhora distor... tente converter... ah, me faltou até a palavra, o que eu estou dizendo... eu não estou dizendo que a defesa não pode produzir prova. Eu estou dizendo que esse não é o momento adequado, doutora".

Dra. Janira: "Mas...".

Juíza: "Deixa eu terminar, por favor! Não é o momento adequado para exibir provas que não serão questionadas à testemunha. [...] Nós estamos aqui para esclarecer os fatos, buscar a verdade, e a testemunha está ali sentada ouvindo a senhora ler várias mensagens sobre Botox, preenchimento, que não vêm ao caso. Então, eu gostaria que a senhora formulasse a pergunta em relação a mensagens específicas, e a testemunha seja questionada a respeito. Só isso, doutora. Ponto".

Dra. Janira: "Excelência...".

Juíza: "Então, só estou indeferindo a exibição de mensagens sobre as quais a testemunha não vai ser inquirida, só isso. Nós temos trinta testemunhas a serem ouvidas. Nós estamos no primeiro depoimento de hoje. Então, eu estou indeferindo perguntas... perguntas, não: exibições desnecessárias. Em relação a estas, a senhora não tem perguntas. [Indignada:] Ou quer perguntar à testemunha sobre preenchimento!? Se for perguntar, ótimo... Aí, a senhora vai dizer qual a pertinência, só isso. Tá registrado, então. A senhora tem perguntas para a testemunha em relação aos fatos?".

Dra. Janira: "Excelência, com todo respeito que a senhora merece. Para a defesa, é importante passar toda a mensagem, porque é no bojo do conjunto da mensagem que a defesa vai poder caracterizar a ação da dona Andrea sobre a Flordelis, a ação de uma estelionatária, tá? contumaz, sobre a Flordelis".

Juíza, falando por cima da outra: "Nós não estamos na sustentação...".

Dra. Janira: "... Eu queria passar toda a mensagem para fazer minhas perguntas, mas já que a senhora indeferiu... tudo bem".

Juíza: "Então, a senhora não quer passar mensagem nenhuma. É isso?".

Dra. Janira: "Não, eu queria! Quero passar a mensagem toda…".

Juíza: "As mensagens sobre preenchimento eu não vou permitir. Apenas mensagens relativas aos fatos. Quer passar ou não, doutora? A senhora tem direito de abrir mão das perguntas, é um direito da senhora, mas não impute isso à magistrada! Eu estou aqui para presidir a sessão, zelar pela regularidade, e tudo que eu estou colocando para a senhora é de forma a manter a regularidade do feito. Então, se a senhora não quiser fazer perguntas, é um direito que lhe assiste. Mas não me diga que eu estou proibindo a senhora de questionar testemunhas, porque não estou!".

Dra. Janira: "Então só rapidamente eu queria [ao mesmo tempo que a juíza]… A senhora diz o seguinte: 'Eu não vou permitir que passem mensagem sobre preenchimento, sobre unha, sobre não sei o quê, que isso não é pertinente'. A defesa acha que é pertinente. E ela vai explicar, ao final, através das perguntas que ela vai fazer, ela não vai dizer, mas ela vai fazer perguntas ao final das mensagens que vão fazer com que a senhora, os jurados e todos entendam por que essas perguntas que a Andrea faz, essa troca de amabilidade, você é bonita, sua unha é bonita…".

Juíza: "A senhora está tirando conclusões, e induzindo conclusões para os jurados, não é o momento".

Dra. Janira: "Tá, tá indeferido".

Nesse ponto, a suposta resignação de dra. Janira é enunciada com um tom malcriado, de modo que soa como se ela, Janira, estivesse indeferindo o indeferimento da juíza.

Durante a tentativa dela de exibir a troca de mensagens entre Andrea Maia e Flordelis, ou, como chamou a juíza, as "mensagens sobre preenchimento", a comissão de prerrogativas da

OAB detectou comentários zombeteiros e risinhos partindo da bancada do Ministério Público. Então, dra. Fernanda, do pelotão da Ordem, levou seu imemorial corte de cabelo assimétrico para fazer o registro em assentada.* Ao se aproximar do cercadinho que separava a plateia do plenário, a advogada de estimados cinquenta e alguns anos suspendeu pelo cós a calça muito justa, flexionando alternadamente os joelhos. Fernanda solicitou que "o Ministério Público fosse advertido para que não fosse irônico ou interrompesse a defesa em suas perguntas".

Dra. Janira: "Posso continuar com outras perguntas?".

Dra. Nearis: "Perguntas pertinentes serão deferidas com o maior prazer".

Dra. Janira, para o policial: "Vocês investigaram, junto à Seap, como que o Lucas, que era do tráfico, vai parar ali [em um presídio de milicianos]? Ou seja: de quem é a responsabilidade? Houve alguma ação política, algum funcionário da Seap responsável, ou só acharam estranho e deixaram passar?". A Seap tem por princípio não enviar traficantes e milicianos para o mesmo presídio, para evitar confronto de criminosos concorrentes. Dra. Janira, pelo que se presumia, buscava saber se existiu algum grupo político por trás da decisão de mandar Lucas para um presídio de milicianos, e se esse grupo político teria ligação com a suposta trama engendrada por Andrea Maia e Marcos Siqueira. A advogada, aparentemente, sugeria que esse grupo teria interesse em precipitar a fritura da deputada Flordelis, que acabaria cassada pelo Conselho de Ética da Câmara.

Mas o inspetor Vaz, que seguia transmitindo desinteresse — ou preferindo não se comprometer —, reagiu como se estivesse dissociado daquele contexto, como se nem sequer

---

* Assentada: o mesmo que ata. Tudo o que acontece de relevante no julgamento — e também o que o Ministério Público e a defesa pedem expressamente — é registrado em assentada.

tivesse participado algum dia da investigação: "Olha, eu não sei, doutora. Acho que é Bangu 8, né? Como eu disse, em janeiro de 2020 [quando passou a tomar parte da investigação] a situação já era outra: eles já estavam separados, por isso, toda essa questão nos antecede".

Dra. Janira insistiu: Como o senhor fechou o relatório, [...] inclusive no que foi dito na primeira fase, conhece o processo como um todo. O senhor pode me informar se essas pessoas que o antecederam investigaram quem foi o responsável ou a responsável dentro da Seap por permitir que um preso ligado ao tráfico e ao Comando Vermelho fosse colocado em um presídio da milícia?".

Policial: "Doutora, novamente, isso é uma questão administrativa, dentro de outra secretaria, e eu não me recordo se houve investigação sobre isso".

Apesar do empenho de dra. Janira Rocha, o depoimento de Tiago Vaz de Souza foi perdendo força, até que morreu, como se diz, por W.O.

10.
O filho que renegou o nome

O julgamento recuperou a energia na oitiva de Alexsander Felipe Mattos Mendes, o Luan, de 46 anos. Figura rotunda, de fala untuosa, ele contou que chegara à casa de Flordelis aos quinze anos, no início da década de 1990, pouco depois de Anderson do Carmo. Por causa do relacionamento familiar que desenvolveu ao longo da vida com os réus, Alexsander prestou depoimento como informante. Foi o primeiro a depor por videoconferência. Alegou que preferia não falar na presença de Flordelis e dos outros. Por respeito a uma solicitação dele, os inquisidores só o chamaram pelo nome original — Alexsander.

Ao se apresentar no plenário como pastor, Alexsander dava a ideia de ter sido agraciado com o dom da oratória, quiçá alguma eloquência. Mas a dificuldade de se expressar — sintática e semanticamente —, somada à sempre ordinária qualidade técnica do equipamento de som do tribunal, quase comprometeram por completo o depoimento. Salvaram-no as minúcias das lembranças, a contundência da narrativa e a emoção do depoente. Justamente pela dificuldade de se fazer entender, estava claro que Alexsander não poderia ter memorizado ou calculado tudo o que disse. Qualquer tentativa nesse sentido teria resultado desastrosa. Seu relato sobre o "dia dos fatos" foi muito vivo. Era possível visualizar o que ele descrevia.

Fiquei sabendo [da morte do pastor] às quatro horas da manhã. Eu não tenho costume de deixar o telefone para tocar alto. Por quê? Porque eu tenho um filho especial, autista, que tem o ouvido muito sensível. [...] Acontece que nesse dia, [não sei] por [que] cargas-d'água, eu deixei. Quando fui acordado com a notícia, eu não acreditei. [...] A esposa reclamando na cama: "Amor, que que é isso, o telefone ligado às quatro da manhã?". Quando eu fui ver na bina, [era] Daiane, minha irmã. Meu coração acelerou. [Ela disse:] "Tá sabendo?". Eu: "Sabendo do quê?". Ela: "Mataram o pai Niel". [...] Eu liguei para ela [Flordelis]! Liguei para o Misael [...]. Liguei para o Carlos [Ubiraci], o Carlos morava lá. Peguei meu carro e [cheguei no hospital] em dez minutos. [...] A Flor veio falar comigo, ela tava toda de branco, [...] o Flávio estava à esquerda, todo ensanguentado... Não chorava nem nada. O Flávio sempre foi frio. [...] Eu via que o choro [de Flordelis] não era um choro legal.

Eu cheguei na bancada [recepção do hospital] e falei: "Eu quero entrar". A moça perguntou: "Mas quem é você?". Eu disse: "Eu sou um dos filhos". Eu queria entrar para ver o corpo, porque eu não estava acreditando. [...] Aí, ela perguntou se eu ia ter força para ver. [...] Eu não gosto de ver essas coisas, mas falei: "Vou". E quando eu entrei para ver, não acreditei. A moça tirou o lençol, meu coração acelerou muito... Quase passei mal. [...] Ele estava com o olho meio aberto, a boca inchada, aqui [na lateral] tinha um rombo, desculpa o termo, meio arrombado. [...] Eu comecei a contar, parei no 14º [furo]. Eu nunca ia ver, em hipótese alguma, na região pélvica. [...] No peito dele, tinha carne esponjosa, nos braços, muita perfuração. E o que chamava a atenção é que a bala não era grossa. Parecia que era tipo tesoura, entende que eu falo? Tirava e botava, tirava e botava [movimento de tesouradas com as mãos].

Já na casa, os peritos já estavam lá para fazer a perícia, eu falei: "Cara, só eu contei catorze tiros". O Flávio falou: "Não, não são catorze, não. São sete". [...] Eu falei: "Flávio, eu vi.

Ninguém me contou. Só eu contei catorze tiros, catorze perfurações". Ele: "Não, são sete". Eu [perguntei]: "Mas por quê?". Ele falou: "Porque essa arma é 9 mm. Se você atirar, ela ricocheteia em você". [...] Ele falou de uma forma bem simples, bem... nem parecia que tinha sido ele.

O corpo trinta vezes perfurado de Anderson do Carmo foi velado em caixão aberto, no templo do Mutondo, em São Gonçalo, em meio a mais de dez coroas de flores — incluindo uma enviada pelo então presidente da República, Jair Bolsonaro. Durante a noite de domingo, enquanto recebia condolências, Flordelis, de acordo com o depoimento de Alexsander, trocou de roupa três vezes — o que não a impediu de se mostrar inconsolável. A muitos, ela não pareceu convincente. "As pessoas que estavam falando comigo, amigos pastores, diziam: 'Desculpa, cara, você é um amigo que eu tenho. Mas o que está acontecendo lá em cima, no altar, é uma farsa'. Eu dizia: 'Respeita a nossa dor, cara'." Com um lenço nas mãos, Flordelis alternava idas ao caixão, quando falava em voz baixa com o morto ("Vai em paz, meu querido, que você tem lugar garantido no reino do Senhor"), e lamúrias murmuradas em demorados abraços nos condolentes, entre eles políticos, estrelas gospel e fiéis do ministério. Com Simone, a viúva conversava na "língua do pê". Aos que, tomados pela curiosidade mórbida que sempre permeia o ambiente fúnebre, perguntavam detalhes sobre quem trabalhou na preparação do corpo para o velório, Flordelis respondia que quis muito cuidar disso, mas os filhos não deixaram. Tiveram receio de que a mãe "não suportasse". Pastor Fabão, que nunca mais falou com ela, contou outra história. Disse que "largaram o cara [corpo de Anderson] na pedra".

Ele morreu com o olho arregalado, assim ó [com os dedos polegar e indicador, ele abre os próprios olhos], querendo viver. Estavam com raiva mesmo, judiaram dele. Quem fez o reconhecimento do corpo no necrotério fui eu e ela [apontando para a mulher, Jacqueline]. Tava todo estourado, furado. Colocamos a roupa, costuramos a boca, colamos o olho. Rede social é assim: você tem 1 bilhão de amigos na internet, mas ninguém aparece nessa hora.

Alexsander reafirmou que a emoção de Flordelis no velório era falsa:

O choro não era choro verdadeiro, excelência. Infelizmente, eu falo isso... Eu fui o último dos obreiros, entre aspas, a sair da igreja. Duas e pouca da manhã. Quando eu fui procurar: "Cadê a mãe?", "Cadê a mãe?". [Flordelis não ficou até o fim.] Eu fiquei sabendo, eu fiquei muito chateado, e triste, na época pensativo. Por quê? Pregaram pra gente roubo... latrocínio: roubo seguido de morte. E eu tava acreditando nisso, a ponto de falar para os amigos. [...] Aí, as pessoas me disseram: "A mãe foi embora". E eu: "Ué, foi embora?". [...] Peraí, excelência!

Em seu assento, dr. prof. Faucz girou a cabeça para um lado e para o outro, em um movimento costumeiramente executado para relaxar a tensão no pescoço. E Alexsander mal havia começado...

Cheguei na casa dela [Flordelis], ela tava na cama. Rayane chorando copiosamente, Marzy chorando... a Reni, que era a secretária dela... Simone tava entrando e saindo do quarto, direto, as crianças fazendo bagunça, e um clima pesado. Eu olhei para o menino, como é o nome dele?, o escurinho... o Lucas! "Lucas, tá tudo bem?" Ele falou: "Tá tudo bem". Ele foi pro quarto da Flor, ficou deitado. E ela: "Ninguém vai pegar meu filho! Ninguém vai pegar!". Mas aquilo era uma encenação, porque depois ele saiu [do quarto], ela virou pra mim, [...] ela tava com a cabeça abaixada, assim, aí virou pra mim e disse [dramático, soltando o ar, com a voz baixa]: "Acabou", e sorriu pra mim. E falou: "Vida nova". [...] Aí ela bateu no ombro da Rayane, que chorava sem parar, e disse: "Filha, não chora, não. Agora, a gente vai ter mais tempo para a gente. A gente vai poder sair, a gente vai sair juntas".

A única coisa que afligia Flordelis depois do enterro, segundo Alexsander, era saber quem estava com o celular do pastor. "Era um iPhone X. [Ela perguntava:] 'Onde está o telefone dele? Onde está? Procura saber!' A Rayane disse: 'Mãe, acredito que está com o Buba'."

Márcio "Buba" da Costa Paulo era um agregado recente da família — havia chegado à casa quatro ou cinco anos antes, e passou a ser usado por Flordelis como motorista. Em Macaé, Misael contou que Buba disse a ele durante o velório que o celular do pastor havia ficado no carro. No celular estava a mensagem enviada a Marzy por Flordelis, com instruções a respeito da segunda emboscada proposta a Lucas para matar Anderson do Carmo. No dia planejado, o pastor iria ao Rio com Misael, André Bigode e Danielzinho, para trocar um dos carros da casa em uma concessionária de veículos carioca. Pretextando querer saber detalhes da novidade, Flordelis pediu ao marido que, antes de retornar a Niterói, passasse os dados da placa do carro comprado. De acordo com a orientação dada a Marzy, as letras e os números deveriam ser encaminhados a Lucas, que simularia um latrocínio (parecia uma ideia fixa) no caminho de volta do pastor. Aconteceu que nem Lucas topou a proposta — era a mesma, de 10 mil reais — nem o pastor trocou o carro.

O detalhe importante é que Flordelis teria escrito a mensagem para Marzy no bloco de notas do iPad de Anderson do

Carmo — e se esquecera de apagar. Como os aparelhos estavam sincronizados, ele leu a mensagem no celular e mostrou para Luana, mulher de Misael — que era secretária de Flordelis e trabalhava para Anderson também. Luana contaria depois que o pastor preferiu pôr a culpa do plano em Marzy. Apoiou-se em um argumento óbvio, mas muito frágil — que a mensagem havia sido encaminhada a Lucas por Marzy. A fim de se convencer de que a cúmplice de Flordelis seria suficientemente ardilosa para arquitetar o plano sozinha, Anderson do Carmo se aferrara à lembrança de que pouco tempo antes, ela, Marzy, havia roubado dinheiro do cofre dele.

Quando finalmente o celular do morto chegou às mãos de Flordelis, lembrou Alexsander, Adriano Pequeno se apossou do aparelho.

> O Adriano disse: "Mãe, você não vai ver o celular! Quem vai ver sou eu!". […] Ele estava tomado por um sentimento que não parecia ele. Ele tava com a mochila marrom do pastor Anderson […]. Ele virou… era como se ele fosse o chefão da casa agora, assim: o pastor Anderson morreu, quem vai assumir é ele. […] E eu, cá comigo: "Ele não sabe o que o pastor passa. O que é liderar, o que é administrar".

Flordelis, de acordo com Alexsander, determinou que se apagasse "tudo o que está lá [no celular]". Marcele, mulher de Adriano, a teria alertado: "Flor, tem algumas pessoas da minha família que mexem com essas questões [de tecnologia]. Se você apagar, eles [a polícia] vão saber aquilo que ele [Adriano] apagou". No plenário, Alexsander disse que não entendia, à época, "aquilo de tanta veemência" na determinação da pastora em apagar tudo.

O rápido desenrolar da investigação o obrigou a enxergar o que quase todo mundo na casa já sabia. Que muito provavelmente sua mãe afetiva, a mulher que o havia rebatizado e criado, estava por trás daquela urdidura. A partir de então, ele se afastou de Flordelis e seus acólitos; a primeira decisão que tomou foi comunicar nas redes sociais que não tinha mais relação nenhuma com a igreja. Foi quando, segundo relatou ao promotor Carlos Coelho, passou a receber telefonemas sequenciais da pastora e de todos os que a blindavam.

> Ela tava me ligando, Lorrane tava me ligando. Ela sempre fazia isso, pegava o telefone de alguém, mandava uma mensagem, você pensava que era fulano de tal falando, mas era ela. Por que ela me ligava e eu não atendia? Por que a Lorrane me ligava? Por que o pessoal me ligava? Porque eu simplesmente coloquei uma nota no Instagram, no Facebook... eu não rechacei a igreja, porque a igreja é do Senhor Jesus, então o que eu fiz? [...] Fiz uma nota com a minha esposa, eu tava sem cabeça, ela me ajudou a fazer, dizendo que eu estava me desligando do Ministério Flordelis. Aí, meu irmão, o pessoal que me conhecia todo me ligando. "Esse cara é sério. Esse cara saiu, esse cara é sério..." Aí, começou a chover ligação deles.

Os promotores quase não precisaram interpelar o depoente, apenas oferecer pequenos estímulos, com perguntas cujas respostas eles conheciam bem. Sabiam que tinham potencial para fustigar diligentemente a emoção dos jurados. Outro recurso usado pelo Ministério Público era repetir as declarações mais impactantes das testemunhas, ou pelo menos as últimas palavras ditas por elas ("Quer dizer então que a Flordelis disse para a Rayane... como foi? 'Acabou, vida nova'?"), para ensejar o mesmo efeito causado antes, como uma música sem letra, feita apenas para dançar. Tal artifício, recorrente nos interrogatórios de dr. Carlos Coelho, deixava a juíza particularmente exaltada.

Dr. Coelho: "A pastora deputada ofereceu alguma coisa para o senhor?".

Alexsander: "Como eu não atendia [o telefone], aí veio a DH [delegacia]. Quando veio a DH pra mim depor, eu até mostrei para o rapaz, o barba ruiva [Reinaldo Leal]: "Aqui, ó, olha quem tá me ligando". Ele viu lá: Lorrane, Flordelis... Quando ele viu, aí... Eu não tenho advogado, o meu advogado é Jesus. Graças a Deus, e é um bom advogado. Eu cheguei, depois que eu tava dando meu depoimento, tudo o que eu falei aqui pra vocês, sem acrescentar nem diminuir, a porta bateu, quando a porta bateu, perguntaram: 'O senhor está esperando alguém, sr. Alex?'. 'Não' Quando a porta abriu, era uma advogada. Aí, eu olhei pra ela, olhei pra ele, e ele: 'O senhor está esperando alguma advogada?'. Eu: 'Não, senhor' Ele disse: 'O senhor não tinha advogado, agora o senhor tem' Era uma loura, de cabelo meio curto. Eu virei pra ela e falei: 'Quem te mandou aqui?' Ela virou e falou: 'Sua mãe, Flordelis'. Eu disse: 'Pode sair. Eu não mandei ninguém vir aqui, e eu não quero advogado'".

Até que os investigadores entendessem exatamente o funcionamento da família — a divisão entre favoritos e desprezados — e passassem a deduzir quem eram os prováveis integrantes da associação criminosa e como teriam se dado as tentativas de matar o pastor, todos na casa eram suspeitos. No plenário, Alexsander reproduziu com os dedos o movimento de uma tesoura, e disse:

Minha agenda [presenças em cultos] foi cortada no domingo, excelência. Isso me doeu muito. As pessoas já estavam pensando que eu estava envolvido no caso. Minha agenda de vinte dias caiu para cinco. Pessoas que se diziam meus amigos falaram que eu estava incluso nesse esquema diabólico que aconteceu. Eu sofri muito.

Ele pediu desculpas à juíza, disse que estava com a voz meio cansada. Pediu para beber uma "aguinha", mostrando com os dedos polegar e indicador a quantidade necessária para matar sua sede. Alguém trouxe a água. A juíza aproveitou o ensejo para determinar um intervalo. Explicou que um dos jurados "já havia pedido há bastante tempo" para ir ao banheiro.

A sessão recomeçou com a repetição da pergunta feita por dr. Coelho antes do intervalo ("A pastora deputada ofereceu alguma coisa para o senhor?"). Da primeira vez, Alexsander não respondera exatamente o que se estava perguntando — ou não respondeu o que dr. Coelho esperava que ele respondesse. Agora, sim:

> Ela [Flordelis] virou e falou assim: "Você, o mais rápido possível, tem de ir para os Estados Unidos". [...] Eu olhei para ela e disse: "A senhora nunca quis que eu fosse para os Estados Unidos, por que agora a senhora tá querendo que eu vá?". E o Carlos [Ubiraci] de cabeça baixa. Porque ele, na minha opinião, já tava comprado.

A desconfiança do pastor surgiu quando Ubiraci apareceu na igreja com um carro novo, "uma Captiva".

Juíza, para dr. Coelho: "Doutor, ele está se estendendo. Já respondeu à pergunta?".

Dr. Décio Viégas assumiu o interrogatório: "Pastor Alexsander, essa oferta de bancar a sua passagem para os Estados Unidos era antes de o senhor depor na DH?".

Alexsander: "Antes. Ela queria me tirar de cena".

Dr. Viégas: "Em algum momento anterior ela se mostrou tão disposta assim a pagar passagem para o senhor?".

Alexsander: "Pasme! Nunca pagou minha passagem. Eu que pagava do meu bolso. Às vezes com cartão, ou pegava de amigos, mas eu era certinho, ia lá e pagava". O pastor então fez um vaticínio nada auspicioso para a defesa: "Na verdade, o que eles [Flordelis e os favoritos dela] não esperavam é que principalmente os mais velhos, eu, Misael, Daiane, fossem contra. Eles queriam que fosse tudo a favor, para acabar em pizza. Mas não vai acabar, não".

Dr. Viégas informou que iria exibir um áudio juntado ao processo pela defesa. Dra. Janira se mostrou enciumada: "A defesa não tem nada contra que seja passado e interpretado pela acusação. A defesa só quer demarcar que está entendendo que a partir desse momento há um acordo entre nós...".

Juíza: "Doutora, desde ontem está sendo permitida a exibição de tudo que está nos autos".

Dra. Rocha contestou, e então iniciou-se mais um bate-boca entre as duas, com frases superpostas, tendo como trilha sonora uma tempestade de ruídos ásperos decorrentes do humor rascante do equipamento de áudio. Em franca disputa com o destempero da máquina, a mágoa da advogada prevaleceu, e aí foi possível discernir sua voz em tom de queixume: "Só quero que fique demarcado que a partir de agora a mesma liberdade que vocês têm, inclusive com o nosso material, para produzir provas frente aos jurados, que nós também tenhamos!".

Juíza: "Já foi permitido, inclusive à defesa, desde ontem. Caso se refira à mensagem excepcional de hoje [entre Andrea Maia e Flordelis], e eu perguntei qual era a relação com os fatos, assim como agora eu perguntei ao doutor [Viégas, sobre o que seria o áudio a ser exibido]". Dra. Janira retornou à cadeira onde estava acomodada, no centro do plenário, e se sentou de costas para a juíza. Dra. Nearis arrematou: "Ok? vamos seguir aqui, sem tumultuar desnecessariamente em meio ao depoimento".

O áudio a ser exibido por dr. Viégas era de um telefonema feito por Lorrane a Luan (Alexsander). Sem saber aonde o promotor queria chegar, o depoente se adiantou, caminhando em outra direção:

Eu encontrei a Rafaela, irmã da Lorrane, no [supermercado] Guanabara. Aí, eu voltei, eu não sei se vocês entendem essa linguagem [como quem fala consigo mesmo]: "Volta lá, você não prega o perdão?". [...] Eu falei [com ela], a lágrima já tava querendo descer: "Filha, eu fiquei muito chateado quando ouvi algo de você, que você tá namorando uma menina, eu nunca te ensinei isso. Que o Ramon [outro filho biológico de Simone] tá namorando um menino. Eu nunca ensinei isso".

Dra. Nearis iniciou um chamamento antidispersão: "Bom, vamos lá...". Para Décio: "'Tá bom, doutor?'".

Na tela, remotamente, sem perceber a impaciência da juíza, Alexsander seguiu em frente: "Foi quando eu passei o [número do] telefone [para Rafaela encaminhar para Lorrane]".

Entendendo que não estava fácil para ninguém, dra. Nearis usou um tom amigável para pedir a colaboração do promotor: "A gente está fugindo um pouco do contexto". Dirigindo-se a Alexsander: "Essa pergunta não foi feita ao senhor".

Nesse momento, ocorreu nova quebra na fluência do interrogatório, por conta de mais um ruído no audiovisual. Dr. Décio caminhou até dr. Coelho, levando o laptop aberto no antebraço; dr. Coelho olhou para a tela. Os dois pareciam desacorçoados. Juíza: "Ok, não tem imagem, só áudio. Acabei de fazer uma pergunta, o senhor não me respondeu. Qual é a pergunta que vai ser feita em relação ao áudio [o telefonema de Lorrane a Alexsander]?".

Dr. Viégas pediu a Alexsander que prestasse atenção e acionou o áudio, mas a frase a ser exibida soou inaudível. Dr.

Coelho, que estava no centro do plenário, junto à mesa em que Viégas apoiara o laptop, chegou mais perto, aproximou o microfone e, olhando para a tela, disse: "Volta, volta, volta!". Mais ruídos irromperam da máquina. Impacientes, os promotores decidiram que a exibição do áudio, com aquele equipamento, era impraticável. Dois técnicos da informática adentraram o plenário para resolver o problema. O silêncio gerado pela expectativa acerca do conteúdo da mensagem que dr. Décio Viégas gostaria de mostrar deu lugar a uma dispersão murmurejante na plateia. Dra. Janira permaneceu informando, agora a esmo, que ela também usaria as peças juntadas nos autos pelo Ministério Público. Dr. Viégas reclamou outra vez de falta de condições para interrogar a testemunha. Disse que a primeira "impossibilidade" fora relativa ao indeferimento da saída dos réus do plenário, em favor da presença de Alexsander, e agora eram os problemas técnicos.

Como sempre muito investido de seu ofício, o segundo-sargento Crisóstomo atravessou o plenário a passos largos e lentos, enquanto dr. Viégas caminhava de um lado para outro, com as duas mãos apoiadas na cintura, uma delas empunhando o microfone na altura da faixa vermelha que ajustava a beca. Chamou Alexsander mais uma vez, perguntou se ele estava escutando, e quando ia fazer uma pergunta a juíza avisou que "o técnico deu uma alternativa aqui, vamos ver se vai funcionar". Mais alguns minutos e o áudio vibrou em nova eructação. Dra. Nearis reclamou, agora se dirigindo aos técnicos, disse que o problema estava atrapalhando muito o andamento do julgamento. Queixou-se de que "atrasa demais a audiência: Por favor!...". Na plateia, dois senhores na faixa dos setenta e poucos anos gargalharam baixinho. Disseram estar penalizados com a situação financeira do Judiciário, que não podia arcar com um equipamento de audiovisual decente ou com uma prestadora de serviços que atendesse minimamente às necessidades de um julgamento. "Eles podiam trazer a aparelhagem de som da casa da juíza", disse um, enquanto sacudia a cabeça de tanto rir.

Decidido a não aguardar por um milagre tecnológico, dr. Décio Viégas resolveu consultar a defesa sobre a possibilidade de reproduzir com a própria voz o conteúdo do áudio. Dra. Janira deu uma resposta que soou insincera e ressentida: "A defesa não se opõe a nada!". A advogada permanecia indócil porque, como se viu depois, os promotores estavam na iminência de revelar a provável (má) intenção de Lorrane, ou da defesa, ao ligar para Alexsander. No telefonema, a neta de Flordelis consultava o pastor sobre a possibilidade de uma eventual conversa dele justamente com dra. Janira, a fim de esclarecer alguns pontos. Alexsander não se opôs. No entanto, ele ignorava que a conversa estava sendo gravada e, ainda, que seria usada no julgamento. Pelo que se inferiu, a defesa pretendia mostrar que o pastor estava disposto a rever seu ponto de vista em relação a Flordelis, o que, de certa forma, contrariava o que ele dissera até então sobre não querer mais aproximação com a pastora. No plenário, quando Alexsander finalmente entendeu do que tratava o áudio, reagiu estarrecido: "Se ela falou isso para usar de má-fé [tentar atraí-lo no telefonema], desculpe a expressão, mas é baixo! Ela queria usar isso para ter algum pretexto para arrancar alguma coisa da gente".

A juíza quis saber se ele tinha conhecimento de que o telefonema estava sendo gravado. O tom de dra. Nearis era de indignação. "Peraí, pastor, o senhor não sabia que estava sendo gravado!?" Ela repetiu duas vezes a pergunta.

Alexsander: "Não".

O olhar paralisado da juíza na direção do depoente sugeria que o que estava sendo revelado era muito grave. Em sua alegada busca pela clareza, ela fez algo que costumava criticar no modus operandi de dr. Coelho: voltou a informações que já haviam sido mencionadas. "Essa conversa foi por telefone?", perguntou.

Alexsander: "Foi. Se ela fez isso, desculpe. Muito baixa, muito baixa, muito baixa".

Juíza: "Então, o senhor não autorizou a gravação?". Presumia-se que, se ele não sabia que estava sendo gravado, não teria como autorizar.

Alexsander: "Não".

Juíza: "Pastor, novamente, o senhor não tinha ciência da gravação da conversa entre vocês?".

Alexsander: "Não, senhora. Se ela fez isso, é chato demais, né?".

Dr. Décio: "Pastor Alexsander, Lorrane tinha ciência de que o senhor era testemunha nesse processo?".

Alexsander: "O quê? Agora? [enfático]. Claro que ela sabia!".

Dr. Décio: "Ela tentou fazer o senhor conversar com a [advogada de] defesa da ré, dra. Janira?".

Alexsander, mais uma vez, pareceu não ter entendido a pergunta. Disse: "Conversar para quê? [...] Ela tinha que automaticamente entender que tudo que está acontecendo são provas cabíveis. Conversar o quê, se eu nunca conversei com ela [dra. Janira]!?". Confuso, o pastor passou a espargir sua surpresa do jeito que lhe vinha à mente. A reação dele se mostrou proveitosa para o promotor. Primeiro, porque o assombro de Alexsander era convincente — ninguém ali duvidaria de que ele havia sido vítima de uma armação. Segundo, porque a suposta estratégia da defesa, de atraí-lo para uma conversa telefônica gravada, se revelou um tiro no pé. Por outro lado, o desatino do interrogado obrigou dr. Décio a lidar com a perda iminente do encadeamento do interrogatório. Os ruídos de ordem semântica e tecnológica, somados, acabaram por comprometer por completo a paciência do promotor. Dr. Coelho então assumiu o microfone e fez uma pergunta relativamente elementar. "Foi ela [Lorrane] que ligou?" Mas o descompasso de Alexsander se agravara: "Antes de ser pastor, eu sou homem...", repetiu, mais remotamente do que nunca. A juíza ingressou no mutirão de recondução do depoente à oitiva: "O senhor tem noção de quando foi essa conversa?". Ele reagiu como uma criança que chorou muito e acha um absurdo mudarem de assunto: "Não tenho noção. Não foi muito tempo, não".

O Ministério Público estava satisfeito. A seguir, como de praxe, era a vez de o assistente de acusação se manifestar. Dr. Ângelo Máximo quis saber, "continuando com o gancho", se Alexsander se sentia coagido com a conversa. O termo usado na pergunta pareceu ter obrigado a juíza a uma rápida e silenciosa revisão mental em seu dicionário de sinônimos. Ela então indagou: "Coagido por quem, doutor?".

Dr. Máximo: "Pela Lorrane".

Juíza: "Coagido!?".

Ela repetiu a pergunta para Alexsander: "O senhor se sente coagido com a exibição desse áudio?".

A resposta soou desconectada da pergunta, como se o texto tivesse sido submetido a uma ferramenta de tradução na internet: "Depois dessa? O que vai se esperar?".

Supondo que dr. Máximo não quisera dizer "coagido", a juíza sutilmente fez um ajuste na questão. "Eu tô perguntando se o senhor se sente coagido ou intimidado, que foi a pergunta do doutor aqui." Ele respondeu: "Eu me sinto. E, ao mesmo tempo, chateado. Porque eu nunca ensinei isso pra eles. Nunca ensinei". Aparentemente, os filhos de Simone não tinham tirado proveito de nenhuma lição do pastor. Uma lésbica, um gay e uma "baixa".

Dr. Máximo requereu o encaminhamento do áudio da gravação do telefonema de Lorrane à delegacia de homicídios e ao Ministério Público, com o objetivo de apurar eventuais crimes de "constrangimento ilegal e coação no curso do processo" (talvez a palavra fosse "constrangido", não "coagido"). A defesa argumentou que não se tratava de "fluxo de comunicações de sistemas de informática e telemática, como dispõe a lei 9296/96, mas de gravação, o que não prescinde de autorização judicial". A juíza deferiu o requerimento do assistente de acusação, afirmando que cabia ao Ministério Público "a avaliação ou não de suposta prática criminosa". Determinou intervalo para o almoço.

Dr. prof. Faucz, dra. Janira e equipe, assim como dr. Ângelo Máximo e sua auxiliar e alguns parentes e conhecidos dos acusados costumavam almoçar em um restaurante de comida a quilo chamado Ícone, nome cuja alusão permanece uma incógnita. Com cerca de trinta opções de pratos servidos em réchauds de alumínio, o lugar era guarnecido com piso frio e paredes cor de manteiga; recendia a frigideira engordurada. O valor do quilo variava de acordo com os pratos escolhidos pelo freguês. A maioria dos conteúdos dos réchauds remetiam a um lago raso e pardacento, habitado por estruturas às vezes indiscerníveis. O Ícone tinha capacidade para cem pessoas sentadas, mas, no horário em que a juíza costumava liberar o plenário para o almoço, por volta das quinze horas, quase não havia comensais. Nenhum dos profissionais envolvidos no julgamento foi aquinhoado com a cafeteira Nespresso que o restaurante estava sorteando na ocasião. Pelo que informaram os funcionários, levou-a uma médica que trabalhava na região.

II.
O filho que se voltou contra a mãe

Antes do início da oitiva seguinte, de Wagner Andrade Pimenta, rebatizado Misael, verificou-se que Flordelis não estava em seu assento. A juíza foi informada de que a ré não se sentia bem e descera para tomar ar. O Serviço de Atendimento Móvel de Urgência (Samu) foi posto à disposição da pastora, mas não houve necessidade de submetê-la à assistência médica. Ela voltou durante o depoimento, pelas mãos de dr. prof. Faucz. Ao entrar no plenário, tinha uma atitude ausente, espectral, e o advogado, talvez para afugentar o fantasma homicida que assombrava o ambiente, a conduzia com passos lentos, de maneira afetuosa.

Assim como o pastor Alexsander, Misael integrou a primeira leva de adolescentes atraídos pelos cultos da missionária Flordelis. Chegou por volta de 1990, pré-adolescente, um pouco antes de Anderson do Carmo, e morou quase três décadas na casa, até os 41 anos, quando se casou. Dr. Coelho perguntou a diferença de idade entre o depoente e a vítima, que era considerada um pai por ele. Misael respondeu que Anderson era de 27 de março de 1977, e ele, de 28 de novembro de 1978. "Um ano e oito meses." A testemunha foi mais uma a prestar depoimento como informante e a falar por videoconferência, o que garantiu, de novo, a angustiante interferência do duplo ruído — o gerado pela insuficiência técnica e o causado pelo flagelo gramatical.

Juíza: "O senhor não quer depor na presença dos réus por qual motivo?".

Misael: "Questão familiar, sentimento... pra mim, não tem condições".

Juíza: "Não tem condições o quê? Emocionais?". Embora sua excelência repreendesse os advogados quando eles incluíam a resposta na pergunta, ou induziam a uma resposta, ela própria o fazia.

Misael: "Emocionais".

O Ministério Público reiterou o pedido de oitiva presencial, o que implicava a necessária retirada dos réus do plenário. De novo, a demanda não foi atendida, e os promotores solicitaram que seu requerimento constasse em ata. A magistrada registrou também que "as condições técnicas para a gravação foram implementadas", e que "o presente depoimento foi gravado simultaneamente, tanto por videoconferência quanto pelo Kenta" (nome do serviço de gravação de audiência usado então pelo Tribunal de Justiça do Rio. A despeito da precária qualidade do áudio, a empresa se apresenta na internet como "líder de mercado em gestão de áudio, vídeo e texto").

Dr. Coelho pediu à juíza permissão para fazer outro requerimento, mas ela indeferiu. Terminantemente. Disse que não era o momento, informou que novas solicitações deveriam ser feitas após o término do depoimento.

Juíza: "Com a palavra, o Ministério Público. Requerimentos depois, doutor, eu já falei anteriormente com o senhor".

Mas dr. Coelho insistiu, e dra. Nearis se enfezou. Subiu o tom de voz: "Pela ordem! Nós estamos no meio do depoimento, o senhor pode seguir com as perguntas, doutor! É o momento de perguntas!".

O promotor perseverou. Falou ao mesmo tempo que a magistrada.

Juíza: "Doutor, não é o momento! O senhor entendeu? Ou não? Fui clara, ou não?".

Dr. Coelho ainda queria argumentar.

Juíza: "Doutor, não tem argumento! Depois, o senhor vai consignar o que o senhor quiser! E por favor, não requeira sem falar com o juízo, por favor! Vamos lá para o depoimento. Tem perguntas, ou não, doutor?".

Dr. Coelho continuou teimando, dra. Nearis reagiu, resoluta: "Doutor, eu não permiti que o senhor se manifestasse! O senhor vai se manifestar?". Ela aciona uma campainha de som metálico, que lembra um alarme de incêndio. "Acabou? Tem perguntas, dr. Décio? [Em tom ameaçador:] Eu vou passar a palavra para a defesa. Vamos lá!"

Enquanto o promotor Décio Viégas dizia "Boa noite" — já passava das vinte horas —, dr. Coelho ruminava alto seu inconformismo.

Juíza: "Bom, eu vou interromper a sessão, se o senhor insistir! Eu vou interromper até o senhor se acalmar! Porque assim não dá para a gente prosseguir! Dr. Décio, vai fazer perguntas? Por favor!".

Dr. Coelho se levantou, mexeu em uma sacola que estava no chão e dela tirou uma garrafa de água. Tomou alguns goles num gesto dramático, apontando o queixo para o alto, como se a garrafa fosse um microfone, e ele um intérprete arrebatado de canções românticas. O promotor Viégas pediu a Wagner Andrade Pimenta que contasse como passou a ser chamado de Misael. Mais uma vez, Andrade contou a cena de seu rebatismo, ocorrido na sala da casa do Jacarezinho. O promotor se queixou de que não estava ouvindo bem o depoimento, e acrescentou que havia "até pessoas da plateia reclamando". De fato, o som continuava fajuto. Dra. Nearis ignorou a queixa.

Juíza: "Doutor, vamos lá...".

Dr. Décio Viégas: "Então, o prejuízo está caracterizado".

Juíza: "Bom, eu tô ouvindo bem, vamos seguir".

Dr. Décio: "A senhora tem uma audição muito boa, parabéns, eu não tenho, infelizmente...".

Juíza: "Obrigada, vamos seguir então, doutor".

Diferentemente de Alexsander/Luan, Wagner Andrade Pimenta não via problema em ainda ser chamado de Misael, nome com o qual batizou o próprio filho (antes do crime) e se elegeu vereador. Com o marketing agregado à grife da pastora, "Misael da Flordelis" venceu o pleito de 2016 com 4309 votos. Em 2020, tentou se reeleger, mas aí já não era possível usar a mãe como chamariz na campanha. Ainda assim, recebeu 2023 votos, mais do que todos os candidatos concorrentes. Perdeu pelo quociente partidário.*

A versão de Misael sobre os primeiros momentos após a execução de seu irmão/pai/patrão/cabo eleitoral era compatível com a de Alexsander. Mudava apenas na localização, do ponto de vista físico. Quem ligou para dar a ele a notícia da morte foi o pastor Luciano Gomes, sogro de Adriano Pequeno e correligionário político de Anderson do Carmo. Pastor Luciano tinha cabelos pretos, nariz adunco, um sorriso nervoso e bochechas grandes, que emendavam com o papo flácido. Era considerado "irmão" de Anderson, ou, pelo menos, era assim que os dois se tratavam nas redes sociais. Boa parte dos conhecidos a quem Gomes ligou para comunicar o "latrocínio" reagiu com um inconfessável frêmito de excitação, muito comum nos casos em que o defunto foi um personagem popular, e sua morte, abrupta. Todos se mostraram estarrecidos. A surpresa era legítima. Quem haveria de querer matar um guia espiritual querido por todos, idolatrado pela mulher, administrador abnegado de um lar populoso, cuja grande maioria de residentes era composta de filhos adotivos ou afetivos? A viúva gritava ao mundo seu infortúnio. Como ela poderia caminhar agora!?

---

* Quociente partidário: resultado do número de votos válidos, obtidos pelo partido isolado ou pela coligação, dividido pelo quociente eleitoral, que é a soma do número de votos válidos — votos de legenda e os nominais, excluindo os brancos e os nulos —, dividida pelo número de cadeiras em disputa. Fonte: TSE.

"Meu marido era minhas pernas!", exclamava Flordelis. "Não era um choro verdadeiro. Era um choro forçado", afirmou Misael, repetidas vezes. De acordo com o que relatou, assim que soube por Luciano Gomes da morte do pastor, ele e Luana seguiram para o hospital. Disse que foi o segundo a chegar.

Quem estava lá primeiro foi o Dani, o Daniel, descalço, sem camisa, só de bermuda, no meio da rua, desesperado. Eu parei o carro, dei uma camisa para ele, coloquei o chinelo — que eu tinha um chinelo no carro — e entrei pela porta do hospital. Foi quando eu vi também o Flávio, que foi juntamente com o Dani levar meu pai para o hospital. Aí, eu cheguei na recepção. Passou ali uma meia horinha, uns quarenta minutos, quem aparece é minha mãe. Quando ela sai do carro, na rua mesmo, ela já vem chorando, né, até mim, só que como a gente morou juntos, convivemos, uma relação de mãe pra filho de quase trinta anos, eu sabia ali a questão do que era verdadeiro ou não.

Foi Misael, segundo relato do próprio, quem cuidou da burocracia no Instituto Médico Legal (IML), providenciou o atestado de óbito no cartório, tratou da compra do caixão e do sepultamento. Não quis ver o corpo. "Não tenho essa imagem, graças a Deus", disse. O enterro proporcionou momentos de incontida euforia a um razoável contingente de curiosos, que deixaram de ir ao trabalho na segunda-feira útil para "dar o último adeus" a Anderson do Carmo. O nome do pastor e o de Flordelis estavam no topo de todas as homes de sites de notícias e manchetes de jornais. A curta duração do sepultamento não chegou a decepcionar o público. Em meio à parafernália de câmeras portáteis acomodadas em ombros de cinegrafistas, microfones empunhados com obstinação por repórteres de TV, bloquinhos de anotação e celulares erguidos por muitos braços, registrando tudo, Flordelis fez uma entrada gloriosa no Memorial Parque

Nycteroy. Apareceu de peruca longa, óculos de sol aparatosos, calça e blusa pretos, e paletó branco e justo, bordado. Entre a Chrysler Caravan e o túmulo, ela percorreu um longo corredor formado por duas fileiras paralelas de políticos, fãs, religiosos, adoradores e desconhecidos.

Muito abalada, exaurida em seu pranto seco, Flordelis se debruçou perigosamente na direção do túmulo, enquanto os coveiros faziam seu trabalho. Em dado momento, buscou apoio em Flávio, que estava a seu lado, e segurou a mão dele para se amparar em uma súbita queda de pressão. "Ali eu vi que aquilo era tudo teatro. Eu conheço minha mãe, sei quando ela chora de verdade", diria Daniel à polícia. Como Flordelis não sabia ainda que o "latrocínio" havia sido descartado pelas câmeras da Companhia de Engenharia de Tráfego (CET) do Rio, ela repetiu aos jornalistas que pisoteavam os canteiros dos jazigos vizinhos a versão do "roubo seguido de morte" — com o acréscimo de um pequeno discurso contra a barbárie no país:

> Na Câmara dos Deputados, irei continuar lutando contra a violência, pois acredito no Brasil, acredito no Rio de Janeiro! Eu estou aqui me despedindo do meu marido junto com meus filhos, não sabemos quem foi que fez isso. A vida dele foi interrompida de forma violenta. Eu só peço a Deus que me dê forças e a toda a minha família.

Na entrevista para este livro em Maricá, Misael disse acreditar que a deputada "tentou fazer o caminho que o pastor faria: transformar o assassinato em uma questão social e otimizar como estratégia política". No julgamento, ele reafirmou a teatralização no enterro:

> [Ela] Ficava falando no microfone [com a imprensa] sobre a questão da segurança pública, chorando, mas... É com muita

tristeza que eu falo isso da minha mãe, vivemos trinta anos juntos, teve muitos momentos bons... e... que não era verdadeiro aquele choro, não era.

Ao que tudo indicava, o discurso da pastora, para parecer real, teria de ser redigido e dirigido pelo próprio Anderson do Carmo. Mas ele agora estava morto.

Os promotores evidentemente quiseram retomar a história do resgate do celular de Anderson do Carmo com o motorista Márcio Buba. Misael os aquinhoou com sua versão, mas narrada com a apatia de sempre:

Quando o Buba falou que estava com o celular do Niel, [me] veio à lembrança a mensagem da Flor para a Marzy [com a orientação da emboscada para matar o pastor], que minha esposa tinha comentado comigo. Eu sabia que tudo do pastor era sincronizado: o iPad, o computador e o celular. Falei pro Buba: "Onde está esse celular?". Isso na noite de domingo [dia do crime], quase para começar o culto. "Tá na minha casa", ele falou. Eu disse: "Então, amanhã você traz pra mim, por favor. Eu preciso desse celular". No dia seguinte, a gente foi para o sepultamento, eu esqueci o assunto, era muito sofrimento pra mim ali. Mas aí, quando o Buba tava saindo do cemitério, eu me lembrei. Fui até ele: "Buba, cadê o celular do pastor Anderson?". "Ah, Misael, eu deixei dentro do carro, que está na igreja". Eu disse: "Então, faz o seguinte. Eu tô indo pra casa, eu preciso desse celular". Ele: "Tá bom então, eu te levo".

De acordo com Misael, Buba chegou a sua casa às 13h50.

Eu desci, recebi ele na garagem, no pátio, ele me mostrou o celular. Eu liguei [o aparelho], queria essa mensagem que estava no bloco de notas. Mandei pra mim via zap e via e-mail. E tirei foto. Nisso, que eu fiquei uns cinco minutos no carro com o Buba, ele disse pra mim: "Misael, sabe quem matou o pastor Anderson?". Eu disse: "Eu, não, tô aqui sofrendo...". Ele disse: "Foi o Flavinho". Eu: "Tá louco cara!? O Flavinho por quê?". E ele ainda falou: "Ó, e a sua mãe sabe de tudo". Eu disse: "Que isso, cara, que isso!". Nesses cinco minutos, ela [Flordelis] ligando sem parar para ele [Buba]. Ligou umas três vezes. "Buba, cadê você?" Ele: "Tô indo, tô chegando!". Aí, ele disse: "Misael, eu tenho que levar o celular", e foi embora.

Dr. Coelho repetiu: "Três ligações de celular entre cinco e oito minutos...", desconsiderando novamente a determinação da juíza, que o repreendeu: "Dr. Carlos, eu vou pedir mais uma vez ao senhor para não ficar repetindo as respostas que a pessoa está dando, porque isso alonga demasiadamente o depoimento! Se eu contar quantas vezes o senhor fez isso, nos vários depoimentos... Por favor!".

No relato de Misael, faltava dizer por que ele devolveu o celular para Buba, em vez de entregar o aparelho à polícia. Ele explicou que o domínio que Flordelis exercia sobre todos na casa era tão grande que não passaria pela cabeça de nenhum dos supostos 55 filhos ficar com o telefone. "Ninguém pegaria o celular", afirmou. Além disso, o crime tinha acabado de acontecer e — até por conta desse domínio exercido pela pastora — Misael ainda não havia decidido depor contra ela. Isso só aconteceu na noite do dia 18, terça-feira, quando ele foi à delegacia de homicídios voluntariamente e contou "tudo que sabia". Foi a primeira declaração de alguém da família sugerindo o envolvimento da pastora. A imprensa correu para teclar a manchete, embora a polícia ainda soubesse pouco ou quase nada a respeito da organização da família — ou da desorganização.

A revelação de Misael podia indicar que Flordelis estava envolvida, mas também abria uma suspeita sobre o próprio denunciante: por que um abrigado tão antigo da casa acusaria a mãe? Que interesse ele poderia ter? Para quem acompanhava o noticiário, o tipo de relação que a deputada havia estabelecido com os filhos ainda era um mistério.

Até a quinta-feira, 20 de junho de 2019, quatro dias depois do assassinato do pastor, Misael deu um jeito de evitar contato com Flordelis. Disse que não queria passar pelo embaraço de consolar a mentora intelectual do crime — como ele a havia situado na trama. "A gente [ele e Luana] foi até a casa dela na terça, um pouco antes da perícia chegar, mas ela não estava. Aí, eu rapei fora", contou. Naquele dia 18 de junho, cerca de sessenta horas depois do enterro de Anderson do Carmo e da subsequente prisão de Flávio, a polícia executou a primeira diligência de busca e apreensão na rua Cruzeiro, número 145. Foi atrás de celulares e de objetos que produzissem provas, mas também para averiguar uma denúncia anônima que apontava a confecção de uma fogueira supostamente concebida para incinerar tudo o que comprometesse os envolvidos. A roupa que Flávio vestia quando acompanhou a remoção do corpo para o hospital, por exemplo, não era mais a que usava quando efetuou os disparos. Não havia nela qualquer vestígio do crime, pólvora, sangue etc. Quem estava na residência no momento da diligência garantiu, porém, que era comum acenderem fogueiras ali. Os investigadores, segundo a delegada Bárbara Lomba, não acharam nas cinzas nada que fosse comprometedor. Dentro da casa, apesar da minuciosa busca realizada em todas as dependências, eles a princípio não encontraram a arma. Foi em uma última inspeção, ao introduzir o braço em um pequeno vão localizado acima do armário do quarto de Flávio, que um dos policiais tateou a pistola identificada mais tarde, no exame de balística, como a Bersa 9 mm comprada na favela Nova Holanda. "Era um espaço muito pequeno, de vinte centímetros de profundidade por pouco mais de dez centímetros de altura", contou o perito Thiago Hermida. Os suspeitos do crime tentaram insinuar, depois, que a arma teria sido "plantada" ali pela polícia, mas a análise do material genético de um pelo pubiano encontrado na pistola era compatível com o que se verificou na embalagem da garrafa de água e no talher que Flávio usou quando estava na delegacia. Hermida: "A gente acredita que o autor tenha utilizado a arma sem coldre, então, no espaço entre o corpo e o ferrolho da arma, pelo eventual atrito, o pelo foi arrancado e aderiu à pistola". Entre as técnicas de identificação da arma empregadas pelo perito estavam o "exame com o microscópio eletrônico de varredura e o microcomparador balístico". "Quando o projétil é deflagrado, leva nele a impressão [espécie de rasura] própria da arma usada." Isso, segundo Hermida, foi constatado no caso da pistola encontrada no armário do quarto de Flávio.

Tratou-se de um grande passo na investigação, mas, como os policiais viriam a descobrir, a execução com arma de fogo não foi o primeiro empreendimento realizado com o intuito de eliminar o pastor. De acordo com o que se apurou no inquérito, a associação criminosa comandada por Flordelis, bem antes de alcançar êxito com a Bersa 9 mm, teria promovido investidas de outras naturezas. "Houve várias tentativas de envenenamento e dois atentados", anotou, na ocasião, a delegada Lomba. Segundo ela, Misael foi o primeiro a falar disso na polícia. Embora tivesse deixado a casa havia três anos, quando se casou com Luana, ele afirmou em seu depoimento que sabia de uma movimentação conspiratória de Flordelis com alguns de seus filhos, e que isso o levara à certeza do envolvimento da pastora no assassinato do marido. As primeiras revelações a respeito das investidas dela contra Anderson do Carmo aconteceram cerca de dois meses antes do crime, na sexta-feira 19 de abril de 2019, quando Misael e Carlos Ubiraci combinaram de ir ao cinema com as respectivas mulheres.

O filme estava em cartaz no New York [City Center], na Barra, e eu propus irmos em dois carros, para não dar trabalho a eles. Mas o Carlos insistiu em nos pegar em casa, então fomos no dele. Em determinado trecho, na saída para a ponte [Rio-Niterói], a gente ficou preso no trânsito, e ele veio com um papo estranho. Disse: "Misael, quando você for à casa da mãe, não bebe nada porque ela está tentando matar o Niel". Eu falei: "Que isso, cara, tá doido? Não, eu não acredito nisso, não".

Ubiraci teria contado que a própria mulher dele, Cristiana, havia bebido "por engano" um suco de laranja preparado para o pastor e passara muito mal. Houve também o misterioso caso de Thayane, filha afetiva dos pastores; ela sentiu calafrios e fraqueza depois de beber uma garrafinha de leite fermentado Chamyto, que estava no frigobar do pastor. De acordo com Roberta, filha adotiva de Flordelis, criada por Carlos Ubiraci, Thayane "ficou pálida, perdeu o controle sobre o corpo". "Eu levantava a mão dela, o braço caía, uma coisa muito esquisita." Consultada na ocasião a respeito de providências a serem tomadas para tratar da fraqueza de Thayane, Flordelis teria ficado furiosa com o descuido de quem deixou a pessoa errada beber o Chamyto: "Ela mandou dar leite para cortar o efeito", lembrou Roberta, que mais tarde se tornaria uma aferrada testemunha de acusação contra a avó.

Apesar de aturdido com a surpreendente confidência de Ubiraci ("Eu não entendi por que aquele assunto surgiu ali, do nada"), e de reagir como se não pretendesse dar importância àquele "absurdo", Misael passou os dias seguintes pensando na história. Muito da ruminação que então o consumia se deu pela associação que ele fez do caso de Cristiana com a intoxicação alimentar aguda que acometera Anderson do Carmo em outubro do ano anterior, 2018, quando o pastor precisou ser internado às pressas. "Ele passou muito mal, ficou cinco dias no hospital. Teve vômitos e diarreia e, naquele período, perdeu vinte quilos rapidamente", lembrou. Agoniado com a possibilidade de estarem mesmo tentando envenenar Do Carmo, Misael procurou Flordelis para lhe falar sobre sua conversa com Ubiraci. Ela teria rido muito e se mostrado admirada com o alcance da "fantasia" dele. Depois de tranquilizá-lo, explicou que Niel havia sido internado por causa de um problema gástrico crônico, originado pela *Helicobacter pylori*, uma bactéria que se instala na mucosa do estômago e pode causar gastrite, úlcera e até câncer. Além dos medicamentos para debelar a inflamação decorrente da bactéria, a pastora disse que costumava colocar na comida do marido algumas gotas do ansiolítico Rivotril, a fim de aplacar o estresse acumulado em noites maldormidas. Adicionava o remédio "escondido do Niel", porque ele resistia ao tratamento. A explicação de Flordelis pareceu plausível, uma vez que o pastor sofria de fortes dores no estômago e vinha trabalhando sem descanso. "Eu acreditei nela", explicou Misael. Tudo isso ele relatou à polícia dois dias depois do crime, na terça-feira, 18 de junho, quando conseguiu "rapar fora" da casa de Flordelis, antes de ela chegar.

No meio daquele turbilhão de acontecimentos simultâneos, seu comparecimento voluntário à delegacia não ocorreu sem alguma hesitação. Como um dos filhos afetivos pioneiros da pastora, Misael sabia o peso que seu depoimento imprimiria à investigação — sem contar o que ele perderia, entregando a mãe, como administrador das igrejas do Ministério Flordelis. Quem o encorajou a tomar a decisão, segundo ele, foi Luana. Revoltado com a mãe, Daniel acompanhou o casal à delegacia. O depoimento dos dois levou a perícia a coletar Boletins de

Atendimento Médico (BAMs) no Hospital Niterói D'Or, onde Anderson havia sido internado seis vezes no último ano, com os mesmos sintomas. Submetidos a um exame médico-legal, os laudos dos BAMs foram analisados por peritos da Polícia Civil e do Ministério Público, que concluíram que os sintomas apresentados pelo pastor eram compatíveis com o uso de veneno.

Entre os celulares apreendidos na busca feita na casa em 18 de junho, estava o de Simone, a primogênita biológica de Flordelis, cujas mensagens armazenadas se revelaram bastante úteis à investigação. Constavam delas pesquisas feitas na internet a respeito de "veneno para matar pessoa, que seja letal e fácil de comprar", e de substâncias similares como "cianeto de cobre", "cianeto de cobre para comprar no Rio" e "cianeto nos alimentos". Simone também procurou no Google por "alguém da barra-pesada", o que levou a polícia a inferir que poderia se tratar de um matador. Ao se explicar, ela disse que costumava assistir a "um monte de coisas" no canal de TV por assinatura Investigação Discovery, e que isso havia despertado nela o interesse de explorar aquelas substâncias por conta própria. Em outra frente de defesa, alegou ter feito a busca para ajudar uma conhecida que se viu às voltas com um cão que invadiu sua casa. A tal conhecida teria dito: "Amiga, pulou um cachorro no meu quintal, e ele está com um câncer enorme na bunda, bem grande, no rabo. Eu vou matar ele a pauladas". Segundo afirmou às autoridades, Simone então teria dito à conhecida que seria "mais fácil dar veneno" — daí a pesquisa sobre "cianeto nos alimentos". A conhecida, de quem ela não disse o nome, teria argumentado que "veneno não se vende assim", e por isso as duas acabaram desistindo do zoocídio — "até porque o cachorro morreu da mesma forma".

No quadro de suspeitos de envolvimento no homicídio tentado (por envenenamento) estavam não apenas Simone e Carlos Ubiraci (que, de acordo com o Ministério Público, sabia o que estava acontecendo e não denunciou), mas também André Bigode. Conforme a acusação, Bigode teria prestado "apoio moral" e "auxílio material" a Flordelis, "convencendo a vítima a ingerir os alimentos e bebidas que foram prévia e ocultamente envenenados". Em mensagens de celular resgatadas na investigação, a pastora pedia ao filho (tornado genro) que a auxiliasse em seu plano. Parecia angustiada: "Vamos pôr um fim nisso, me ajuda. Até quando vamos ter que suportar esse traste no nosso meio?".

Logo se soube que, em seu empenho para ajudar a mãe na empreitada criminosa, Simone contava com a leal cooperação de Marzy. Desde que chegou à casa, em 2008, a nova filha de consideração dos pastores pelejava para ser aceita e amada por Flordelis. Na ocasião em que se tornou agregada da família, trabalhava como expositora em uma loja de cosméticos, como babá, e colaborava como voluntária no Ministério Flordelis. De acordo com o que contou em juízo, seus pais biológicos eram divorciados, e após períodos vivendo alternadamente na casa de cada um, ela estava sem lugar para ficar. Um dia, durante uma carona que pegou com o pastor, ele propôs a ela que se unisse à família. Ao depor, Marzy contou que os filhos biológicos de Flordelis a receberam bem, mas alguns dos adotivos e afetivos, não. Isso teria melhorado com o tempo, e o relacionamento com todos passara a ser "muito bom". Apontada como um dos poucos entes não biológicos que desfrutavam de proximidade com a pastora, Marzy, pelo que se apurou na investigação, pagava um preço alto por isso. De acordo com Reinaldo Leal, o chefe de operações da delegada Bárbara Lomba, Flordelis a usava como "serviçal". "Eles não tinham a menor consideração pela Marzy." Nas palavras de Misael e Luana, "a Marzy faria qualquer coisa para ter a atenção da Flor". De fato, além de participar ativamente do projeto de assassinar o "traste", ela ainda se dispôs a confessar seu envolvimento.

Para melhor entender a trama, é importante saber que Marzy não apenas almejava o amor de Flordelis como, de acordo com o que declarou em depoimento, considerava Simone sua melhor amiga — uma afirmação no mínimo imprudente, já que boa parte dos depoentes se referia à primogênita biológica da pastora como uma pessoa leviana, inconfiável e traiçoeira. Pastor Alexsander, que com o decorrer do inquérito havia se tornado uma das quatro principais testemunhas de acusação de Flordelis, prestou um depoimento bastante comprometedor a respeito da irmã mais velha. Disse: "A Simone, como sempre meio víbora, sarcástica, um dia me disse na cozinha da igreja: 'Tio Luan, eu tô tentando matar ele [Anderson do Carmo], mesmo, mas ele é ruim de morrer. Tô colocando veneno na comida dele. Só que ele não morre. Não morre mesmo', e ria".

Como Anderson do Carmo era "ruim de morrer" envenenado, Flordelis teria consultado Simone sobre a possibilidade de conseguir alguém que topasse "apagá-lo" com arma de fogo. "Mas a Simone disse que não faria nada com arma de fogo", contou Alexsander. O jeito, então, foi apelar para Marzy. O empenho de Simone na consumação do assassinato estaria associado ao reconhecimento do favoritismo com que Flordelis a distinguia e à cumplicidade que havia entre as duas. A filha chegou a assumir, no lugar da mãe, a autoria intelectual do crime. Ao confessar sua culpa, afirmou que "não suportava mais" o assédio sexual de Anderson. Lançou sobre o morto a acusação de que ele a havia estuprado seguidas vezes. Na audiência de instrução, presidida pela juíza Nearis, ela prestou um depoimento cheio de evasivas, piscadelas involuntárias e esgares incontidos de lábios:

Eu sofria assédio todos os dias. Todos os dias, pela manhã, ele entrava no meu quarto pra tentar me agarrar. Ele tentou me violentar [...] já conseguiu algumas vezes, com força, na marra, eu não aguentava mais. [...] Muitas das vezes ele entrava no banheiro, eu tomando banho... Um dia, ele abriu a porta, eu falei que ia gritar. Na lavanderia da minha casa, ele já me agarrou. Teve um dia em que eu cheguei da quimioterapia, do tratamento em São Paulo, acordei com ele se masturbando no meu pé.

Desde 2012, Simone sofria de um câncer de pele que se alastrou pelo corpo todo, até o ponto de produzir, segundo ela, 35 tumores. O tratamento teria sido custeado por Anderson do Carmo, na base, ainda de acordo com ela, da "chantagem sexual". "Ele dizia: 'É só você andar na minha cartilha, dançar conforme a minha música, que você vai ter tudo. Telefone, tratamento. Não precisa ser do jeito que você está fazendo, tem de ser do meu jeito'." Ao ouvir essa versão, pastor Fabão riu alto: "Hahaha! Que lorota! Alguém precisa estuprar a Simone!? Ao contrário! Se a Simone cismar com você, você é que vai ser estuprado!". Para Fabão, Simone "tinha um problema de ordem sexual. Era o 'espinho na carne'* dela. O próprio cara que está com ela, o Rogério, pelo que eu ouvi dizer, era casado. A culpa é dele. Ele tá vendo que ela tem problema, vai fazer o que ali?".

O delegado Allan Duarte estava convencido de que Simone, ao assumir a autoria do crime e associá-lo aos supostos abusos do pastor, seguia uma estratégia da defesa: "Não havia nenhum registro anterior desses abusos. Isso nunca foi levado ao conhecimento da Justiça. E ela continuava a viver na mesma casa que o pastor. Não procurou outro lugar para seguir a vida".

Marzy prontamente aceitou a tarefa determinada por Simone. Os 10 mil reais disponibilizados para viabilizar a execução de Anderson do Carmo sairiam do orçamento da própria Flordelis,

---

* "Espinho na carne": expressão na Segunda Epístola aos Coríntios: "Por serem tão extraordinárias essas experiências, Deus impediu que eu [Paulo apóstolo] me exaltasse. Por isso, foi-me dado um espinho em minha carne, um mensageiro de Satanás, para me ferir e me atormentar" (2Cor 12,7-9).

única na casa em condições de bancar aquele valor. Lucas foi a primeira pessoa aventada para puxar o gatilho. Para convencê-lo, de acordo com o que ele declarou em juízo, Marzy mostrou quatro *prints* da conversa que havia tido com a pastora, a fim de destacar a importância hierárquica do pedido. O texto dizia: "Fala com ele, Marzy, convence ele. É só entrar [na garagem], simular um assalto, matar e levar o carro e as coisas da mochila embora. [...] Ele pode ficar com os relógios [que ela deixaria no carro, como um bônus]". A tela de fundo dos *prints* era, conforme recordou Lucas, "uma foto da minha mãe com um vestido azul, ao lado de um leão". No campo "Contato", no celular de Marzy, estava registrado: "Minha Rainha". Quando Lucas declinou da oferta, a enviada da pastora insistiu. Ele lembrou:

> Naquela mesma noite, por volta de 1h30 da manhã, eu estava ali no largo da Batalha [Niterói] em um pagode que tinha todo sábado, e umas 3h30 a Marzy me mandou uma mensagem perguntando se eu podia ir lá na entrada da casa, que ela queria falar comigo. Como eu já estava indo embora mesmo, falei: "Tá bom, vou passar por aí rapidinho". Quando eu cheguei lá, ela já foi perguntando: "E aí, cara, você não vai fazer o negócio pra mim não?". E eu respondi: "Não, Marzy, eu não vou fazer nada disso aí, não". Ela disse: "Tá bom". Eu fui pra casa dormir.

No próprio domingo, à tarde, Daniel o teria procurado: "Ele me disse para eu ficar esperto porque a Marzy estava falando que viu você entrar aqui na casa ontem e que você falou que ia matar a Simone e a Lorrane". Indignado, ainda segundo seu próprio relato, Lucas ligou na segunda-feira para Flordelis:

> Falei com minha mãe [...] que estava havendo umas fofocas com o meu nome. Ela respondeu: "Tá bom, meu filho,

vem aqui em casa na hora do almoço. [...] Quando eu cheguei, ela me recebeu no quarto, a gente foi para a varanda. [...] Peguei o telefone e mostrei pra minha mãe [as mensagens e *prints* que a Marzy tinha encaminhado]. [...] Ela foi lendo, lendo, e quando acabou de ler [...] apagou tudo. A galeria de fotos, os *prints*, tudo.

Em uma suposta demonstração de que estava imbuída das melhores intenções, e que apagara tudo para preservá-lo (e não para se preservar), Flordelis teria eliminado também uma mensagem do tráfico para Lucas. Ela o aconselhou: "Não anda com esse tipo de mensagem no telefone, porque se alguém te pegar você vai preso". A respeito da autoria das mensagens printadas, a pastora teria desconversado: "Isso é coisa da Marzy", disse.

Apesar de todas as respostas negativas que ouviu, Flordelis ainda insistiu com Marzy para que ela tentasse mais uma vez convencer Lucas a reunir alguns amigos e simular o latrocínio. A ideia agora era executar Anderson do Carmo quando ele estivesse no caminho de volta de uma concessionária carioca aonde fora para trocar o carro. Como o acompanhavam três pessoas (Adriano, Daniel e Misael), Flordelis teria recomendado expressamente que matassem apenas o pastor. "Dez mil depois do serviço feito, mas as outras pessoas do carro não podem ser atingidas. Simula um assalto, ele foi para o Rio hoje, aproveita e já espera ele na volta. Se voltar no [carro] dele, melhor ainda. Vou mandar ele enviar a foto, nós vamos saber qual o carro e qual a placa." No inquérito, os investigadores encontraram a mensagem no celular da pastora, mas, em sua confissão, Marzy inocentou a mãe. Afirmou que tinha enviado a mensagem para si mesma, a partir do celular de Flordelis. Para a história ficar mais crível, relatou ainda que, quando a pastora soube do uso de seu celular sem ter sido consultada, "ficou doida".

A fim de entender até onde tinha ido o envolvimento de Marzy na empreitada, a promotora Mariah da Paixão pediu a Misael que falasse sobre a visita que ele, Luan e Daniel fizeram à cela de Flávio, na delegacia de homicídios. Paixão queria saber se o assassino confesso dera detalhes da participação da fiel "serviçal" da pastora na logística do crime. Misael:

Sim. Ele [Flávio] disse que a Marzy tinha passado uma mensagem, [informando] que ele podia descer [até a garagem, para executar Anderson do Carmo]. Foi quando eu questionei ele: "Flávio, como a Marzy passou a mensagem pra você [dizendo que o pastor estava chegando], se ela não estava lá [no carro com o pastor]?". Aí, ele ficou sem ação, sem resposta. Ele já é branco, né?, ficou meio amarelo. Eu perguntei: "Como que foi? Quem passou a mensagem para a Marzy, para a Marzy te passar? Alguém que estava lá na hora, com meu pai?". Ele ficou sem resposta.

Chamado a se manifestar caso tivesse algo a acrescentar, o assistente de acusação, dr. Ângelo Máximo, deu mais uma de suas desavisadas cambalhotas no escuro. Na verdade, duas. Aproveitando-se de que Misael havia citado queixas de Flordelis em relação a abusos sexuais cometidos também contra ela por Anderson do Carmo, e que ele, Misael, a teria orientado a se proteger ("Mãe, se isso for verdade, separa. A questão do abuso, né? Se for verdade, vai pra mídia, a senhora é uma pessoa conhecida, uma pessoa respeitada, expõe isso…"), dr. Máximo perguntou: "Em que ponto que ela [Flordelis] falava isso? No sentido de incentivar alguém a matar o pastor, ou não?".
Dra. Janira, fora do microfone: "Excelência!".
Dr. Faucz: "Excelência!".
Mas a juíza se dirigia à sua assistente e não ouviu a inferência contida na pergunta de dr. Máximo, que, de maneira

enviesada, incriminava a ré. Ocupada com consignações na assentada, a meritíssima pediu ao assistente de acusação que repetisse a pergunta.

Dr. Máximo: "De que modo ela... dizia que... de que modo que Flordelis insinuava ser vítima de abuso sexual?".

Juíza: "Ela já fez essa afirmação?".

Dr. Máximo: "Já".

Dr. Faucz repetiu a pergunta (original), então a juíza se dirigiu a dr. Máximo e indagou: "Não foi essa a pergunta que o senhor fez?". Ele respondeu com uma expressão abstraída, como se não estivesse entendendo nada. Ela então determinou que a pergunta fosse refeita. Enquanto procurava as palavras, o assistente de acusação desdobrou a questão em uma versão mais comprida: "O senhor sabe com qual motivação a senhora sua mãe contava ser vítima desse fato e não procurava a polícia?". Misael respondeu o que já havia mencionado. "Ela [Flordelis] dizia que, se denunciasse os abusos, ia escandalizar a obra de Deus!"

Mas dr. Máximo ainda não estava satisfeito. Quanto mais ele apelava para a sutileza nas perguntas, mais sofisticada saía a cambalhota: "Você soube de algum incontentamento da vítima em chegar em casa e encontrar a Rayane dormindo nua?".

Misael: "Não".

Juíza: "Doutor, eu não entendi a pertinência da pergunta".

Dr. Máximo se aproximou da mesa de dra. Nearis e disse, como se a culpa não fosse dele: "Tem esse depoimento nos autos".

Juíza: "Eu não perguntei se tem nos autos, eu perguntei a pertinência da pergunta".

Dra. Janira levantou o dedo indicador e fez um sinal negativo: "Esse depoimento não existe nos autos".

Dr. Máximo: "... que o pastor abusava sexualmente...".

Juíza: "Em que página está o depoimento?".

Dr. Máximo se dirigiu a sua assistente: "Acha o depoimento".

Ao que parecia, acusação e defesa estavam se referindo a coisas diferentes, a partir de uma pergunta mal elaborada e propositalmente mal-entendida. 1) Rayane afirmou em algum momento que costumava dormir nua. As irmãs pró-Flordelis confirmaram esse hábito dela. 2) O pastor era tido por uma ala das filhas como um homem conservador, que exigia recato no comportamento e nas roupas usadas pelas meninas, alegadamente crentes. 3) Rayane narrou que foi acordada em Brasília, depois de dormir nua, com o pastor "em cima" dela. O que dr. Máximo fez foi juntar tudo em uma pergunta só, truncada. Ao fim, ele apresentou as folhas do processo às quais se referia, mas ninguém pareceu dar muita importância.

12.
A defesa contra o informante

A seguir, a defesa se posicionou para começar suas perguntas a Misael. Dra. Janira iniciou. De saída, o trio do Ministério Público apontou uma infração cometida pela advogada, que teria incluído a resposta no corpo da primeira pergunta. Doutora: "O Anderson, quando chega na casa, ele chega como criança acolhida...".

Doutor Viégas contestou em tom queixoso. "Ela já respondeu [à própria pergunta], doutora!".

Dra. Janira: "Não, eu vou fazer a pergunta". A juíza autorizou, a advogada repetiu: "Ele chega como criança acolhida, adotada...".

Dr. Viégas, novamente: "Já respondeu, doutora!".

Dra. Janira disse que precisava "colocar" duas situações para Misael responder. Alegou que os promotores fizeram perguntas parecidas a Alexsander.

Juíza, para dr. Viégas: "Deixa só ela finalizar para ver se vai ter alguma diferença ou não".

Dra. Janira manteve o início da pergunta: "Ele chega como criança acolhida, adotada", e emendou: "Ou ele chega como evangelizador e continua fazendo esse trabalho de evangelismo?".

Juíza: "A senhora está respondendo, doutora".

Dra. Janira: "Não! Eu estou perguntando, eu não respondi! Eu não disse que é uma coisa nem que é outra". E então, mais uma vez, a advogada voltou a patinar no coitadismo. "Eu só quero saber uma coisa, eu estou sentada aqui há mais de duas horas, ouvindo o MP...".

A juíza a interrompeu com suavidade, como se estivesse apaziguando uma criança contrariada: "Todos nós estamos, doutora. Vamos ouvir a senhora mais duas [horas], se for necessário".

Dra. Janira: "Eu fiz uma pergunta, se é isso ou aquilo. Eu quero que ele responda!".

O promotor tentou denunciar a insistência na infração, dra. Nearis adotou um tom sério: "Doutores, por favor, eu quero pedir o seguinte. A doutora citou que a defesa não está interrompendo quando o Ministério Público faz perguntas. Eu peço da mesma forma que os senhores assim procedam. Não tumultuem a sessão. O senhor pode responder por favor, Wagner, o senhor entendeu a pergunta?".

Misael: "Sim. Quando ele chegou, com treze anos, treze e pouquinho, ele sai da igreja...".

Juíza: "O senhor pode ser objetivo, [responder] se foi como uma coisa ou outra?".

Misael: "Como evangelizador. E já namorava a Simone".

Dra. Janira: "Essa não era a pergunta".

Ensimesmado, dr. Viégas ainda resmungava, então dra. Janira exclamou: "Jesus na Terra! Pai Eterno!", e o chamou para se sentar ao seu lado. "Quer fazer [as perguntas] junto comigo? Eu aceito." O promotor se levantou e foi até a mesa do centro do plenário, onde ela estava. Disse: "Vamos lá, doutora. Vou sentar aqui do seu lado". Ela: "Tão alto, tão bonito, por favor. Por favor, do meu lado". Dr. Viégas se sentou e cruzou as pernas; dr. Ângelo Máximo lhe trouxe o microfone. Ele disse: "Até que enfim direitos iguais, né, doutora?". Ela respondeu: "Isso! O sexo frágil pede: direitos iguais". Dr. Viégas: "Olha, eu não vejo sexo frágil nenhum, doutora, a senhora está até sendo meio machista na minha opinião".

A juíza tentou contemporizar, e então dra. Janira reiterou a queixa: "Não, doutora, eu estou sentada aqui há mais de duas horas esperando o MP...".

Dra. Nearis: "Todos estamos, doutora, vamos lá".

Dra. Janira: "Tá bom, excelência".

Ao fim do circunlóquio, dr. Viégas se levantou emburrado e voltou a seu assento na bancada do Ministério Público. Havia algo de cômico no impulso do promotor, cuja parte de baixo da toga, vista por trás, parecia mais armada que de costume. Lembrava a cúpula abobadada de um abajur.

Uma estagiária de dr. prof. Faucz chamada Alanis Matzembacher, de vinte e alguns anos, cujo nome, segundo a própria, foi inspirado no da cantora canadense Alanis Morissette, assumiu o microfone e, por vários minutos, insistiu com perguntas sobre o horário que Misael entregou o celular na Delegacia de Homicídios e sobre as mensagens de Marzy. A juíza a alertou de que ambas as perguntas já haviam sido respondidas. A intervenção da estagiária se revelou completamente desnecessária.

13.
A nora

O daOrla Café ficava em uma das quinas de um minishopping instalado próximo à praia de Itaipuaçu, em Maricá, na região metropolitana do Rio. Pequeno e acolhedor, o lugar era guarnecido com mesas e bancos altos de madeira e ferro fundido, e a decoração agregava trabalhos em papel crepom nas cores do arco-íris — eventual sinalização de que o estabelecimento se solidarizava com a causa LGBTQIAPN+; o cardápio atendia à demanda globalizada por cookies, drinques extravagantes e tortas veganas. Entre um gole e outro de uma bebida elaborada com café, calda de frutas vermelhas e chantilly confeitado, Luana Rangel contou que foi obesa e recuperou a autoestima depois de se submeter a uma cirurgia de redução do estômago. Agora, com o corpo esculpido por cirurgias plásticas que retiraram os excessos de pele, e aulas diárias de musculação e exercícios aeróbicos, ela havia se transformado em um exemplo de superação instagramável. No aplicativo, onde tinha quase 9 mil seguidores, ela aparecia em fotos na academia, vestindo roupas justas, biquínis, e até semidespida, em sessões de drenagem linfática e procedimentos para atenuar cicatrizes profundas que lhe atravessavam o baixo-ventre de ponta a ponta. A mulher de Misael, mãe de Misaelzinho, lembrou que a semana que precedeu o assassinato de Anderson do Carmo foi bastante movimentada.

Já no domingo, 9 de junho, houve uma comemoração tardia da Páscoa, conhecida pelos frequentadores da igreja como o "culto das ovelhinhas", que reuniu cerca de sessenta filhos e netos de frequentadores da igreja no palco do templo do Mutondo. As crianças cantaram o repertório gospel da igreja, houve distribuição de ovos de chocolate e os pastores gritaram louvores, testemunhos e revelações. No dia seguinte, segunda-feira, Misael e Luana promoveram uma pizzada para 130 casais, pela passagem do Dia dos Namorados. "Foi incrível, a [pizzaria] Russo's ficou lotada!", recordou Luana. Na ocasião, ela caminhou com muita desenvoltura até a porta da pizzaria para receber pessoalmente Anderson e Flordelis. Disse que se lembrava "como se fosse hoje" de que o pastor circulou sorridente entre as mesas, abençoou os casais e houve sorteio de brindes. Flordelis "passou a maior parte do tempo emburrada":

> Em determinado momento, para quebrar o gelo, ela se levantou, pegou o microfone e fez uma brincadeira; mas, como não tinha ensaiado, a voz saiu pesada, foi meio constrangedor. O mau humor era porque a gente produziu o evento sem consultá-la. A Flor fechava a cara quando as coisas caminhavam sem o conhecimento dela.

Na terça-feira, Flordelis e o marido voaram para Brasília, a caminho do ambiente pestilento do Congresso Nacional, onde o pastor se sentia muito à vontade. "O Anderson ocupou todos os espaços na Câmara. Ele tinha muito carisma, entusiasmo, jogo de cintura, e circulava com desembaraço por gabinetes de deputados de diferentes partidos", lembrou o consultor político Jackson Vasconcelos, que foi chamado pelo pastor para orientar Flordelis no começo do mandato. Acostumado a transitar nos bastidores da política havia mais de quarenta anos, Vasconcelos, 68 anos, era um homem grande, encorpado e cordial; grisalho, mantinha os cabelos fartos em um corte arredondado, estilo capacete, e ostentava sobrancelhas grossas e felpudas, que encobriam parcialmente seu olhar de cachorrão inofensivo.

Em seu escritório no quarto andar de um condomínio comercial chamado Le Monde Office, na Barra da Tijuca, que agregava várias torres entremeadas de laguinhos estilizados e chafarizes revestidos de ladrilho, Jackson Vasconcelos contou que chegou a aceitar o convite de Anderson do Carmo para orientar Flordelis politicamente, mas em menos de seis meses abriu mão do contrato. "Não funcionou. Era muito difícil trabalhar com eles. O Anderson comandava simplesmente tudo, desde a agenda da deputada até as perucas que ela usava, a roupa, tudo mesmo. Não havia necessidade alguma de ter um profissional como eu ali." Na sexta-feira, dois dias antes de o pastor ser assassinado, Vasconcelos mandou um e-mail para a Câmara, que era quem o empregava naquele caso, formalizando seu desligamento. Já havia enviado uma mensagem por WhatsApp para Anderson, que se mostrou inconformado. "Eu estava retornando para o Rio, de Volta Redonda, no interior, e não queria conversar sobre aquilo na estrada. Então, marcamos um encontro na sexta-feira seguinte, dia 21." O encontro dos dois nunca aconteceu.

Como tantos aspirantes a parlamentar, Anderson enxergava na política um meio de alcançar poder e fortuna. Era ele quem decidia tudo no mandato da mulher: a principal promessa de campanha, de criar leis de proteção à infância e à juventude; as pautas abordadas, o texto que ela falaria, as roupas que usaria e ao lado de quem se sentaria no plenário. Na Câmara, o pastor era o único assessor parlamentar com trânsito livre nas sessões do plenário, o que lhe valeu o apelido de "514" — uma zombaria em relação ao deputado a mais entre os 513 da Casa.

Aparentemente, sua excelência, o 514, se orgulhava da distinção no tratamento. Luana, quando falou para este livro em Maricá, lembrou:

Às vezes, eu ligava para ele, a fim de resolver coisas pequenas da igreja, ele dizia, rindo: "Eu tô aqui com o presidente [Jair Bolsonaro], você tem alguma coisa a dizer a ele?". Ou então: "Eu estou em uma reunião com o [ex-ministro da Justiça e Segurança Pública Sergio] Moro. Você quer que eu pare para te atender?". E ainda: "O Guedes [ex-ministro da Economia] me chamou para jantar no apartamento funcional dele. Acho que eu vou. O que você acha? Devo ir?".

Os fundamentos ideológicos seguidos por Anderson do Carmo foram revelados em depoimentos de filhos que trabalharam no gabinete da deputada em Brasília e no do vereador "Misael da Flordelis" — outra invenção política do pastor —, em São Gonçalo, que tinham de devolver parte de seus salários a ele. Luana confirmou que havia trabalhado no gabinete de Flordelis, mas não que tivesse participado da rachadinha. Ela foi exonerada depois do crime, segundo deu a entender, porque não ficou do lado da pastora. Além de Luana, faziam parte do entourage do casal de pastores em Brasília, entre outros, Carlos Ubiraci, André Bigode, Rayane e o marido, Luiz Felipe; Marcele, mulher de Adriano Pequeno; Luciano, pai de Marcele, e Gleice, mãe; e Gerson Oliveira, outro agregado da família da pastora. Em uma investigação sobre o assassinato de Anderson do Carmo, em 2020, a polícia encontrou "sem querer" indícios de que Carlos Ubiraci devolvia parte de seu salário à parlamentar. Na ocasião, de acordo com uma matéria do portal g1, os investigadores afirmaram que o esquema cortava 62% dos vencimentos de Ubiraci como funcionário da Câmara Federal. Na mesma reportagem, o delegado Allan Duarte Lacerda, que então conduzia o inquérito, afirmava que "a Rayane foi pra Brasília com a promessa de ganhar 15 mil reais como assessora parlamentar, e a gente tem documentação nos autos [que mostra] que ela estaria recebendo apenas 2,5 mil reais. É um nítido e flagrante caso de rachadinha".

Também no dia 14 de junho de 2019, antevéspera de seu assassinato, Anderson do Carmo ligou para o desembargador Siro Darlan, que nos anos 1990 havia sido juiz da Vara da Infância e Juventude do Rio de Janeiro; queria marcar um encontro para falar a respeito da promessa de campanha da mulher — de criar leis de proteção à infância e à juventude. Darlan e Flordelis se aproximaram nos tempos em que a então pastora incipiente errava pela cidade com os filhos afetivos, incluindo o próprio Anderson, para fugir da Justiça:

> Eu a conheci perseguindo-a, como juiz, por ela abraçar quem ninguém abraça, o abandonado, o excluído. Eu havia recebido como herança do meu antecessor [Liborni Bernardino Siqueira] um mandado de busca e apreensão de uma mulher que se adonava de 25 ou 27 crianças em condições precaríssimas, na favela do Jacarezinho. A reclamação era a de que ninguém conseguia cumprir o mandado, porque o tráfico não deixava entrar na favela. Eu expedi o mandado, determinei que cumprissem.

Na ocasião, o juiz Darlan foi procurado por dois irmãos da alta burguesia carioca, que se dispuseram a amparar Flordelis. Habitantes da Zona Sul do Rio, Pedro e Carlos Werneck haviam se comovido ao assistir em um telejornal à história da pastora perseguida pela Justiça por abrigar em casa bebês e crianças abandonados pelos pais indigentes, drogados, prostitutas, e também por evangelizar adolescentes perdidos para o tráfico. "Os irmãos Werneck se propuseram a ajudar Flordelis financeiramente, economicamente, materialmente", lembrou Darlan, em entrevista dada a este livro, em junho de 2022, cinco meses antes do julgamento da pastora.

Emociona as pessoas saber que uma mulher está dando guarda, proteção, maternidade, afeto, para 25 crianças. Eu impus aos dois irmãos as condições. "Tem de ter um lugar digno, onde as crianças estejam protegidas, matriculadas na escola, documentadas, e ela tem de me dizer a origem das crianças." Eles perguntaram: "Em quanto tempo o senhor quer isso?". Eu disse: "Quanto tempo os senhores precisam para me responder?". Eles: "Trinta dias". Trinta dias depois, eu fui convidado pelos Werneck para ir a uma casa com um bom terreno, na avenida Paulo de Frontin, no Rio Comprido [Zona Norte do Rio], e lá encontrei quase trinta crianças, também não contei, todas elas com cama, armário e material de higiene.

A partir do bem-sucedido socorro à família de Flordelis, Pedro e Carlos Werneck fundaram o Instituto da Criança, que em 2025 era definido em seu site como "um gestor social que promove a conexão entre empresas e pessoas a projetos sociais". Explicava-se ali que o início do "movimento a favor de crianças em vulnerabilidade social" ocorreu em 1994, e que sua formalização com nome, Cadastro Nacional da Pessoa Jurídica (CNPJ) e estatuto ocorreu em 1998. Flordelis e Anderson do Carmo não eram citados nominalmente na apresentação. Dizia o texto:

Os irmãos Pedro, Carlos, Zeca e Maria Luiza Werneck, juntamente com sua tia Vera e com o pai, Ian Werneck, conhecem uma família que abrigava várias crianças e começam a apoiá-la com a ajuda de um grupo de amigos. Em seguida passam a apoiar também uma instituição repleta de crianças com paralisia cerebral, em Magé-RJ.

143

Desde que se soube do envolvimento de Flordelis no crime, os criadores do instituto deixaram de falar publicamente a respeito de sua história com o casal de pastores. Ao ser consultado sobre a possibilidade de dar uma entrevista para este livro, Pedro Werneck escreveu por WhatsApp:

Eu não tenho interesse em participar de forma alguma, nem respondendo perguntas, nem conversando, nem fazendo entrevistas, enfim, esse é um assunto que não me diz respeito. Minha relação com ela... com a família sempre foi uma relação social... Durante os anos em que nós estivemos próximos, sempre foi dessa forma que nos relacionamos, e hoje não existe mais essa relação, portanto não tem mais sentido falar, trocar ideias e informações sobre isso.

No WhatsApp, abaixo da foto em preto e branco de Werneck, lia-se "Doar é um ato inverso".

Darlan afirmou que os dois irmãos devem muito do sucesso que alcançaram à mulher que, afirmou ele, inspirou o instituto e que foi seu chamariz por mais de vinte anos.

Apesar de ter sido criado à luz de Flordelis, o instituto foi muito além dela. Mas ela era o "Neymar" da publicidade deles, o grande produto. Sem ela, não havia arrecadação. Eu fui algumas vezes ao Teatro XP, na Gávea [Zona Sul do Rio], para assistir à apresentação da história de Flordelis, com ela presente, a família presente, para arrecadar fundos para o Instituto da Criança. Então, veja só, economicamente, o que aconteceu com a Flor representou um impacto muito grande sobre a credibilidade do instituto.

Por outro lado, o desembargador reconheceu que Anderson e Flordelis "souberam aproveitar muito bem o poder financeiro dos irmãos Werneck".

Só de sair da favela para ir morar naquele palácio da Paulo de Frontin... E eu tive a informação de que depois eles foram para um lugar melhor ainda, em Jacarepaguá [Zona Oeste], também patrocinados pelos irmãos Werneck. E mais tarde para São Gonçalo, em uma casa alugada ou comprada pelos irmãos Werneck.

Pelo que explicou Misael, a casa onde ocorreu o crime estava no nome dos dois irmãos.

O Carlos Werneck propôs ao Anderson: "Em vez de pagar um aluguel caro, vamos comprar uma casa. Eu tiro no meu nome, vou pagando as parcelas". O Carlos tava assistindo ao crescimento do Anderson e da Flor, viu que tava entrando dinheiro, e disse: "Vai se organizando, que uma hora vocês vão assumir as parcelas". Então, o Carlos começou pagando, depois o Anderson passou a pagar metade. Ele era muito amigo dos dois, como um irmão. Aí, chegou um momento em que eles disseram: "Agora, assume a parcela". E o Anderson assumiu.

Segundo familiares que permaneceram na casa, o acordo teria sido encerrado após o crime, e agora os filhos remanescentes corriam o risco de ser despejados.

Em 2011, passados mais de quinze anos do primeiro contato de Siro Darlan com Flordelis, o desembargador assinaria o laudatório prefácio da autobiografia da pastora. Escreveu ele:

Em sua terceira geração, os filhos de Flordelis já estão se casando e gerando novas criaturas felizes, porque finalmente têm uma família para conviver e amar. Flordelis é uma bênção para essas crianças e, juntamente com Anderson, deu-lhes a conhecer um pai e uma mãe que as amam e respeitam. Mais que uma biografia, este livro traz um belo exemplo de vida. Tenha uma boa leitura!

Três anos depois do crime, na entrevista para este livro, Siro Darlan mantinha a opinião apologética a respeito das intenções iniciais do casal de pastores. Opinião, por sinal, bem aproveitada pelos drs. Rodrigo Faucz e Janira Rocha, que o arrolaram entre as testemunhas de defesa. Darlan preferia dizer que seria "testemunha de fatos".

De fatos que eu presenciei. Eu me abstive de acompanhar o noticiário sobre o crime, porque o que eu vou falar [no julgamento] se limita ao que eu conheço e não ao que a mídia produz. A mídia produz um processo antijurídico, paralelo e preconceituoso. Eu não faço juízo de valor, não digo que ela é culpada nem inocente. Flordelis é o símbolo de toda a perseguição do Judiciário brasileiro: mulher, negra e favelada. É simples colocar no pelourinho. Ainda mais se ela saiu do casulo, ostentou poder e riqueza para a elite. Esse tipo de gente tem de ficar na favela. Não pode ser artista, personagem de literatura.

A sala do desembargador ficava no quarto andar de um prédio de pretensões contemporâneas, oblíquo em relação ao entorno de construções tombadas pelo patrimônio histórico, no centro do Rio. Inaugurada em 2010, a Lâmina IV é composta de dois grandes blocos retangulares interligados, inteiramente revestidos de aço e vidros cor de cobre. O acesso aos andares se dá por seis elevadores sempre disponíveis, pilotados por ascensoristas engravatados. O gabinete 401 era o único personalizado daquele andar. Havia um crucifixo pequeno pendurado na porta, e, entre dois vasos com minicoqueiros, um capacho em que se lia: "Gentileza gera gentileza".

Darlan, 73 anos, pouco mais de 1,60 metro de altura, vestia uma camisa social de tecido grosso cor de manteiga e usava uma gravata amarela de seda, com detalhes xadrez em alto-relevo. No início da conversa, girou a cabeça para um lado e para o outro, com o dedo indicador entre o colarinho e o pomo de adão, e desafogou o pescoço com um esgar de alívio. Estava sem sapatos, mas manteve as meias. Para o padrão carioca, fazia frio — cerca de vinte graus Celsius. O espaço de cerca de trinta metros quadrados do gabinete era adornado com bandeiras e alusões ao Flamengo, time carioca para o qual ele torcia e do qual integrava o Conselho como benemérito. Em uma das paredes, o desembargador pendurou uma obra do cartunista Carlos Latuff que retratava um policial fardado atirando contra um homem negro crucificado. Anteriormente, o quadro decorava a sala de João Damasceno, à época juiz da 1ª Vara de Órfãos e Sucessões, mas então o Órgão Especial do Tribunal de Justiça do Estado Rio de Janeiro (TJRJ) determinou que o magistrado o retirasse dali. Darlan acolheu o desenho sem embargo, já que o Órgão Especial do TJ não tinha ingerência sobre o gabinete dele. No lado oposto ao que ficava sua mesa, havia outra, bem maior, de oito lugares, para reuniões.

Um homem uniformizado de cerca de quarenta anos entrou na sala e ofereceu água e café. O desembargador o apresentou: "Esse é o Tudão, nosso garçom mais popular. Uma estrela". Sempre que teve oportunidade, não sem afetar um acento populista, o desembargador procurou se mostrar solidário com os "menos favorecidos", grupo em que, segundo ele fez questão de lembrar, já estivera incluído. Em uma entrevista ao site Tribuna da Imprensa Livre, do qual era diretor e editor, ele afirmou: "Eu conheço a fome, eu conheço o frio, [...] vivi a vida dos jovens e das crianças abandonadas. Essa é a minha origem". Nascido no Nordeste, ele migrou com a mãe e os dois irmãos para o Rio, onde chegou a morar em abrigos.

Em outro artigo no mesmo site, intitulado "A necropolítica do senhor governador" (Cláudio Castro), o desembargador escreveu sobre a violência no Jacarezinho. Citou o massacre ocorrido na favela em 2021, quando 27 pessoas foram mortas em uma ação da Polícia Civil. No texto, Siro Darlan se referiu à favela onde Flordelis nasceu e se criou como "Quilombo do Jacarezinho" ("espaço com maior número de negros entre as comunidades do Rio"), e citou o filósofo Frantz Fanon:

> A cidade do colonizado (escravizado) é um lugar de má fama, povoado por homens de má reputação. Lá eles nascem, pouco importa onde ou como; morrem lá, não importa onde ou como. É um mundo sem espaço; os homens vivem uns sobre os outros. A cidade do colonizado é uma cidade com fome, fome de pão, de carne, de sapatos, de carvão, de luz. A cidade do colonizado é uma vila agachada, uma cidade ajoelhada.

Para prestar o seu "testemunho dos fatos", o desembargador levaria consigo para o plenário não só a experiência no Juizado de Menores, mas sua vivência de garoto de origem pobre. Para ele, a acomodação de quarenta crianças e adolescentes ("25 que fossem") em uma casa modesta de favela ensejava o contato involuntário entre corpos. Darlan citou isso ao comentar o noticiário que alardeava a "prática de sexo entre irmãos" na casa dos pastores; ele achava importante situar o contexto em que a família vivia, e também mencionar os "instintos básicos de todo ser humano". "Ninguém acorda de pau mole. Que essas coisas rolavam, rolavam", acreditava ele.

Os adolescentes não eram irmãos de sangue. O Anderson não era pai de sangue. As meninas eram jovens, estavam em evolução, cheias de hormônios, então, essas coisas são possíveis. São paixões humanas possíveis. O Anderson pode ter se apaixonado pelas filhas, isso pode. Pode ter abusado? Pode. Não estou afirmando que aconteceu. Mas são coisas absolutamente possíveis e humanas. Agora, até o momento [junho de 2022], a polícia não provou nada. O caso ainda está muito confuso para a gente tirar conclusões. O julgamento é do júri. O júri somos nós, o povo. O povo sabe que essas coisas acontecem.

Tudão, o garçom, afirmou que não queria ser estrela: "Estrela aqui é o senhor", disse para o desembargador, que, sem dissimular as efusões do próprio ego, postulou: "As estrelas pagam caro por terem seu brilho...". O comentário de Darlan dizia respeito às "perseguições pessoais" que ele acreditava ter sofrido por ser um juiz "independente". É a isso que ele atribuiu a determinação da Justiça de afastá-lo de suas funções, primeiro em 2020, sob a acusação de ter vendido uma decisão judicial por 50 mil reais. No processo, o juiz Luis Felipe Salomão, do Superior Tribunal de Justiça (STJ), atendia a um pedido da Procuradoria-Geral da República (PGR), depois de uma delação premiada feita pelo ex-controlador-geral da Câmara Municipal de Resende (RJ) Crystian Guimarães Viana. Darlan era suspeito de participar de um esquema ainda maior de venda de sentenças. Sua defesa recorreu no Supremo Tribunal Federal (STF), argumentando que a ação havia sido contaminada por provas ilegais, e por isso resultava nula. Em junho de 2021, o ministro Edson Fachin, do Supremo, determinou o encerramento da ação e, em março de 2022, em decisão monocrática, o retorno do desembargador às funções.

Em março de 2023, por decisão unânime do Conselho Nacional de Justiça (CNJ), Siro Darlan foi aposentado de forma compulsória. De acordo com o que se divulgou no site do CNJ, o desembargador era acusado de incorrer em transgressões funcionais ao conceder indevidamente liminar em plantão noturno. O processo administrativo disciplinar apurou a concessão de habeas corpus em favor de um réu da Operação Capa Preta, instaurada para acabar com a atuação de milícias em Duque de Caxias, na Baixada Fluminense. Ocorria que o beneficiado pela liminar era defendido pelo escritório de advocacia do filho de Darlan.

A defesa do desembargador argumentou que atuar no plantão judicial fluminense era um voo no escuro, uma vez que não se tinha acesso aos autos do processo. No caso, o plantonista afirmou não ter verificado quem eram os advogados responsáveis, apenas considerou que o preso tinha uma "condição médica" e, por isso, transformou a pena em prisão domiciliar. Alegou ainda que a liminar vigorou apenas por alguns dias, e que o preso não estava em fuga, mas em uma casa de saúde. O miliciano, conforme o voto da conselheira relatora, Salise Sanchotene, não só era um dos líderes da quadrilha como fora condenado por homicídio e respondia por outros cinco processos, além de ser o mandante dos assassinatos das testemunhas que colaboraram com a justiça na Operação Capa Preta. O voto da conselheira apontou o fato de o habeas corpus ter alcançado todos os processos, ainda que cada um deles abordasse uma especificidade e estivessem em fases distintas.

Quando Anderson do Carmo ligou para Siro Darlan a fim de falar da promessa de campanha de Flordelis sobre leis de proteção à infância e à juventude, o desembargador reagiu com animação: "Opa, isso é bom, vamos conversar, sim!". Embora agora lembrasse de seu entusiasmo naquela ocasião, o desembargador afirmou que não havia sido favorável, "absolutamente", ao ingresso da pastora na política.

O Arolde de Oliveira, que está lá no inferno, é o grande responsável pela ida dela para a política. Era um aproveitador. Usou a religião para fazer política. São coisas que não se misturam, não podem se misturar porque Jesus falou: "Dai a César o que é de César, e a Deus o que é de Deus". Jesus fez essa separação. Esses caras que vivem da política, da religião, esses caras não são cristãos. Ele tinha interesse político, ele a usou, foi assim.

Para o desembargador, a entrada na política "mudou o perfil de Flordelis". "Ela era uma pessoa humilde, uma pessoa calada. Tanto que precisou de alguém para falar por ela, para fazer a articulação."

O alguém era Anderson do Carmo, que, na avaliação de Siro Darlan, se tornou o CEO da carreira da mulher. "Foi ele que ligou para mim e marcou o encontro. Quem quiser pesquisar, entra no sigilo dele e vai ver a ligação pra mim. E foi uma coisa surpreendente. Não a ligação, mas o fato em si... porque ele marcou de vir aqui com ela. E eu me interessei muito." Em retrospecto, a anunciada presença de Flordelis no encontro do pastor com o desembargador causava, de fato, espanto. Era preciso ser muito dissimulada para fingir que nada estava acontecendo, dois dias antes de o marido ser assassinado supostamente a mando dela.

Àquela altura, Anderson do Carmo já havia promovido o bem-sucedido seminário "Cruzada pela Adoção: 9 meses, Família para Todos", que no dia 21 de maio atraiu 350 pessoas ao

Auditório Nereu Ramos, da Câmara dos Deputados. A então ministra da Mulher, da Família e dos Direitos Humanos, Damares Alves, louvou a iniciativa:

A vida inteira do Senhor Jesus foi adoção. A adoção está no coração de Deus. Eu fico feliz que esse parlamento se levanta; fico feliz que muita gente tenha vindo, porque por muito tempo — perguntem aos grupos de adoção! — esses grupos falavam sozinhos no Brasil. Parabéns por esse evento, Flordelis!

Um ano depois, em agosto de 2020, Damares apareceria em uma *live* ao lado do então presidente da República, Jair Bolsonaro, para fazer um desabafo, por assim dizer, um tanto genérico: "Ela [Flordelis] enganou todo o Brasil, não só o segmento evangélico; ela enganou a nação inteira. Nós estamos muito tristes, vamos aguardar agora o resultado da Justiça".

Apesar de estar de fato interessado em conversar com Anderson do Carmo, Siro Darlan explicou ao pastor que não poderia atendê-lo por aqueles dias em seu gabinete, porque embarcaria em uma viagem de férias à França. Os dois ficaram de se ver na volta. A notícia do assassinato do marido de Flordelis alcançou o desembargador na Provença. "Foi um choque, evidentemente", lembrou.

Ainda na sexta-feira, 14 de junho de 2019, Anderson do Carmo se reuniu com Misael, com o assessor político Hugo Mello e o pastor Fabão no escritório carioca de Flordelis, que ficava na rua Primeiro de Março, no centro da cidade. Queria falar a respeito dos próximos passos da mulher na política. Com menos de seis meses do início do mandato da deputada, o pastor já planejava lançar a candidatura dela, ou dele próprio, à prefeitura de São Gonçalo, na eleição municipal de 2020. De acordo com Fabão, era apenas uma jogada.

Saímos de lá com tudo combinado. O Anderson queria sentar em cima da cadeira de prefeito em 2020, mas não para se eleger. A ideia era esticar a corda até o final, só para mostrar que ele ou ela eram favoritos. Então, na hora certa, mostrar aos adversários a pesquisa de intenção de votos, e dizer: "Tá vendo aqui, eu sou o primeiro colocado. Você está em segundo. Mas eu saio do páreo e te dou suporte". Em troca, ele ia querer a garantia de apoio na eleição de 2022 para o Senado [Flordelis] e as Câmaras Federal e Estadual [ele e Misael].

De acordo com Fabão, o Executivo [prefeitura de São Gonçalo] não interessava a Anderson "porque ele dizia que teria de trabalhar com muita gente [secretários] e correria o risco de ser traído". Argumentava: "O cara rouba, eu não tenho controle. No Legislativo, ninguém vai se meter. Serei eu sozinho". Isso mostrava um pouco o conceito que o pastor cultivava a respeito da política. O controle da distribuição de verba por cargo, nos gabinetes de Misael e de Flordelis — incluindo a rachadinha, segundo familiares que ocuparam postos ali —, tinha de ser dele.

Em seu depoimento, Luana Rangel repetiu basicamente tudo o que havia dito na entrevista dada para este livro no daOrla Café, em Maricá. A fala dela arejou o plenário com um sopro de informalidade. O linguajar coloquial soava libertador, sobretudo em relação ao palavrório barroco utilizado pelas excelências. Em comparação com os depoimentos das testemunhas anteriores, que se expressavam aos muxoxos e que, graças à precariedade técnica na exibição das videoconferências, pareciam estar falando embaixo d'água, o comparecimento ao vivo da mulher de Misael eletrizou a cena do julgamento. A poucos metros dos réus, Luana respondeu a todas as perguntas que lhe faziam, sem misericórdia nem raiva. A boca bem desenhada e a dicção muito clara eram valorizadas pelo contraste com a voz ligeiramente rascante, potente mas alegre, e ainda havia uma discreta nota de súplica que os ouvidos mais sensíveis associavam a um acento sensual. Ela vestia saia de couro — ou algo que se parecia com isso —, blusa de malha e botas de cano curto, tudo em tons escuros. De estatura mediana, tinha os cabelos castanhos levemente avermelhados presos em um rabo de cavalo ondulado, produzido com a inestimável assessoria do babyliss. A expressão do rosto sobrevivera a evidentes intervenções estéticas: os olhos claros, muito vivos, receberam o reforço de sobrancelhas desenhadas e de cílios sempre alertas; os dentes, brancos demais, resplandeciam a cada nova rajada de declarações incriminadoras. Em detalhes, Luana lembrou o dia em que Anderson do Carmo mostrou a ela a mensagem na qual Marzy tentava persuadir Lucas a cometer o "latrocínio". Mais uma vez, a mulher de Misael contou que fez de tudo para que o pastor enxergasse que a proposta homicida não poderia ser ideia de Marzy, e que certamente havia alguém por trás do plano. Apelou de novo para o argumento irrefutável de que Marzy simplesmente não tinha os 10 mil que oferecera a Lucas pelo serviço. "Eu sou amiga dela, conheço a condição financeira dela", teria dito ao pastor.

Abordar aquele assunto com Anderson do Carmo, recordou Luana, exigiu muita cautela. "Eu não poderia falar nunca: 'Acho que [quem está por trás do plano] é a Flor, pastor'. Eu seria expulsa da família! Ninguém podia falar da Flor pra ele. A Flor era a rainha da vida dele. Se você falasse qualquer coisa [dela] para o pastor, era tchau!" Com redobrada prudência, Luana teria perguntado a Anderson se ele por acaso havia tocado no assunto da mensagem com Flordelis. E o pastor: "Não quero saber quem está por trás disso. Eu vou dar uma coça na Marzy, e ela vai parar com isso!". A reação de Luana, segundo ela, foi de espanto: "O senhor vai fazer isso?". E ele: "Eu vou fazer isso, e vou resolver esse problema". Aos promotores que a inquiriam, ela explicou:

> Tudo o pastor conseguia resolver do jeito dele. Tudo era da forma dele. Ele só me mostrou [a mensagem] pra que eu tomasse cuidado com a Marzy. Não foi pra que eu tomasse uma providência, pra que eu ajudasse ele. Pelo contrário, ele é que ajudava a gente nas nossas decisões pessoais.

A partir da conversa com Anderson, Luana teria decidido procurar Marzy. No dia seguinte, ela contou, teve uma conversa "olho no olho" com a amiga: "Eu chamei a Marzy na igreja, tranquei ela dentro da secretaria no horário de culto. 'Marzy, que história é essa do iPad do pastor?'". Dirigindo-se aos promotores e à juíza:

> O que uma mensagem do Lucas estava fazendo no iPad do pastor? Eu queria entender. [...] Ela me explicou que um dia a mãe [Flordelis] tava deitada na cama, escrevendo essa mensagem, e aí passou para ela o iPad e falou: "Marzy, manda pro Lucas". A Marzy provavelmente redigiu [a mensagem] no celular dela [...] e mandou. [...] O Lucas recebeu essa mensagem, e, por algum motivo, até parece [coisa dos] *Trapalhões*, por algum motivo não apagaram a mensagem no iPad. A nuvem passou para o celular do pastor, e ele viu imediatamente.

Na bancada do Ministério Público, o promotor Coelho afundou o pescoço nos ombros, arqueou as sobrancelhas e produziu um sorriso finório e especulativo na direção dos jurados.

Luana continuou:

155

Eu fui durona com ela, ela reagiu durona no início. Falei: "Marzy, fala a verdade para mim, eu sou sua amiga, quero te ajudar. Não tá certo isso. Se isso for verdade... Você é crente, cara. Pelo amor de Deus, que Evangelho é esse que você vive!?". Aí, ela chorou e começou a se abrir comigo. Falou: "Matar o Niel vai resolver o problema de todo mundo [naquela casa]". Eu pensei: "Caraca, como é que eu faço? Como é que eu ajudo, né?". Aí, eu disse: "Marzy, você tá errada, não vai resolver o problema de todo mundo". E ela: "Ele é muito rigoroso, ninguém é feliz naquela casa...". Ela [Marzy] foi completamente inundada disso. [...] Eu falei: "Marzy, não se mete nisso. Se sua mãe está fazendo isso contigo, ela está te usando. [...] Cara, acontece um desastre desse, você vai presa e sua mãe fica solta, de boa moça, você sabe disso". Aí, ela começou a chorar de novo e disse: "A minha mãe não me ama. A minha mãe só me usa".

Em sua queixa, Marzy estaria se referindo à orientação que Flordelis deu a ela — depois que o marido a confrontou com a mensagem —, de assumir a culpa. De acordo com a versão contada agora no plenário, a pastora teria dito a Marzy: "Toma aqui um dinheiro, assume isso e some por um tempo...".

Mesmo se sentindo usada por Flordelis, Marzy se recusou a ir com Luana e Misael à delegacia para contar o que sabia. "Eu não entrego minha mãe por nada nesse mundo", teria dito. E Luana: "Então, arruma as suas coisas que eu vou te levar para a casa dela". A partir de então, contou Luana, as duas não se falaram mais. "Ali, eu perdi a Marzy para a Flordelis." Apontando para o banco dos réus, sem olhar naquela direção, disse: "Ela está presa porque quer".

De sua cadeira, quase sem mexer o pescoço, a juíza Nearis dirigiu o olhar para Marzy — que se mostrava abstraída, mirando um ponto qualquer, como quem faz um esforço para não se trair por eventuais expressões de ressentimento ou mesmo reconhecimento do que estava sendo dito. Agora, os dois, a juíza e o promotor, olhavam alternadamente para a bancada dos réus e para a dos jurados, pelo visto para checar reações, enquanto Luana descortinava a memorabilia de perversidades que muito provavelmente Flordelis daria tudo para apagar do passado. Em sua narrativa, a testemunha/informante manteve até o fim o entusiasmo de um boxeur que aplica jabs sequenciais em um adversário prostrado.

Em depoimento após o crime, Flordelis não só negou que tivesse escrito a mensagem no iPad como também disse que foi a primeira a mostrar ao marido os *prints* que Lucas havia lhe encaminhado quando recebeu a proposta de matá-lo. Supostamente alarmada, ela própria teria sugerido a Anderson do Carmo que procurasse a polícia. Citou inclusive as palavras que havia usado para alertá-lo: "Amor, isso aqui não é brincadeira. É uma coisa muito séria. Você precisa ir a uma delegacia prestar queixa". O pastor, segundo ela, teria ponderado: "Você acabou de se tornar deputada federal. Se nós formos à delegacia, imagina amanhã a imprensa [...]. Deixa que eu resolvo. Não quero essa exposição com o meu nome".

Na entrevista em Maricá, Luana contou que Anderson reduzia toda aquela conversa de matá-lo a um disse me disse no baixo clero da casa. Em relação aos primeiros alertas dados a ele, por conta das tentativas de envenená-lo, Luana lembrou que o pastor reagiu furioso. A fúria não era dirigida a Flordelis, mas ao delator:

> Um dia, o [Adriano] Pequeno foi à casa e disse: "Niel, entra aqui, quero conversar com você". Chamou também a Flor, a Marcele [mulher de Pequeno] e a Simone. Fechou a porta do quarto e, apontando para a pastora e a Simone, disse: "Pai, elas duas estão tentando te matar". Aí, uma começou a passar

mal ("Meus próprios filhos me acusando"), a outra apelou para o câncer... ("Aqui nessa casa não se respeita nem uma pessoa doente"). E sabe o que o pastor fez? Disse ao Adriano e a Marcele que eles eram dois ingratos. Aos gritos, mandou os dois embora: "Saiam daqui agora!". Eles tiveram de morar três meses na casa do Luciano e da Gleice, pais da Marcele.

Assim foi que, apesar de Anderson do Carmo ter sido informado das tentativas de envenená-lo e de emboscá-lo, tudo na casa seguiu como estava. Ele continuou desprezando a capacidade dos homicidas, e os homicidas permaneceram planejando seu "latrocínio". Não desistiram de Lucas. Depois das investidas de Marzy, a associação criminosa teria ganhado a vigorosa colaboração de Rayane, que estava entre os protegidos de Flordelis. Ela havia sido remanejada pela avó para Brasília, com o marido e o filho, e foi de lá que, segundo a acusação, procurou Lucas em março de 2019 — cerca de dois meses depois de ele ter recusado a primeira proposta —, para fazer uma nova oferta pelo serviço. A conversa teria começado pelo Direct do Instagram. Depois de perguntar se estava tudo bem, Rayane pediu o número do celular dele. Ligou. "Ela quis saber como eu estava de dinheiro, se estava trabalhando", diria Lucas, ao depor.

Eu falei que não estava, não. Aí, ela veio com a mesma história da Marzy, só que falando um pouco diferente. Que não era para eu fazer; era para arrumar alguém pra fazer. Ela ia me pagar 10 mil. Eu ficaria com cinco, e daria cinco para a pessoa que ia fazer o serviço. Quando eu pudesse, era para ligar pra ela pra avisar, que ela ia depositar os 10 mil pra mim e quebrar o telefone dela pra jogar fora. Então, eu respondi: "Não, Rayane, eu não quero participar dessas coisas não, tô fora. Já teve aquela história da Marzy lá, e [agora] todo mundo achando que eu quero matar ele".

Rayane teria insistido: "Você não vai fazer mesmo, não, cara? Ele [Niel] tem uma reunião na igreja amanhã, às dez e meia, é só você interceptar o carro dele". Lucas repetiu que não faria, e, de acordo com ele, Rayane não esmoreceu. Disse: "Tá bom, já que você não quer fazer, quando eu for ao Rio arrumo alguém". Ele foi se queixar de novo com a mãe, disse que o haviam procurado mais uma vez com a proposta de matar o pai. Flordelis teria reagido com cinismo. "Ela pegou o telefone [dela] na bolsa, um iPhone 6, e mostrou as mensagens que tinha recebido da Rayane. Um dos textos dizia: 'E aí, Chochó [corruptela de vovó], tudo pronto para a cirurgia de amanhã?'." Ao mostrar as mensagens no celular, Flordelis teria se dirigido ao filho adotivo com uma expressão de forjado inconformismo: "A Rayane tá com isso aí na cabeça. Tá querendo matar o Niel. Tá muito revoltada com ele". Lucas teria repetido que não queria participar: "Eu só não quero que me metam nisso".

Érica "Kaká" dos Santos de Souza, filha adotiva arrolada como testemunha de acusação/informante, contou à polícia que Rayane também a procurou, às vésperas do Dia das Mães de 2019, com uma conversa suspeita. Disse que precisava falar com ela e a chamou para ir à casa da pastora. "Quando eu cheguei lá", lembrou Kaká, "ela veio como quem não quer nada e perguntou: 'Você tem algum contato de bandido?'. Eu falei: 'Não. Pra que seria?'. Ela disse: 'Nada, não, era pra fazer um serviço pra mim'." Pelos boatos que circulavam na casa naquele tempo, Kaká a princípio achou que queriam dar "um susto" em Lucas. Mas depois da morte do pastor, segundo contou, ela passou a associar a pergunta de Rayane ao crime.

Quem ouviu toda a combinação do atentado, de acordo Misael e Luana, foi Reni, braço direito de Flordelis (que também estava na Chrysler Caravan no dia do enterro, quando Flávio foi detido). "Ela era obreira, largou a família para virar serva da

pastora. Foi morar em um quartinho na igreja. Essa, se abrir a
boca... Ela sabe mais coisa do que todos nós... mas agora diz
que não se lembra de nada, não quer se comprometer", disse
Misael. Segundo ele, Rayane acabou encontrando alguém para
executar o serviço. No dia marcado, um domingo, o matador
aguardaria o pastor na avenida Bispo Dom João da Mata, onde
ficava o templo do Mutondo. Misael:

> No fim do culto, estávamos eu e Luana conversando, nos des-
> pedindo das pessoas, guardando as coisas, fechando a igreja,
> nós dois éramos sempre os últimos a sair; naquele dia, a Flor
> foi pra casa antes do costume, a gente até achou estranho.
> Ela colocou todo mundo que queria dentro do carro e foi em-
> bora. O pastor ficou pra trás. Iria no carro dele, um Volvo
> XC60 prata. Só que mudou de ideia na última hora, porque o
> Volvo ficou reservado para um serviço que eu ia fazer no dia
> seguinte, ali perto. Eu disse: "Deixa o carro aqui e vai com
> o do André. Assim, eu não preciso madrugar para ir [de São
> Gonçalo] a Niterói pegar o seu...". Quando foi embora, o An-
> derson usou o carro do André, um Honda Fit verde, e foi isso
> que o salvou daquela vez. O assassino esperava o Volvo.

Luana contou que Reni disse a ela que o matador apareceu no
templo para cobrar o dinheiro combinado — mesmo não tendo
sido possível fazer a "cirurgia":

> O André resolveu. Arranjou um dinheiro lá da igreja e deu
> pro cara. [...] Naquela época, eu não sabia do que se tratava;
> eu vi a Flor nervosa, com a Rayane no telefone, e depois
> chamando o André, e o André falando que ia resolver. Aí,
> eu, conversando com a Reni, ela me falou que era alguém
> que a Rayane tinha contratado mesmo.

O matador jamais foi identificado pelos delatores ou localizado pela polícia.

No momento reservado às perguntas da defesa, depois das do Ministério Público, dra. Janira Rocha quis saber se Luana tinha ideia do motivo pelo qual Reni nunca havia sido ouvida em juízo. "Boa pergunta", respondeu Luana. Como advogada de André Bigode, Rocha indagou se a depoente tinha algo desabonador a falar sobre ele. Luana: "O André foi o melhor amigo do meu marido a vida inteira. O problema do André é que ele não sabe dizer 'Não'. Então, ele não soube dizer 'Não' para a Flor. Se ele tivesse aprendido a dizer 'Não', ele não estaria sentado aqui".

A advogada seguiu com questões sobre os supostos abusos sexuais cometidos por Anderson do Carmo. Durante todo o julgamento, ela fez o que pôde para manter viva a tese de que o alegado comportamento perverso do pastor seria a real motivação do crime. Voltou ao assunto com todas as mulheres ouvidas, inclusive as que depuseram contra Flordelis. Luana disse mais ou menos a mesma coisa que as outras testemunhas de acusação. "É até engraçado imaginar isso [que o pastor era abusivo]. Se não fosse trágico, seria cômico, doutora. Falar isso agora... ele respeitava todo mundo como filha." Dra. Janira também perguntou a Luana o que ela tinha a declarar a respeito do tratamento alegadamente rigoroso, por vezes grosseiro, que Anderson do Carmo dispensava às mulheres da casa, sobretudo a Simone. Luana atribuiu a "culpa" da eventual grosseria do pastor ao mau comportamento de Simone:

> Então... A Simone é muito bagunceira, né? Volta e meia estava com namorado novo, ou com o marido de alguém da igreja [...] e eu era a X9 [alcaguete]. Eu que ia lá falar: "Pastor, a Simone tá namorando o marido de fulana". O pastor ia lá e brigava com ela mesmo... Brigava com a Flor, brigava com ela... porque a Flor sabia de tudo e ficava quieta... O pastor

botava de castigo, aí ela ia de camisola para a rua e... 'Uaaaaa, quero morrer!', um escândalo que ela fazia, e eu olhava isso como um pai querendo cuidar de uma filha bagunceira.

As respostas categóricas de Luana já se mostravam suficientes para desbaratar a tese da defesa — mas ela foi além: "Eu nunca vi o pastor se dirigindo a Simone de forma sensual. Nem às filhas dela. Eram filhos dele mesmo, que ele tratava com carinho, respeito, e cuidava, porque se não cuidasse ia virar um... puteiro...". Pausa retórica, aparentemente em respeito à solenidade do tribunal. Baixando o tom de voz, ela perguntou: "Pode usar puteiro?...". E emendou: "Ia virar uma pornografia aquela casa".

Pouco depois, em sua vez de se manifestar, a advogada de Simone, dra. Daniela Grégio, perguntou se Luana sabia do envolvimento do pastor com garotas de programa. "A senhora alguma vez presenciou o pastor, ou foi apresentada a uma pessoa chamada Marcele Mendes?"

Luana: "Não. Tem a Marcele Motta, a esposa do [Adriano] Pequeno".

Dra. Grégio: "Sobre a questão do celular, a senhora viu a Lorrane descartando no mar...?".

Juíza: "Ela já falou que não, doutora".

Entre os frequentadores do movimentado corredor do 12º andar do prédio do Fórum, havia figuras que contavam com a suposta prerrogativa de ter "conhecido de perto" a família de Flordelis; e agora se mostravam curiosas para saber como aquelas mesmas pessoas se portariam como rés em um julgamento de assassinato. O adestrador de cães Diogo Rodrigues, 47, contou que estava ali para "rever clientes que foram muito bacanas". Fazia mais ou menos sete anos que Rodrigues tinha passado três semanas adestrando dois cães de Flordelis, da raça *golden retriever*, dos quais ele não recordava o nome. Moreno, jovial, sorridente, ele se lembrou de como a pastora recebeu a informação de que o valor do adestramento seria de 150 reais por sessão: "Ih, ele vai encrespar", teria dito ela, prevendo a reação do marido. Anderson do Carmo, segundo Rodrigues, estava viajando. Ao voltar, menos de um mês depois, ele olhou nos olhos do adestrador e perguntou em voz alta: "Quem é esse?", como quem dissesse: "O que esse cara está fazendo aqui?". Ao mesmo tempo, saudava o visitante com um forte aperto de mão. "Não como quem se apresenta, mas como quem se despede", recordou Rodrigues, rindo. Na visita seguinte, quem o recebeu foi Simone: "Ela disse que 'houve um probleminha' e que não iam manter o atendimento". Rodrigues acrescentou que Simone deu "levemente" em cima dele. No tribunal, a primogênita de Flordelis teria piscado amistosamente para o adestrador, o que o deixou lisonjeado.

14.
O ex-filho biológico

Chamado na sequência de Luana, o informante agora era Daniel dos Santos de Souza, 22 anos, o Danielzinho, "ex-único filho biológico que afinal não era" do casal. Sua oitiva, por videoconferência, trouxe de volta ao plenário a intempestividade do áudio, a dissonância na comunicação com os promotores e as pausas angustiantes decorrentes desses desencontros. Primeira a assumir o microfone, dra. Mariah da Paixão foi direto ao ponto — como era de seu feitio —, e isso proporcionou certo alívio a quem assistia. Quando se tratava de organizar mentalmente as ideias, ela se mostrava bem mais hábil que os colegas. "Boa tarde, Daniel, aqui quem está falando é dra. Mariah, eu sou promotora de justiça do Ministério Público. O senhor pode inicialmente esclarecer para os jurados por que o senhor não quis ser ouvido na presença dos réus?"

Daniel: "É porque eu ainda tenho muito sentimento pelo fato de conviver muito tempo ainda com eles, é muito doloroso pra mim, então eu não consigo...".

Dra. Mariah: "O senhor pode explicar para os jurados como o senhor descobriu sobre a sua origem biológica?".

Daniel: "Através da Polícia Civil e da DH. Um amigo que é oficial me mostrou de onde vinha a minha origem. Disse para mim que eu não era filho do Anderson nem da Flordelis".

Dra. Mariah: "O que a Flordelis contava para o senhor a respeito de como tinha sido o seu nascimento?".

Daniel: "Ela não falava muito, não".

Dra. Mariah: [...] "A partir da noite do crime, o senhor pode contar o que aconteceu?".

Daniel: "Eu tinha saído de casa para ir a uma festa com a minha namorada, né?, e nessa festa eu recebi uma ligação do meu pai, pedindo para que eu trocasse de carro com ele. Ele ia sair com a minha mãe, e o carro que ele estava chamava muita atenção".

Dra. Mariah: "Isso foi a que horas, o senhor se lembra, mais ou menos?".

Daniel: "Ah, não me recordo muito bem. Mas acho que foi por volta de umas onze".

Dra. Mariah: "Qual o carro que o senhor estava?".

Daniel: "Eu usava um Honda Accord, preto. Voltei em casa, troquei de carro com ele, deixei o Accord e peguei o outro carro que estava com eles. Uma Chrysler Caravan, preta".

Dra. Mariah: "A ré Flordelis ou o pastor Anderson informaram qual seria o destino deles?".

Daniel: "Não. Depois de trocar o carro, eu voltei para a festa com a Chrysler preta. Aí, depois da festa, no meio do caminho de volta, eu falei pra minha namorada que não ia deixar ela em casa porque aquele carro chamava muita atenção, e onde ela mora é complicado... Eu fui pra casa, pedi para ela esperar, entrei na casa, peguei o outro carro, que era do meu irmão Flávio, porque ele deixava a chave comigo, e foi com esse carro que eu levei minha namorada pra casa".

Dra. Mariah: "A que horas o senhor voltou mais ou menos [da casa da namorada]?".

Daniel: "Duas e pouco, três, mais ou menos. Fui direto para o meu quarto, que era do lado de fora da casa...".

Apesar de o áudio evoluir entrecortado, era possível perceber que Daniel soluçava baixinho. Com um jeito maternal, a juíza Nearis perguntou: "Quer que a gente faça uma pausa, sr.

Daniel, para o senhor se acalmar um pouco? A gente aguarda, para um pouquinho".

Ele continuou: "Fui ao banheiro, aí eu não me lembro agora se foram alguns minutos, uma hora, eu escuto um carro subindo, na garagem. Era o carro que meu pai estava. O meu".

Dra. Mariah: "O senhor reconheceu o carro pelo barulho?".

Daniel: "Sim, porque tava com um problema no rolamento. Eu falei comigo mesmo: 'Meu pai chegou, tenho de ir lá trocar de chave'. No próximo dia, a gente ia pra igreja de manhã... [Pausa.] Quando eu saio do banheiro e vou lá pra trocar as chaves, eu escuto os disparos...".

Daniel agora chorava muito; um choro ao mesmo tempo silencioso e incontrolável, contrariado, ofendido, impotente, desprovido de qualquer aparato dramático fácil — não se identificava ali nenhum traço de autopiedade. Como ele se expressava mal, e sua voz eventualmente se desvanecia entre as oscilações de humor do som da videoconferência, tudo parecia ainda mais comovente. Até dra. Janira Rocha, que costumava encenar um certo tédio durante os depoimentos das testemunhas de acusação, agora prestava muita atenção. Sem parar de olhar para a tela que exibia a imagem de Daniel na videoconferência, ela colocou na boca uma pastilha para garganta.

Dra. Mariah: "O senhor estava dentro do seu quarto quando ouviu os disparos?".

Daniel: "Tava, sim. Meu quarto ficava do lado de fora da casa, tinha um banheiro".

Dra. Mariah: "Era perto da garagem?".

Daniel: "Era, sim... mais ou menos".

Dra. Mariah: "O senhor não mora mais na casa hoje, né? Ou sim?".

Daniel: "Não".

Dra. Mariah: "O senhor recorda quantos disparos o senhor ouviu?".

Daniel: "Que eu me recordo, eu ouvi seis disparos. Eu tava no quarto, subi pela varanda da cozinha, passei pelo corredor, vi que o quarto deles [de Anderson e Flordelis] já estava aberto, e ela já estava lá em cima, minha mãe já tava lá em cima gritando...".

Dra. Mariah: "O que ela gritava?".

Daniel: "Que mataram o marido dela. Ela estava no andar de cima. Contando com a garagem, o terceiro. Ela tava no corredor, em frente ao quarto da Isabel e da Annabel [duas irmãs adotadas legalmente pelos pastores; à época, tinham dezenove e dezoito anos]".

Dra. Mariah: "Antes de a sua mãe gritar, ela já tinha descido para ver o que aconteceu na garagem? Quero saber se ela já tinha visto que o Anderson tinha sido atingido quando ela gritou".

Daniel: "Não sei. Quando eu cheguei lá, ela já estava lá em cima".

Dra. Mariah: [...] "O Flávio tava aonde?".

Daniel: "Eu fui para cozinha, desci as escadas pra onde dá pra saída, e quando eu vi, eu vejo meu pai, lá, morto, e eu vejo o Flávio entrando no carro, tirando a mochila dele".

Dra. Mariah: "Como foi o seu contato com o Flávio?".

Daniel: "Eu não falei nada, fui direto no meu pai".

Dra. Mariah: "E ele ainda estava com vida, Daniel, o senhor conseguia perceber isso? Desculpe fazer a pergunta, mas é necessário para esclarecer os fatos".

Daniel: "Me recordo que eu peguei o pulso dele, não tava mais batendo".

Dra. Mariah: [...] "Depois de ver o corpo, quando o senhor encontra a ré Flordelis?".

Daniel: "Não vi mais ela depois que eu desci".

Dra. Mariah passou o microfone para dr. Coelho, e então a oitiva ingressou em um momento de turbulência que comprometeu ritmo, clareza e objetividade. A precariedade técnica do equipamento de som, em impiedosa desatenção com a volatilidade da voz do promotor, parecia sabotá-la, e ainda havia a dificuldade de Daniel de entender as perguntas — que eram pouco assertivas e aparentemente irrelevantes. Davam a impressão de que dr. Coelho, talvez por conhecer demais o processo, estava preocupado com minúcias que só faziam sentido para ele. A outra possibilidade seria o autoboicote inconsciente, algo que acomete, por exemplo, jogadores de futebol que estão com a bola no pé, diante do gol sem goleiro, desimpedidos, e, por uma súbita rebeldia dos neurônios — da ordem do centésimo de milésimo de segundo —, chutam para a linha de fundo.

Dr. Coelho: "Quantos quartos há no terceiro andar, onde Flordelis gritava desesperada que seu marido havia sido morto?". O promotor teatralizou o grito: "'Mataram meu marido!'".

Daniel: "O quarto da Isabel e da Annabel, o da Simone".

Dr. Coelho: "Quem dormia no quarto da Simone?".

Juíza: "Já respondeu, doutor. O senhor tá interrompendo. Quando a gente faz a pergunta na videoconferência, o som chega um pouquinho depois que sai daqui. Tem que esperar ele terminar de falar para o senhor começar". Dra. Nearis disse isso pacientemente; dr. Coelho ainda aguardava para saber quem dormia no quarto de Simone. Daniel respondeu: "Lorrane, Rafaela, Ramon e Miguel" — este último era filho biológico de Vânia, irmã de Kikita, ambas filhas de uma prostituta chamada Volúcia; Vânia teria omitido dos pastores que estava grávida do filho, e, como castigo, Flordelis e Anderson entregaram o garoto recém-nascido para Simone e André. Dr. Coelho perguntou se os três primeiros eram filhos de Simone (algo que todo mundo já sabia): "Sim". O promotor indagou também quem estava no quarto no momento do crime; queria saber se eram os filhos de Simone e repetiu: "É isso? Quem estava lá?".

Daniel: "Não entendi".

O promotor produziu um gesto de impaciência; a juíza alisou os cabelos para cima com as duas mãos e torceu as mechas em um coque alto: "Doutor, dá para falar mais perto do microfone? Se o microfone fica mais pra baixo, naturalmente o som sai mais baixo lá também. Por favor".

Dr. Coelho: "Tá difícil...".

Juíza: "O quê? Falar com o microfone mais perto? É simples, doutor. Não pode dificultar...". O promotor refez a pergunta. Daniel disse que não se recordava se eles estavam lá.

Dr. Coelho: "O senhor não se recorda... Está emocionado demais com os fatos...". A inferência do promotor soou afoita e forçada. Comparativamente, dra. Mariah da Paixão não precisara fazer mais do que perguntas simples e diretas para obter o choro de Daniel. A juíza pegou o microfone para falar alguma coisa, mas o doutor emendou outra pergunta a respeito das pessoas que dormiam no terceiro andar. Daniel citou o quarto de Vânia e o das crianças — Ágatha (filha adotiva, doze anos) e Michele (afetiva). O promotor prosseguiu: "Posteriormente, o senhor desceu. Eh... o senhor viu o corpo... Quem procurou socorro para o corpo? O senhor ligou, outra pessoa ligou... Eh... como é que foi essa ligação do atendimento do Samu?".

Daniel: "Não entendi. Fala mais alto. Um pouquinho mais alto".

Dr. Coelho respirou fundo. Seu humor dava sinais de esgotamento: "Como foi o socorro à vítima, Daniel, ao seu pai? Você se recorda quem falou com o Samu? Foi uma pessoa só? Mais de uma?".

Daniel: "Ligamos para o Samu. Eu liguei, pedi para o André falar".

A cena descrita era possivelmente a de maior potencial dramático da oitiva: a ligação para o Samu, com o corpo do pai estirado no chão, baleado, ensanguentado, sem vida. Mas a angústia maior de Daniel, ao que parecia, não era produzida pela lembrança da agonia, e sim pelo suplício de tentar ouvir — e entender — as perguntas do promotor.

Dr. Coelho: "O Flávio chegou a falar, o senhor se recorda...?".

Daniel: "Não entendi... [Pausa.] Devido ao fato de ele [André] não conseguir falar, é onde o Ramon [filho de André] vai e pega o celular e fala com o médico".

Dr. Coelho: "Como estava o Ramon, a voz dele...? Ele estava nervoso, calmo?". Aqui, o promotor provavelmente tentava mostrar que Ramon, acusado de limpar a cena do crime, teria reagido com frieza à morte do pastor — a ponto de ser o único em condições emocionais de falar com o atendente do Samu.

Daniel: "Ele estava muito calmo. Disse ao médico: 'Moço, não tem mais como fazer nada, já era. Já foi'".

Antes que um novo ruído se impusesse, o promotor, sem um pingo de pudor, partiu para a exploração da ferida: "Eh... fica difícil lembrar dos momentos em que ficou do lado do seu pai... como é que vocês decidiram, quem decidiu levar a vítima, baleada, diversos tiros, para o hospital?". Deu certo. Daniel começou a chorar. "Eu decidi levar ele para o hospital. Foi aonde eu pedi para o André para abrir a porta [do carro], ele não abriu, foi aonde o Flávio deu um grito com ele, ele pediu para segurar a porta. O Flávio deu a volta no carro e foi comigo, no banco de trás."

Da bancada da promotoria, dra. Mariah da Paixão levou o laptop aberto até a mesa instalada no centro do plenário, aparentemente para tentar acompanhar melhor a oitiva. Cruzou os braços. Ela estava com um sapato vermelho de salto baixo, que, propositalmente ou não, fazia conjunto com a faixa da mesma cor que ajustava a beca preta na cintura.

Dr. Coelho: [...] "O senhor se recorda se a sua mãe, a deputada Flordelis, foi ao hospital?".

Daniel: "Depois de um tempo, ela chegou lá, sim".

Dr. Coelho: "O senhor se recorda o que ela falava?".

Daniel: "Não. Eu não estava perto".

Dr. Faucz se aproximou de dra. Janira e pegou uma pastilha.

Dra. Mariah da Paixão reassumiu o microfone, e sua voz clara, apesar do sapato vermelho berrante, operou uma espécie de limpeza na acústica do plenário: "Daniel, retomando aqui. O senhor pode dizer qual foi a última vez que o senhor viu o celular do seu pai?".

Daniel: "Assim que eu cheguei do hospital, fui direto para o meu quarto, onde o celular do meu pai estava comigo; pedi para a minha namorada segurar, pra mim tomar banho. Foi aonde que a pastora Gleice [mulher do pastor Luciano Gomes] pediu o celular, a mando da minha mãe".

Dra. Mariah: "O senhor soube o que aconteceu com o celular depois?".

Daniel: "Não. Aí, eu não vi mais".

Satisfeita com o relato de Daniel sobre a madrugada do assassinato, dra. Paixão passou a abordá lo a respeito do planejamento do crime. A essa altura, a turbulenta indisposição do áudio parecia vencer a batalha por atenção travada com a dolorosa narrativa do depoente. Em um momento crucial da oitiva, cuja compreensão do que se dizia parecia ser imprescindível, o problema técnico crônico infligiu aos promotores uma prova de resistência implacável.

Dra. Mariah: "O senhor soube de algum plano anterior para matar a vítima Anderson?".

Daniel: "Soube, sim".

Dra. Mariah: "O senhor pode contar para os jurados?".

Daniel: "Foi através do Lucas. O Lucas uma vez tava indo para a igreja comigo, eu, ele e a Thayane no carro, ele contou que a Marzy tava pedindo para ele para matar meu pai. Dar um dinheiro pra ele para matar meu pai. Aí, eu falei: 'Para de palhaçada, cara, tá maluco?'. O Lucas gostava de bancar o machão. Eu falei: 'Então mostra aí'. Ele falou: 'Não tem como mostrar porque acabou de ser apagado'".

Dra. Mariah balançou a cabeça negativamente, sinalizando que não ouviu bem.

Dr. Décio: "Não entendi nada".

Juíza: "Então senta ali [no centro do plenário], dr. Décio, para o senhor poder ouvir, que eu tô ouvindo bem".

Dra. Janira Rocha fez sinal de ok com o polegar, concordando com a juíza.

Juíza: "Eu estou ouvindo bem, os senhores não estão, podem fazer como dra. Janira fez, sentar ali na frente".

Dra. Paixão consultou a juíza sobre a possibilidade de o oficial de justiça perguntar aos jurados se eles estavam ouvindo bem. A juíza fez a pergunta aos jurados, e um deles disse: "Mais ou menos". Ela então ponderou que Daniel falava um pouquinho enrolado, devagar. "É", concordou outro, "claro não está." Dr. Décio espalmou as mãos e repetiu, com ar de triunfo: "Claro não está!". Os promotores passaram a circular no centro do plenário, em uma espécie de protesto informal. "Vamos fazer o seguinte", disse a juíza, enquanto se dirigia a um de seus auxiliares para consultá-lo. Perguntou a ele: "Tem alguém na sala do primeiro andar?". Em seguida, ela pediu a Daniel que falasse com o rosto levantado:

Quando o senhor olha para baixo, o som fica um pouco prejudicado. Vamos tentar continuar aqui, se houver qualquer tipo de problema, nós então vamos para o primeiro andar, que eu pedi para preparar, o equipamento lá é próprio pra isso, e hoje a gente vai poder utilizar.

Dr. Coelho retomou a palavra. Perguntou quando aconteceu a conversa de Daniel com Lucas. "Foi em 2019..." O áudio passou a emitir uma chiadeira alta, e outras viriam.

Daniel: "Agora, eu não me recordo bem o mês, não".

Dr. Coelho: "O senhor se recorda se, quando Lucas contou que foi contatado pela Marzy para assassinar o pastor, havia nesse carro [o microfone voltou a zunir], havia mais outra pessoa?". Daniel já havia esclarecido esse ponto. De novo, a reincidência dos ruídos no áudio e a pergunta repetida do promotor concorriam para ver qual das duas levaria a plateia a desistir mais rapidamente de acompanhar a oitiva.

Daniel: "Estava eu, a Thayane e ele".

Dr. Coelho repetiu: "A Thayane então tava no carro, né? [Pausa.] Certo. O senhor contou para o seu pai, ou seu pai contou para o senhor acerca desse plano?".

Daniel: "Sim, ele me chamou no quarto dele e me mostrou essa mensagem. Foi aonde eu perguntei para ele de onde vinha essa mensagem".

Dr. Coelho: "Você falou o que pra ele?".

Daniel: "Que o Lucas tinha me contado exatamente o que estava escrito na mensagem. Que ele tinha recebido uma proposta para matar ele".

Dr. Coelho: "O senhor se recorda se essa proposta para matar ele era um assassinato a tiros, se era com veneno...". A juíza enxergou na referência aos tiros e ao veneno uma tentativa de induzir o informante à resposta. Com um tom professoral, ela indicou ao promotor a maneira correta de fazer a pergunta. Disse: "Como seria o assassinato?". E, como quem cobra uma lição a um aluno de primeiro ano do ensino fundamental, completou: "Né, doutor?". O promotor explicou que só incluiu os tiros e o veneno na pergunta para que Daniel a compreendesse melhor. Diante dos mal-entendidos generalizados, parecia plausível. Ele pediu desculpas e continuou: "Seria a tiros, né? Simular um assalto? O senhor se recorda se essa proposta tinha dia específico para ser praticada?". Enquanto inquiria Daniel, o promotor dava um passo para a frente, um para trás, em um movimento semelhante ao de alguém que nina um bebê no colo; essa repetição, somada a elementos dispersivos não relacionados ao crime — como o palavrório barroco, os ruídos produzidos pelo equipamento audiovisual e as pausas do depoente —, conduzia a assistência a uma espécie de modorra hipnótica invencível.

Daniel: "Não me recordo".

Dr. Coelho: "O senhor disse que o Lucas falou da proposta na frente da Thayane. Sabe dizer se ela falou para o seu pai dessa proposta de assassiná-lo?".

Daniel: "Sim. Ele pediu para chamar a Thayane no quarto dele, ele chamou ela no quarto dele, ela confirmou".

Dr. Coelho: "Depois que ele soube que havia esse projeto homicida entre Marzy e Lucas para assassiná-lo, ele falou com o Lucas que não voltasse pra casa? Teve alguma questão com o Lucas?". Sem aguardar a resposta, o promotor emendou uma série de perguntas sobre Flávio, que desviaram a atenção das anteriores. Quis saber se Daniel tinha conhecimento de que o irmão fora passar um tempo em Brasília; se fazia ideia do motivo pelo qual ele se mudou para lá, e quanto tempo ficou (Flávio teria ido para Brasília por orientação de Flordelis, supostamente para fugir da polícia após desobedecer à medida protetiva solicitada à Justiça pela ex-mulher). Dr. Coelho indagou ainda se Daniel tinha alguma informação a respeito do contato de Flávio com armas de fogo e munições e também se ele havia frequentado cursos de tiro. As questões não obedeciam a uma ordem e eram pontuadas por pausas monossilábicas e abstraídas ("Eh...", "Ah..."); em seu encaminhamento, não pareciam conduzir a um assunto comum, tampouco a uma síntese que facilitasse a compreensão pelos jurados.

Daniel informou que não tinha conseguido ouvir direito as perguntas sobre as armas de fogo e os cursos de tiro. O promotor encarou o microfone com uma expressão de súplica; na plateia, onde agora se registravam casos de alheamento, o burburinho aumentava. Dr. Coelho repetiu a pergunta. Daniel respondeu que sabia das munições ("Quando ele abriu o cofre, eu vi as munições"), mas que não se recordava de cursos de tiro.

Dr. Coelho: "O Flávio tinha um cofre só pra ele?".

Daniel: "Tinha, sim. Eu não me recordo onde estava".

Dr. Coelho: "Vamos continuar, então, Daniel... O senhor se recorda se, nos dias seguintes ao fato, alguma versão circulava na casa acerca do assassinato... ou versões?".

Daniel não entendeu a pergunta.

Dr. Coelho insistiu nos volteios: "O senhor se recorda se, logo após os fatos, Flordelis, Simone, e outras pessoas, réus aqui presentes, diziam o que tinha acontecido, se era o que... quem que teria envolvimento, o senhor ouviu alguma versão igual, algumas versões iguais, o senhor pode contar aqui pra gente?".

Sentada de costas para o promotor, dra. Janira girou a cadeira e o encarou com uma expressão de estranhamento, como se aguardasse que ele fosse mais objetivo — o que não ocorreu.

"Não me recordo disso", respondeu Daniel. Era improvável que a testemunha/informante não se lembrasse do que se falava na casa "logo após os fatos"; mas a pergunta, feita daquela maneira, não cumpria a possível função de arrancar dele informações reveladoras sobre o comportamento da pastora e seus "favoritos" nas horas que se sucederam ao crime, incluindo eventuais estratégias combinadas para despistar os investigadores.

Dr. Coelho refez a pergunta, simplificando: "O senhor foi contatado, ehhh... procurado pela sua mãe, Flordelis, no dia seguinte aos fatos de forma insistente?".

Daniel: "Fui, sim".

O promotor voltou a perguntar o que já havia sido respondido — se Daniel morava na casa dos pais. Queria saber ainda o motivo de ele ter se mudado. O informante respondeu que se mudou porque, naquela casa, ele tinha acabado de perder o pai. "Como é que vou ficar ali?"

Dr. Coelho: "Quando o senhor saiu, sua mãe ficou ligando, ela o procurou? Como é que é esse contexto?".

Daniel: "Ela passa a procurar, sim".

Dr. Coelho: "O senhor dizia o quê?".

Daniel: "Não respondia. Ou respondia que ia lá, e não ia".

Dr. Coelho: "Ela procurava o senhor, o senhor diz, várias vezes, do celular dela, ou tentava ligar do celular de outras pessoas também?".

Daniel: "Ela ligava do celular de outras pessoas também".

Dr. Coelho: "E o senhor...".

Juíza: "O senhor sabe do celular de quem mais?".

Daniel: "Teve uma vez que ela ligou para mim para falar do celular do Gerson".

Dr. Coelho: "Gerson, que era...?".

Juíza, melhorando a pergunta: "Ele era quem?".

Dr. Coelho: "Eh... são muitas pessoas, Daniel, os jurados não conhecem os nomes. O Gerson quem era, o senhor pode contar pra gente?".

Daniel: "O Gerson também era um irmão da gente, morou na casa, mais conhecido como Baiano. Filho afetivo da Flordelis".

176

Em nova indagação mal-entendida, o promotor quis saber se Daniel se recordava de alguma reunião com a mãe na igreja, nos dias seguintes ao crime. Referia-se ao encontro convocado por Flordelis com Misael e Daniel, um de cada vez, para saber por que eles a haviam "traído", depondo contra ela na delegacia. Ocorreu que a palavra "reunião", usada por Coelho, remeteu Daniel a uma outra conversa com a mãe para decidir quem iria assumir o Ministério Flordelis. A juíza solicitou ao doutor que fosse objetivo. Ele, então, refez a pergunta: "Sua mãe pediu para falar sozinha com o senhor nessa ocasião?". "Pediu, sim."

Dr. prof. Faucz foi até dra. Janira, ficou de cócoras ao lado da cadeira em que ela estava sentada e disse alguma coisa.

Dr. Coelho: "E pediu para falar com o senhor em algum quarto separado, específico?".

Daniel: "Pediu. Na sala VIP da igreja".

Quando dr. Faucz se levantou para voltar a seu lugar, a juíza se dirigiu à dra. Janira e fez uma observação: "Doutora, toda a consideração que eu estou tendo aqui em relação ao Ministério Público, eu estou tendo com a defesa também. A defesa tem determinadas perguntas, dá certas informações, com um limite. Então, quando tiver alguma objeção, fala na hora".

Dr. Coelho: "Daniel, o senhor disse que a sua mãe pediu para conversar com o senhor na sala VIP da igreja. Quanto tempo vocês ficaram na sala VIP da igreja conversando?".

Daniel: "Ah, bastante tempo. Eu não me recordo muito bem, uma hora mais ou menos".

Dr. Coelho: "Uma hora! E o que vocês falaram nessa uma hora? Vocês estavam fechados, a porta estava fechada?". Dr. Faucz voltou ao centro do plenário para falar com dra. Janira.

Daniel: "A porta tava fechada. Só tinha nós dois na sala. Ela pediu pra todo mundo sair".

Dr. Coelho: "O que vocês ficaram uma hora conversando?".

Daniel: "Ela ficou falando a respeito do meu pai. Que meu pai não era tudo aquilo que eu pensava".

Dr. Coelho: "Ficou falando mal da vítima…".

Juíza: "Deixa ele terminar. Só um instantinho, dr. Carlos". E para Daniel: "O senhor pode continuar a relatar tudo o que ela falou a respeito do seu pai, por favor?".

Dr. Coelho produziu um gesto de indulgência com o microfone e, quando a juíza terminou de falar, ele mexeu a cabeça em sinal de que era justamente aquilo que estava prestes a perguntar.

Daniel: "Ela tentava justificar ali, né? Que meu pai não era tudo aquilo que eu pensava, que eu podia até perguntar para a Reni, que era secretária dela… Ela tava tentando meio que se explicar, né?".

Dr. Coelho: "Daniel, você usou duas palavras aí: justificar e se explicar…".

De novo, Daniel não entendeu a intenção do promotor, que era, ao que tudo indicava, que o depoente declarasse: "Sim, tentando justificar a participação dela no assassinato do meu pai". Em vez disso, Daniel repetiu o que tinha dito: "Ela dizia pra mim que ele não era tudo isso, que Deus já tinha falado para ela que ia levar ele".

Depois de tentar explorar os verbos "justificar" e "explicar" mais uma vez, sem sucesso, o promotor fez outra pergunta já respondida: "Ela chegou a dizer que ele não era o seu pai biológico?".

Juíza: "Ele disse que descobriu na delegacia, doutor, tá respondido".

Dr. Coelho: "Nessa reunião na igreja, tinha alguém do lado de fora, no corredor?".

Daniel: "Tinha. O Misael e a Luana, que estavam me esperando. Simone também estava no corredor…".

Dr. Coelho: "Depois dessa reunião presencial, o senhor voltou a encontrar a Flordelis? Retornou à casa?".

Daniel: "Retornei, sim. Fui pegar as minhas coisas".

Dr. Coelho: "O senhor chegou a encontrar a Flordelis? O senhor chegou a conversar com a Flordelis e o Misael em conjunto?".

Daniel: "Teve um dia que ela colocou eu, Misael e Luana no quarto dela, onde estava o pastor Carlos [Ubiraci], a Simone, e ela tava tentando se justificar mais para o Misael, porque ele tava ficando diferente, que a igreja precisava da gente".

Dr. Coelho: "O senhor se recorda se alguma mensagem foi exibida em um papel? Pode contar pra gente?".

Daniel: "Foi, sim. Ela falou que ia escrever [o que queria dizer] em um caderno, porque achava que tinha escuta ali na casa; foi aonde ela escreveu que tinha jogado o celular do meu pai pela ponte Rio-Niterói". Antes de encerrar sua participação, dr. Coelho perguntou se Anderson, ao ser baleado, estava próximo do carro, o Honda Accord — mais uma informação conhecida.

O microfone foi passado ao assistente de acusação, dr. Ângelo Máximo, que perguntou se Daniel "chegou a tomar conhecimento de que Simone colocava remédio na comida do pastor". Daniel disse que sim, então a juíza, se adiantando a Máximo, indagou como ele soube. "Pelas pessoas da casa que tavam tentando envenenar ele".

Juíza: "O senhor pode nominar alguém?".

Daniel: "O pessoal que tava na cozinha. Tava um falatório lá, por conta da Simone...".

Com um maço de folhas de papel nas mãos, dr. Máximo leu um trecho do processo para Daniel: "'Sua mãe o orientou a ouvir áudios encaminhados por advogados [...] orientando sobre como se comportar, e os cuidados ao falar, inclusive para dizer que tudo na casa ocorria sem problemas...'". À medida que avançava na leitura, Máximo elevava o tom da voz, até finalizar praticamente aos berros, o que seria, pelo que dava a entender, um recurso cênico para arrebatar os jurados. "VOCÊ SE RECORDA DISSO, DANIEL!?"

Daniel: "Sim".

Dr. Máximo: "VOCÊ SE RECORDA DE TER TIDO OUTRAS OBSTRUÇÕES CAUSADAS POR SUA MÃE COM USO DE ADVOGADO?". Na plateia, alguém comentou: o que levaria uma pessoa a usar a palavra "obstruções" em uma indagação a Daniel? A juíza solicitou a dr. Máximo que refizesse a pergunta.

Dr. Máximo: "Outras *interferências*, causadas pela sua mãe [elevando de novo o tom] PARA INTERFERIR SOBRE VOCÊ?". Dra. Janira, que estava sentada ali ao lado, inclinou a cabeça na direção do rosto de dr. Máximo, que estava de pé, e desceu o olhar até os sapatos dele.

Daniel: "Sim".

Depois que o assistente de acusação deu por encerrada sua ruidosa participação, a defesa entrou em cena. Ao iniciar, dra. Janira se dirigiu a Daniel com um introito afetado, aparentemente outro rapapé consagrado em julgamentos criminais.

De antemão, eu peço desculpas se eu tocar em alguma coisa que, nesse momento, enfim, fere seus sentimentos, sei que é um momento difícil pra você, quero deixar claro que todas as perguntas que eu fizer têm como objetivo elucidar fatos, e de maneira nenhuma o agredir ou lhe causar algum transtorno.

Sentada de frente para a plateia, próxima a Janira, dra. Mariah da Paixão tentou abrir uma garrafa de água, sem sucesso. A fim de obter firmeza para realizar o movimento rotatório, ela levantou a barra da toga e envolveu a tampa com o tecido. Então, foi possível observar que a calça estampada que a promotora usava por baixo do traje, assim como a faixa da cintura, conversava com seu sapato vermelho.

Passando à inquirição, dra. Janira Rocha perguntou ao informante que tipo de tratamento os jovens que frequentavam a casa de Flordelis recebiam de Anderson do Carmo. Se o Daniel já não era dado a verbalizar o que pensava, com a dra. Rocha — apesar da abertura empática dela — ele se mostrou ainda mais cauteloso com as palavras. Disse apenas: "Ele [pastor] preservava muito a nossa família". Dra. Janira: "Mais alguma coisa?". Daniel: "Ele preservava muito, muito a nossa família mesmo. Não era qualquer um... eh, ele era bem preservador". Dra. Janira: "Tá, obrigado. [Pausa.] O Anderson era muito preocupado com a imagem da Flordelis? Como que ele cuidava da Flordelis pastora, cantora, parlamentar?".

Daniel: "Ele era muito apaixonado por ela. Ele fazia de tudo por ela. Ele que administrava tudo".

Dra. Janira: "Inclusive as questões pessoais dela? Roupa, alimentação, enfim...".

Daniel: "É, ele era... como é que eu posso dizer... ele que tomava conta de tudo, mas ela também podia ter sua opinião".

Dra. Janira: "Qual era a relação do pastor com os familiares de Flordelis?".

Daniel: "Que eu me lembre, tinha uma boa relação, sim". Pelo visto, ele preferiu não se manifestar a respeito de assuntos que eram de conhecimento de toda a família. Frustrou assim a expectativa da advogada, que possivelmente pretendia explorar a rusga de Anderson com um dos irmãos de Flordelis.

Dra. Janira: "Você soube de alguma briga [do pastor] com algum namorado de Simone?".

Daniel: "Não".

Dra. Janira: "Com algum namorado de Roberta?".

Daniel: "Também não".

Dra. Janira: "Ele não tinha nenhuma restrição a que as filhas adolescentes levassem seus namorados em casa?".

Daniel: "Como eu te falei. Ele era bem rigoroso quanto a isso, ele preservava muito. Não era qualquer um que ele deixava entrar, não".

Falando agora como advogada de André Bigode, dra. Janira Rocha quis saber qual foi a reação de seu cliente quando viu Anderson do Carmo morto. A resposta de Daniel, dessa vez, pareceu ser a pretendida pela doutora. Segundo ele, Bigode ficou muito nervoso, com a mão na cabeça, gritando: "Não acredito!". Isso poderia ser uma evidência de que o cliente de dra. Rocha nem sequer imaginava que havia um plano para assassinar o pastor.

A advogada aproveitou para emendar: "E o André não conseguiu falar [com o Samu], emocionado...". Dra. Paixão reagiu com indignação à tentativa de prolongar o sentimento de desespero de André; dirigiu à dra. Nearis um gesto que fazia lembrar o do centroavante que esbraveja depois de uma falta não cobrada pelo árbitro. A juíza advertiu dra. Janira: "Doutora, só um instantinho, a senhora tem que perguntar. A senhora está respondendo".

Depois de consultar anotações feitas em duas ou três folhas de papel soltas, que ela equilibrava sobre os joelhos, dra. Janira quis entender melhor a afirmação de que "Lucas gostava de bancar o machão". Daniel disse que Lucas fazia aquilo para se afirmar, "pelo fato de ter essas amizades pelo lado do crime, então ele gostava de tipo se achar, né? Tipo, 'eu faço'... só que na verdade ele não faz nada, entendeu?". Em uma pergunta casada, a advogada indagou o informante se ele tinha presenciado alguém colocar remédio na comida do pastor, e se viu colocarem veneno na comida do pastor. A resposta para ambas foi "não". A intenção da advogada, pelo que se observou depois, era juntar elementos para poder afirmar em sua sustentação que a maior parte dos depoimentos contra os réus continha imprecisões com base no "ouvi dizer".

Daniel confirmou para a doutora as acusações de furto feitas a Marzy, acrescentando que "ela mesmo confessava". Dra. Janira indagou se era comum acontecerem furtos na casa. Fez a pergunta assim: "Você tem noção, se você lembrar, obviamente, de quantos furtos aconteceram na casa e quantos foram colocados na conta da Marzy?". A juíza apontou a impropriedade: "Colocados na conta, não, doutora". Dra. Mariah, mais uma vez indignada, repetiu a resposta de Daniel: "Ela mesma confessava!". Dr. Máximo: "Questão de ordem!". Juíza: "Doutora, pode refazer a pergunta?". Dr. Faucz se aproximou de Janira, ela refez a pergunta: "Você lembra quantos furtos ocorreram na casa?". "Não me recordo." "Você lembra quantos furtos aconteceram na casa foram... deixa eu ver a palavra..." Faucz se abaixou e disse algo no ouvido da colega; ela completou: "Foram confessados pela Marzy?". "Não me recordo, mas eu sei que ela confessava." Juíza: "O senhor não lembra quantas vezes, mas ela confessava, é isso?". "É isso", disse Daniel, como se não entendesse o motivo de tanta minúcia e quisesse encerrar logo o assunto.

Mais adiante, ele respondeu que nunca foi maltratado por Flordelis. Ele, que fazia parte da ala dos favoritos da família, ou pelo menos do pai, disse também que nunca a tinha visto maltratando as crianças da casa. Dr. Faucz se aproximou de novo do ouvido de dra. Janira, e logo em seguida ela disse: "Só mais uma pergunta que o colega pediu: você continua mantendo contato com sua mãe biológica |a verdadeira|? Vocês estão tentando um recomeço, tiveram um contato, mantêm esse contato, ou conheceu e acabou?". "Eu tenho contato, sim, mas não com frequência."

Pela parte de Rayane, outra de suas clientes, dra. Janira perguntou: "Pessoalmente, você viu alguma conduta da Rayane que a indique como assassina do seu pai?".

Juíza: "Assassina, não, doutora! Tem de fazer melhor a pergunta. Se a senhora quiser falar sobre a imputação…". Valendo-se da oportunidade, a advogada emendou: "É demais, né?", como se fosse um exagero acusar Rayane de assassina. A juíza rebateu: "Não, não é que seja demais, não, é que normalmente [o assassino] é quem atira, né?". Dra. Janira: "O senhor viu alguma conduta da Rayane que a implicasse na morte do seu pai?". Daniel: "Vi, sim. Ela tava chorando muito, tava com minha mãe, aí minha mãe pediu para ela parar de chorar que agora era uma nova vida. Que ia poder ir ao shopping, poder sair. Ela até respondeu assim: 'Mas tá doendo muito'". Daniel, pelo visto, não entendeu a pergunta. Com isso, não só aliviou o lado de Rayane como piorou as coisas para Flordelis. Rapidamente, antes que ele pudesse continuar, a advogada encerrou: "Tá, obrigado".

Era chegado o momento das perguntas a respeito das supostas importunações sexuais praticadas por Anderson do Carmo. Apesar da reserva de Daniel, dra. Janira cumpriu seu roteiro: "Antes do crime, foi ao seu conhecimento algum comportamento abusivo do Anderson contra algumas mulheres da casa?".

A resposta negativa veio acompanhada de uma careta de estranhamento.

Dra. Janira: "Comportamento abusivo, sexual, o senhor já ouviu falar?".

Daniel: "Não, ele nunca fez isso".

Dra. Janira: "O senhor já ouviu falar da ocorrência de algum estupro corretivo na casa?". Agora, a reação de Daniel combinava desconhecimento e enfado: "Também não". A juíza pediu que a advogada explicasse ao interrogado o que era estupro corretivo. De pé, atrás de dra. Janira, dr. Faucz pareceu nervoso. Mais uma vez, sussurrou alguma coisa no ouvido da colega, enquanto ela dizia para Daniel: "Tá, eu vou explicar pra você… estupro corretivo…". Dra. Mariah executou gestos impacientes com as mãos, descruzou as pernas, cruzou para o outro lado, cruzou também os braços e girou a cabeça na direção de dra. Janira. O promotor Décio Viégas iniciou uma sublevação contra o didatismo: "Ela não pode ficar explicando nada!". Juíza: "Eu vou registrar a objeção dos senhores. Pode prosseguir, doutora, por favor".

Dr. Viégas tinha sua razão: a resposta da testemunha/informante, independentemente da suposição da ignorância dela a respeito do tema, já estava dada. É assim que funciona nos julgamentos; uma eventual explicação poderia modificar o curso natural da oitiva.

Dra. Janira: "Estupro corretivo é quando você tem uma moça ou um rapaz, tá?, uma moça lésbica ou um rapaz homossexual...". Os promotores continuavam protestando em sua bancada; a advogada parou de falar. A juíza disse ao promotor Décio: "Doutor, se o senhor puder não interromper, por favor, o senhor não foi interrompido no seu depoimento, eu peço que o senhor faça o mesmo. Se o senhor quiser retomar a palavra, com todo o prazer eu lhe darei depois que a defesa encerrar. Pode seguir, dra. Janira".

Dra. Janira: "Uma lésbica ou um homossexual que são agredidos sexualmente, como uma mensagem de que eles estão errados em ser lésbica ou em ser homossexual". Parecia difícil, para a doutora, fazer caber em uma frase todo o seu conhecimento sobre o tema. Ela perseverou: "O estupro corretivo seria para dizer: 'Olha, você não pode ser isso'". Daniel permaneceu em silêncio. A juíza tentou dar objetividade à explicação, mas resumiu demais: "É um tipo de preconceito, né, doutora? É que fica muito extensa a explicação, às vezes a pessoa não entende. Uma coisa mais objetiva, né?". Dr. Faucz se abaixou de novo. Dra. Mariah da Paixão anunciou em voz alta: "O Ministério Público discorda do conceito de estupro corretivo, tá?". Juíza: "Tá, mas é... a resposta...".

E assim, por vários minutos, uma juíza, três promotores, uma criminalista militante feminista e seu colega doutor professor ficaram sem palavras diante da expressão "estupro corretivo". Ninguém se mostrou capaz de definir com exatidão o termo.

Dr. Coelho: "A testemunha acabou de relatar...".

Juíza: "Doutor, eu ouvi o que a testemunha relatou, o senhor está com a palavra tão somente para explicar o que é um estupro corretivo". Aparentemente, o promotor havia se tornado vítima circunstancial, por assim dizer, do estupro corretivo. Ele tentou um "para entender...", e então a juíza o podou de novo: "Não é para o senhor entender, é uma pergunta da defesa para o senhor dizer o seu conceito. Dra. Mariah, quer falar?".

A promotora se levantou da cadeira postada no centro do plenário e caminhou decidida, a passos largos, poc, poc, poc com seu sapato vermelho, em direção à bancada do Ministério Público. Pegou o microfone e disse: "Excelência, eu não sou especialista no assunto, mas, para o Ministério Público, estupro corretivo não tem a ver com orientação sexual, tem a ver com violência sexual como punição...". Dr. Coelho continuava falando. A juíza lhe deu um basta: "Doutor, o senhor não quis falar, agora o senhor aguarda, senão atrapalha!". Dra. Mariah da Paixão reafirmou que o assunto não tinha pertinência. Dra. Janira Rocha reagiu como se desconsiderasse a opinião de Paixão. Em uma aparente perda súbita de paciência, atropelou o desconhecimento de Daniel e o bombardeou com uma série de perguntas mal-acabadas:

O senhor ficou sabendo se alguma menina, ou menino da casa, adolescente que sofreu algum estupro para que se corrigisse? Era [o estupro] fruto de um preconceito para que se corrigisse? Para que ele se mantivesse dentro daquele gênero que ele nasceu? Você é menina, você é menino, você só pode ser isso? O senhor teve ciência disso em algum momento?

O depoente franziu ligeiramente os olhos, como se aquela terminologia fosse muito estridente, e disse: "Não". Janira: "Ok, essa era minha última pergunta. Obrigada, viu, Daniel, obrigada".

Nas questões enviadas à juíza ao final do depoimento, os jurados voltaram à conversa que Flordelis teve com Daniel na sala VIP da igreja. Queriam saber sobre o que, afinal, a pastora havia falado durante uma hora e meia com ele. Daniel repetiu que a mãe tinha dito que Anderson não era santo, que Deus ia mesmo levá-lo, "ficava falando coisas para justificar". A juíza, assim como dr. Coelho, tentou entender: "Justificar o quê?". Mas Daniel tornou a falar: "Que ele não era santo, que Deus ia mesmo levá-lo". Na última pergunta dos jurados, Daniel negou que Flordelis o tivesse consolado pela perda do pai durante o encontro na igreja.

15.
A filha com dilema

Daiane Freires era uma das filhas mais antigas de Flordelis. Chegou à casa da pastora no início dos anos 1990 e morou ali até 2017, quando saiu para se casar, aos 27, 28 anos. Agora, aos 33, estava frequentando o julgamento da mãe afetiva como testemunha, ou informante, de acusação. Assim como dezenas de crianças, foi embalada por Misael, Luan, André, Simone e Carlos Ubiraci, seus irmãos de consideração. Eles a apaziguaram em seus prantos, deram a ela mamadeira, trocaram suas fraldas e a levaram ao pronto-socorro em emergências. Anderson do Carmo, segundo ela disse à dra. Janira, não participava desse mutirão. Apesar de ter feito parte da família por mais de vinte anos, Daiane nunca foi oficialmente adotada. Nem ela nem seus dois irmãos biológicos, Paulo Roberto e Paulo Alexandre, que integraram a leva de órfãos reunidos no Jacarezinho.

Na oitiva, realizada por videoconferência, a informante chorou muito ao reproduzir uma conversa que teve, na igreja, com André Bigode e Gerson, na qual expunha seu dilema moral: "Eu tô tentando dizer para vocês que eu não sou uma ingrata... eu tenho muito carinho e respeito pela minha mãe. Só que eu não consigo fingir que nada aconteceu, sabe? [...] Não é ingratidão você falar a verdade...". Os soluços de Daiane soavam pertinentes. E, naturalmente, convocavam a empatia de todos os que a ouviam — incluindo os jurados. "A conduta acima de tudo: no início, foi isso que ela [Flordelis] me ensinou, sabe? Ser verdadeira, ser honesta. Ver que minha família estava indo contra tudo aquilo que eles pregavam foi uma decepção muito grande."

Daiane reconhecia que nunca teve proximidade de filha com o pai ou a mãe — muito menos fez parte do grupo de favorecidos da casa. Gradualmente, seu depoimento desconstruía a imagem glorificada de Flordelis, de mãe incondicional de cinquenta filhos (ou 55, ou 45, ou 27), que Anderson tentou preservar com uma obsessão que lhe teria custado a vida. Segundo Daiane, seu pai costumava repetir: "A mãe de vocês, mesmo estando errada, ela está certa".

> É estranho, né?, porque em vez de a gente ser unido, a gente criava grupos para se proteger. Um grupo tinha rixa com os outros. [...] Eu me aproximei muito mais da Roberta hoje... foi [para] colocar em pratos limpos, porque a gente não se dava... a gente foi ver que tinha um único terror, que era minha mãe. O meu grupo não podia andar com o grupo da Rayane, porque a gente não era referência para elas. [...] Então, a gente criou uma inimizade, dentro da própria casa, porque a nossa mãe não queria ver a gente feliz.

Por ocasião do inquérito policial, em 2019, Daiane declarou na delegacia que Flordelis costumava fazer profecias pessimistas sobre seu futuro. Dizia que ela "não daria para nada na vida" e que era uma "piranha". No dormitório que Daiane dividia com Kelly, Érica e Ângela, as quatro se perguntavam, inconformadas, o motivo de serem tratadas com tanto desrespeito. Daiane citou um exemplo corriqueiro para ilustrar as injustiças da pastora: "Eu sempre pedia à mãe para ajudar [financiando consulta médica], porque sentia dor na coluna, e ela nunca pôde me ajudar; ao contrário da Simone, que, pra essa, sim, ela sempre fez tudo. Pagou peito e barriga".

Reclamar da desatenção dos pais, e até de bullying doméstico, não é uma prerrogativa de filhos de mães afetivas — ou de mães assassinas. Ocorre que assuntos que afetaram durante décadas a convivência entre os habitantes da casa dos pastores — sem que ninguém tivesse se queixado legalmente — eram agora incorporados às alegações do Ministério Público, e por vezes com o acréscimo de informações questionáveis veiculadas pela mídia sensacionalista. Àquela altura, havia uma espécie de torcida para que se aplicasse a pena máxima à pastora-ré, que, ao que tudo indicava, fora condenada pela opinião pública muito antes do julgamento — nisso, Janira, Faucz e Siro Darlan pareciam estar certos.

Daiane recordou que havia no quarto das quatro filhas menosprezadas o bom exemplo de Kelly, a mais velha, "que sempre trabalhou 'fora' [não na casa ou na igreja]", e as incentivava a vencer na vida para sair daquela situação. A informante confirmou, como testemunha ocular, as investidas de Anderson contra Kelly, e isso tinha um peso considerável no julgamento; as outras mulheres da casa que acusavam o pastor de comportamento abusivo eram testemunhas de defesa de Flordelis — Lorrane e Rafaela —, ou rés — Simone, Rayane, Marzy e a própria pastora —, e, por isso, apontavam os promotores, tinham todo o interesse em transferir a responsabilidade do assassinato para a vítima.

O promotor Décio Viégas pediu à depoente que dissesse de que forma soube dos assédios a Kelly. Daiane:

> Ela falou que o pastor procurava ela no nosso quarto. [...] Uma certa noite, ela falou: "Fiquem acordadas que vocês vão ver que eu não estou mentindo". De fato, uma noite ele entrou no nosso quarto, a gente morava em Piratininga [...], ele entrou no quarto e alisou minha irmã. Quando amanheceu, a gente perguntou: "Por que você não conta pra mãe? Fala para ela porque [senão] vão dizer que é você que tá dando em cima...".

Kelly, segundo Daiane, chegou a procurar Flordelis, mas a pastora teria minimizado o sacrilégio do pastor. "Ela [Flordelis] pegou a Bíblia e mostrou que se a mulher está ciente de que o marido está procurando outra mulher, não é pecado."

Kelly não esteve no julgamento. Apesar de ter potencial para prestar o depoimento mais contundente em favor da tese dos abusos do pastor, ela não foi arrolada pela defesa. Por mensagem de WhatsApp para o autor deste livro, dra. Janira deu a seguinte explicação: "Nossa política foi não abusar de novo, não revitimizar quem já passou por tantas violências. Só arrolamos as meninas que consentiram em ir [...]. Mesmo podendo obrigá-las a ir, nossa opção filosófica foi de não fazer". Por acaso, todas as alegadas vítimas que "consentiram em ir" ao julgamento eram ligadas, digamos, filosoficamente, à defesa de Flordelis: talvez fosse importante lembrar que a eventual confirmação de Kelly a respeito do molestamento de Anderson do Carmo não excluía a possibilidade de ela fazer declarações contra a pastora. Assim, ao afirmar que não quis revitimizar quem já passou por tantas violências, dra. Janira poderia estar se referindo — ainda que inconscientemente — à preservação de sua própria cliente.

Quem comunicou a Daiane que Anderson havia sido assassinado foi Thayane, que integrava o grupo das irmãs rivais. "Ela me ligou às 3h45, chorando muito, desesperada. [...] Eu perguntei pela mãe, [...] como ela tava, aí ela disse: 'A mãe tá bem, só mataram ele'." Ao procurar a mãe naquele dia, Daiane a encontrou no quarto, sentada na cama, "com o telefone dele na mão". (Flordelis, segundo Luana, era viciada em joguinhos de celular: "A fase dela no *Candy Crush* é 900 e tanto".) Daiane: "Se eu perco o meu marido, que é 'meu tudo', eu estaria desesperada, querendo saber [...] quem fez aquilo com ele. Então, cada um se posiciona de um jeito...".

A descrição de Daiane do cenário que encontrou na casa naquela madrugada sugeria um cardápio emocional bastante variado. Ela própria, ao retratar o ambiente, transmitiu certa perturbação. Falou no tempo presente.

Subo, encontro o Ramon rindo, a Thayane chorando, [...] a Raquel meio desesperada e chocada pelo que tinha acontecido, começa a xingar, falar que eles tinham culpa: "Foram eles! Eles estão rindo!". Até então, eu estava meio desorientada, porque tinha acabado de chegar, e fui no quarto da minha mãe. [...] Meu esposo sobe [...] para falar com o André. Ele é muito agarrado com o André. Não só ele, eu também. E aí o Vinícius me relata: "Amor, seu irmão não está bem. Ele tá chorando muito, não consegue sair, andar, não consegue fazer nada". Eu digo: "Então, fica com o André, que eu vou ficar aqui embaixo com as meninas". Aí, o Carlos [Ubiraci] desce da casa dele e vai até a casa onde tá tudo acontecendo. A Raquel falando, as crianças chorando, e o Carlos, falando no telefone, diz: "O Misael tá falando que o pastor tá vivo". Aí, a Lorrane, junto com a Rafaela, diz: "Se ele estiver vivo, nós estamos ferradas". E faz um sinal feio de "Nós tamos fodidas".

Por relatos de irmãos em quem confiava, pelo desenrolar das investigações e pelo que lia, via e ouvia no noticiário, Daiane logo compreendeu que uma parte da família estava envolvida no crime. Depois do dia do "latrocínio", ela não voltou mais à casa da pastora. Contou que Gerson chegou a ligar, a fim de chamá-la para uma conversa com Flordelis. "Começou a sair vários boatos na mídia, [...] o Gerson ligou a pedido da Flor, [...] eu falei que não iria na casa dela, porque se eles foram capazes de matar o pastor na casa deles, o que aconteceria comigo? Fiquei muito assustada, não fui." Disposta a falar com a mãe na igreja — onde a própria Daiane trabalhava —, ela contou que o encontro "não rendeu", pois Flordelis se ocupou apenas do filho Daniel. No dia seguinte, ela voltou à igreja, mas disse a Misael que não estava "se sentindo bem".

Algum tempo depois, ela se afastou de Misael também. A explicação para o desentendimento dos dois foi dada quando dra. Mariah da Paixão leu uma mensagem enviada por Daiane no grupo da família. Dizia: "Boa noite, pessoal. Eu estou quieta no meu canto, e assim quero permanecer, até as coisas se resolverem. Eu não fui comprada por ninguém".

Dra. Paixão: "O que a senhora quis dizer?".

Daiane: "Tavam alegando que eu fui comprada pelo Misael, porque no dia 20 do mês 7 eu comecei a trabalhar na prefeitura. Como o Misael era vereador, eles associaram o seguinte: 'Ah, ela tá contra a mãe porque o Misael comprou ela'".

Dra. Paixão: "Isso é verdade?".

Daiane: "Não. Tanto é que depois eu rompi com ele".

Sempre tão perscrutadora, a promotora dessa vez não mostrou interesse em saber o motivo do rompimento. Possivelmente, teve receio de colocar em xeque a credibilidade do depoimento de Misael, que era uma das principais testemunhas de acusação. Mas a juíza quis voltar à pergunta. Disse: "Só pegando o gancho do [questionamento] que o Ministério Público perguntou anteriormente: por que a senhora rompeu com o Misael?".

Daiane: "Porque eu vi que ele estava com as mesmas ideias que o pastor tinha, e eu não concordava".

Juíza: "Que ideias?".

Daiane: "Rachadinha e levar fofoca, que é uma coisa que minha mãe fazia muito, e eu não queria levar para a minha vida. Eu falei: 'Eu fui liberta disso, e eu não vou deixar um outro alguém me aprisionar'".

A revelação, vinda de uma testemunha de acusação — que, em tese, estaria do mesmo lado de Misael —, soava especialmente comprometedora para ele.

Ainda a respeito das pressões por lealdade a Flordelis, Daiane lembrou que Lorrane enviou a ela uma mensagem pelo aplicativo Instagram, chamando-a de ingrata e "dizendo que eu precisava honrar a Flor. Eu disse [...] que queria justiça, porque, assim como eu gostava dela, eu gostava do Anderson". Aproveitando o tema da cobrança por lealdade, dra. Mariah da Paixão recuperou outra mensagem de Daiane no grupo da família, em que ela dizia: "Ao longo da vida, sofri muito com perseguições e difamação. Só que agora eu tenho uma vida e uma família, e não vou deixar ninguém me caluniar sem prova e sem motivo". A promotora quis saber: "Isso tem relação com o que a senhora já narrou aqui anteriormente, no depoimento sobre o tratamento na casa? Ou é outro fato?". Daiane: "Outro fato".

Promotora: "Pode falar?".

Daiane: "É algo que me machuca muito. Mas se tiver de falar, eu falo".

Dra. Paixão: "Por favor, então, dona Daiane".

Daiane: "Quando a gente morava em Cabo Frio, tinha o colégio, e [um dia,] quando cheguei em casa, já cheguei apanhando. E eu não sabia por quê. Eu me lembro que a minha mãe me bateu e depois ela se cansou, e pediu para o Carlos continuar, e eu não sabia por que eu tava apanhando. Ao longo da vida, eu descobri que apanhei porque alguém inventou na casa que eu tinha vendido meu peito por um real".

Em sua vez de fazer perguntas, dra. Janira Rocha usou a já costumeira retórica da aproximação por empatia, aparentemente com o objetivo de tentar conquistar a afinidade da informante.

Meu nome é Janira Rocha, eu sou advogada de defesa, tá bom? Vou lhe fazer algumas perguntas no sentido de elucidar as coisas. Não é nenhum ataque pessoal à senhora, nada que a queira ferir... [pausa para consulta na papelada].

[...] A senhora falou que ouviu dos seus irmãos que a Flor-delis era considerada como uma galinha dos ovos de ouro. Na casa, quem a tratava como galinha dos ovos de ouro?

Daiane: "Meu pai".

Dra. Janira: "Que atitudes concretas ele tinha que demons-travam que ele a tratava como galinha dos ovos de ouro?".

Daiane: "Por tudo o que ele fazia por ela. Colocava ela num pedestal, sempre via igreja, essas coisas que traziam lucro. [...] Ela era o produto".

Dra. Janira: "Ela era o produto... e ele organizava a família, toda a família, de forma a trabalhar a favor desse produto? To-dos os filhos que trabalhavam na igreja, trabalhavam de forma a patrocinar esse produto?".

Daiane: "Todos os filhos trabalhavam na igreja, não. Alguns não aceitaram a forma como o trabalho era feito e a remunera-ção também. Umas pessoas trabalhavam fora, outras na igreja. Quem não trabalhava dentro de casa, e não tinha um trabalho fora, tinha que trabalhar dentro da igreja".

Juíza: "A senhora continua tirando conclusões".

Dra. Janira: "Entendi. Então, só os que trabalhavam na igreja trabalhavam a favor desse produto... e... a Flordelis costumava sair sozinha de casa?".

Juíza: "Doutora, eu tava aqui aguardando, mas a senhora continua tirando conclusões. Então, a senhora faz as pergun-tas, deixa para ela responder e as conclusões a senhora deixa para a sustentação oral, por favor".

Dra. Janira se queixou de que os promotores podiam tirar conclusões, e ela, não; as duas iniciaram uma altercação que prometia esquentar, mais uma vez, o rame-rame inócuo de sempre. "Não senhora, excelência, eu vou me insubordinar! O MP, o assistente de acusação...", esbravejou a advogada.

Juíza: "Conclusões, não, doutora, senão eu teria...".

Dra. Janira: "Eu sou a que menos faz conclusões aqui! Eu vou me insurgir porque realmente...".

Juíza: "Tá consignada aqui a indignação da senhora, mas eu vou pedir à senhora que não tire mais conclusões".

Dra. Janira: "Tá, e eu vou pedir à senhora também que não permita...".

Juíza: "Deixa só eu terminar, que eu aguardei a senhora terminar, tá bom? Da mesma forma que eu agi com as outras partes, eu vou agir com a senhora. Sem conclusões, por favor".

Janira encerrou suas perguntas com uma curiosa e insossa indagação a respeito da participação de Daiane em rituais de iniciação religiosa. "Não, nunca [participei]. Nem soube. Só depois da morte do pastor que eu descobri que tinha ritual, mas também nem sei se é verdade."

16.
A neta invisível

No último depoimento do terceiro dia, o de Raquel dos Passos Silva, filha biológica de Carlos Ubiraci e Cristiana — outro casal de irmãos de consideração criados por Flordelis desde o Jacarezinho —, o equipamento de som voltou à rebeldia. Em determinado momento, como a informante se queixasse de que não estava ouvindo o que dr. Décio Viégas havia perguntado, o promotor tentou duelar com a máquina, soltando um de seus impacientes bramidos, e então a juíza o conteve: "Doutor, não precisa gritar. O tom do senhor é alto, o técnico já está resolvendo...". Assim, a instância digital do julgamento seguiu como um carro velho que apresenta a bateria vencida e que só dá partida depois de um tranco no declive, engrenado na segunda marcha.

Raquel era uma dos (poucos) que ignoravam por completo a trama do assassinato. Disse que chegou a desmaiar quando soube que o pastor havia sido baleado. Amparou-a Rafaela. As duas teriam descido para a garagem em busca de mais informações, quando depararam com Ramon recolhendo os estojos dos projéteis. Raquel:

O Ramon tava limpando a cena do crime, catando bala [...]. Aí eu falei : "Você sabe que não pode fazer isso, mexer na cena do crime, tal", ele respondeu: "Eu sei". Eu falei: "Então, para". Ele disse: "Não, vou limpar". Eu falei: "Você não vai limpar, não, porque se você limpar eu vou te dar uma porrada". Aí, ele não acreditou muito [...] eu fechei a mão e, quando eu ia partir pra cima dele, ele falou: "Tá bom, tá bom, eu vou parar".

De acordo com o que contou à polícia, Raquel ainda ficou um tempo na garagem, até que decidiu subir de volta para casa, a fim de confortar a mãe biológica, Cristiana, que sofria de depressão e estava especialmente transtornada. Sem compreender ainda o que de fato havia se passado, muito menos aventar a participação do próprio pai no crime, Raquel teria dito à mãe: "Tomara que ele [Anderson] esteja vivo para pelo menos contar quem foi, como foi!". Ela só começou a entender que se tratava de um crime doméstico quando desceu de novo à garagem. Dessa vez, ela se surpreendeu com a conversa travada entre Rafaela e Lorrane, na sua presença, sem o menor constrangimento: "Rafaela, ele tá vivo?", teria indagado Lorrane. Rafaela: "Não sei, mas, se estiver, eu vou pegar minhas coisas e meter o pé". Rafaela citou sua possível fuga da casa, segundo Raquel, "fazendo aquele gesto de 'fodeu' com as mãos". Lorrane teria reagido com uma risada. "Nesse momento, eu entendi que elas sabiam de tudo e estavam envolvidas", contaria Raquel na delegacia. "Fui até o meu pai e a minha mãe e disse: 'Elas estão envolvidas! Aconteceu isso, isso, isso, eu tenho certeza que elas participaram!'" Carlos e Cristiana, que, de acordo com diversas testemunhas, também sabiam de tudo, teriam ficado quietos.

Raquel e sua irmã afetiva, Rebeca, que era sobrinha biológica de Anderson do Carmo, filha da irmã dele, Michele, moravam com os pais em uma edícula construída na parte mais alta do terreno da casa da pastora. A família viveu ali até um pouco depois de agosto de 2020, quando o delegado Allan Duarte Lacerda deu voz de prisão a Ubiraci, Simone, Adriano Pequeno, André Bigode, Marzy e Rayane.

Apesar de ter ficado assombrada com a conversa que havia presenciado de Lorrane e Rafaela, Raquel contou que o evento que a fez deixar a casa da pastora, com a irmã e a mãe, não estava ligado diretamente à morte de Anderson do Carmo. Tratou-se de algo mais comezinho. Ela teria se revoltado contra a injusta distribuição de tarefas domésticas entre os irmãos. "A Flordelis queria que eu [chegasse no trabalho e ainda] fizesse comida para a galera que ficava em casa [à toa]. [...] A galera favorecida sempre dormia até tarde." Raquel narrou o episódio que as fez irem embora:

Eu saí quando falei para a Flordelis que não ia cozinhar. Ela veio atrás de mim para me bater. [...] Na hora em que ela ia me bater, eu segurei a mão dela e falei: "Se você me bater, vai dar ruim pra você". Aí, ela falou: "Você tá muito abusada, eu vou falar com o seu pai". Eu falei: "Vai lá falar com ele". Ela disse: "Você me respeita, garota. Você é uma piranha, você não vai dar em nada. Você é uma vagabunda". Aí eu olhei para a cara dela, balancei a cabeça e fui para o quarto. Ela foi atrás de mim. Falou: "Você não vai cozinhar, não?". Eu falei: "Não, eu não vou cozinhar. Eu tô trabalhando [fora], o pessoal fica aqui em casa fazendo nada. Eu sou vagabunda, né?". Ela falou: "Então, pega as suas coisas e vai embora".

Solidárias, a irmã e a mãe se juntaram a Raquel na debandada. Inicialmente, as três foram acolhidas por amigos.

Uma semana depois de deixar a casa da avó, Raquel foi chamada pela polícia para prestar depoimento.

A DH entrou em contato comigo, pra ir depor, só que a Flordelis ficou sabendo e me ligou para eu não ir. Não ligou para perguntar como eu estava. Se eu tava comendo,

199

se eu tava dormindo direito. [...] Aí, ficou fazendo várias ligações, mandando textos, áudios, a DH viu, o policial do meu lado viu que ela estava me ligando. Eu mostrei [faz um gesto mostrando a palma da mão, como se fosse a tela do celular]. Ainda me prenderam no carro [para não ir depor], mas eu dei um jeito lá, e me levaram [...].. A Flordelis falou [...] para a minha mãe para não me deixar ir.

De acordo com Raquel, sua relação com Flordelis "não era muito boa, não". Segundo contou, ela se sentia invisível dentro da casa. "Não sei por quê, mas ela nunca gostou de mim. [...] A Simone até falava [comigo], com aquele jeito falso dela, mas a Flordelis nem respondia nem bom-dia." Dr. Carlos Coelho pediu que ela explicasse o que quisera dizer com "aquele jeito falso" de Simone. "A senhora pode descrever por que tem essa impressão da Simone?"

Raquel: "A Simone sempre queria o mal de todo mundo. Queria ver o circo pegar fogo mesmo."

Embora a torcida na plateia ansiasse por sangue, um espectador ponderado ouviria o depoimento de Raquel com parcimônia, cogitando a possibilidade de o discurso dela estar contaminado pelo ressentimento. Em um relato que provocou especial assombro em quem assistia, ela contou que no domingo do crime Flordelis

fez umas ligações em que fingia choro [...] eu me lembro até de uma ligação em que ela falou assim: "Levaram o nosso menino! Levaram nosso menino!", fingindo choro. E depois que desligou, ficou supernormal.

Naquele dia, de acordo com Raquel, todos na casa acusavam Lucas de ter matado o pastor. Ele teria chegado muito aflito ao quarto da pastora, onde estavam Adriano e sua mulher, Marcele, Isabel, Annabel, Michele, Thayane, Érica Dias e Vânia. Raquel:

O Adriano começou a acusar ele [Lucas], a Flordelis também... Ele começou a chorar, dizendo: "Não fui eu que matou o pai, mãe, não fui eu!". Ele chorou no colo dela. [...] A Flordelis estava bem calma, a cara dela, a voz dela, era de satisfação.

Sentada em uma cadeira no centro do plenário, de frente para a plateia, dra. Janira recostava a cabeça nas costas dos dedos da mão dobrada, com o cotovelo apoiado na mesa. A expressão de seu rosto transmitia um tédio ostensivo.

Perto do fim do depoimento de Raquel, a promotoria usou um documento que provocou furdunço no plenário: a defesa ameaçou abandonar a causa, e o julgamento foi temporariamente suspenso. Anexado ao processo, o documento insinuava que dra. Janira Rocha estaria envolvida na elaboração de depoimentos ensaiados, fraudulentos, prestados pelos filhos que ficaram a favor da pastora. O assunto estava ligado à ex-atleta Paula Barros, vulgo Paula do Vôlei, sobre quem os promotores faziam perguntas a Raquel. Tratava-se de uma personagem que apareceu na casa de Flordelis logo depois do crime. Surgiu alegadamente para dar apoio emocional à pastora e ganhou grande destaque ao longo das investigações.

Ex-integrante da seleção brasileira de vôlei, Paula Barros contou em uma entrevista para este livro, em seu escritório, no centro do Rio, que havia sido jogadora profissional durante 24 anos; evangélica desde os treze, ela se apresentou na entrevista como pastora e universitária aplicada. "Tenho três faculdades", informou, com uma atitude que misturava solenidade e relevância. Graduada em psicologia, Paula do Vôlei explicou que seu "conhecimento da mente humana" foi muito útil para aplacar a angústia de Flordelis, que agora vivia à base de tranquilizantes.

Conforme o tempo passava, algumas pessoas deixavam o barco por conta da exposição. Eu fui me compadecendo, porque a Flor tentou o suicídio três vezes. Em uma, nós estávamos voltando do salão [de cabeleireiro] com ela, quando, na ponte Rio-Niterói, ela abriu a porta do carro para se jogar. Eu segurando ela, puxando...

Apesar da multiplicidade de especializações, a atleta garantiu que sua ajuda à família da pastora se restringiu a atendimentos psicológicos informais e à doação de cestas básicas fornecidas por amigos caridosos.

Raquel, Rebeca e outros informantes da acusação afirmaram que Paula havia ido muito além da atenção humanitária. Os relatos davam conta de que ela teria orientado os filhos que ficaram do lado da pastora a respeito do que dizer e do que não dizer em seus depoimentos na delegacia. Raquel:

Paula Barros é uma mulher que apareceu [na casa] do nada. Como secretária da Flordelis, sei lá [...]. No começo, ela ajudou com comida. Mas só foi uma vez que ela deu. Depois, foi ficando, até dormia na mesma cama que a Flordelis. Dormia ao lado dela. [...] Ficou como moradora, né?, porque não saía de lá.

A juíza perguntou a Raquel se a jogadora aposentada tinha uma profissão. Raquel: "Ela apareceu lá dizendo que era psicóloga".
Promotora Mariah da Paixão: "Era sua psicóloga?".
Raquel: "Minha, não!".
Dra. Paixão: "A senhora tinha que conversar com ela?".

Raquel: "A gente era obrigado a dar um falso depoimento. Exemplo: a gente contava tudo o que a gente passou na hora do crime. Aí, eu falava a parte do Ramon [que recolheu os estojos dos disparos no chão da garagem], e ela falava: 'Não! Essa parte você não pode falar, não, porque senão você vai prejudicar. Tem que contar que você ficou lá no quarto e não viu nada'".

Dra. Paixão: "Além da senhora, quem tinha de passar por essa simulação de depoimento?".

Raquel: "Todo mundo da casa. Meu pai, minha irmã, a Gabriela, a Júlia [irmãs biológicas de Lucas]".

Dra. Paixão: "Quanto tempo durava? Você poderia dizer a ela: 'Não quero mais participar'?".

Raquel: "O tempo que ela achava que tava bom".

Dra. Paixão: "Essa profissional, que a senhora não escolheu, [...] estava fazendo o papel de psicóloga ou simulando ser uma delegada?".

Raquel: "Ali, como se fosse uma delegada".

Dra. Paixão: "A Flordelis estava em casa nesse momento?".

Raquel: "Tava".

Na entrevista para este livro em seu escritório, Paula do Vôlei negou com veemência ter dado qualquer orientação aos filhos de Flordelis em relação aos depoimentos à polícia: "Em nenhum momento eu treinei criança alguma — até porque eu não sou formada em psicologia infantil, não tenho essa especialização". Na verdade, nenhum dos filhos e netos que depuseram em defesa de Flordelis era criança.

Mas, ainda que um dia Paula tenha se dedicado ao treinamento das testemunhas de defesa da pastora, logo ela deixou de estar disponível para isso. Em seu empenho desmesurado para acudir Flordelis e a família, a atleta-pastora-psicóloga acabou descobrindo uma nova vocação — tornou-se assessora parlamentar da viúva de Anderson do Carmo, ocupando a vaga deixada por Jackson Vasconcelos. Em pouco tempo, lançou sua própria candidatura a deputada federal. "Na Comissão de Esportes da Câmara, a Flor se encarregava das pessoas com deficiência e pediu para eu ajudá-la", lembra. Candidata pelo Podemos do Rio, Paula do Vôlei obteve apenas 3388 votos. Não se elegeu.

Embora não tenha sido arrolada pelos promotores para depor, ela frequentou assiduamente a plateia do julgamento. Com 1,87 metro de altura e 69 quilos, a ex-atleta mantinha o cabelo liso em um corte um pouco abaixo dos ombros, com fios curtos e crespos na proximidade da raiz. Seu rosto magro e anguloso, de pele muito clara e imaculada, era dividido por um respeitável nariz adunco, que acompanhava a linha da testa ampla, inclinada. Receptiva e disponível, não necessariamente articulada, Paula se expressava com secura e firmeza, como quem acelera um jipe na lama. Ao falar da técnica psicológica que aplicou nas sessões com a pastora, o discurso saía compacto como um texto de livro didático. Qualquer interrupção era recebida com uma pausa abstraída, até que ela voltava a acelerar o jipe.

Para dimensionar a proporção que sua presença tomou na casa de Flordelis, ela traçou um breve histórico de seu relacionamento com a pastora. Contou que, quando a conheceu, cinco anos antes, ainda não havia se aposentado. "Eu jogava em Madri e vim para o Brasil, de folga, em 2017, para ver minha família. Tinha acabado de fechar um contrato para jogar em Portugal." No Rio, onde pregava na Assembleia de Deus Cidade Nova, localizada no Estácio, Zona Norte, a pastora recebeu a visita de um pastor chamado Samuel Siqueira, do Ministério Flordelis. "No final do culto, ele se aproximou, eu perguntei de que igreja ele fazia parte, ele respondeu: 'Cidade do Fogo' [ou Mutondo]. Ele me disse: 'Ó, vai ter um evento lá, o [Congresso Internacional de Missões] CIM, eu queria que você fosse.'"

Criado por Anderson do Carmo, o CIM era uma gigantesca celebração anual de culto cristão e canto gospel, que se realizava sempre nos primeiros dias de setembro. Reverenciado por personalidades do meio evangélico e políticos em véspera de eleição, o congresso chegou a atrair, no auge do prestígio, 10 mil pessoas. Para dar uma ideia do tamanho do evento que ajudava a produzir, pastor Fabão elencou alguns personagens que o frequentavam:

> Ia toda a família do [Silas] Malafaia [líder da Assembleia de Deus Vitória em Cristo]; a do [Marco] Feliciano [líder da Catedral do Avivamento, ligada à Assembleia de Deus, deputado federal pelo Partido Liberal (PL) e ex-presidente da Comissão de Direitos Humanos, Minorias e Igualdade Racial da Câmara dos Deputados]; o Aécio Neves [ex-governador de Minas Gerais, senador e deputado federal pelo Partido da Social Democracia Brasileira (PSDB)] chegou a ir; e também o Índio da Costa [ex-secretário do governo e do município do Rio] e o [Wilson] Witzel [ex-governador do Rio].

Hugo Mello citou: "Os 'Caetanos Velosos' do mundo gospel compareciam em peso. Midian Lima, Bruna Karla, Marina de Oliveira, Léa Mendonça, todo mundo". Depois de catorze edições, de 2006 a 2019, o congresso foi descontinuado. "Sem o Anderson, aquilo ficou constrangedor", afirmou Fabão. "No último ano, foi meia dúzia de gatos pingados."

Em 2017, Paula foi ao culto, ganhou pulseira VIP e tirou foto com Flordelis. Voltou para a Europa, onde jogava. Até que, segundo ela, "aconteceu o crime", ocasião em que já havia regressado ao Brasil.

Assim que eu cheguei, o Hugo Mello entrou em contato comigo de novo. "Paula, eu sei que você é psicóloga, aconteceu isso, isso, isso, tem como você ajudar?" Eu então conversei com minha mãe e com meu marido, cheguei à conclusão de que, independentemente de qualquer coisa, eu não estava ali para julgar, eu também não conhecia o caso, iria como pastora e psicóloga.

As revelações de Raquel a respeito dos depoimentos simulados que Paula teria aplicado na casa de Flordelis ganharam o arremate do documento apresentado pelo Ministério Público que causou furdunço no plenário; constava da página 37946 dos autos. O promotor Décio Viégas pediu que fosse exibido no telão — referia-se a um trecho do livro *O Plano Flordelis: Bíblia, filhos e sangue*, da jornalista Vera Araújo, lançado em agosto daquele ano (2022) pela editora Intrínseca. A exibição desse trecho do livro resultou em um dos momentos mais tensos do julgamento.

Antes de exibi-lo, o promotor perguntou se "as defesas" se importariam com a "contextualização da prova" a ser apresentada: "Até em nome do contraditório mesmo",* acrescentou. Ao dizer que não se opunha à leitura, dra. Janira foi irônica: "Apresenta. Vai contextualizar, é debate…". Ela se referia à fase dos debates, que a liturgia reserva para o final do julgamento, tantas vezes lembrada pela juíza para inibir várias alegações da defesa.

Promotor Viégas: "Senhores jurados! Esse é um livro recentemente lançado, dra. Janira sabe desse livro, deu inclusive entrevista, um dos primeiros sobre o caso, e a autora faz inclusive um agradecimento a vossa excelência".

---

* A alusão ao "contraditório" indica que o trecho da obra citada foi incluído nos autos no prazo exigido — de até três dias antes do julgamento —, e que, portanto, dra. Janira teria tido tempo suficiente para contestar sua veracidade ou arrolar a autora para prestar depoimento. Ela não procedeu a nenhuma das duas providências.

Juíza: "Doutor, foi ela [Raquel] que escreveu? Não entendi. Por que a pergunta é pra ela? Não entendi".

Promotor: "Porque eu quero que ela confirme quem é essa pessoa que tá aparecendo no livro. Se é a mesma que ela mencionou anteriormente". Ele leu o trecho, que dizia: "'A advogada [Janira] conta que, com a ajuda de Paula do Vôlei, usou a própria experiência de vida para persuadir algumas das "filhas" de Flordelis a tornar públicas as investidas supostamente promovidas pelo pastor'". Depois da leitura, Viégas se dirigiu a Raquel: "Essa Paula do Vôlei, que aparece aqui com a dra. Janira, buscando relatos de abuso de testemunhas do processo, é a mesma que estava fazendo depoimentos simulados com vocês na casa?".

Raquel: "Isso, essa mesma. Paula do Vôlei".

Promotor: "Obrigado, excelência. Sem mais".

Exibindo expressões que transitavam entre o estupor e a sofreguidão, dr. Faucz e dra. Janira se dirigiram rapidíssimos à mesa da juíza. Ao mesmo tempo, a sempre alerta comissão de prerrogativas da OAB se aproximou do cercadinho da tribuna. A primeira reação de Janira, em resposta à leitura do trecho do livro pelo promotor Viégas, foi desqualificar o trabalho da jornalista. Disse: "Bom, é, nós vamos deixar [o assunto] para o debate, mas eu não sou responsável pelas coisas que qualquer autor de qualquer livro escreve".

Juíza: "Pra gente esclarecer aqui: a senhora nega que tenha feito essa declaração para a jornalista?".

Dra. Janira: "Nego! Nego que tenha feito... não só essa! Essa jornalista falou várias coisas nesse livro a meu respeito, que eu nego essas questões. Então...".

Juíza: "Não. Essa questão específica".

Janira manteve a negativa ("Nego... inclusive, a jornalista estava até aqui ontem... se ela voltar...") e solicitou que trouxessem a autora do livro para depor, como testemunha referida.* A juíza informou que faria constar o requerimento e depois apreciaria.

Ao requerimento de dra. Janira Rocha — para que a autora do livro depusesse como testemunha referida — seguiu-se uma aparente ameaça de dr. prof. Faucz. Caso a juíza não autorizasse o depoimento, ele abandonaria o plenário — ele e todos os advogados de defesa. Dra. Nearis reagiu ao impulso de Faucz como se enxergasse ali uma afronta. Silenciou durante um bom tempo, enquanto elaborava sua decisão. Então, perguntou: "Doutores, gostaria de saber se todos os patronos da banca dos réus Marzy, Flordelis, André e Rayane acompanham a manifestação da dra. Janira".

"Sim", disseram os advogados, incluindo a de Simone, dra. Daniela Grégio.

Juíza: "Então, todos abandonarão o plenário em caso de indeferimento, não é isso? Vou ler a decisão, e ver quais são as medidas determinadas pelo júri. Cabe consignar, primeiramente, que a patrona dra. Janira informou nesta data que leu o livro, reafirmando que tinha conhecimento de seu conteúdo e ainda que não entrou com qualquer ação pertinente em face da autora; ademais, a cópia da documentação foi acostada aos autos no prazo legal pelo Ministério Público, há mais de um mês, como salientado pelos promotores, assim como foi a defesa previamente questionada durante o depoimento, como se depreende da mídia [gravação da sessão], manifestando sua concordância com a exibição da cópia [trecho do livro], que foi permitida por esta magistrada, após ter questionado os promotores acerca da pertinência, [eles] informando

---

* Testemunha referida: a que é mencionada pelo Ministério Público ou pela defesa durante o julgamento.

que se tratava de identificação de pessoa também referida pela informante em seu depoimento, qual seja, Paula Barros".

Ao solicitar a presença da autora do livro no plenário, dra. Janira argumentou que a juíza já havia aberto um precedente anteriormente, quando autorizou a convocação da diretora do documentário da Globoplay. Mariana Jaspe depôs como testemunha de uma alegada tentativa de atropelamento efetuada por Rafaela contra Regiane Rabello. A juíza considerou que a situação do atropelamento era diferente da do livro. "Não pode a defesa ditar ao juízo, [...] após a adoção de medidas jurídicas cabíveis. [...] Isso posto, [os réus] deverão constituir novos patronos [advogados] no prazo de cinco dias, ou serão assistidos automaticamente pela Defensoria Pública." A juíza afirmou ainda, "sem embargo", que "a postura dos patronos, de abandonar o plenário, ao invés de se valer de medidas processuais cabíveis", demonstrava "total desdém, com desrespeito ao Judiciário". "Multa prevista no artigo 275 do CPP [Código de Processo Penal]." O montante seria equivalente a quinze salários mínimos (que, em valores atualizados, corresponderiam a quase 20 mil reais), a ser quitada em quinze dias. A juíza chegou a determinar a expedição de débito para o fundo especial do Departamento de Gestão da Arrecadação (Degar) do Tribunal de Justiça do estado do Rio de Janeiro.

Dr. Faucz quis consertar o estrago e amenizar o tom do ultimato. Depois de pedir que a juíza lesse a solicitação feita pela própria defesa a respeito da presença da autora do livro como testemunha, ele disse: "Excelência, então, considerando o pedido da defesa, eu não estou vendo no pedido da defesa a questão do abandono do plenário".

Em meio ao quiproquó, Simone sofreu uma ruidosa crise nervosa, com sinais de hiperventilação e gemidos altos, diagnosticada como estresse extremo. A Seap informou que não havia previsão de assistência urgente, e por isso "foi oportunizado atendimento imediato em viatura do SOE [Setor de Operações Especiais] para a emergência mais próxima". A advogada da ré, Daniela Grégio, requereu a presença da oncologista de sua cliente no plenário, no dia seguinte. A juíza autorizou.

O Ministério Público se manifestou "pelo indeferimento do pedido defensivo, considerando que o documento lido no plenário [o livro da jornalista Vera Araújo] consta dos autos desde 10 de 2022 e que houve ciência da defesa, que poderia ter adotado medida pertinente antes do plenário".

Juíza, para dr. Faucz: "Tá escrito aqui que [a defesa] abandonará o plenário".

Dr. Faucz: "Podemos ver nas gravações, inclusive na entrevista [dada a jornalistas] lá fora, dizendo justamente que queríamos pensar após a decisão…".

Aparentemente irônica, a juíza se desculpou: "Eu peço desculpas, peço desculpas. Eu entendi o senhor falar: 'Eu vou abandonar o plenário'".

Dr. Faucz tentou dizer algo…

Juíza: "Só um instantinho, doutor. Eu ouvi o senhor dizer: 'Vou abandonar o plenário'. Não? Nós estamos aqui, pessoas adultas, em um assunto sério!".

Dr. Faucz: "O pedido subsidiário* é a dissolução do Conselho de Sentença. Agora, a partir do momento que sua excelência toma uma decisão, a defesa vai se reunir para decidir qual vai ser a nossa atitude, que pode, inclusive, ser o abandono [do plenário]".

Juíza: "O senhor disse na presença de todos aqui, do Ministério Público, do assistente de acusação e da dra. Janira, que abandonaria o plenário".

---

* Pedido subsidiário: aquele que é feito a partir da deliberação do juízo a respeito de um pedido anterior.

Dr. Faucz: "Eu falei...".

Juíza: "Olha só, doutor, aqui as pessoas têm de ter palavra! O senhor não falou isso pra mim, doutor!?".

Dr. Faucz: "Pra senhora? Jamais!".

Juíza, subindo bem o tom: "O senhor não falou aqui na minha frente!?".

Promotor Coelho: "Dr. Rodrigo, pela ordem!".

Dra. Janira caminhou até o meio do plenário, com o microfone na mão, olhou para a juíza e disse: "Quando eu puder falar... tá?".

Dr. Coelho: "É que o doutor... não sei se o senhor estava aqui ou estava lá fora, o senhor diz que chegou a dar entrevista à imprensa, a dra. Nearis indagou formalmente a todos os advogados dos réus e aos réus Flordelis, Marzy, André e Rayane se aderiam ao posicionamento manifestado pela dra. Janira [...]. Todos os advogados da banca, todo mundo foi formalmente perguntado, os advogados, não sei se o senhor estava dando entrevista".

Juíza, para o promotor: "Ele escutou, ele escutou!". Para dr. Faucz: "Em caso de não atendimento, o senhor abandonaria o plenário. Agora, se o senhor quiser reconsiderar, eu acho muito válido, até por conta dos réus".

Dra. Janira, enquanto a juíza falava: "Excelência, excelência, excelência! Nosso pedido está escrito. Nosso pedido está em vermelho. Nosso pedido é muito claro. Como houve um ataque do Ministério Público a minha pessoa...".

Na bancada do Ministério Público, os promotores passaram a esbravejar com espalhafato. Dra. Janira parou de falar e olhou para o chão, dramaticamente.

Juíza: "Deixa ela terminar de falar...".

Dra. Janira: "O nosso pedido é que a gente pudesse ouvir essa testemunha referida. Primeira coisa. Caso nós não pudéssemos ouvir, nós pedimos à senhora que dissolvesse o Conselho de Sentença. A senhora dissolver o Conselho de Sentença é diferente de a gente abandonar o plenário".

Juíza: "Claro".

Dra. Janira: "É diferente, porque independentemente de 'Alguém falou aqui, falou ali', a senhora mesmo sempre fala: 'O que vale é o que é falado no microfone, está gravado, e está aí'".

Juíza: "Eu não falo isso, não, doutora. O que vale é o que é dito, seja no microfone ou fora dele".

Dra. Janira: "O nosso pedido tá aí".

Juíza: "O advogado que fala na presença do juiz e do Ministério Público...".

A advogada passou a argumentar ao mesmo tempo, era impossível entender as duas. Dra. Janira: "A senhora quer me constranger, a senhora não vai me constranger".

Juíza: "Constranger? Longe de mim...".

Dra. Janira: "Só fica constrangido com essa situação quem deve. Eu não devo! Eu sei exatamente qual é a minha postura profissional! Eu sei exatamente qual é a minha postura dentro desse caso!".

Juíza: "Doutora...".

De volta a seu renitente cacoete, dra. Janira tentou lucrar com o vitimismo. "Objetivamente, se a senhora quiser decretar o final, disser: 'Não vou chamar a testemunha referida', 'Não vou dissolver o Conselho de Sentença', essa é a sua posição? Se essa é a sua posição..."

Juíza: "Doutora...".

Janira: "Só um instante, excelência. Se essa é sua posição, a gente ouve a sua posição e vamos discutir o que nós vamos fazer...".

Juíza: "Tá bom".

Dra. Janira: "... se nós vamos nos retirar ou não. Agora: a senhora decretar que a defesa se retira, que tem isso e... aí é uma ação da senhora. Só demonstra toda a parcialidade que tem esse caso".

Juíza: "A senhora está aventando uma parcialidade que não existe...".

"Pela ordem, excelência!", exclamou o assistente de acusação, dr. Ângelo Máximo, levantando o braço.

Dra. Janira: "Então, tá bem. Objetivamente. A senhora vai decidir o que a senhora quiser. Agora, o que a defesa vai fazer, frente à formulação do seu pedido, cabe a nós. Então, nós vamos nos reunir e vamos discutir".

Juíza: "Eu sou a última pessoa a falar no plenário".

Pelo que se percebia, a advogada tentava manobrar para inverter as posições na discussão: "Respeito é bom e a gente gosta", disse. "O trabalho que a gente desenvolveu aqui [não pode levar] a acusação e a magistrada a barrar o nosso trabalho e nos tirar do tribunal do júri..." Dra. Janira e dr. Faucz se aproximaram da mesa da juíza, e iniciou-se um bate-boca em voz alta. Juíza: "Vamos manter a calma. Olha só, esse juízo é.... Longe de dissolver o Conselho, [...] o que o juízo quer é que a gente permaneça aqui, consigo seguir os trabalhos de uma forma normal". [...] O doutor [Faucz] falou aqui: "Se for indeferido, eu vou abandonar. Eu acreditei nisso".

Promotor Coelho: "Eu só queria me manifestar".

Juíza: "Não, doutor...".

As partes se retiraram para uma reunião com a juíza, em uma sala nos bastidores do plenário. A defesa alegou, conforme o que foi consignado em ata, que "apesar de 'informalmente' ter ventilado o abandono de plenário, na verdade aguardava a decisão desta magistrada para, em conjunto, decidirem os sete causídicos qual comportamento adotariam".

Na volta da reunião, ficou acordado que a decisão de abandono do plenário pela defesa seria atribuída a um "mal-entendido". O julgamento seguiria sem a convocação da jornalista Vera Araújo para depor. Os relógios marcavam quase

21 horas: dra. Nearis anunciou que "infelizmente" só seria possível dar prosseguimento à sessão no dia seguinte.

A série documental *Em Nome da Mãe*, da HBO, foi veiculada a partir do dia 8 de dezembro de 2022, quase um mês após o fim do julgamento; assim, não teria havido como citá-la no plenário. Nela, Janira Rocha e Paula do Vôlei aparecem rodeadas de potenciais depoentes, na casa de Flordelis, anunciando que contam com a habilidade deles. Paula explica ao grupo: "Sabendo que ela [Flordelis] pode pegar uma condenação, ou a gente vai ter muita destreza nesse negócio, ou vai dar ruim". Para ajudá-los a entender, Janira lança mão da prosopopeia:

Vocês são um bando de porcos-espinhos. Todo mundo cheio de espinhos. Toda vez que um chega perto do outro vai machucar. Vai abrindo feridas. Mas o frio é maior que a ferida. Se não juntar, vai morrer de frio. Eu, particularmente, falei para a Paula que vejo muita luz no fim desse túnel, mas uma luz que só vai vir com trabalho.

Alguns "porcos-espinhos" choram diante da câmera.

Os momentos supostamente mais dramáticos de *Em Nome da Mãe* são os que antecedem a prisão preventiva de Flordelis, efetuada em 13 de agosto de 2021, dois dias depois de ela ter o mandato cassado no plenário da Câmara dos Deputados — por 437 votos a 7 — e perder o foro privilegiado. Ao determinar a prisão da pastora, dra. Nearis Arce acolheu um requerimento feito pelo Ministério Público, que alegou risco de fuga, descumprimento reiterado de cautelares — entre elas, uso de tornozeleira eletrônica e obrigação de recolhimento noturno —, intimidação de testemunhas e interferência nas investigações. A prisão foi mantida pelo Tribunal de Justiça do Rio e pelo STJ, que negaram pedido de habeas corpus impetrado pela defesa.

Cerca de dez dias depois, a executiva nacional do PSD determinou a expulsão da ex-deputada da legenda.

No dia da prisão, a câmera da HBO passeia pelas dependências da casa e "flagra" pessoas com expressão de desespero. Dra. Janira toma a frente da situação, encarnando a líder experiente, a personagem forte do grupo. O produtor musical Allan Soares, que pediria Flordelis em casamento logo depois da condenação e do retorno dela para a cadeia, percorre em desatino alguns corredores da casa, com o topete do cabelo imexível. Veste uma lustrosa jaqueta de couro, camiseta e calça jeans muito justa. Aos prantos, seu rosto em close, ele abraça alguém, as lágrimas rolando. Diz: "Ela é a mulher da minha vida". Ao se apresentar, no terceiro capítulo da série, ele o faz com clichês que só o amor verdadeiro pode produzir. "Eu me chamo Allan Soares, tenho 22 anos; a Flordelis, sessenta [Soares levanta apenas uma das sobrancelhas, que parece ter sido aparada]. [...] Embora ela tenha sessenta anos, é uma menina, tanto por dentro como por fora." Em outro momento, ele explica: "A defesa pediu para a gente não se assumir publicamente, porque a mídia, automaticamente, vendo que ela já estava em um novo relacionamento, isso aí poderia prejudicar ela no processo". Contudo, meses mais tarde, no dia do aniversário de Flordelis, 5 de fevereiro, o produtor musical não resistiu e postou uma imagem dele com a amada. Depois, lastimou: "Printaram e espalharam para os noticiários". Ele não revela quem foi o sujeito indeterminado.

17.
A comadre da ré

No quarto dia de julgamento, quinta-feira, 10 de novembro, ouviram-se as três últimas testemunhas-informantes de acusação — Roberta, Rebeca e Érica Kaká — e, na sequência, as primeiras quatro de defesa — Thayane, o oncologista Diogo Bugano, o desembargador Siro Darlan e o perito Sami El Jundi. O único que não prestou depoimento presencialmente foi o oncologista, que falou de São Paulo.

O depoimento de Roberta dos Santos de Souza, filha adotiva de Flordelis criada por Ubiraci e Cristiana, foi particularmente arrebatador porque, como ela própria explicou, sua relação com a maior parte dos réus havia sido muito afetuosa. Sobre Rayane, por exemplo, ela contou que as duas eram mais que irmãs, eram melhores amigas. Comadre da ré, disse que nunca mais viu o menino que havia batizado. "Eu não tive coragem de excluir ela [Rayane] das minhas redes sociais, porque era a única forma de ver o meu afilhado, com quem hoje eu não tenho mais contato. Quando eu me posicionei, que vazou meu depoimento, ela mesma me excluiu das redes sociais dela."

Sentada no meio do plenário, a poucos metros dos cinco acusados, Roberta mencionou o ânimo que precisou invocar para prestar aquele depoimento. "Não sei de onde eu tirei forças para vir falar na frente deles. Pega na alma, de verdade. Essas pessoas que estão aqui do meu lado são pessoas que me fizeram crescer." Sua voz saía distorcida pela emoção, e a juíza perguntou se ela precisava de um tempo: "Se

quiser dar uma pausa, a gente dá, tomar uma água, respira...".
Roberta prosseguiu:

> O André [Bigode] e a Rayane, então... dói na minha alma
> ver a que ponto chegou essa situação. [...] Eu não fico nem
> um pouco feliz de ver a situação em que eles estão. Dói de
> verdade. Eu vou pedir um pouquinho da paciência de vo-
> cês porque eu sou chorona mesmo... e realmente, é minha
> família... porque eles não deixaram de ser minha família.

Roberta emendou considerações que soavam pertinentes aos
ouvidos de quem não tinha ideia de como era crescer em uma
família de cinquenta filhos. Com todas as fantasias e preconceitos que despertava, o discurso dela parecia se encaixar nas
expectativas dos jurados. "Com certeza, a gente nunca foi uma
família normal, principalmente para vocês que veem de fora.
Mas era uma família. Torta, errada, mas era uma família."

Registrada oficialmente apenas por Flordelis, aos três meses de idade, Roberta disse que nunca considerou a pastora
sua mãe de fato. Explicou que, logo no início, sua criação foi
confiada a irmãos mais velhos. "Como eram muitas crianças, eles [...] repassavam a responsabilidade para os mais
velhos. A da minha criação ficou aos cuidados do Carlos e
da Cristiana, que são minha referência de pai e mãe." Acolhida pelo grupo de protegidos de Flordelis, Roberta era da
turma de Rayane, Kaká, Thayane e Michele (moradora da
casa, homônima da irmã de Anderson). Aos 21 anos, quando
se casou e se mudou, ela pôde, à distância, enxergar melhor
o comportamento da família — ao mesmo tempo que lhe
chegavam relatos sinistros. Entre os quais, a suspeita de que
estariam tentando envenenar Anderson do Carmo. No plenário, contou a história do suco de laranja que sua mãe (Cristiana) tomou "por engano", e que a levou a ser hospitalizada.

Lembrou também que Thayane, que um dia havia sido bem próxima dela — e agora deporia a favor da pastora —, teria afirmado: "Robertinha, eles estão tentando matar o Niel mesmo, porque eu estou passando muito mal". Thayane se referia ao leite fermentado Chamyto que havia pegado no frigobar do quarto do casal. A bebida pertenceria à despensa pessoal do pastor.

Na ocasião, em meio ao agitado disse me disse sobre a suposta conspiração para matar Anderson do Carmo, algo concreto foi narrado a Roberta por uma fonte que ela considerava confiável.

Mais ou menos uns quatro meses antes da morte... não, do assassinato do Niel, eu tive conhecimento pelo meu pai, o Carlos [Ubiraci]... ele me chamou, rindo, porque realmente é uma coisa que não tem como você acreditar, ele me contou que o Niel mostrou a ele no iPad uma mensagem que ele viu pela nuvem, alguma coisa desse tipo, um plano onde tavam tramando a morte dele.

Assim como Raquel, Roberta não imaginava que o próprio pai seria acusado de integrar a associação criminosa.

Mais tarde, Ubiraci e a filha adotiva assumiriam posicionamentos opostos em relação ao crime. Enquanto ele ficou do lado de Flordelis até seu próprio julgamento, quando sugeriu pela primeira vez o envolvimento dela no assassinato do marido, Roberta se tornou uma das contestadoras mais ativas da inocência da pastora. Em seu depoimento no Conselho de Ética da Câmara, em 22 de abril de 2021, afirmou que nunca teve dúvidas a respeito da participação decisiva dela na trama. Segundo afirmou, Anderson venerava a mulher.

O Niel tratava a Flordelis como um deus. [...] O respeito que ele tinha por ela era absurdo. [...] E, por isso, com certeza, aconteceu esse fato. Aconteceu porque ela permitiu que acontecesse. [...] Se 99% da casa quisesse o Niel morto, e ela fosse o 1% que achasse que o Niel tinha que permanecer vivo, o 1% com certeza ia prevalecer. Ela era soberana.

Em uma declaração particularmente valorizada pela promotoria, Roberta contou que Flordelis lhe pareceu muito tranquila apenas algumas horas depois de saber que o marido havia sido assassinado.

Quando cheguei na casa, olhei para a cara dela, que é totalmente diferente da cara que ela apresenta hoje... a feição dela é de desespero, né? A fisionomia dela era de um completo alívio, essa é a palavra. [...] Sabe uma pessoa que você olha, e a pessoa tá alegre? Ali, eu tive certeza, se é que algum dia eu me deixei enganar. Talvez eu tivesse 1% de dúvida.

Roberta explicou por que não foi ao enterro.

Eu me neguei a participar do espetáculo que eles estavam fazendo. Fui só ao velório. Tirei a alma do meu corpo para ir, porque eu queria me despedir do Niel. Foi horrível [chorando] eu ver o corpo do Niel naquele caixão, e eu tinha certeza de quem tinha feito aquilo. Inclusive tem gente que está aqui hoje que chorou comigo, que eu nem desconfiava, mas tava fazendo parte do plano.

O relato de Roberta era praticamente igual ao de Misael, Luan/Alexsander, Daniel e Luana. Mas a forma como cada uma das testemunhas de acusação apresentou sua narrativa era muito particular. Separadamente, elas soavam genuínas, incalculadas, fluentes. Ao ser inquirida pelo assistente de acusação, dr. Ângelo Máximo, sobre os alegados abusos sexuais cometidos por Anderson do Carmo, Roberta reagiu com um vigor inimitável. É bem possível que dr. Máximo tenha abordado o assunto justamente porque previa, pelo depoimento dela no Conselho de Ética da Câmara, que renderia uma indignação útil para o convencimento dos jurados. Estava certo. Ela respondeu:

Olha, sério, quando me perguntam isso [sobre os abusos do pastor], me dá embrulho no estômago. [...] E a forma como eles estão levando isso... é até um deboche com as mulheres que realmente sofrem abuso sexual. [...] Uma pessoa abusada sexualmente fica marcada; é uma pessoa frígida, é uma pessoa triste.

Nesse ponto, ela citou o nome de uma das supostas mulheres abusadas pelo pastor e passou a desconstruir o discurso da defesa.

Você olha pra cara da Simone, você vê uma pessoa triste? Você vê a feição de uma pessoa que é abusada sexualmente? Uma pessoa abusada sexualmente, ela toma nojo da voz da pessoa. Toma nojo da presença da pessoa, do cheiro da pessoa. A Simone convivia com o Niel dentro do quarto do Niel.

Feita assim, com tal despojamento, a consideração de Roberta despertou na audiência uma curiosidade perversa. Boa parte dos que assistiam ao depoimento dirigiu o olhar para o banco dos réus, a fim de checar a reação da suposta vítima predileta de Anderson do Carmo. Apontada agora como impostora, Simone, que a essa altura já havia sobrevivido a uma aparatosa crise de nervos, se mostrava surpreendentemente apaziguada.

Roberta foi em frente.

O Niel respeitava muito a gente, ele não permitia que a gente andasse de biquíni dentro de casa, porque tinha muito homem dentro de casa. Não permitia que a gente andasse de short curto. Se ele enchesse o carro de criança, e tivesse alguém com short curto, ele mandava voltar e trocar.

De acordo com Roberta, nesses passeios com a família, como havia muita gente, Flordelis costumava dividir os filhos por grupos e os acomodar em carros diferentes.

Ela tinha o hábito de pegar um papel e uma caneta e anotar quem ia em qual carro. Colocava: "Kombi: o André vai dirigir, e vai fulano, fulano e fulano na Kombi". O carro principal, que era o da Flordelis e do Anderson, sempre tinha a Simone. Como é que uma pessoa abusada sexualmente não evita ficar perto? Não diz: "Mãe, me bota na Kombi!"? [...] Não existe abuso sexual. O Niel não era um abusador!

Antes de dra. Janira Rocha iniciar suas perguntas, Roberta pediu à advogada que mudasse de posição no plenário, que fosse mais para a direita, a fim de obstruir para ela a visão dos réus, que estavam na mesma direção. A juíza então ofereceu uma cadeira para Rocha. A primeira questão foi recebida por Roberta como uma insinuação de que ela teria sido aliciada para depor contra Flordelis.

Dra. Janira: "A senhora foi nomeada para o cargo de diretora da Secretaria Municipal de [Políticas sobre] Álcool e Drogas de São Gonçalo, numa publicação de 10 de julho de 2019"?

Roberta: Fui nomeada pelo prefeito José Luiz Nanci, que era o antigo prefeito de São Gonçalo. Minha nomeação não tem nada a ver com o Misael. Em momento nenhum eu me permiti ser vendida por ninguém, muito menos para o Misael, e tampouco para sua cliente Flordelis. É até uma falta de respeito. É querer ligar esse trabalho a uma venda".

221

Durante toda a sua abordagem, dra. Janira foi tratada pela depoente com um misto de desprezo e insolência. Já havia sido assim no Conselho de Ética, quando a advogada inquiriu Roberta sobre a afirmação feita por ela de que Flordelis tinha uma atitude manipuladora. Na ocasião, a pergunta viera acompanhada de um pequeno esclarecimento:

Você diz que ela [Flordelis] é manipuladora. [...] O direito penal não criminaliza pessoas pelo que elas são. Eu gostaria que você explicitasse que condutas objetivas você tem a demonstrar como testemunha que coloquem a deputada manipulando fatos que tenham a ver com o crime.

Roberta respondeu com o que considerava um sintoma: "O fato de ter um monte de gente [da família] presa".

No julgamento que agora se desenrolava, ela se mostrou ainda mais afrontosa. Chegou a se referir ao câncer de Simone como "uma palhaçada". Dra. Daniela Grégio, representante da ré, perguntou se Roberta se lembrava de ter visto sua cliente careca — pelo efeito da quimioterapia. Ela respondeu que sim.

Dra. Grégio: "Então, como é que você diz que o câncer não existiu?".

Roberta: "Porque fizeram disso um espetáculo, e ainda estão fazendo disso um espetáculo. Isso virou a gravação de um DVD. O corte de cabelo dela não foi chorando, em casa, com a família... Eles gravaram um DVD com a Flordelis cortando o cabelo dela para fazer disso um espetáculo".

Em outra abordagem, dra. Grégio relacionou em uma mesma pergunta duas afirmações feitas por Roberta separadamente. Associou o respeito que Anderson do Carmo tinha pelas filhas com o ciúme que ele sentia de Simone. A segunda declaração foi tirada de um vídeo feito no depoimento de Roberta no Conselho de Ética. Grégio: "Roberta, você afirmou aqui hoje que o pastor Anderson tratava os filhos todos com muito respeito, era muito respeitoso. Você pode explicar melhor esse ciúme excessivo que você afirmou...". A juíza a interrompeu: "Doutora, não entendi a correlação que a senhora fez, de tratar de forma séria, e o que foi dito".

Dra. Grégio: "Ela falou 'muito respeitoso com os filhos'".

Juíza: "Sim, mas tinha alguma falta de respeito narrada ali [no vídeo]?".

Dra. Grégio: "Não, doutora. Ali ela afirma que ele tinha um ciúme excessivo da Simone. Não é normal".

Juíza: "Mas isso tem relação com respeito? A senhora fez uma correlação na sua pergunta. Vou pedir para a senhora reformular, por favor".

Dra. Grégio: "Não, excelência, a pergunta é essa".

Juíza: "Mas não guarda relação...".

Dra. Grégio: "Como ela explica o ciúme excessivo, já que ele tratava todos com respeito?".

Juíza, para Roberta: "A senhora entende que na situação que a senhora narrou havia falta de respeito?".

Roberta: "Não. Até porque você demonstrar ciúme não quer dizer que ele abusava sexualmente dela".

Dra. Grégio: "Não é isso".

Roberta: "Então, eu não entendi a sua pergunta".

Dra. Grégio: "Quando você afirma que ele parecia ser o dono dela, que ela pertencia a ele, o que você quis dizer com isso?".

Roberta: "Que ele tinha um ciúme...".

Alguém na bancada do Ministério Público afirmou que ela não disse isso.

Dra. Grégio: "Falou, sim, está lá no depoimento".

Roberta: "Como se ela fosse uma posse dele...".

Juíza: "Tá explicado".

Roberta: "Ah, já ouvi muita coisa. Já ouvi que eles tinham um caso, que...".

Juíza: "Ouviu de quem?".

Roberta: "Notícias, notícias... [referindo-se ao noticiário]".

Juíza: "Tá. Dentro da casa, a senhora ouviu de alguém?".

Roberta: "Não, não, não...".

Juíza: "Qual a sua diferença de idade para ela?".

Roberta: "Pra quem?".

Juíza: "Pra Simone. Tem uma diferença grande, não?".

Roberta: "Eu não sei. Eu tenho 27. Eu não sei a idade da Simone. Acho que tem quase quarenta, se é que já não tem".

Juíza: "Então, quando ela era adolescente, a senhora já estava na casa?".

Roberta: "Sim, mas...".

Juíza: "Era bebezinho...". A juíza ouviu algo que não a agradou, vindo da bancada da defesa. Olhando na direção de dra. Janira, ela disse: "Não entendi a manifestação. Quer falar alguma coisa, doutora? Ah, bom, pensei que tinha discordado de algo em relação ao juízo... Não? Ah, bom, porque a expressão [facial] diz muita coisa. Pode prosseguir".

Dra. Grégio: "Roberta, você...".

Juíza: "Só um instantinho, doutora". Olhando para Janira e Faucz: "Qualquer crítica ao juízo, pode falar ao microfone, tá bom? Obrigada".

Dra. Grégio voltou a abordar as considerações da informante sobre o câncer de Simone e encerrou.

Ao fim, os jurados quiseram saber mais sobre a distribuição desigual das tarefas domésticas na casa. Roberta já havia mencionado a "divisão de tarefas, de comida, de afeto...", e também uma "ordem do Niel", segundo a qual a maioria dos filhos tinha de trabalhar. "Ou a gente trabalhava fora ou na igreja." De novo, os filhos de Simone foram citados como privilegiados. "Sempre estavam dormindo. [...] Era uma questão que ninguém podia contestar, porque sempre que contestavam dava problema." Quem reclamasse, segundo ela, ouviria da pastora: "Não acordo os filhos de Simone [para limpar a casa] porque eu não quero, e acabou o assunto".

Na saída de Roberta do plenário, um zum-zum-zum emergiu do espaço situado entre a bancada da defesa e a porta de acesso às salas das testemunhas. Logo em seguida, a depoente se queixou de que a advogada de Simone a havia chamado de "invejosa". De acordo com o que foi registrado em ata, dra. Grégio "imediatamente negou que o tenha feito, alegando que estava falando [conversando] com dra. Janira". Por sua vez, dra. Janira "afirmou achar 'engraçado' ter a magistrada consignado em ata tal circunstância". Disse ainda que dra. Grégio estava de costas para Roberta quando ela passou a caminho da saída. A advogada de Simone requereu que constasse em ata sua "indignação quanto à referida manifestação".

18.
A sobrinha

Rebeca Vitória Rangel da Silva entrou no plenário na sequência. Sobrinha biológica de Anderson, filha de uma irmã dele, Michele, Rebeca também foi criada pelo casal Carlos Ubiraci e Cristiana; era irmã afetiva de Raquel e de Roberta. Menor de idade à época do crime, Rebeca não disse nada que acrescentasse muito aos depoimentos das outras testemunhas de acusação — até porque, segundo contou, ela estava dormindo e não foi despertada pelo assassinato do pastor nem pela movimentação que o sucedeu.

Acordo quando é nove, dez horas. Tomo banho, desço, já tinha muita gente na casa [...] muitas pessoas da igreja, pessoas que nunca tinha visto na vida, pessoas [da casa] que voltaram para ver o que tinha acontecido.

Rebeca falou basicamente da sua experiência como integrante do grupo dos desprestigiados da casa ("Quem fazia [lavava a louça] eram as crianças. [...] Tinha uma escala. Os não favoritos limpavam a casa, o resto ficava dormindo o dia todo"); citou os depoimentos simulados que Paula do Vôlei teria coordenado ("Se a gente falasse que achava que a Flordelis realmente tinha mandado matar meu tio ela dizia: 'Não! Isso aí você não pode falar!'"); e mencionou uma visita à casa feita por Andrea Maia, mulher de Marcos Siqueira Costa, portador da carta fraudulenta que Flordelis teria criado para fazer Lucas

226

assumir a culpa do crime. "Ela [Andrea] falava que era amiga da Flordelis. Foi lá [na casa] perto do Dia das Crianças, falou que eu tinha que juntar as crianças para gravar um vídeo e postar no Facebook, para a polícia parar de ir lá perturbar a gente."

A nota prosaica da oitiva ficou por conta do assistente de acusação. Dr. Ângelo Máximo se dirigiu à juíza com uma queixa, confiante no acolhimento dela: "Pode registrar na ata que a Marzy está querendo falar comigo, eu não sei por quê?". Dra. Nearis não deu pano para manga: "Se o senhor não sabe por quê, não precisa registrar".

De acordo com a ata, "foi esclarecido pelo dr. Rodrigo [Faucz] a este juízo e informado ao assistente de acusação que a intenção da ré era tão somente [a] de lhe pedir um café".

19.
A filha castigada

O destaque do depoimento seguinte, de Érica "Kaká" dos Santos de Souza, de 29 anos, que era negra, tinha o rosto arredondado e *dreadlock* tingido de loiro nas pontas, foi o relato da ligação telefônica de Rayane na ocasião do Dia das Mães — ela não soube precisar se foi em 2018 ou 2019 —, para pedir "o contato de um bandido". Depois do crime, em retrospecto, inferiu-se que Rayane estaria em busca de um matador para executar Anderson do Carmo. Daiane Freires e Roberta dos Santos já tinham mencionado a história no julgamento. Agora, depois que a própria Érica a narrara, a promotora Mariah da Paixão perguntou se ela havia passado para Rayane algum contato. Kaká respondeu que não: "Eu falei: 'Não tenho, não, Rayane'". E explicou à promotora: "Porque, assim, eu tenho parente que é envolvido, entendeu?". A juíza lhe pediu que esclarecesse: "Só para ficar claro para os jurados: a senhora disse que sua família tem envolvimento. Envolvimento com o quê?". Érica, supostamente constrangida: "Porque, assim, meu primo já foi envolvido. Hoje em dia ele não é mais". Ela não disse com o que o primo tinha sido envolvido, mas deduziu-se que era com o crime. Roberta já havia mencionado que Érica e o marido moravam em uma favela, e, "por isso, a Rayane imaginou que [ela] tinha um contato [de bandido]".

A informante afirmou à dra. Paixão que havia sido adotada legalmente pelos pastores e que tinha morado na casa até os vinte anos. Saiu, segundo ela, por causa da "queimação da mão". A pedido da promotora, ela contou o que havia acontecido:

Eu estava passando roupa, isso foi em um domingo, dia de igreja... e a Júlia [uma das três irmãs biológicas de Lucas] veio botando a mão na frente. Aí, a fumaça, não sei, queimou um pouquinho a mão dela. E criou uma bolha pequena. Ela começou a chorar, a gritar. Só tava a Simone, de grande, na casa. Aí, a Júlia falou para a Simone que eu queimei ela. Aí, a Simone, como sempre, aumentou, ligou para o André e o Carlos, e falou que eu peguei a mão da Júlia, segurei a mão dela e queimei a mão dela. Aí, eles chegaram, nem deixaram eu me explicar direito, entendeu?, [...] aí um me segurou, o outro me queimou.

Dra. Paixão: "Você fez boletim de ocorrência?".

Kaká: "Não. [...] Quando me queimaram, o meu pensamento era só ir embora [...] e viver a minha vida".

O relato de Érica não teve o que os jornalistas chamam de "outro lado". Júlia, André e Carlos não foram ouvidos. Da forma como ela contou a história, soou gratuita demais — mesmo levando em conta o padrão severo de punições na casa. Apesar do castigo cruel, Érica afirmou que sua relação com Anderson do Carmo e com "todo mundo" era ótima. "E com a Simone?", quis saber dra. Paixão. Érica: "Eu só não gostava porque ela sempre fazia fofoca com a Flordelis. Mas era ótima, com todos eles".

Em sua vez de questionar a depoente, o promotor Coelho se mostrou confuso — mas ainda assim conseguiu uma boa declaração. "A senhora, no dia do assassinato, a senhora foi na casa... a senhora foi no velório, perdão... como é que tava o comportamento... desculpe... A ré Flordelis ligou para a senhora nos dias seguintes?"

Kaká: "Não".

Dr. Coelho: "A senhora chegou a conversar, a senhora viu... a Flordelis no velório, nos dias seguintes?".

Kaká: "Eu vi, sim".

Dr. Coelho: "A senhora soube se os telefones das pessoas da casa foram apreendidos?".

Kaká: "Nesse dia [da apreensão], tava eu e minha irmã Olga [na casa]. Aí, reuniu todo mundo lá na varanda. Aí, os policiais tavam pedindo os telefones para todos. Nessa hora, as crianças tinham subido pro quarto da Simone. Aí, a Olga falou: 'Já que a gente não é mais da casa, vamos ficar lá em cima com as crianças' Eu disse: 'Tá bom, vambora' Aí, a gente subiu, ficamos lá com as crianças. Aí, a Rayane e a Simone subiram. Lá em cima, elas ficaram conversando entre elas, e eu e a Olga só olhando quietas, na nossa. Aí, depois, a gente viu elas colocando um telefone na janela, assim, na varanda; na frente, tem uma janela grandona que dá nos quartos, entendeu? Aí, [...] elas esconderam o telefone ali [no parapeito], e eu e a Olga olhamos uma para a outra. Aí, depois, elas entraram no quarto, no closet, e esconderam lá no closet também. Em cima, no alto [pelo que se divulgou mais tarde, na pá do ventilador de teto]. Quando elas saíram, eu e a Olga ficamos uma olhando para outra, conversando: 'Por que elas fizeram isso? Por que motivo elas estão escondendo o telefone?'. Entendeu? Só que a gente não sabia qual era o telefone. Depois, a gente desceu, eles [investigadores] falaram: 'Ó, a gente está ligando, tá dando que os telefones estão aqui dentro'".

Juíza: "Quem falou isso?".

Kaká: "Os policiais. Aí, eles disseram: '[...] A gente só vai sair quando encontrar os telefones'. Eu e a Olga ficamos quietas, assim, olhando uma para a outra. Depois, ela falou: 'Eu vou embora, [...] porque, como eu não sou dessa família, só venho visitar, então eu não quero me envolver nisso. Eu vou ficar quieta, na minha'. Aí, eu falei: 'Eu vou embora também'. Só que, assim, quando eu fui embora, já era de noite, fiquei com aquilo na cabeça, entendeu?".

Dois dias depois, Érica teria enviado uma mensagem a Roberta, contando que Rayane e Simone esconderam os telefones durante a diligência da polícia na casa; escreveu também que, meses antes, Rayane já havia perguntado se ela tinha algum "contato de bandido". Roberta, segundo Kaká, perguntou se ela queria depor: "Eu fui, prestei meu depoimento, Roberta foi comigo, aí eu falei isso tudo. Depois que eu prestei meu depoimento, falei isso tudo, fiquei mais tranquila. Passei a dormir tranquila...".

Quando coube à defesa se manifestar, dra. Janira Rocha voltou a um tema recorrente: "Como era o controle do Estado sobre o seu processo de adoção?". A resposta de Érica mostrou, não pela primeira vez, que todo o cuidado dos advogados com as perguntas era pouco. Fazê-las sem deixar espaço para manobra poderia ser uma imprudência. Érica:

> Quando chegava oficial de justiça, todo mundo tinha que arrumar a casa, limpar a casa, o que acontecesse lá a gente não podia passar para eles; ou uma briga, ou alguém apanhar, a gente não podia passar para eles. Tinha que ficar quieta, porque senão apanhava, ou ficava de castigo.

Durante o depoimento, dra. Priscilla, da bancada da defesa, comunicou ao juízo que "a ré Marzy pediu para se retirar para 'tomar um ar'", o que foi deferido por dra. Nearis. A defesa informou que Marzy precisaria de assistência médica, e ela foi atendida pelo Samu. A juíza registrou ainda em assentada que: "Considerando a alegação defensiva, de que seria necessário o acompanhamento dos depoimentos pela acusada, houve uma paralisação".

Ao final, os jurados enviaram à juíza questões sobre as famigeradas "orgias entre os irmãos na casa", pauta muito especulada pela mídia especializada. Érica negou que houvesse.

Citou apenas outros casos de namoro entre irmãos. Simone, segundo ela, namorou não só André, com quem se casou e teve os três filhos, mas também Alexandre (outro filho afetivo) e também Márcio Buba, o motorista — que já havia sido citado; Carlos Ubiraci e Cristiana se casaram; Adriano Pequeno "ficou" com Melanie (outra agregada da família). A juíza insistiu na pergunta: "Assim... orgia... mais pessoas participavam das relações...?".

Érica: "Não. Só esses mesmo".

20.
A testemunha que exasperou a juíza

De acordo com a coreografia de um julgamento criminal, quem inicia as perguntas na oitiva é a parte que apresenta a testemunha. Então, depois de treze depoimentos arrolados pelo Ministério Público, com inquirições iniciadas pelos promotores, a ordem se inverteu. A partir do meio do quarto dia, a defesa passou a perguntar primeiro. A estreia das testemunhas que sustentavam a inocência de Flordelis aconteceu com uma certa agitação. Thayane Dias, trinta anos, desde os dois vivendo na casa da ré, foi sem dúvida a depoente que mais exasperou a juíza. Em pelo menos sete ocasiões, dra. Nearis Arce precisou lembrar, indignada, que quem estava presidindo o julgamento era ela. Se, de fato, a psicóloga Paula do Vôlei promovera "depoimentos simulados" com filhos da pastora, para acobertar a participação dela no crime, possivelmente se esqueceu de ministrar aulas de interpretação. Negra, voz rouca, alegre e masculinizada, cabelos trançados em *dreadlocks*, Thayane era cantora e tocava nas apresentações da mãe, mas sua performance no plenário se revelou desastrosa. Aparentemente preocupada em não errar nas respostas, ela prestou um depoimento arrastado, repleto de imprecisões e lacunas; por vezes, quando quem a inquiria era dra. Janira Rocha, ela começava a responder antes mesmo de a advogada concluir a pergunta — o que levava a crer que o questionário havia sido ensaiado.

Dra. Janira: "Quantos irmãos você tem?".

Thayane: "54, comigo". Não se sabe se ela quis dizer "54; comigo, 55", que seria um dos números redondos de filhos divulgado pela própria Flordelis. De qualquer forma, a conta voltava a ser alta. Como a advogada não aprofundou a questão, não se soube se a informante incluiu os irmãos afetivos que apenas passaram pela casa, sem se estenderem lá por muito tempo.

Dra. Janira: "Irmãos biológicos?".

Thayane: "Biológicos, total são seis". Na verdade, eram cinco, que com ela totalizavam seis.

Dra. Janira: "Qual o nome dos seus irmãos biológicos?".

Thayane: "Wellington, Érica [Dias], Ângela, Angélica, Douglas. Eu peguei [a fase] do Jacarezinho. Minha mãe biológica não tinha condições de ficar com a gente, soube de uma moça que cuidava de crianças, nos levou para a casa da Flordelis e do Anderson". (Além de Thayane, os irmãos Douglas e Érica moraram com os pastores.)

Dra. Janira: "E durante essa estadia na casa, você tem lembranças de haver, por parte do Estado, dos núcleos da infância e da adolescência, de ter fiscalização, acompanhamento da presença de vocês?".

Thayane: Quando nós nos mudamos para uma casa maior, ali nós tínhamos acompanhamento médico, o Conselho [Tutelar] ia lá pra ver se estava tudo direitinho, tinha visitas que faziam festas para a gente lá, a gente recebia doações, tinha acompanhamento, escola".

Dra. Janira: "Durante todo esse período, você soube da Flordelis roubar crianças de rua?".

Thayane respondeu antes de a advogada finalizar a pergunta: "Não! No período em que eu estive lá, e estou até hoje, as mães sempre vinham para deixar [as crianças]. Em 28 anos vivendo com ela, eu nunca a vi roubar nenhuma criança. Era sempre dado. 'Você pode?', 'Deixa aqui'...".

Dra. Janira: "Você tinha relação com a sua família biológica durante esse processo?".

Thayane: "Tinha. A gente, de quinze em quinze dias, ia visitá-los".

Dra. Janira: "Mas isso era você e seus irmãos. E as outras crianças da casa que tinham famílias biológicas vivas, porque algumas não...".

Thayane, de novo sem esperar o fim da pergunta: "Tinha, tinha. Visitava a família".

Dra. Janira: "Essa relação era de alguma forma controlada pelo Estado? Existia uma exigência de que isso acontecesse?".

Thayane: "Não lembro. Acho que não [vaga]. Por exemplo, eu ia visitar por conta própria. Eu falava assim: 'Mãe, vou lá visitar minha família biológica'. Ela falava: 'Tá, minha filha, pode ir'". (Soava estranho, científico demais, uma criança — ou adolescente — usar no dia a dia a expressão "família biológica" para se referir à mãe que ela visitava sempre.)

Dra. Janira: "Você chegou a presenciar a proibição de alguma criança de visitar a família biológica?".

Thayane, de novo sem esperar o final da pergunta: "Não, não. Não. Não, não".

Ao abordar um clássico de seu repertório de perguntas — os abusos sexuais —, dra. Janira Rocha acabou deixando Thayane em uma posição vulnerável.

Dra. Janira: "A senhora em algum momento soube da existência de abusos sexuais na casa?".

Thayane: "Soube agora, depois da morte".

Dra. Janira: "Antes, não?".

Thayane: "Antes, eu via... assim, eu não via maldade, né? Mas ele sempre tava batendo na bunda da Ray [Rayane], brincadeira de bater na bunda da Ray, abraçava ela por trás, era isso".

Dra. Janira: "Só em relação a ela, específico, em relação a outras meninas nunca notou?".

Juíza, em tom de surpresa: "Isso era abuso!? A senhora via isso como abuso, é isso? Só para esclarecer. Porque a doutora perguntou sobre abuso. O que a senhora viu que a senhora caracteriza como abuso?".

Thayane: "Eu não entendia na época, né? Eu não via maldade".

Juíza: "Mas hoje a senhora vê maldade nisso? Só para esclarecer, senhora".

Thayane: "Porque eu soube dos abusos que ele fez".

Juíza: "Aí, a senhora concluiu... Que abusos eram esses?".

Thayane: "... que dava tapinha na bunda da Ray".

Juíza: "Sim, isso a senhora falou. Mas o que a senhora soube sobre abuso que levou a senhora a interpretar esses tapinhas como abuso?".

Como quem pede autorização, Thayane olhou para dra. Janira e perguntou: "Posso falar?".

Dra. Janira: "Fala tudo...".

Não tinha o menor cabimento a testemunha de defesa pedir socorro à advogada da ré — menos cabimento ainda a advogada da ré socorrer a testemunha de defesa. A atitude das duas reforçava a ideia de que Thayane havia sido orientada sobre o que dizer e o que não dizer no depoimento. Se a juíza já vinha se mostrando incrédula a respeito da alegada ignorância da depoente acerca do que poderia ser considerado um abuso, agora dra. Nearis estava atônita: "A senhora está perguntando para a advogada se pode responder? Não entendi por quê...".

Dra. Janira repetiu para Thayane: "Tem que falar tudo". A juíza, ainda mais indignada, tornou a questionar: "Por que ela está perguntando à advogada se pode falar?". Enquanto a juíza indagava, as outras duas falavam ao mesmo tempo, gerando um ruído que poderia ter a função de abafar a pergunta da meritíssima.

Thayane: "Porque...".

A juíza a interrompeu: "Peraí, antes de a senhora prosseguir: por que a senhora perguntou à dra. Janira [reforçando a pronúncia do nome] se a senhora pode responder à minha pergunta?". Mais do que indignada, dra. Nearis agora parecia estar traumatizada. Pelo que se viu, ela não pretendia seguir adiante sem ouvir uma explicação convincente.

Thayane: "Porque não sou eu, é a Rafa [que sofreu abuso], aí eu vou expor...".

Dra. Janira manteve o modo socorrista: "Fala o que você sabe...", aconselhou.

A juíza explicou para Thayane: "A senhora não tá expondo. A senhora está aqui para dizer a verdade, né?".

Dra. Janira: "Você pode falar o que você quiser falar; não falar o que você não quiser falar". A emenda agravou a situação. Inconformada com a aparente insistência da advogada em orientar Thayane, a juíza subiu ainda mais o tom: "Só um instantinho! Quem está presidindo o júri sou eu!". Para Janira: "Já pedi para não intervir". Para Thayane: "Por que a senhora perguntou para a advogada?".

Thayane: "Porque eu não queria expor, [então] pedi a autorização dela [Janira]". A cada nova tentativa de se justificar, Thayane, sem se dar conta, lançava mais combustível às chamas.

Juíza, furiosa: "Ela não dá autorização! Quem dá autorização aqui sou eu, senhora! Quem tá presidindo aqui sou eu!".

Thayane, falando ao mesmo tempo: "Posso falar, excelência?".

Juíza: "... eu pedi autorização dela [Janira] para falar!? Não pedi! Por causa disso [porque quem preside o júri...]!".

Thayane, demonstrando impaciência: "Desculpe, excelência...".

Dra. Janira, referindo-se à citação do nome de Rafaela: "Bom, se você vai falar de outra pessoa...".

237

Juíza: "Olha só, doutora, não...".

Dra. Janira, elevando a voz: "Eu só estou querendo saber, excelência...".

Juíza, falando ainda mais alto: "A senhora não pode responder pela testemunha, doutora, o que é isso!?".

Dra. Janira: "Eu não respondi, eu fiz uma pergunta".

Juíza: "A senhora acha isso regular?". Dra. Nearis agora parecia querer chamar a atenção dos fiscais da OAB para o despautério do comportamento da defesa.

Dra. Janira, partindo para a defensiva: "Olha só, excelência...".

Juíza, apelando para mestre Faucz: "Dr. Rodrigo, isso é regular?".

Dra. Janira, mais uma vez, citou o comportamento alegadamente exemplar adotado por ela própria durante os depoimentos das testemunhas arroladas pelo Ministério Público: "Eu sentei aqui, eu vi toda a produção de prova da acusação, sem nada...".

De sua cadeira, a promotora Mariah da Paixão deu sua contribuição ao fogaréu. Referiu-se à consulta de Thayane à advogada como "conversa de comadres". Aos gritos, dra. Janira aproveitou a oportunidade para virar o jogo, sob o pretexto de ter sido afrontada: "Não! Não é uma conversa de comadres! A senhora me respeite! Pelo amor de Deus, eu tô sentada aqui...".

Dra. Nearis não embarcou na encenação de Janira. Ao contrário: "A senhora está fazendo tumulto. A senhora está nervosa".

Dra. Janira: "Não, não estou nervosa".

Juíza: "A senhora está nervosa".

Dra. Janira: "Não, mas tem limite. Não é nervoso, é limite".

Juíza: "A senhora me desculpe, mas quem tem que se acalmar no momento é a senhora. Tá bom? Por favor".

A seguir, dra. Nearis passou um pito em dr. Ângelo Máximo, que aventou avaliar a interdição de Thayane como testemunha/informante.

O senhor não pode intervir [na oitiva], tá bom? Eu não vou interditar ninguém! Olha só, dr. Ângelo, quem está conduzindo o júri sou eu, não o senhor! Acabei de falar isso para a patrona, agora digo para o senhor. Então, aguarde, por favor! Dra. Janira, a senhora, por favor, proceda às perguntas. [Para Thayane:] Senhora, se eu intervir, a senhora se dirija a mim, porque quem está presidindo a sessão sou eu! A dra. Janira não é a juíza aqui, ela é advogada dos réus! Pode prosseguir, dra. Janira, com perguntas devidas e devidamente formuladas, ok?

Dra. Janira voltou ao assunto: "Além da Rayane, tem alguma outra pessoa que você sabe que sofreu esses abusos?".

Thayane: "Então... da Rafaela, né? Que ele abusou da Rafaela? Eu fiquei sabendo que ele abusou também de uma outra irmã, acho que já foi falado aqui. A Daiane falou aqui".

Dra. Janira: "Qual o nome?".

Thayane: "A Kelly foi abusada também".

Juíza: "Eu queria que a senhora dissesse que abusos são, porque abusada é uma coisa muito... né?".

Thayane: "A Rafaela estava dormindo, e ele entrou no quarto, a Simone estava lá também, só que acho que ela tava dormindo também...".

Juíza: "... 'Acho'? [com expressão intimidante]. A senhora presenciou isso?".

Thayane, falando ao mesmo tempo que a juíza: "A Simone estava dormindo...".

Juíza: "A senhora presenciou isso?".

Thayane: "A Simone estava dormindo... Não, não".

Juíza: "A senhora entendeu que é para responder às perguntas?".

Thayane: "Desculpe, excelência".

Juíza: "A senhora presenciou o que a senhora está narrando?".

Thayane: "Não".

Juíza: "Foi relatado à senhora por quem?".

Thayane: "Pela própria Rafa".

Juíza: "E o que ela disse à senhora, exatamente?".

Thayane respondeu em um tom de voz baixo, hesitante, que contrastava com seu timbre grave. Parecia mais constrangida com a tentativa de persuadir a magistrada do que com a lembrança do abuso: "Ela falou que estava dormindo, e aí ele introduziu o dedo nela".

Juíza: "Fez o quê!?".

Thayane: "Introduziu o dedo nela".

Ao contrário do que professava o desembargador Siro Darlan ("O juiz deve ser uma folha de papel em branco, se manifestar o mínimo possível"), dra. Nearis Arce pareceu disposta a assumir a inquirição: "Falou isso para a senhora?".

Thayane: "Isso".

Juíza: "Isso depois da morte do pastor?".

Thayane: "Depois da morte do pastor".

Juíza: "Antes, ninguém falou nada?".

Thayane: "Não...".

Juíza, em tom condescendente: "Tá bom. Pode prosseguir...".

Dra. Nearis não se mostrava recuperada do choque causado pela pergunta de Thayane à dra. Janira, muito menos da posterior tentativa da testemunha/informante de justificar a impropriedade. A juíza parecia se sentir desrespeitada em sua inteligência. O resto do depoimento foi espinhoso.

Uma nova informação entrou na pauta: o suposto transporte, feito por Misael, de documentos guardados no templo do Mutondo. Dra. Janira perguntou a Thayane: "No dia do enterro do Anderson, houve a retirada de documentos, arquivos, computadores, catorze computadores, 45 livros contábeis, 32 caixas de documentos, onze móveis de arquivo de aço. Você soube?".

Mais uma vez, a juíza corrigiu a advogada. "Doutora, a senhora tá relatando. A senhora tem que perguntar a ela: 'A senhora soube o que foi apreendido?'."

A juíza pode ter se confundido ao usar o termo "apreendido". A defesa afirmava que Misael havia recolhido o material.

Dra. Janira refez a pergunta: "A senhora soube, no dia do enterro... Você sabe se algum dos filhos colocou um caminhão na igreja sede e levou alguma coisa...".

Juíza: "A senhora tá narrando...".

Thayane, falando ao mesmo tempo que a juíza: "Eu soube...". A juíza explicou à advogada como deveria ser feita a pergunta: "Teve algum caminhão...".

Thayane, de novo, ao mesmo tempo que a juíza: "Eu soube que o Misa...".

Juíza, para dra. Janira: "Só um instantinho, doutora". Para Thayane: "Quando eu estiver indeferindo uma pergunta, a senhora não pode responder; se a pergunta foi indeferida, a senhora por favor não dê resposta".

Thayane, ao mesmo tempo: "Desculpe, desculpe".

Juíza: "É a terceira vez! Por favor, não continue respondendo como se eu não tivesse nada falado! Quem está presidindo o júri sou eu! Então, a senhora respeite, por favor, em atenção ao juízo. Não ignore mais uma vez, tá ok?". Para dra. Janira: "Por favor, doutora, pode prosseguir".

Dra. Janira: "Você soube desse episódio, de alguma coisa removida da igreja? Thayane: Soube que o Misael foi lá, na igreja, e pegou o computador da secretaria." "Soube? Livros contábeis?" "O Misael também pegou." "32 caixas de documentos?".

A juíza reprovou mais uma vez a pergunta: "'A senhora sabe quantas caixas de documentos foram? A senhora contou?' Ah, doutora, por favor. Eu vou precisar intervir quantas vezes? Depois a senhora diz que é cerceamento de defesa [mais um aparente recado ao pelotão da OAB]. A senhora está conduzindo de forma irregular o depoimento, eu não posso deixar de intervir".

Dra. Janira, com expressão de desalento: "Tá certo. Então, eu vou pular essa questão...".

Pelo Ministério Público, a promotora Mariah da Paixão quis saber a respeito de uma tentativa de Thayane de impedir que Raquel prestasse depoimento na delegacia: "Boa tarde, sra. Thayane. Meus sentimentos pela perda do seu pai, e por tudo o que a senhora está vivendo. A senhora hoje trabalha com o quê?".

Thayane: "Eu sou cantora gospel".

Dra. Paixão: "A senhora mandou alguma mensagem para a Raquel, enquanto ela estava depondo, na delegacia?".

Thayane: "Eu?".

Dra. Paixão: "Sim".

Thayane: "Não".

Dra. Paixão: "A senhora sabe o seu número de telefone, na época do fato?".

Thayane: "Não, não lembro".

Dra. Paixão, para a juíza: "Doutora, eu vou pedir para exibir a folha 28 567 [do processo]. É o termo de declaração da Raquel, na delegacia de polícia, no dia 22 de outubro de 2020. [...] Ela cita a senhora [Thayane]. 'Que enquanto prestava suas declarações, recebeu no seu telefone, através do aplicativo WhatsApp, mensagem de Thayane, pedindo para que ela não prestasse [a promotora elevou o tom da voz] NENHUM TIPO DE DEPOIMENTO EM SEDE POLICIAL.' A senhora fez esse pedido?".

Thayane, depois de alguns segundos em silêncio: "Eu li".

Juíza: "Fez o pedido?".

Thayane: "Então, nesse dia, a Raquel fez...".

Juíza: "A senhora fez o pedido!?".

Thayane: "... eu posso explicar...".

Juíza: "Pode. Depois que a senhora disser 'sim' ou 'não'. A pergunta é objetiva".

Thayane: "A Raquel tinha ido...".

Juíza: "Sim ou não!?".

Dr. prof. Faucz: "Excelência, nem tudo é 'sim' ou 'não'...".

Juíza: "Doutor: é sim ou não. [Ela] Não pode dizer se fez o pedido?".

A advogada tentou se manifestar, a juíza disse que ela não estava com a palavra.

Dra. Janira: "Não?".

Juíza: "Não, porque eu não lhe dei". Para Thayane: "Se a pergunta foi objetiva, a resposta pode ser objetiva...".

Thayane: "Eu falei para ela não depor sem um advogado presente. Isso foi o que eu falei pra ela".

Dra. Paixão: "A senhora tem iPhone?". Era uma pergunta que o Ministério Público e o assistente de acusação faziam a quase todos os depoentes, porque, segundo várias testemunhas de acusação, Flordelis costumava presentear com o modelo de celular da Apple apenas os "filhos favoritos" — coincidentemente, os que depuseram a favor dela.

Thayane: "Se eu tenho iPhone? Tenho".

Dra. Paixão: "A senhora ganhou ou comprou?".

Thayane: "Ganhei".

Dra. Paixão: "De quem?",

Thayane: "Da Flor".

Dra. Paixão: "Quando?".

Thayane: "Quando? Não lembro, tem tempo...".

Juíza: "Qual o modelo do iPhone da senhora?".

Thayane: "Oi? O 6... Na época era o 6".

Juíza: "Atualmente, atualmente".

Thayane: "Agora... hoje é o...".

Dra. Paixão: "Foi depois da morte do pastor?".

Juíza, para a promotora: "Deixa só ela responder à pergunta que eu fiz".

Thayane: "Não lembro…".

Juíza, com espanto: "Não lembra o modelo do seu telefone!?".

Thayane: "Não… É muito… não vou lembrar…".

Juíza: "É muito o quê?".

Thayane: "São muitos modelos, eu não vou lembrar…".

Juíza, incrédula: "São muitos modelos?".

Thayane: "É, de telefone… Você tá falando [o modelo de] agora?".

Juíza: "É! iPhone 10, iPhone 11…".

Thayane: "Ah, telefone? Era o 6…".

Juíza: "Atualmente…".

Thayane: "Atualmente não é um iPhone, não. É um Samsung".

Juíza: "Tá aí com a senhora?".

Thayane: "Não, tá em casa…".

Juíza, com mais espanto: "A senhora veio sem o celular?".

Thayane: "Achei que fossem pegar aqui".

Juíza, estupefata: "Achou que a gente ia pegar seu celular?".

Thayane, tentando sorrir: "Não vocês! Mas quando a gente entra aqui é pego, eles dizem: 'Você não pode ficar com o celular…', é isso. Aí, eu pensei: 'Melhor deixar em casa'".

Juíza: "Ok, pode prosseguir".

Dra. Paixão: "Esse iPhone [6], especificamente, a senhora ganhou depois da morte do pastor?".

Thayane: "Não, ele era vivo".

Dra. Paixão: "A senhora ainda mora na casa?".

Thayane: "Sim".

Dra. Janira: "Questão de ordem!".

Juíza, inclemente: "Ainda tem várias perguntas. Questão de ordem é no finalzinho, quando acabar aqui".

Dra. Janira insistiu.

Juíza: "Quando acabar, eu lhe dou a palavra. Os promotores estão...".

A advogada insistiu, soltou um novo "Questão de ordem!", a juíza indeferiu: "A senhora gosta que a interrompam no meio das suas perguntas!?".

Dra. Janira: "Eu só interrompo quando há necessidade".

Juíza: "Quando há necessidade. Mas agora nós estamos no meio das perguntas do Ministério Público. A senhora gostaria que fosse interrompida?".

Dra. Janira: "Não".

Juíza: "Se não gosta, não proceda dessa forma". Suavizando subitamente o tom: "Tá bom?".

Ao responder às questões dos jurados, Thayane Dias disse que não prestou depoimento na delegacia porque não foi chamada. Concordou que seria importante declarar o que sabia, mas afirmou que "num primeiro momento, os civis foram muito agressivos... com as palavras". Referia-se à diligência de busca e apreensão feita na residência da pastora; relatou que os policiais agiram com brutalidade e que "teve uma situação...". A juíza a interrompeu: "Só um instantinho: a pergunta é por que a senhora não foi à delegacia" — e teria sido melhor que a depoente se ativesse apenas àquela resposta. Mas, pelo que tudo indicava, ela falou demais: "Então, pelo fato de a gente estar com medo, não sabia de nada [sobre o crime], medo deles também. Os policiais, pelo fato de eles terem sido rígidos... pegaram minha mãe de camisola na cama, os comentários deles, 'Até que você é bem gostosinha'".

Juíza, ao mesmo tempo desconfiada e furiosa: "É? Quem falou isso, senhora?".

Thayane: "Eu não me lembro, mas o Adriano...".

Juíza, irredutível: "A senhora me descreva, por favor, fisicamente, esse policial! Agora!".

Thayane: "Eu não tava lá, mas foi falado...".

Juíza, implacável: "Ah, a senhora não presenciou isso?".

Thayane: "Não".

Juíza: "Entendi. Então, a senhora diga: 'Alguém me falou', e não que o policial fez isso, tá bom? Porque isso é uma coisa séria, não é brincadeira, não, tá bom?".

Thayane : "Tá".

Ao final, inconformado com o que classificou de "desrespeito" na abordagem da juíza à Thayane, dr. prof. Rodrigo Faucz se levantou de seu assento para desabafar: "Excelência, questão de ordem!".

Juíza: "Pois não, doutor".

Dr. Faucz: "Excelência, nós ouvimos aqui durante três dias e meio as testemunhas de acusação, todas foram superbém tratadas. Essa aqui [Thayane] é a primeira testemunha de defesa. Até hoje, nenhuma audiência teve testemunha de defesa. E o que aconteceu hoje, e aqui eu vou falar o que aconteceu, eu quero deixar gravado, a defesa considera que foi desrespeito à testemunha, principalmente com comportamentos inadequados do Ministério Público e formas de constrangimento que foi feito com ela, inclusive perguntando sobre onde está o celular dela hoje, o que não tem absolutamente nada a ver com a situação. Eu quero lembrar que, por exemplo, a delegada Bárbara falou durante doze minutos...".

Juíza: "Doutor, só um instantinho".

Dr. Faucz, determinado: "Eu quero fazer a minha...".

Juíza: "Eu quero que o senhor diga objetivamente qual é a sua argumentação. Não é para o senhor aproveitar o tempo para fazer a sua sustentação oral, porque eu já adverti a defesa nesse sentido".

Dr. Faucz, falando ao mesmo tempo que a juíza: "Eu estou fazendo minha argumentação...".

Juíza: "... 'Questão de ordem' é uma questão objetiva e não uma argumentação que pode ser feita posteriormente, na sustentação. O senhor vai ter o seu tempo para isso. Por favor. Qual é a argumentação do senhor? Eu vou consignar aqui". Por mais que a juíza contradissesse os argumentos de dr. prof. Faucz, a impressão era de que ela o ouvia com mais acolhimento do que à dra. Janira.

Dr. Faucz: "A dra. Bárbara falou durante doze minutos, sem [ser interrompida por] uma única pergunta. A outra testemunha...".

Juíza: "A dra. Bárbara fez uma narrativa, não é? É diferente uma autoridade policial responsável pela condução do inquérito. Convenhamos, né, doutor?".

Dr. Faucz: "Por quê?".

Juíza: "Acho que o senhor tinha até arrolado ela anteriormente, não?".

De seu assento, dra. Janira mencionou qualquer coisa no sentido de que a juíza não deixava dr. Faucz falar. Dra. Nearis cortou a advogada: "Doutora, não lhe dei a palavra. Quem está com a palavra é o doutor. Peço que ninguém se manifeste, tá bom? Só o doutor. Muito obrigada".

Dr. Faucz: "Mesmo hoje, a informante Roberta veio aqui e falou durante quatro minutos sobre abuso sexual, e o que ela achava [sobre] o que era abuso sexual, mesmo sem ser perguntada. Então, o que a defesa quer, além obviamente de paridade, para que as testemunhas de *acusação*, que nunca foram ouvidas... [ele é corrigido no ato falho] de *defesa*, obrigado, é que sejam tratadas da mesma forma. Foi falado sobre impressões pessoais, as testemunhas de acusação falaram diversas vezes, em inúmeras oportunidades, durante três dias, sobre impressões pessoais, achismos, ouvir dizer... e agora, a primeira vez que vem uma testemunha de defesa acontece isso que aconteceu? A defesa quer constar sua indignação".

Juíza, com um tom de voz suavizado, como se estivesse, mais uma vez, se dirigindo a uma criança: "Está constando, doutor, sua indignação, tá?".

Dr. Faucz: "Não pode acontecer...".

Juíza: "Ok, tá consignado, mais alguma coisa?".

Dr. Faucz: "Se quiserem que não tenha testemunha de defesa, daí tudo bem, passa para a sentença direto, nem faz a defesa. Se a defesa atrapalha, nós saímos".

Juíza, como se tivesse voltado atrás na decisão de tratar o professor com clemência: "É esse o argumento, doutor, acabou? Então vou só fazer algumas colocações... [Para Janira:] Ainda não lhe dei a palavra, doutora, depois lhe dou. Senão, não consigo falar sobre o que o doutor falou, tá? [Para Faucz:] O senhor alegou que até hoje não teve testemunha de defesa. Se não teve, foi porque a defesa, inclusive advogados particulares que assistiam todos os acusados, não arrolaram. O juízo não tem culpa disso. Não entendi a argumentação do senhor como questão de ordem. Uma questão que depende do advogado que lhe assiste, ela [acusada] escolhe a testemunha, e a defesa entende por bem arrolar ou não. Se a defesa não arrolou, o que o juízo tem com isso?".

Talvez dr. Faucz estivesse apenas querendo valorizar o depoimento da primeira testemunha de defesa. Isso não incluía, necessariamente, nenhuma menção a falhas do advogado anterior de Flordelis. Mas dra. Nearis, ao que pareceu, fez a interpretação que mais lhe convinha naquele momento. Valeu-se da suposta negligência dos advogados anteriores (de não arrolar testemunhas) para enfraquecer a argumentação de dr. Faucz, e ainda deixá-lo de mãos e pés atados. Se ele criticasse o advogado que o antecedeu, correria o risco de ser chamado de antiético. A única resposta que pôde dar foi: "Não imputei à senhora...".

Juíza: "Imputou a quem?".

Dr. Faucz, um pouco no vácuo: "Não imputei a ninguém...".

Juíza: "Então, por que a argumentação como 'questão de ordem'?".

Dr. Faucz: "Não imputei... 'questão de ordem' porque eu preciso fazer a argumentação...".

Juíza: "Não, doutor, 'questão de ordem', como se alguém tivesse culpa, como se tivessem proibido as testemunhas de serem arroladas, por favor! É o que dá a entender...".

Dr. Faucz: "... A argumentação...".

A juíza estendeu seu ponto de vista: "Quero deixar claro, registrado, que não veio [testemunha de defesa] porque a defesa particular não arrolou. Eram vários advogados, inclusive. Já tiveram vários advogados assistindo os réus. E nenhum dos advogados, diversos, arrolou".

Dr. Faucz, sem saída: "Concordamos, doutora, concordamos".

Ao que tudo indicava, a juíza ainda não estava completamente satisfeita com a concessão da razão a ela. Foi além: "Tá vendo como às vezes não é necessário interromper? Para não perder o raciocínio. Tá vendo? Vale lá [no Ministério Público], vale cá [na defesa], tá correto?".

Dr. Faucz: "Correto...".

Juíza, preparando novo nocaute: "O senhor diz que eu constrangi a testemunha por perguntar se ela estava com o telefone aqui...".

Dr. Faucz: "A nossa visão é um dos constrangimentos que ela sofreu, sim".

Juíza: "Então, eu não poderia fazer essa pergunta, na visão do senhor? Ok, vamos lá. Aí, o senhor falou que [...] Doutor, vou lhe falar só mais uma coisinha. Quanto às impressões pessoais e demais intervenções deste juízo: a sessão está sendo integralmente gravada, e qualquer um que assista, acompanhe, verá se há ou não diferença. O número de intervenções vai depender das perguntas que são formuladas, das respostas que são dadas, né? Então, existe uma variável grande. Então, seja testemunha de defesa, seja do Ministério Público, se responder de forma indevida vai ser interrompida dez vezes, vinte, trinta, quarenta, quantas vezes forem necessárias. Então, se houve aqui, doutor, maior número de intervenções é porque foi necessário".

Dra. Janira quis se manifestar. Juíza: "Dra. Janira, a senhora tem algo que tenha ocorrido no depoimento para ser [colocado] como questão de ordem...? Só um instantinho, eu não terminei... diversa do que foi argumentado pelo dr. Rodrigo? Senão, eu não vou lhe dar a palavra, tá? A senhora vai ter a palavra no momento oportuno. A gente está no meio dos depoimentos. Qualquer requerimento, a senhora formule em assentada. A senhora disse que queria falar no microfone. A senhora pode falar à vontade, desde que seja o momento oportuno, e a questão, né?, oportuna também. Seja um momento próprio pra fazer. Tem questão de ordem diversa para fazer? Tem? Ok".

Dra. Janira: "Excelência, durante o momento em que eu estava aqui inquirindo a testemunha, a dra. Mariah... membro do Ministério Público, não só disse que eu estava fazendo uma conversa de comadres com a testemunha como saiu daqui e fez uma dancinha no momento da minha fala. Eu gostaria de dizer que eu tomo isso como uma tentativa de criminalizar a minha ação como advogada... as minhas atividades como advogada. Eu quero que isso conste... tá certo?"

Juíza: "Vai constar... agora".

Dra. Janira: "Posso terminar de falar, excelência?".

Juíza: "Não pode, não, porque isso não é questão de ordem! Isso não é para ser consignado em assentada. Teve coisa mais séria, e a própria defesa pediu para não consignar, então não vou consignar...".

Dra. Janira: "A senhora está nervosa? A senhora está nervosa?".

Juíza: "Eu orientei a senhora, a senhora sabe melhor que eu, tem mais experiência de vida até do que eu, até de profissão [Janira ainda não havia dito que era recém-formada; isso só aconteceu na hora da sua sustentação]... sabe muito bem o que é questão de ordem. Não é? Não é o que a senhora está argumentando. A senhora está aqui questionando o comportamento do Ministério Público..."

Dra. Janira: "Excelência, eu quero ter a palavra...".

Juíza: "Deixa eu terminar, doutora, quem dá a palavra aqui sou eu. Quem está conduzindo sou eu. Eu disse que o que a senhora está argumentando não é uma questão de ordem...".

Dra. Janira: "Eu disse que era um requerimento que eu queria fazer...".

Juíza: "Então a senhora vá direto ao ponto, doutora...".

Dra. Janira: "O requerimento é esse: é me sentir afrontada, aviltada, tá certo?, pela colocação do MP, e eu estou...".

Juíza: "Eu não terminei de falar, doutora! Eu não terminei! A senhora não está com a palavra...".

Dra. Janira: "Ok, então quando a senhora me der a palavra, a senhora me fala que eu falo".

Juíza, falando ao mesmo tempo que a advogada: "Depois a defesa questiona: 'Ah, tá me interrompendo, é cerceamento!' Agora, eu é que sou interrompida o tempo todo, doutora! Olha o respeito! Assim como eu tenho que esperar os senhores acabarem, os senhores têm que me devolver o mesmo tratamento, correto? O respeito aqui é mútuo, ok?".

Dra. Janira, em voz baixa: "Perdão, excelência, perdão, excelência, uhum, uhum".

Juíza: "Os doutores, todas as vezes que tiveram qualquer comportamento... ou... assim como qualquer um que está aqui dentro... foram advertidos... quando a dra. Mariah tomou essa atitude, eu tomei uma posição, falei para ela parar".

Dra. Janira, enquanto a outra falava: "Posso fazer o meu requerimento?".

Juíza: "Só um instantinho, doutora, isso não é questão de ordem; [...] questão de ordem é relacionado ao depoimento".

Dra. Janira, ao mesmo tempo: "Eu quero solicitar...".

Juíza: "A senhora não está com a palavra, eu não lhe dou a palavra para sustentar nada oralmente, nós não estamos em debate, a defesa vem aproveitando determinados momentos para querer argumentar questões que cabem apenas...".

Dra. Janira: "A senhora pode me dar um minuto...".

Juíza: "Eu estou terminando de falar, eu estou terminando de falar! O Ministério Público não está fazendo isso [que a defesa faz], aqui tem que ter equilíbrio entre as partes. Eu não posso permitir que esse tempo seja utilizado pela defesa, e não pelo Ministério Público. Porque se o Ministério Público começar a suscitar questões de ordem, como os senhores têm suscitado, os senhores vão ser os primeiros a reclamar. Então, o tratamento aqui tem de ser igual para ambas as partes: eu não permito o Ministério Público, eu não permito o assistente de acusação, que já foi advertido várias vezes, e não permito a defesa também. Se a senhora tiver qualquer requerimento a fazer, é na assentada que fará. A senhora não tem a palavra, está aqui registrado, gravado, e a condução é minha, doutora, tá bom? Com todo o respeito à senhora, mas infelizmente não posso atender a uma parte e não à outra, sob pena de o Ministério Público invocar minha parcialidade".

O pelotão da OAB solicitou uma palavra com a juíza.

Juíza: "Claro, os delegados podem vir aqui, conversar à vontade, como sempre".

Ficou registrado em ata o seguinte:

Os representantes da OAB se dirigiram a esta magistrada, após um tumulto instaurado após a relatada insistência defensiva em argumentar como se já na fase de debates estivesse, a fim de questionar o comportamento dos promotores, que estariam reagindo com sorrisos irônicos ao longo da inquirição das testemunhas pelos advogados de defesa.

Eram quinze horas quando dra. Nearis anunciou uma pausa para o almoço. "Doutores, eu vou dar um intervalo de uma hora. São três, em ponto. Eu peço a todos para voltarem um pouco antes, às dez para as quatro, ok?".

21.
O médico, o desembargador e o perito

O julgamento foi retomado com a oitiva do oncologista Diogo Bugano, do Hospital Israelita Albert Einstein, de São Paulo. Depondo por videoconferência, a testemunha de defesa de Simone falou objetivamente sobre o tipo de câncer de sua paciente, confirmou o básico do que ela já havia dito, sem o apelo dramático. Mencionou o tratamento a que a submeteram, os medicamentos ministrados, a recidiva, a recuperação e a necessidade de atenção especial no estágio em que a doença se encontrava. Na ata da sessão, Bugano ganhou três linhas.

Agora, estava sentado no centro do plenário o desembargador Siro Darlan. O relato apresentado por Darlan como "testemunha dos fatos" foi uma versão reduzida do que ele havia narrado na entrevista que concedeu para este livro (descrita ao longo do capítulo 13). Ao contrário do que acontecera na entrevista, o desembargador entrou e saiu do julgamento sem que ninguém lhe perguntasse ou contestasse nada. Não foi questionado pelo Ministério Público nem pela defesa, tampouco pela juíza. Enquanto falava, fez-se um silêncio audível.

Tal estado de atenção só contribuiu para tornar ainda mais barulhenta a irrupção repentina de Flordelis, que, em determinado momento, se levantou de sua cadeira, dirigiu-se à porta lateral do plenário — por onde os réus entravam e saíam — e arriscou-se em uma cena de desatino que aludia a pretensões shakespearianas: "Me perdoa, dr. Siro! Obrigada por tudo o que você fez por mim!", exclamou ela, enquanto se retirava do plenário com a ajuda de seus advogados. "Sou inocente! Estou muito envergonhada!" Grandioso demais para a ocasião, o rompante teve o efeito de um ruído incômodo. Darlan apenas parou de falar enquanto a pastora deixava a sala; a audiência pareceu mais constrangida que compadecida. A manifestação da ré foi a única passagem da oitiva que constou da assentada.

Em termos de poder de convencimento, entre as testemunhas de defesa, o depoimento que mais se equiparou aos da acusação foi o do perito* gaúcho Sami Abder Rahim Jbara El Jundi. Antes de começar a desmontar diligentemente as principais alegações do Ministério Público, El Jundi discorreu sobre seu extenso currículo:

> Eu sou médico formado pela Universidade Federal de Ciências da Saúde de Porto Alegre; tenho duas especialidades em medicina registradas no Conselho Federal de Medicina, uma em clínica médica, outra em medicina legal; tenho mestrado em medicina forense, que seria o equivalente da medicina legal, pela Universidade de Valência, na Espanha; tenho duas outras especializações

---

* De acordo com o criminalista Fábio Dutra, consultor para este livro, o correto nesse caso é chamar a testemunha de "assistente técnico": "É um perito, uma autoridade em determinado assunto. Vai depor por indicação de uma parte, mediante pagamento ou não. Essa pessoa não pode mentir nem omitir, e tem compromisso com sua especialidade, não com a versão da parte. Ela é arrolada para falar de questões técnicas específicas. Claro que ela só será 'contratada' ou 'indicada' se concordar com a tese da contratante. Isso não significa que vai funcionar como um 'advogado' da questão; o tiro inclusive pode sair pela culatra, se, no caso, a acusação for bem nas perguntas".

fora da área médica, uma em toxicologia forense, pela Universidade da Flórida, outra em direito médico; trabalho como professor de criminalística, medicina legal e psicopatologia criminal na Faculdade de Direito da Universidade Federal do Rio Grande do Sul.

De estatura mediana, magro, claro, calvo, rosto anguloso e nariz afilado, El Jundi, de 54 anos, vestia paletó, gravata, carregava vários livros e uma despretensiosa mochila preta; expressava-se com algum sotaque e uma entonação notadamente professoral. Habilidoso, usava um linguajar coloquial e acessível ao citar pareceres científicos elaborados, e isso transmitia a ideia de que seus argumentos eram certezas elementares. A atitude séria, próxima da indignação, afastava qualquer suspeita de rodeios desnecessários — aparentemente comuns no teatro do plenário. Se o julgamento criminal se aproxima de um espetáculo, como os professores da área gostam de dizer, dr. Sami El Jundi merece o prêmio de "melhor ator convidado". Em um momento particularmente dramático, desqualificou sem meias-palavras o trabalho do perito que assinou o laudo da necropsia feita no corpo de Anderson do Carmo; chegou ao ponto de sugerir que Thiago Dutra Vilar havia sido "negligente" e "preguiçoso".

Iniciado às 9h11 e encerrado às 12h18 no dia do crime, o exame de Vilar citou múltiplos disparos. Os policiais envolvidos na investigação apontaram pelo menos nove. Em relação às perfurações provocadas pelos projéteis, ambos chegaram à mesma conclusão. Foram trinta. Na entrevista para este livro, o delegado Allan Duarte Lacerda explicou que a quantidade de disparos efetuados dificilmente corresponderia à de lesões, uma vez que se devem levar em conta os locais de entrada e os de saída dos projéteis no corpo — e há ainda a possibilidade de colisão do projétil em uma parte dura, como um osso do braço ou da perna. "O estilhaço decorrente do choque pode ocasionar mais de uma perfuração ao sair", disse o delegado. Em seu laudo, Thiago Vilar escreveu que "devido à multiplicidade dos disparos, não foi possível determinar quais lesões seriam de entrada e quais seriam de saída" — exceção feita a um ferimento no crânio, cujo local de entrada, situado na orelha direita, ficou evidenciado por uma orla de "tatuagem verdadeira". No jargão da medicina legal, o termo designa o resíduo de pólvora produzido pelo projétil em torno da perfuração, quando o disparo acontece a curta distância. No plenário, El Jundi afirmou categoricamente que seria possível, sim, determinar quais eram as lesões de entrada e as de saída:

> As feridas têm características [próprias] e, olhando, eu posso estabelecer com grau aceitável de confiabilidade o que é uma entrada, o que é uma saída. [...] O perito não descreveu porque não quis. Ele estava com pressa, não estava a fim de descrever, não descreveu. Fez um laudo de meia página e encerrou o trabalho dele.

A juíza se mostrou interessada em saber mais sobre técnicas de peritagem: "Doutor, deixa eu aproveitar e fazer uma pergunta... Eu gosto desses depoimentos, tenho interesse nessa especialização, toda vez que tem perito, eu me interesso em fazer essas perguntas. É... esse disparo da cabeça foi à queima-roupa, né? Ou não?".

Na plateia, alguns observadores comentaram que a demonstração de confiança da juíza no conhecimento científico da testemunha de defesa (ou assistente técnico) poderia influenciar os jurados. Se sua excelência estava dando crédito ao especialista que havia desqualificado o trabalho do perito que assinara a necropsia, isso eventualmente seria um sinal de que El Jundi teve razão ao atacar o laudo de Vilar.

El Jundi respondeu prontamente à juíza:

Não. A característica do queima-roupa é justamente a quei-madura. É aquela distância de tiro em que a chama atinge o alvo. [...] Mas, nesse local, só tem a tatuagem. Então, esse tiro, por definição, é chamado tiro a curta distância. A grande questão é definir o que é curta distância. [...] A literatura fala em cinquenta centímetros a um metro. Abaixo de cinquenta centímetros, corremos o risco de chegar no queima-roupa.

Dr. João Manoel Vidal, da equipe de dr. prof. Rodrigo Faucz, exibiu fotografias do corpo perfurado de Anderson do Carmo e o mapa de lesões — o desenho numerado das sequelas, feito a partir da imagem fotográfica. El Jundi questionou os números 2, 6, 9: "São três ferimentos em que não há correspondência entre o mapa de lesões e as fotografias". O mesmo acontecia, segundo indicou, com os números 24, 28 e 29. Ele também contestou a média de diâmetro dos ferimentos citada no laudo, de seis milímetros. Apontando as imagens, disse: "Se a gente olhar, esse ferimento aqui é praticamente o dobro desse aqui. Então, não dá a média de seis milímetros de jeito nenhum".

El Jundi acrescentou ainda que não havia fotografias de ferimentos abaixo da cintura, apenas o registro de uma fratura na coxa esquerda, que apresentava uma entrada de projétil necessária para produzi-la.

O prontuário que veio do hospital, o encaminhamento médico, descreve 26 ferimentos, e não trinta. E aponta a existência de ferimento no escroto, na região inguinal e na coxa esquerda. O médico apontou a existência de pelo menos três ferimentos nessa região, e o raio X confirma pelo menos um deles.

Como se encenasse um número ensaiado, o jovem, rechonchudo e bem treinado dr. Vidal fez a pergunta que parecia estar aguardando a deixa: "Pela sua experiência, os tiros na região pélvica denotam qual natureza de crime?".

Dr. Ângelo Máximo esbravejou: "Doutora, pela ordem!". Alegou que não era razoável que a defesa pedisse a experiência de uma testemunha.

A juíza não concordou: "Ele é perito, vai dar a experiência dele. Foi arrolado como técnico".

Dr. Máximo: "Numa pergunta objetiva?".

Juíza: "Acontece que ele é um técnico na área dele. É permitida a pergunta...".

Em resposta a dr. Vidal, El Jundi considerou a possibilidade de um crime de cunho sexual. Nesse caso, pela primeira vez, ele concordava com o perito que assinara a necropsia. Segundo declaração de Thiago Dutra Vilar juntada nos autos, "não é comum fazerem disparos em genitais". Haveria uma intenção a mais. El Jundi:

> O que a literatura nos ensina é que houve um objetivo claro de destruir o que estava ali. Então, nós poderíamos dizer que isso é um crime de conotação e natureza sexual, sim... E a escolha de gastar metade da munição nessa região, onde [o tiro] não mata, pelo menos não num primeiro momento, não rapidamente, expõe raiva, muita raiva, e a necessidade de destruir a genitália da vítima.

No instante em que foi alvejado, Anderson do Carmo voltava de dentro de casa para buscar sua mochila, esquecida no carro. Vinha de um quarto contíguo à garagem, que todos na casa chamavam de closet, e agora estava apenas de cueca. Não se sabe se foi o traje sumário que levou o assassino, em um acesso adicional de perversão, a executar vários disparos na direção da parte interior da coxa esquerda e do abdômen, e na região genital. O fato é que isso deu margem à interpretação de que o atirador queria acertar a vítima em sua virilidade. A partir de então, a imprensa passou a especular a eventualidade de um comportamento sexualmente promíscuo na casa da deputada e do pastor.

De acordo com Artur Duarte — o já citado "filho por três anos" dos pastores —, Flordelis se aproveitava da devoção que os homens da família consagravam a ela, e da disputa travada entre eles pelo seu amor, para "ultrapassar os limites de carinho esperados de uma mãe adotiva".

Tudo lá era dissimulado, oculto. Eu mesmo não tinha acesso. Mas, em determinado momento, o cheiro de sexo na casa era impregnante. Um dia, de passagem pelo quarto da Flordelis, eu a vi recostada entre as pernas abertas do Luan [Alexsander]. Ele estava de short, sem cueca, devia ter uns dezenove anos. O Luan era muito puro, de uma lealdade cega a ela; ao mesmo tempo, tinha um rosto muito bonito, o corpo musculoso e era bem-dotado: "três pernas" mesmo. As menininhas na igreja o rodeavam o tempo todo,

lembrou Duarte, numa entrevista concedida ao autor deste livro em agosto de 2022. Na ocasião, ele tinha 43 anos, trabalhava em uma padaria na Tijuca, Zona Norte do Rio, e vivia em um quarto na comunidade Final Feliz, próximo à Estação Pavuna do metrô. Contou que quando passou a morar na casa dos pastores, mais de vinte anos antes, já era cristão e atravessava um período de dificuldade financeira; teria sido atraído por emanações do que agora ele chamava de seita. Em um café no shopping Tijuca, na região do Maracanã, ele recordou: "A princípio, eu acreditei em tudo aquilo. Havia uma espécie de filosofia criada pela Flordelis para manter todo mundo preso ali dentro. Ela era a soberana absoluta". Com o tempo, Duarte percebeu que a atmosfera sobrenatural alimentada pela pastora e o marido tinha como objetivo prolongar a abstração dos jovens.

Quando você está inserido em um determinado contexto, no caso religioso, que envolve o amor ágape, familiar, incondicional, não carnal, e ainda, eventualmente, amor em sacrifício, você pode ficar cego. Só que eu já não era adolescente, e procurava estudar e entender o que se passava. Em certo momento, eu pensei: "Tem alguma coisa errada aqui".

Alto, pardo, magro definido, Artur Duarte chegou à entrevista vestindo camiseta de manga comprida, calça de moletom, colete de náilon acolchoado e touca de tecido. Compunha um tipo malandro estilizado muito comum no Rio, não só no subúrbio. Trata-se de um fenômeno estético encontrável também nas zonas mais abastadas da cidade, em personagens de ambos os sexos; caracteriza-se ainda por um modo de falar arrastado e pelo uso de gírias em profusão, o que sugere, ou pretende sugerir, que a comunicação entre as classes sociais, lá, acontece "numa boa". Pois, apesar do linguajar licencioso e da flexibilidade na orientação sexual ("Sou bi"), condenada por setores evangélicos, Duarte se surpreendia com o palavreado e a falta de compostura dos pastores e fiéis do Ministério Flordelis, em momentos de descontração.

Uma vez, a gente foi a um futebol recreativo, nada para ser levado a sério, e rolou uma porrada feia... O pastor [Anderson] gritava [para Luan]: "Vai tomar no cu!". Pô, eu fui batista, joguei bola com pastor da igreja, tinha racha, tal, mas não saía palavrão... Naquela época, o ódio dele [Anderson] já estava ali. Passou esse tempo todinho para acontecer as merdas de agora.

A saída de Artur Duarte da casa aconteceu pouco depois que ele começou a namorar uma moça que não fazia parte da família nem frequentava a igreja. "A Flordelis foi clara: 'Você deveria namorar alguém da igreja'. Eu pensei: 'Isso que ela quer não tem a ver com religião, mas com prisão'." Ele acabou deixando a família para se casar com a moça, que é mãe de sua filha.

Depois do crime, Flordelis passou a afirmar que só soube dos supostos assédios do marido, e até de estupros, "pela mídia". Em entrevista ao apresentador Pedro Bial, no programa *Conversa com Bial* de 25 de março de 2021, ela disse:

> Eu não esperava o depoimento da minha filha [Simone]. Eu até hoje estou muito abalada. Foi algo que veio como um terremoto muito mais forte na minha vida. Até hoje, não consegui ouvir na totalidade. Naquele momento, fui para o meu quarto de oração e queria apagar. Eu queria dormir por alguns dias.

Na avaliação da delegada Bárbara Lomba, a família criada por Anderson e Flordelis "não era convencional". "Depois que os dois assumiram o casamento, ela não tinha relação sexual só com ele, e ele só com ela. Todos eles se relacionavam", afirmou em juízo.

A história do casal de pastores passou por uma espécie de hipersexualização na imprensa e nas redes sociais. Rumores amplamente propagados após o crime davam conta de que Anderson e a mulher — muito além da especulada libertinagem no próprio lar — buscavam sexo fora de casa. No turbilhão de informações publicadas a respeito do assassinato do pastor, noticiou-se que as câmeras da CET teriam captado, na madrugada do crime, imagens do Honda Accord à porta de um clube de swing na Barra da Tijuca, Zona Oeste da cidade. Bastante explorada no noticiário, a informação não encontrou fundamento nas investigações, de acordo com o delegado Allan Duarte Lacerda. Um dos jornais que faziam a cobertura diária do crime publicou a história de uma obreira do Ministério Flordelis que afirmava ter levado uma amiga para conhecer a igreja, na esperança de fidelizá-la, e que a mulher havia identificado Flordelis como uma frequentadora da casa de swing à qual ela — a candidata a fiel do Ministério — costumava ir com o marido. A deputada e o pastor teriam, segundo a mulher, um espaço cativo no clube. Nada se constatou, de acordo com o delegado Lacerda. Transtornada de ódio, Flordelis replicou o testemunho da mulher em um vídeo postado nas redes sociais, que seria explorado, depois, no plenário.

Em outro ponto expressivo de sua oitiva, dr. Sami El Jundi enfraqueceu até praticamente reduzir à implausibilidade a conclusão de peritos do Ministério Público e da Polícia Civil de que os sintomas apresentados por Anderson do Carmo, nas seguidas vezes em que ele foi atendido em emergências hospitalares, eram compatíveis com o uso de veneno. Os peritos teriam chegado a esse entendimento, como já havia sido citado, pela análise dos boletins de atendimento fornecidos pelos hospitais. Ocorreu que El Jundi, ao discordar da conclusão deles, mencionava sintomas, exames e resultados que, por mais básicos que fossem, ninguém da acusação parecia ter arcabouço científico para contestar. Disse ele:

As queixas de Anderson, no hospital, são absolutamente inespecíficas. Ele se queixa de vômito, de dor de estômago, algumas vezes diarreia, algumas vezes vômito sem diarreia. [...] Outras vezes dor de cabeça, palpitações. [...] O interessante disso não é o fato de os médicos não terem cogitado a hipótese de envenenamento porque não tinham elementos para isso. O interessante é que, mesmo não cogitando essa hipótese, eles o submeteram a uma série de exames. Provas de função hepática, renal, hemogramas seriados, [...] e a uma sucessão de eletrocardiogramas, inclusive um holter [aparelho de monitoramento cardíaco] de 24 horas. [...] Esses exames se mostraram consistentemente dentro da normalidade. Lembrando que pequenas variações no exame não necessariamente significam um problema. [...] Eu diria que, consideradas as hipóteses levantadas no parecer e no laudo, e considerado o que consta no prontuário, os médicos não suspeitaram de intoxicação porque não tinham absolutamente nenhum motivo para isso. E os exames descartaram intoxicação.

Em sua vez de inquirir El Jundi, o promotor Coelho, que não era médico, tomou o caminho despretensioso das "perguntas de leigo", supostamente inocentes, com o aparente objetivo de encurralar o perito até o ponto de fazê-lo reconhecer que havia, sim, a possibilidade de os sintomas apresentados pelo pastor serem reflexo de intoxicação por envenenamento. El Jundi, claro, jamais chegaria a isso; estava ali "indicado" pela defesa. Porém, apesar de seu discurso soar redondo, muito coerente para quem o ouvia, ele tinha deixado questões importantes sem respostas: se os exames feitos em Anderson do Carmo apresentaram resultados "consistentemente dentro da normalidade", como explicar a reincidência dos sintomas agudos? Foram seis idas ao pronto-socorro, em menos de um ano. Em um período ainda mais curto, na mesma época, o pastor emagreceu cerca de vinte quilos. Por que, justo no dia em que Flordelis ganhou a eleição, ele passou tão mal que teve de ser levado às pressas, mais uma vez, para o hospital? Aqui, vale citar o comentário que Simone teria feito logo depois da vitória da mãe, durante um café da manhã no apartamento funcional, em Brasília: "Agora, a gente não precisa mais dele". O comentário foi reproduzido no plenário por Luana, que disse só ter conseguido entender de quem se falava depois da morte do pastor. De acordo com Luana, o pastor, nas reuniões que convocava, mantinha um balde ao lado de sua cadeira para vomitar. "A gente já até tinha se acostumado", lembrou. Em retrospecto, depois do crime, Flordelis atribuiu o mal-estar gástrico do marido à ansiedade e à infecção causada no estômago pela *Helicobacter pylori*, uma bactéria facilmente eliminada com o uso de antibióticos.

Dr. Coelho: "O senhor fez uma afirmação, dizendo que não foi feito um exame mais específico [para detectar a presença de veneno no corpo de Anderson] porque não havia um histórico de exposição. Com base em que o senhor disse que, na sua ciência, no seu conhecimento, não havia um histórico de exposição a substâncias exógenas venenosas?".

El Jundi: "Porque não consta do prontuário médico".

Dr. Coelho: "Então, o senhor não sabe se havia exposição, o senhor não teve ciência de que houvesse histórico ou relatos de intoxicação exógena?".

El Jundi: "Os médicos...".

Dr. Coelho: "... uma coisa é dizer que não há exposição...".

El Jundi: "Não há histórico médico em nenhum dos prontuários, em nenhum atendimento foi relatado ou consta o registro do histórico de exposição. Então, não há histórico de exposição para os médicos".

Dr. Coelho: "Isso. Então, o senhor se baseou exclusivamente em boletins de atendimento médico de emergência das internações".

Depois da resposta positiva de El Jundi, o promotor disparou várias perguntas com a intenção de indicar que, em um atendimento emergencial, o principal objetivo dos médicos seria "resolver aquele problema, tópico, de imediato" e não "fazer uma investigação de longo prazo". Em seguida, passou a falar sobre sintomas de envenenamento. Em tom de consulta, indagou: "O senhor disse que o arsênico, ou o cianeto — não me recordo qual dos dois, precisamente —, chegaria a causar alterações sensoriais, zumbido no ouvido. As alterações sensoriais poderiam causar também boca amarga?".

El Jundi: "A queixa de boca amarga entra no pacote. Como regra geral, o paciente que chega com vômito, principalmente se tiver vômito bilioso, já vomitou bastante, está com o estômago vazio e está com aquele vômito esverdeado, amarelado, ele vai se queixar de amargura na boca. Até porque a bile é extremamente amarga. Os médicos vão colocar isso no contexto".

Dr. Coelho: "Falando em contexto, doutor, o paciente que apresenta emagrecimento de vinte quilos em alguns meses, isso seria compatível com o diagnóstico do transtorno de ansiedade, ou haveria a hipótese de intoxicação por arsênico...".

El Jundi: "A intoxicação por arsênico não produz perda de peso por si só. A pergunta é: 'O que está consumindo o paciente? Ele não está se alimentando? Ele está se alimentando e está vomitando? Ele está bulímico, come e vomita depois? Ou ele tem uma doença consumptiva, que é a que consome o indivíduo?'. A mais clássica da literatura é a tuberculose; as outras incluem diversos tipos de câncer, e algumas infecções crônicas. Várias coisas teriam, em nível ambulatorial, nesse paciente, de ser investigadas. Passando pelas infecções até o câncer".

Dr. Coelho: "Há algum indício de que o pastor Anderson tivesse tuberculose, ou câncer? Só pra gente tentar excluir...".

El Jundi: "Eu não identifiquei nada aqui que pudesse sugerir, por exemplo, a tuberculose. Nada que a excluísse também".

A partir daí, Coelho e El Jundi travaram dois longos embates técnicos. O primeiro versava sobre a possibilidade de utilizar uma nova tecnologia para apurar a presença de cianeto no sangue. El Jundi defendia que a tecnologia existia, desenvolvida pela Universidade Feevale, de Novo Hamburgo, no Rio Grande do Sul, e poderia ter sido empregada no caso de Anderson. Dr. Coelho refutou com a informação fornecida por um dos peritos do caso, Luiz Carlos Leal Prestes Junior, a respeito de uma busca por laboratórios que procedessem à investigação das substâncias tóxicas no sangue: "Pelo menos com todos os contatos que ele tinha nos órgãos brasileiros, não haveria no Brasil essa pesquisa patológica de arsênico e cianeto".

No segundo confronto, dr. Coelho tentou chamuscar a ética e a credibilidade de El Jundi, valendo-se da participação do médico na exumação do corpo do ex-presidente João Goulart (1919-76), deposto no golpe de 1964; a causa da morte, ocorrida em plena ditadura militar, teria sido um ataque cardíaco — que passou a ser questionado, aventando-se a possibilidade de Jango ter sido envenenado. Em 2013, a Comissão Nacional da Verdade, criada para investigar crimes políticos cometidos no período da repressão, decidiu pela exumação do corpo; a despeito da participação de dezoito peritos de diversos países, o resultado foi inconclusivo. Mas dr. Coelho parecia interessado em desenterrar outra questão. Ele queria saber se El Jundi, como ex-perito do Ministério Público Federal na exumação do corpo de Jango, não se sentia constrangido em criticar o trabalho de Prestes Junior, que teria ocupado uma posição equivalente no caso de Anderson do Carmo.

Dr. Coelho: "O senhor conhece o dr. Luiz Carlos Prestes?".

El Jundi: "Conheço".

Dr. Coelho: "Ele foi cedido ao Ministério Público para compor esse grupo especial que elaborou o laudo [necropsia de Anderson do Carmo]... é uma situação muito parecida com a que o senhor... [sobre a participação de El Jundi no laudo de Jango]. É uma situação idêntica, ou muito similar à que o senhor atuou".

El Jundi: "Sim. Acredito que sim. Eu não sei quais são os termos da cedência do dr. Luiz Carlos ao Ministério Público, mas imagino que seja algo semelhante".

Dr. Coelho: "O senhor não sentiu nenhum constrangimento em atuar como assistente pericial dos acusados [no caso de Anderson do Carmo]?".

El Jundi: "Não".

Em dado momento, dr. Coelho adentrou em uma questão que poderia explicar muito das enfáticas contestações de El Jundi ao laudo de necropsia e às análises dos boletins médicos hospitalares: teria o perito sido pago para estar ali desconstruindo a hipótese de envenenamento do pastor? Ou teria vindo de Porto Alegre de livre e espontânea vontade especialmente para desqualificar laudos e perícias? O promotor começou assim: "Depois que o senhor teve essa carreira como perito público, do Estado, o senhor passou a atuar como perito contratado por acusados de crimes...".

El Jundi: "Sim".

Dr. Coelho: "Nesse caso aqui, hoje, o senhor foi contratado pela defesa?".

El Jundi: "Não".

Dr. Coelho: "Não? O senhor não foi contratado para atuar como perito particular?".

El Jundi: "Não, eu fui indicado".

Dr. Coelho: "O senhor diz que não foi contratado, foi indicado. Qual a diferença que o senhor reputa relevante nesses termos, só pra gente entender?".

El Jundi: "Quando eu sou contratado, eu trabalho remunerado. Nem sempre eu trabalho remunerado, como eu não trabalhei remunerado no Ministério Público Federal".

Dr. Coelho: "O senhor está aqui como funcionário público?".

El Jundi: "Não. Fui exonerado, a meu pedido, do Instituto-Geral de Perícias em setembro".

Dr. Coelho: "O senhor tem um podcast, um canal no YouTube chamado Os Grandes Casos do Perito El Sami...?".

El Jundi: "Não. 'Sami El Jundi'...".

Dr. Coelho: "'El Jundi', perdão...".

El Jundi: "Acredito que quem mantém esse canal é o perito Cleber Müller... não sei se é o Cleber ou o Eduardo. O Cleber foi o último diretor do Instituto-Geral de Perícias do Rio Grande do Sul, [...] ele tem um podcast, e eu fui chamado para participar de um dos eventos do podcast, que foi Os Grandes Casos...".

Dr. Coelho, cortando: "O senhor participou então de uma reportagem no podcast?".

El Jundi: "Isso".

Dr. Coelho repetiu: "Os Grandes Casos do Perito El Sami". Errou o título de novo. El Jundi não o corrigiu dessa vez. O promotor continuou: "O senhor, enquanto perito assistente particular indicado por acusados, chegou a trabalhar no julgamento de um assassinato perpetrado em Brasília, o crime da 113 Sul?".

El Jundi: "Sim".

Dr. Coelho: "O senhor, nessa ocasião, foi remunerado, trabalhou gratuitamente, como foi?".

El Jundi: "Eu fui contratado pela defesa".

Dr. Coelho: "Era um caso de grande repercussão no Distrito Federal".

El Jundi: "Sim. Envolvendo a filha, a família de um ex-ministro [do Tribunal Superior Eleitoral]".

Dr. Coelho: "Acusada de ser a mandante...".

El Jundi: "O pai dela era ministro aposentado".

Dr. Coelho: "Mais recentemente, o senhor participou como perito assistente técnico indicado pelo acusado no caso Elize Matsunaga?".

El Jundi: "Sim. Esse caso é de 2013 também".

Dr. Coelho: "O senhor foi contratado, indicado...?".

El Jundi: "Contratado também. Isso gerou um Netflix".

Dr. Coelho: "O senhor participou dessa série da Netflix?".

El Jundi: "Sim".

O promotor parecia disposto a fazer render essa parte da inquirição. Ao que tudo indicava, pretendia mostrar que a vaidade de El Jundi estava acima de eventuais questionamentos éticos; que ele faria qualquer coisa pela fama, inclusive contestar o trabalho de colegas peritos. El Jundi, por seu turno, não parecia ver problema em citar sua participação em casos de repercussão nacional, ao contrário: ao responder ao promotor, o fez com inequívoco orgulho.

Dr. Coelho: "O senhor posteriormente, doutor, participou como assistente pericial contratado pela parte [defesa] no caso Jairinho?".

El Jundi: "Sim".

Dr. Coelho: "Contratado também?".

El Jundi: "Sim".

Dr. Ângelo Máximo, o assistente de acusação, seguiu a mesma linha de Coelho, mas, como de costume, sem se preocupar com sutilezas. Para mostrar que El Jundi estava ali, em suma, pela visibilidade, não importando que supostamente defendesse o indefensável, o assistente de acusação foi além. "Em algum desses casos [Matsunaga e dr. Jairinho] o senhor foi favorável ao laudo do perito público lançado nos autos?" El Jundi: "Nem sempre estamos de lados opostos". A juíza repetiu a pergunta do assistente de acusação: ela quis saber se em algum dos casos mencionados ele foi "contrário". "Sim", respondeu El Jundi, valendo-se de um jogo de palavras. "No da Matsunaga." Dr. Ângelo Máximo insiste: "O senhor foi contrário à ré que o contratou?". El Jundi: "Eu fui contrário à conclusão do perito oficial". Máximo: "Então, o senhor foi favorável à Elize Matsunaga". Juíza: "Ele foi o perito [contratado] doutor, essa pergunta já está respondida". Máximo: "Excelência, deixa eu ver se me fiz entender. Eu perguntei...".

A juíza se dirigiu aos réus para repreendê-los, em razão de alguma reação irônica de Simone. Disse a meritíssima: "Olha só, eu pedi para ninguém se manifestar com risos, inclusive os réus. Não preciso dizer. Se os advogados quiserem advertir os réus... [A defesa] Reclama do Ministério Público, [e] a ré vai ter o comportamento que eu reclamava do MP? Pode seguir, por favor, doutor".

Dr. Máximo: "Eu perguntei, no caso objetivo da Elize Matsunaga, que foi a contratante do senhor, correto?".

El Jundi: "Correto".

Dr. Máximo: "O estudo do senhor foi favorável a Elize Matsunaga, ou o senhor foi contrário ao laudo do perito público?".

El Jundi, escorregadio: "Ambas as coisas".

Dr. Máximo: "Pode explicar, por favor?".

Juíza: "Favorável a um, favorável ao outro".

El Jundi: "Eu fui contratado pela defesa da Elize Matsunaga, como eu sou contratado por qualquer defesa — ou colaboro com qualquer acusação, quando a minha opinião profissional concorda com a tese da defesa. [...] Isso pra mim é meio óbvio. Ninguém contrata ou indica alguém que discorde da sua própria tese".

Ao fim do depoimento do perito, a defesa soltou um "Questão de ordem!" para requerer a exumação do cadáver de Anderson do Carmo; dr. prof. Faucz e dra. Janira solicitaram a realização de um exame para detectar a eventual presença de arsênico e/ou cianeto no corpo do pastor. Os promotores se manifestaram contra, alegando que o momento para aquele requerimento havia passado. Usaram o chamado "fundamento da preclusão", quando se argumenta que a parte perdeu o prazo para se manifestar; foram seguidos pelo assistente de acusação. A juíza concluiu que, "de fato, a defesa poderia ter formulado o requerimento em tela, há tempos".

22.
O psicólogo

A segunda testemunha técnica do quinto dia de julgamento, o psicólogo forense Sidnei Rinaldo Priolo Filho, de 37 anos, era paulista e se formara na Universidade Federal de São Carlos (UFSCar). Bochechudo, Priolo tinha pele, cabelo e barba claros, e sorria com os olhos, o que dava ao conjunto de sua fisionomia uma expressão infantil. Foi com ela que o psicólogo reforçou no plenário a tese da natureza sexual do assassinato. O tiro na genitália indicaria a intenção de "destruir aquilo que [se] venera no outro". A partir dessa avaliação, ele dissertou longamente sobre violência doméstica contra mulheres e crianças; falou de forma genérica a respeito das características individuais da pessoa que pratica a agressão ("baixa resistência à frustração; histórico de vida que envolve violência...") e da "tipologia do agressor, de acordo com a classificação de Holtzworth-Munroe e Stuart, do menos severo para o mais severo...". O objetivo aparente de dra. Janira Rocha, ao arrolar um psicólogo forense como testemunha, era usar o discurso de um especialista em violência contra mulheres e crianças para legendar o alegado comportamento abusivo de Anderson do Carmo. Mas a "palestra" de Priolo, talvez pela profusão teórica, acadêmica e generalizante, parecia desconectada da realidade muito peculiar da família de Flordelis. Dra. Janira fazia perguntas ao psicólogo que, em relação aos personagens que ela defendia, soavam forçadas: "Existem estudos relevantes que abordam o comportamento de mulheres que

vivem em comunidades religiosas e são vítimas de abuso?".
Priolo: "Isso nós temos mais sobre as crianças. [...] As mulheres que estão em grupos religiosos mais fechados, elas não relatam abusos, e, quando relatam, relatam com menor quantidade de detalhes...".

Aproveitando a menção ao abuso infantil, a advogada quis saber mais sobre a "manifestação de violência intrafamiliar contra crianças". Perguntou: "Quais os tipos dessa violência?". Priolo: "Física, sexual, psicológica e negligência... Se vocês quiserem, eu posso explicar...".

Antes de se alongar em conceitos que mais confundiam que esclareciam, ele declinou seu currículo. Era psicólogo, doutor pela UFSCar, membro do conselho editorial da *Child Abuse & Neglect*, "uma das principais revistas de violência contra criança no mundo", ex-membro da Associação Brasileira de Psicologia e Medicina Comportamental, e da Sociedade Brasileira de Psicologia, pesquisador na área de violência contra mulher e violência contra criança. "Tenho artigos publicados em periódicos nacionais e internacionais, experiência de doze, treze anos com essa temática."

Quem acompanhou o julgamento desde o início talvez tenha se preparado — como quem fecha os ouvidos antes da explosão de uma granada — para o basta iminente de dra. Nearis. Pelo que se havia observado do comportamento da juíza, era possível afirmar que ela foi relativamente complacente na oitiva do psicólogo. Mas a questão sobre os tipos de violência contra criança a levou a interromper dra. Janira, para saber "qual a pertinência da pergunta". A advogada respondeu que havia um bloco de perguntas sobre violência contra criança. Para Priolo, a violência contra mulher e contra criança eram "meio indissociáveis".

Juíza, para dra. Janira: "Eu tô perguntando sobre a pertinência. Porque aqui o crime não envolve violência contra criança".

Dra. Janira: "A pertinência é que nós vamos avaliar o ambiente familiar onde se produziram, do ponto de vista da defesa, violências diversas".

A juíza autorizou o psicólogo a prosseguir, e então as questões pareceram se distanciar cada vez mais do que estava em julgamento no plenário. Dra. Janira: "Qual a dinâmica e a trajetória do abuso sexual infantil?". O psicólogo citou um levantamento feito em 2016, segundo o qual quase 90% dos casos eram praticados por pai, padrasto, avô ou tio. "O sexo masculino em geral é o maior agressor contra as crianças." Ao que se presumia, a advogada havia decidido ignorar a observação da juíza a respeito da pertinência das perguntas; sem temer a tempestade que se armava, seguiu em frente: "Quais são os protocolos principais para a investigação de casos de abuso sexual infantil?".

Priolo: "Os Estados Unidos têm dois ou três...".

Juíza: "Doutora, eu vou fazer uma colocação. Eu vou permitir, como permiti em todos os depoimentos anteriores, uma amplitude razoável de perguntas que fujam ao cerne da questão. Mas essa amplitude tem um limite, tá? Eu vou permitir mais essa pergunta sobre abuso infantil, se a senhora quiser fazer qualquer outra pergunta, porque a gente tá vendo aqui, né, o doutor tem muita experiência, mas a gente não pode, né? A gente não pode ficar aqui fazendo questões que não se referem ao fato em julgamento...".

Dra. Janira: "Excelência, me dá um minutinho, por favor?".

Juíza: "Mas eu não terminei de falar, a senhora está me interrompendo, doutora, tudo que a senhora pede para não fazer, né? [...] O que a senhora quer falar?".

Dra. Janira: "Nós temos na verdade mais três perguntas sobre esse tema, depois nós vamos passar algumas imagens...".

Juíza, cortante: "Ok. Então, se eu achar que deve ser respondido".

Com expressão apreensiva, dr. prof. Rodrigo Faucz caminhava a esmo pelo plenário, de braços cruzados.

Dra. Janira: "Eu não falei ainda, excelência, a senhora tem que me ouvir, eu ainda não falei! Eu só quero dizer pra senhora que tanto a inquirição do dr. Sidnei quanto a do assistente que vem depois, o dr. Lobo, elas estão conectadas, elas têm a ver com a explicação de um contexto onde a tese da defesa vai tomar lastro. Então, pra nós, é muito importante que a gente possa fazer essa inquirição para que lá na frente, nos debates, a gente possa estabelecer uma relação que tenha sido produzida na frente dos jurados".

De novo, a advogada cobrou da juíza a atenção dada aos promotores: "Eu peço encarecidamente à senhora que, da mesma maneira que a senhora garantiu ontem que todas as testemunhas do Ministério Público falassem, nós ficamos sentados ouvindo... esperamos a produção de provas, não interferimos, eu peço a mesma consideração, que a gente possa produzir a nossa prova, e ao final ouvir o Ministério Público e o assistente de acusação, nós vamos ficar calados...".

Isso pareceu impacientar mais uma vez a juíza: "Doutora, a questão é a seguinte: independentemente de quem arrolou as testemunhas [Ministério Público ou defesa], as perguntas são deferidas ou não. É questão de pertinência; pertinência não tem a ver com a parte".

Juíza e advogada passaram a falar ao mesmo tempo. Janira acabou conseguindo fazer "só as três perguntas"; a juíza deferiu, ressalvando que, se achasse que elas não tinham pertinência, iria interrompê-la de novo. Priolo declarou que já havia se esquecido da pergunta sobre os principais protocolos para a investigação de abuso sexual infantil — mas por fim se lembrou. Explicou então que existem alguns protocolos norte-americanos, mas que o mais utilizado globalmente é o do National Institute of Child Health and Human Development (NICHD), caracterizado por sua divisão em etapas.

Eu sempre falo, quando dou aula, em palestra... eu pergunto: "Você já sofreu violência?". A maioria das pessoas responde: "Não". Se eu der uma lista de comportamentos... "Você já tomou um tapa do seu pai? Você já tomou um tapa da sua mãe? Você já foi chacoalhado pelo seu pai? Seu pai e sua mãe já te xingaram?" Aí, começa a aparecer a violência...

Dra. Nearis anunciou que um jurado havia pedido para ir ao banheiro e, assim, determinou um intervalo. Incontinente, dr. prof. Faucz se levantou de seu assento e foi até a juíza. Pediu permissão a ela, segundo consta em assentada, "para comunicar à testemunha que ela fosse mais objetiva". Quando o jurado voltou, a defesa solicitou a exibição de vídeos com relatos de abuso sexual na casa de Flordelis, a partir dos quais dra. Janira faria perguntas. Depois que se exibiu o primeiro, com um depoimento de Michele, filha afetiva de Flordelis, ela perguntou: "É possível que a vítima, mesmo com reiteradas agressões e inúmeros episódios de violência, tenha dificuldade de reconhecer que está sendo abusada? Por que isso ocorre?". Priolo: "Isso acontece principalmente quando o abuso é repetitivo". A juíza perguntou se o psicólogo precisava ter assistido àquele vídeo para responder às perguntas. Ele disse: "Nesse caso aqui...". Juíza: "Não, né?". Ela então informou que só iria permitir que fossem exibidos vídeos se a pergunta dependesse deles. "A gente tem de manter o equilíbrio entre as partes. [...] A defesa está pegando uma coisa que foi falada no vídeo e fazendo perguntas genéricas para ele. Então, é desnecessária a exibição do vídeo."

Dra. Janira: "Não é genérica. As perguntas estão conectadas com os vídeos, todas as perguntas que estão sendo feitas aqui têm conexão com os vídeos".

Juíza: "Doutora, a senhora já foi orientada. Eu não estou vendo uma conexão necessária que justifique a exibição dos vídeos para a testemunha, entende? Então, se eu não vir uma conexão necessária, como a gente acabou de ver que a resposta que ele deu não era baseada no relato e na pergunta, eu vou indeferir. Isso cria desigualdade entre as partes".

Janira insistiu, disse que a próxima pergunta estava conectada com o vídeo. De fato, ela parecia forçar o vínculo entre as gravações com familiares que apoiavam Flordelis e os estudos genéricos mencionados pelo psicólogo.

O vídeo seguinte apresentava um depoimento de Ramon, filho de Simone e André Bigode, neto de Flordelis. Dra. Janira: "Bom, passamos o vídeo da Michele...". Dr. Faucz foi até a advogada e disse alguma coisa em seu ouvido. Ela respondeu: "Tá, eu vou fazer a pergunta para ele desses dois vídeos". E prosseguiu: "O Ramon conta um episódio de abuso, só que, ao ser perguntado se já foi abusado, ele diz: 'Não, eu nunca fui abusado'".

Juíza: "Doutora, a senhora vai repetir o que foi dito no vídeo?".

De novo, as duas passaram a falar ao mesmo tempo, uma voz por cima da outra.

Juíza: "Pra que a exibição? Tá entendendo? [...] É uma desigualdade em relação ao Ministério Público, que vai ter o mesmo tempo de sustentação que os senhores. O momento oportuno para passar o vídeo é nos debates. Questão de equilíbrio entre as partes". A advogada seguiu teimosamente, com uma pergunta aparentemente genérica: "É comum que uma criança que vive situações de violência por parte de seu pai venha a procurar uma figura paterna em terceiros?". Pelo que se percebia, o psicólogo agora tentava atender às duas mulheres, e com isso sua resposta pareceu estar em cima do muro: "Em geral, não só uma figura paterna, ela vai procurando afeto, ela vai procurando um vínculo, ela vai procurando alguém com quem se relacionar. Pode ser uma pessoa do sexo masculino ou do sexo feminino". A defesa exibiu mais um vídeo. Dra. Janira: "Nos vídeos, as vítimas relatam sentir raiva do agressor e de todo o seu contexto familiar. Quais são os sentimentos mais frequentes em vítimas de violência intrafamiliar?".

Juíza: "Só um instantinho. O senhor vai se basear nesse depoimento [do vídeo] para responder a essa pergunta?".

Priolo: "Não".

Juíza: "Não, né? Então, doutora, eu não vou mais permitir que a senhora exiba...".

Dra. Janira: "Eu expliquei para a senhora...".

Juíza: "Não, a senhora me pediu, e mais uma vez eu lhe alertei [...] que o vídeo teria que ser usado para pergunta a ele formulada, doutora".

Ao final, o depoimento do psicólogo Sidnei Priolo não pareceu surtir o efeito esperado pela defesa. A intervenção da juíza — para questionar a pertinência da menção à violência infantil e da exibição dos vídeos — comprometeu o ritmo das perguntas e respostas aparentemente combinadas entre Priolo e Janira. Inconformada, a advogada reagiu com o habitual queixume, que, por já se ter tornado repetitivo, não necessariamente lhe rendia a solidariedade dos jurados. Agora, quem assumiria o microfone, pelo Ministério Público, era dra. Mariah da Paixão. Isso significava a garantia de uma certa dose de emoção.

No plenário criminal, a aparente preocupação em enfeitar as falas, em emitir frases longas e floreadas, pode levar os doutores da acusação e da defesa a se enrolarem na forma, em detrimento do conteúdo. Essa enrolação eventualmente favorece uma confusão útil, quando se quer ganhar tempo, ou, o que é mais comum, meramente sofismar. E assim se deixam de fazer as perguntas mais básicas. Dra. Mariah da Paixão era uma exceção. A promotora começou, como sempre, pelo começo. Sua primeira questão foi elementar: "O senhor atendeu, ou entrevistou, algum dos réus?".

Priolo: "Não".

Dra. Paixão: "O senhor teve acesso a alguma parte desse processo?".

Priolo: "Pela mídia. É quase impossível dizer que eu não sei nada sobre o processo. Não dá para falar... Eu li os autos? Não. Eu sei... gente, se você abrir o gı, o UOL, você fica sabendo sobre o processo". Mais adiante, paradoxalmente, dra. Janira Rocha pediria aos jurados justamente que não se deixassem contaminar pela mídia, que a mantivessem fora do plenário. E agora, dois dias antes dos debates, a testemunha arrolada por ela dizia que tudo o que soubera do processo fora pela mídia.

Dra. Paixão: "Excelência, eu queria exibir os dez primeiros segundos de três vídeos juntados pela defesa".

Em um gesto nervoso, dr. Faucz se levantou de sua cadeira e passou álcool gel nas mãos; deu alguns passos pelo plenário, esfregando uma na outra.

Dra. Paixão: "Eu quero fazer uma pergunta técnica a respeito de um protocolo que o doutor citou". A juíza indagou se o que a promotora ia perguntar tinha relação com os trechos do vídeo. Dr. Coelho quis falar, a juíza pediu "um instantinho" e explicou: "Eu quero saber qual é a relação: a mesma regra que vale para um, vale para o outro".

Dra. Paixão: "Então, foi exibido pela defesa, o doutor fala de um protocolo de entrevistas com crianças e mulheres que sofrem violência doméstica". Dr. Faucz foi até dra. Janira e disse alguma coisa no ouvido dela.

Juíza, para a promotora: "Por que a exibição dos três? Pode ser um de cada vez?".

Dra. Paixão concordou com o que parecia evidente: "Sim, é um de cada vez".

Juíza: "Ah, tá". Para Priolo: "Então, doutor, só vou exibir o vídeo para o senhor basear sua resposta nele".

Priolo: "Posso fazer um esclarecimento?".

A juíza acrescentou: "Caso a sua resposta não se baseie no vídeo, o senhor me avise, que eu não vou permitir a exibição dos demais".

Priolo: "Posso só fazer um adendo? O protocolo do NICHD é de violência contra criança. De violência contra mulher, nós temos outros protocolos [...] tem protocolos específicos para as mulheres, protocolos específicos para [as] crianças".

Depois de exibir o início do primeiro vídeo, dra. Paixão solicitou que o psicólogo esclarecesse se a abordagem feita à entrevistada atendia à forma como as vítimas de violência devem ser questionadas. Pelo que se observava, a promotora queria mostrar que dra. Janira iniciou a conversa sem preâmbulos, referindo-se diretamente aos abusos do pastor — o que não seria recomendável.

Priolo: "Em geral, você faz aquela estrutura... Você tem o *rapport*,* depois você tem uma fase pré-substantiva, em que você pergunta sobre rotina, cotidiano, e depois você pode perguntar sobre o evento específico. Cientificamente... não que essa pergunta não possa fazer parte, mas ela vem depois".

Dra. Janira: "Excelência, me desculpe. Eu queria pedir a presença da Ordem [representantes da OAB]".

Juíza: "A delegada da Ordem está presente. É isso que a senhora vai pedir? A gente vai seguir aqui, depois a gente consigna em assentada".

Dra. Janira: "Eu só queria pedir à senhora um tempo, pedir a presença da Ordem, porque eu tentei passar os vídeos aqui e não me foi permitido. A acusação começa passando, inclusive os vídeos da defesa, fazendo a sua interpretação, o que não

---

* Em francês, *rapport* significa "relatório". Trata-se de uma técnica utilizada para criar empatia e conexão entre o entrevistador e o entrevistado. No caso da psicologia, serve para estabelecer uma relação de confiança com o paciente, para que ele se sinta confortável para falar, por exemplo, de abusos sexuais sofridos ou outros traumas.

foi...". A juíza passou a falar ao mesmo tempo, a advogada reagiu, as duas iniciaram uma disputa pela palavra em voz alta, até que dra. Nearis encerrou: "Vai ser consignado depois, mas não nesse momento".

Dra. Janira: "Eu queria chamar aqui...".

Juíza: "No final do depoimento, no final do depoimento!". Dirigindo-se à trinca da OAB: "No final do depoimento, peço que os senhores se aproximem... doutora [para dra. Fernanda, do corte de cabelo assimétrico, que agora estava próxima de dra. Janira e a ouvia], não precisa manter contato com ela, depois a gente vai ouvir todo mundo, tá bom? Pode sentar, por favor. Daqui a pouco, eu a chamo, tá? Obrigada. Vamos lá. O doutor [Coelho] vai exibir outro vídeo... sem interrupções no meio do depoimento, tá? Obrigada".

Como no vídeo anterior, dra. Janira pergunta logo de saída sobre as experiências que o depoente "vivenciou" em relação "aos abusos praticados pelo pastor Anderson do Carmo".

Dra. Janira: "Eu quero deixar claro que esses vídeos todos são da defesa... E nós gostaríamos de ter podido falar sobre isso, não nos foi permitido dar opinião, e agora... a acusação está usando os nossos vídeos, eu quero deixar claro".

Juíza: "A prova é comum a ambas as partes, independentemente...".

Dra. Janira: "Mas eles podem usar nossa prova, e nós não podemos. Registrada a minha irresignação...".

Juíza: "Registrada, doutora. Se a senhora, pela defesa... Eu lhe darei a palavra com todo o prazer, se os senhores quiserem usar o vídeo... para fazer a pergunta diretamente, como o Ministério Público adequadamente está fazendo".

Priolo: "Posso terminar?". A juíza permitiu. "A primeira parte da pergunta [de dra. Janira no vídeo] é muito parecida com o que a gente faz na fase pré-substantiva... 'Me conta da rotina', isso é parte pré-substantiva. Se você pegar qualquer

282

protocolo de violência contra criança, ele tem essa etapa de 'Olha, me conta como é sua vida, sua escola' eles todos têm isso... A segunda parte já seria a fase substantiva... só pra fazer essa separação. Porque tem duas perguntas aí: uma caberia na fase pré-substantiva, outra..."

Dra. Janira: "Levando em consideração que ali não tem criança". Nos depoimentos, os entrevistados eram, no mínimo, adolescentes.

Juíza: "Doutora, a senhora não está com a palavra, doutora, acabou de se desculpar aqui comigo, está fazendo tudo novamente".

Dra. Janira: "Eu não estou com a palavra, eu sei que eu estou sendo censurada, eu já entendi".

Dr. Coelho riu. Juíza: "A senhora não está sendo censurada. Muito pelo contrário. A senhora vai ter a palavra todo momento que quiser, desde que a use adequadamente. Por favor, o Ministério Público tem mais alguma pergunta?".

Dra. Paixão: "O Ministério Público já fez todas as perguntas técnicas". Dr. Coelho lembrou à promotora que faltava exibir o último vídeo. Ela respondeu que não era necessário, com um gesto que misturava fastio e resignação. "Vamos continuar o julgamento."

Juíza: "Ok. A defesa quer retomar e exibir o vídeo para fazer alguma pergunta objetiva sobre o vídeo? Eu permito, se quiserem, tá bom? Do contrário...".

Mais uma vez esquecido, dr. Ângelo Máximo, o assistente de acusação, disse, lá do seu cantinho: "Excelência, aqui ó, o assistente... Eu não tenho perguntas, estou satisfeito com as perguntas do Ministério Público, mas...".

Juíza: "Tá bom". Dr. Máximo pediu para fazer "apenas um aparte". Dra. Nearis o interrompeu: "Agora, não! Agora nós estamos no meio do depoimento, tá bom? Depois do depoimento, os senhores requeiram o que quiserem, mas agora a

283

gente está no meio do depoimento". Dr. Máximo não foi ouvido, mas dr. Faucz, sim. Ele disse: "Só pra esclarecer o que foi perguntado, complementando, as duas fases que o doutor [Priolo] apontou são necessárias, seriam necessárias dentro do protocolo antes dessa pergunta? Elas podem ser feitas antes do vídeo?". Ao que parecia, o advogado teve a ideia de aventar a possibilidade de o vídeo apresentar o assunto já encaminhado, depois de realizadas as fases pré-substantiva e substantiva — que teriam sido feitas antes da gravação.

Seguiu-se então uma série de explicações sobre *rapport*. Priolo afirmou que pode haver variações na abordagem, dependendo da faixa etária do interlocutor ("Uma criança de dezessete anos, colocar ela para jogar jogo da memória, ela não vai gostar muito"), mas que o *rapport* faz parte do protocolo e, portanto, não pode ser dispensado.

A fala do psicólogo suscitou um novo questionamento no plenário: seria um adolescente de dezessete anos criança? Dr. Faucz tentou resolver: "Um último esclarecimento: essa fase do *rapport*, ela é importante em qualquer entrevista cognitiva, ou apenas para crianças? Também é indicado para mais velhos, como adolescentes?".

A resposta de Priolo soou cautelosamente genérica: "Todas as entrevistas, e até o procedimento clínico da psicologia, envolvem *rapport*. Toda a anamnese da área da saúde e da assistência social envolve *rapport*. Ele é muito importante no sentido de criar uma certa empatia entre os indivíduos, que faz com que diminua a fase fisiológica [...], diminua o cortisol da pessoa, para que ela consiga acessar as memórias relevantes, de maneira menos prejudicada".

Um dos jurados perguntou se o psicólogo havia feito "um estudo do processo". Priolo: "Do processo em si, não. O nosso objetivo, como cientista, é viver em um mundo sem violência [...] nosso objetivo então é entender onde estão os pontos-chave da violência".

Assim, graças a uma tentativa fracassada de *rapport* com o psicólogo — que estava ali para falar pela defesa e não se mostrou disposto a ir muito além da tese estabelecida pelos advogados —, a oitiva acabou tendo um desfecho nobre: a testemunha técnica indicada — não contratada — da ré acusada de mandar matar o marido só queria viver em um mundo sem violência.

Por sua vez, dra. Janira, na presença do pelotão da OAB, pediu que fosse consignado em ata que ela havia se sentido "tolhida, amordaçada, censurada", por conta do indeferimento da exibição dos outros vídeos. De acordo com a assentada assinada pela juíza, "dra. Fernanda, trazida a este plenário pela própria defesa, se posicionou, após solicitada pela dra. Janira, no sentido de concordar com a argumentação da ilustre patrona, no sentido de haver cerceamento de defesa". Dra. Nearis manteve sua argumentação, de que "se o vídeo não for apresentado na formulação de perguntas e respostas, mas [na] mera contextualização, deverá ser utilizado somente no momento dos debates".

23.
O psiquiatra

Entre 11h58 e 12h02, de acordo com registro em ata, houve um intervalo para a "recomposição das partes". Isso pareceu mesmo necessário, tanto quanto alguma predisposição para enfrentar a intensidade verbal e vocal do próximo especialista a tomar assento no centro do plenário. Apresentado na internet como psiquiatra da infância e adolescência, psicogeriatra e "autor de um livro referência no Brasil e na América Latina sobre saúde mental da mulher", dr. Hewdy Lobo Ribeiro, de 46 anos, tinha um semblante atormentado e se expressava com um tom de voz ao mesmo tempo alto e acelerado, meio automatizado, meio desabalado. Interromper o psiquiatra para questioná-lo exigia um empenho extra. Mas, então, ele ouviria a pergunta com surpreendente passividade e, ato contínuo, voltaria a falar com frequência diluviana.

Quem primeiro o entrevistou, pela equipe de defesa do dr. prof. Faucz, foi a jovem advogada Isabela Simões Bueno. Inequívoco exemplar da geração Z, a doutora tinha os cabelos pretos e lisos guarnecidos com uma franja bem tratada, e os olhos escuros alongados com o auxílio de um traço de delineador que se estendia nas laterais externas por cerca de dois centímetros. Sentada próximo dos réus, Isabela apresentava uma atitude displicente, que parecia fazer parte de um reflexo defensivo; com as pernas cruzadas sob a toga, as canelas de fora, exibia sapatos de boneca estilizados, pretos, de bico fino e salto não muito alto, com a tira do fecho contornando o tornozelo. Ao lado de André Bigode, ela leu em um maço de papel as perguntas que fez ao psiquiatra. No aparente distanciamento com que enunciava as questões, não se observava nenhuma chance de a advogada dar vida àquela leitura. Isabela e Lobo comporiam talvez a combinação mais estapafúrdia de todo o julgamento: ela lendo as perguntas sem paixão, ele despejando conhecimento quase aos gritos.

Isabela: "O senhor, enquanto profissional qualificado na área, teve oportunidade de conversar diretamente com as acusadas Flordelis, Rayane e Marzy?".

Lobo: "Sim, senhora".

Isabela: "Qual a finalidade técnica dessa conversa?". Lobo respondeu que foi convidado por dra. Janira, como psiquiatra forense, para caracterizar o perfil criminal das acusadas com a finalidade de "trazer esclarecimentos para a Justiça". Isabela insistiu na validade científica do método, pedindo a Lobo que o explicasse. Ele contou que havia avaliado "a presença ou não de doenças mentais em cada uma das acusadas, a presença de dependência química [se existia ou não], e também as características de personalidade. Estamos falando da personalidade em caso de alteração, e se essa alteração corresponde a um diagnóstico. E também foi aplicada a Escala Hare, de verificação de psicopatia…"

A Escala Hare de Psicopatia, criada pelo psicólogo canadense Robert Hare, compreende vinte itens, entre os quais "insensibilidade afetivo-emocional", "mentiras patológicas", "charme superficial", "promiscuidade", "estilo de vida parasitário" e "versatilidade criminal". Esses itens recebem pontos — zero, um ou dois —, de acordo com a verificação ou não de cada um deles na pessoa analisada. A pontuação máxima da escala é quarenta. Flordelis, segundo Lobo, pontuou seis, "muito abaixo de 23 [ponto de corte]".

Mais de uma vez, como se não ouvisse o que ela própria estava perguntando, dra. Isabela fez perguntas que já haviam sido respondidas. Isso, e mais o fato de ela eventualmente iniciar a pergunta antes mesmo de Lobo finalizar a resposta da anterior, deixava o psiquiatra especialmente aturdido.

Em relação a Flordelis, ele contou que, no começo da análise, ela mostrou dificuldade de colaborar porque achava, por um "entendimento distorcido", que a avaliação poderia levá-la a uma internação em hospital psiquiátrico — por acaso, o local onde se deu a sessão. Lobo também mencionou com insistência o constrangimento da pastora pelo fato de só haver homens na equipe médica. Por conta disso, Flordelis teria limitado seu relato

à situação de ela acordar em alguns momentos, de o marido tendo contato sexual não consensual com ela, e também de ele ter essa prática de, em algumas relações sexuais, ter a prática do sufocamento, seguida posteriormente de carinho, afeto e de contato daquilo que era de esperar de afeto pleno.

Flordelis, de acordo com o psiquiatra, teria internalizado ao longo da vida os alegados abusos cometidos por Anderson do Carmo, assim como outras "características afetivas e emocionais".

Dra. Isabela quis saber de que modo Flordelis se comportou em relação a assuntos ligados a abuso sexual. Sempre acelerado, o psiquiatra deu a entender que a pergunta já havia sido respondida. Dra. Priscilla, mulher de Faucz, se levantou de seu assento, caminhou até o marido e lhe disse qualquer coisa no ouvido. O professor foi até Isabela e passou a ler ao lado dela, do alto, a folha de papel que a jovem advogada tinha nas mãos; ele apontou alguma coisa, ela levantou a folha e mostrou uma anotação. Alheio à comunicação entre os dois, dr. Lobo seguiu falando como um robô programado para ir até o fim.

A análise psiquiátrica de Flordelis revelou que a pastora sofria de "adoecimentos mentais" que se manifestavam na forma de transtornos diversos: transtorno depressivo grave (ansiedade e depressão), transtorno mental orgânico (falta de apetite, falta de memória etc.) e transtorno de estresse crônico (consequência de supostos estupros noturnos no início do relacionamento com Anderson do Carmo). Este último, sempre de acordo com Lobo, teria uma correspondência com a Síndrome de Estocolmo — quando o refém se liga afetivamente a seu sequestrador: "O indivíduo tem um sofrimento constante, que, por temor, por respeito exagerado, pelo próprio adoecimento em si, tem um nível de vulnerabilidade que não reage". Ainda por conta da alegada violência doméstica, Flordelis também foi diagnosticada como portadora de transtorno de personalidade dependente.

> Pelas características de experiências ao longo da vida dela, de suportar, de aceitar as relações de domínio de maneira ainda que sofrida, ainda que pela necessidade de se manter sem reagir, se manter sem denunciar, se manter sem expressar esse sofrimento de maneiras diversas [...] é uma característica de pessoas que, submetidas a situações de estresse crônico, tendem a se acomodar com isso ao longo da vida, aceitando esse sofrimento em algum nível.

Se a Flordelis examinada por dr. Lobo era a mesma Flordelis atendida em todas as suas vontades e tratada dentro e fora de casa como uma rainha, talvez fosse preciso incluir no diagnóstico algo ligado à dupla personalidade — quem sabe um transtorno de identidade? Ao mesmo tempo, parecia razoável deduzir que, nas circunstâncias em que ela se encontrava agora, os adoecimentos citados por dr. Lobo eram oportunos. Se o médico encontrasse na paciente algum traço de psicopatia, por exemplo, ela correria o risco de ser associada a uma assassina fria; como transtornada, ainda que gravemente, ela poderia passar a vítima de uma grande injustiça. Uma sofredora.

Dra. Isabela indagou: "De acordo com a literatura científica que o senhor tenha conhecimento, alguém que sofre desse transtorno de personalidade dependente poderia desejar a morte de alguém que ela depende? Seria coerente desejar a morte?". O médico disse que tentaria ser pedagógico na resposta. Depois de tergiversar de forma incompreensível sobre as características "correspondentes à alteração de personalidade dependente", ele arrematou, meio atarantado: "Indivíduos com transtorno de personalidade dependente podem não ter nenhuma expressão nem internalizante nem externalizante, e podem ter externalizante e, no caso específico da sra. Flordelis, é... internalizante".

O depoimento do psiquiatra soava frenético e confuso. Aparentemente preocupado, dr. Faucz caminhou até a bancada onde estavam seus assistentes, com os braços alongados para trás e as costas das mãos sobrepostas na altura da lombar. Dra. Isabela o acompanhou com o olhar, encompridado pelo delineador.

Ainda segundo o especialista em saúde mental,

a coerência biográfica da sra. Flordelis é para a proteção, é para a empatia, é para o cuidado, é para a responsabilidade, é para confiança: e nenhuma dessas características doentias, do medicamento, da personalidade, são de característica a externar agressão, impulsividade, perversidade e vingança contra terceiros.

O psiquiatra citou uma tentativa (fracassada) de suicídio de Flordelis, que ele julgou "causadora desse sofrimento secundário da culpa, da vergonha, do constrangimento, de ter tido essa expressão tão grave de quase morte". De acordo com outras testemunhas, Flordelis teria tentado se matar pelo menos três vezes, todas amplamente divulgadas (Paula do Vôlei as relatou de maneira enfática na entrevista para este livro) como expressão do desespero pela injustiça sofrida.

Baseado na Escala Hare, dr. Lobo afirmou que todas as acusadas testaram negativo para psicopatia. Flordelis sofria apenas dos adoecimentos mentais. Marzy, segundo Lobo, experimentou tanto sofrimento durante a vida que "até teria razão para matar"(!). Foi avaliada como extremamente adoecida: "Nasceu com sífilis. [...] Na parte da infância... olha quanto sofrimento!, ela teve a presença de nove pneumonias, quando o normal é não ter nenhuma. [...] Sofreu muito, e teve muitos motivos para matar". Marzy não se matou nem mataria ninguém, segundo o médico, porque "a característica dela é o perdão":

> Ela falou que teve esse plano [do assassinato] e que ela se arrependeu, procurou as pessoas, anulou isso, e ela, que tem essa característica do perdão, pelas características pessoais tanto do sofrimento ao longo da vida como também do perfil evangélico... o que ela fez foi pedir perdão a ele [Anderson], de maneira a registrar, de maneira a refazer isso.

Rayane, suspeita de ter contratado o matador que emboscaria o pai que ela tanto amava, apresentou, de acordo com a avaliação psiquiátrica da equipe de Lobo, apenas transtorno de adaptação à cadeia. Algo, segundo o psiquiatra, compreensível naquele contexto.

Sabe-se que, em psiquiatria, a subjetividade é soberana — assim como foi Flordelis em seu reino. Mas o resultado dos testes levanta dúvidas incontornáveis. Como estabelecer, por exemplo, se o que levou a pastora a atrair tantos "filhos", fãs, fiéis e eleitores foi (ou não) um "charme superficial"? Seria possível catalogar as diversas versões narradas por ela sobre o crime (algumas contraditórias) como "mentiras patológicas"? Os relacionamentos entre irmãos, na própria família, poderiam ser classificados como "promiscuidade sexual"? Como se deveria denominar a conduta de Rayane, que, logo após a morte do pastor, postou uma comovente mensagem nas redes sociais, na qual falava do amor que sentira pelo pai — para mais tarde, em juízo, "lembrar-se" de que Anderson do Carmo havia abusado sexualmente dela? Seria correto acusá-la de "insensibilidade afetivo-emocional"?

Questões sobre a assertividade das conclusões de Lobo e de outros médicos responsáveis pelas avaliações psiquiátricas foram levantadas — como poderia ser diferente? — pela promotora Mariah da Paixão. As perguntas da promotora, pelo que davam a entender, tinham a intenção de trazer a Escala Hare do campo teórico, amplo, para o da realidade que se julgava ali. "Boa tarde, doutor", saudou dra. Paixão. "O senhor e os avaliadores que o senhor citou, que assinam alguns laudos do processo, foram contratados pelas rés?"

Lobo: "Boa tarde. Não, fomos indicados pela dra. Janira".

Dra. Paixão: "Então, esses laudos foram solicitados pela defesa técnica?".

Lobo: "Sim".

Dra. Paixão buscou averiguar a profundidade da investigação do psiquiatra em relação às analisadas, investigação que resultou em um documento que ele apresentou como Autópsia Mental (do morto). A promotora perguntou: "Todas as testemunhas que a gente ouviu nesse processo, o depoimento de todas elas foi considerado pelo doutor?". Com um espasmo defensivo, Lobo respondeu que não teria sido possível fazê-lo devido ao pouco tempo que ele teve para realizar seu trabalho: "Jamais! Excelência [para a juíza], seria totalmente inviável!".

Dra. Paixão: "O que o senhor considerou para chegar a essas conclusões? O senhor disse que entrevistou as rés Flordelis, Rayane e Marzy. Isso foi feito?". Depois da resposta positiva, ela quis saber quantos dias foram consumidos nas entrevistas e, ao tomar conhecimento de que cada ré havia sido avaliada uma única vez ("Nós não solicitamos [deslocamentos], inclusive em respeito à economia do Judiciário", disse Lobo), a promotora passou a questionar, então, quanto tempo durara cada avaliação.

Lobo: "A da sra. Flordelis foi a mais demorada, em torno de uma hora e vinte, uma hora e meia; em relação a sra. Marzy, aproximadamente uma hora, e em relação a sra. Rayane, menos de uma hora — aproximadamente quarenta minutos".

Dra. Paixão: "As filhas da acusada Simone, netas da acusada Flordelis — Lorrane e Rafaela — foram ouvidas pelo senhor?".

Lobo: "Não, senhora".

Dra. Paixão: "Nesse relatório, o senhor considerou o momento de vida, a idade que o Anderson tinha quando iniciou o relacionamento amoroso com a ré Flordelis?".

Lobo: "Se não me engano, está no parecer dela, que eu fui da adolescência até a idade adulta, eu não sei exatamente a idade que foi registrada aí. Agora, do relacionamento afetivo, eu não tenho conhecimento".

Dra. Paixão: "Na análise da personalidade do Anderson, da vítima, o início do relacionamento contribuiu para a formação dessa personalidade?".

Lobo: "Não, eu não tenho essa informação".

Dra. Paixão passou a fazer perguntas pontuais sobre a Escala Hare de Psicopatia: "Existe um ranking para se chegar à conclusão se a pessoa é ou não psicopata? Eu fiquei em dúvida sobre o que significam determinados pontos que foram levados em conta nesse escore [da Escala Hare]. Por exemplo, 'promiscuidade' Quais os comportamentos de uma pessoa são considerados para pontuar a 'promiscuidade'?".

Lobo: "Quando tem relatos de que a pessoa tem comportamentos que a expõem, por exemplo, a doenças sexualmente transmissíveis, quando expõe a pessoa a situações que não são consideradas naquele padrão saudável, ou seja, aquele que é consensual entre pessoas adultas e que geram o consentimento de ambos".

Dra. Paixão: "Em relação a esse ponto, o senhor teve acesso ao conteúdo extraído dos celulares apreendidos?".

Lobo: "Não, senhora. Esse item não faz parte dessa avaliação".

Dra. Paixão quis entender o critério usado para avaliar a "versatilidade criminal" na Escala Hare. Perguntou se Rayane, por exemplo, pontuaria no item por ter pedido a Érica Kaká que procurasse por um bandido.

Lobo: "Não, porque a versatilidade criminal inclui a presença de objetivamente ter participado de crimes".

Dra. Paixão: "E por planejamento de crime, a pessoa não pontua na versatilidade criminal?".

Lobo: "Pontua de maneira mínima, se tiver a prova de que isso aconteceu. Agora, se não tiver nenhuma prova… nós, peritos, avaliamos de maneira objetiva".

Dra. Paixão: "Existe divergência entre os técnicos sobre o quanto [o crime imputado] vale na escala de avaliação dos psicopatas?".

Lobo: "Excelente pergunta, doutora! Existem divergências, sim, e essas divergências acontecem especialmente quando a pontuação fica muito próxima do ponto de corte, que é 23. Geralmente, quando o ponto de corte é acima de 25, é praticamente inviável ter divergência. Por quê? Porque a somatória das características já fica muito mais próxima dos quarenta. Quando se tem abaixo de quinze, geralmente tende a uma contextualidade...".

Dra. Paixão: "Então, essa é a questão, doutor. Existe um aspecto subjetivo nesses laudos. Quando a gente tem, assim, 'perfil pessoal totalmente incompatível com homicídio' como a gente lida com uma conclusão assim num laudo? Tão objetiva, mas o senhor diz que existe um aspecto subjetivo, não sei se eu estou conseguindo me fazer entender...".

Lobo: "Está fazendo... inclusive, uma pergunta que a dra. Nearis, em algum momento fez, no seguinte sentido: se essa testagem, ela leva a um aspecto conclusivo global... De onde eu, honestamente, humildemente, relatei que esse é apenas um dos itens. E relatei ainda mais. Que não existe na psiquiatria e na psicologia, as áreas de conhecimento que eu aqui estou representando, não existe nenhum método na ciência cem por cento infalível. Não existe. Nem esse e nem outro".

Dra. Paixão: "Em relação à avaliada e acusada Marzy, diante do histórico de vida que o senhor narrou aqui, e dessa carência afetiva, é possível dizer que existe uma tendência a assumir culpas por outras pessoas? No lugar delas?".

Lobo: "Essa correlação de maneira direta não tem resposta científica. Essa correlação possível, sim, tem essa probabilidade".

A seguir, a promotora quis saber se os transtornos identificados em Flordelis não poderiam ter comprometido as carreiras de cantora e deputada. Lobo explicou que alguns transtornos, como demência ou esquizofrenia grave, podem afetar "globalmente" as funções mentais. No caso de

Flordelis, disse ele, a carreira musical seria "compatível com os adoecimentos dela que não são de prejuízos amplos". Mas o trabalho como deputada poderia, sim, ser prejudicado, situação que eventualmente demandaria apoio externo, acreditava o especialista: "Há um relato por parte dela [Flordelis] que inclusive o sr. Anderson do Carmo tinha o apelido, salvo engano, de gabinete 514, de tanta necessidade que ela tinha de ter a colaboração, a assistência, o apoio, para que ela pudesse exercer o mandato dela. [...] Então, a atividade parlamentar estando assistida é uma possibilidade".

Dra. Paixão: "Só mais uma, de caráter objetivo. Também nesse escore, para dizer se uma pessoa é psicopata ou não, existe o critério 'estilo de vida parasitário'. O que configuraria?".

Lobo: "Indivíduos que, mesmo na idade adulta, até porque a escala só se aplica na idade adulta [...], indivíduo adulto capaz, e que poderia trabalhar, poderia estudar, poderia ser independente, e que depende exclusivamente de terceiros para a sua sobrevivência, para a sua independência, para a resolução de seus problemas".

Dra. Paixão: "O senhor, na análise da personalidade da pessoa morta, disse que o Anderson pontuou nesse sentido. Qual a característica do Anderson que configura dependência?".

Lobo: "O fato de ele ter esse relacionamento com a sra. Flordelis, de onde ele precisava, através da figura dela como pastora, como cantora, como deputada, para ter as atividades relacionadas à performance profissional". Isso pareceu contraditório. Afinal, era ela que dependia do deputado 514, ou o contrário?

Dra. Paixão terminou sua participação questionando o psiquiatra sobre o fato de Anderson ter tido dois pontos no item tendência ao tédio, o que parecia contraditório em relação à declaração de mais de uma testemunha de que o pastor trabalhava diuturnamente. O psiquiatra afirmou que o item se aplicaria ao indivíduo que "precisa de atividades múltiplas, sistêmicas, exageradas, para se sentir bem, e especialmente quando se fala da possibilidade de o indivíduo ter características dominantes sobre terceiros". Dra. Paixão: "Aí, a pessoa tende ao tédio? Eu não entendi a relação de dominar terceiros com tédio". A um leigo, e não só à promotora, o raciocínio do psiquiatra se mostrava realmente sofisticado *demais*.

Dr. Coelho assumiu o microfone cumprimentando Lobo pelo primeiro nome, Hewdy, e lhe pedindo que falasse sobre seu histórico profissional. A juíza interveio: "A defesa já perguntou, ele já disse o histórico dele, o senhor não vai repetir, né?". Aparentemente resignado, dr. Coelho seguiu em frente. Lembrou que Lobo havia prestado depoimento em outros processos; quis saber se aplicara testes também como perito e assistente técnico. Ele respondeu que sim, mas que não os comentaria por "motivo de segredo de justiça e de ética médica". A juíza lembrou que o processo era público. Lobo respondeu: "É público, mas está em segredo de justiça". Ela, então, determinou que o promotor prosseguisse.

Dr. Coelho: "O senhor diz na avaliação da deputada Flordelis, deputada, cantora, pastora, páginas 41286....". O promotor chamou o assistente de acusação e disse algo em seu ouvido; dr. Ângelo Máximo respondeu em voz baixa. O psiquiatra se ajeitou na cadeira e estendeu os braços, em um golpe rápido, aparentemente com a intenção de desafogá-los da manga do paletó. Dr. Coelho: "Em avaliação psiquiátrica do dia 27 de abril de 2022, o senhor disse que esteve com a deputada Flordelis durante uma hora e meia, uma hora e vinte. A conclusão do trabalho de avaliação é dia 26 de outubro. Eu quero saber o que levou tanto tempo na elaboração do parecer, de abril até outubro. Quais foram as medidas adotadas pelo senhor e sua equipe na elaboração desse extenso parecer sobre a Flordelis?".

Lobo: "A complexidade, especialmente porque nós tínhamos aí uma perspectiva que teríamos até um mês a mais [de prazo para o término do trabalho]. Então esse foi o motivo. Uma alta complexidade, uma grande quantidade de informações, e que nós temos uma ampla e intensa atividade de trabalho, e que nós trabalhamos de acordo com as situações que têm uma necessidade de entrega mais urgente, são entregues de maneira mais urgente...".

Em sua visível afobação, dr. Hewdy Lobo transmitia a impressão de estar à beira de um esgotamento nervoso.

A juíza quis entender "a pertinência da pergunta" de dr. Coelho. O promotor respondeu: "Não... é que o júri estava marcado para maio, foi adiado para julho, depois foi adiado...".

Juíza, ao mesmo tempo: "Doutor, doutor...".

Dr. Coelho: "Os senhores ficaram seis meses debruçados...".

Juíza: "Ele já respondeu!".

Dr. Coelho: "Em relação à parte [ele olha para o telão instalado no plenário e lê], para atingir os objetivos apresentados pela defesa, foi realizada a análise dos seguintes trechos". Dra. Nearis chamou a atenção do promotor para avisar que a palavra correta, escrita no telão, não era "trechos", mas "documentos". Dr. Coelho prosseguiu lendo no telão: "... atividades criminais, termo de declaração da sra. Flordelis à polícia... termo de Flordelis dos Santos... é... os vários termos de Flordelis... atividade social... termos de declaração de Flordelis...".

Juíza: "Doutor, qual é a pergunta?".

Dr. Coelho continuou lendo: "... entrevista...".

Juíza: "Doutor, qual é a pergunta?".

Com um gesto esbaforido, o promotor se levantou, apoiou o antebraço na parte de cima da tela do computador e só então fez a pergunta: "Por que nenhum outro depoimento, nenhum outro testemunho, nenhum outro relato foi tomado em consideração para a elaboração do parecer? O senhor disse que 'para atingir os objetivos e esclarecer pode ajudar esses documentos'... Quem escolheu os documentos?".

A juíza, dirigindo-se a dr. Lobo, enxugou a pergunta de dr. Coelho: "Sabe quem escolheu os documentos?". Depois de mais uma resposta confusa de Lobo, ela própria se corrigiu: "A pergunta é: por que foram usados esses documentos e não outros documentos? Acho que é isso".

Lobo: "Dra. Nearis, é absolutamente inviável, é absolutamente impossível que uma equipe tão pequena consiga avaliar todo esse conteúdo com essa quantidade de pessoas envolvidas. Então, a resposta é muito simples e humilde: inviabilidade técnica!".

Um breve debate se seguiu entre dra. Paixão — auxiliada por dr. Coelho — e a juíza, sobre a ausência de relatos de testemunhas na confecção da Autópsia Mental. A promotora alegou que a pergunta não tinha sido respondida por Lobo. A juíza, por sua vez, tendo o especialista a seu favor, decidiu que sim. "Tá respondida", disse, passando o bastão para o próximo: o assistente de acusação teria alguma pergunta?

Dr. Ângelo Máximo, já com o microfone na mão, anunciou que um dos jurados queria ir ao banheiro. O jurado disse que dava para esperar. Dr. Máximo se voltou para dr. Lobo e iniciou: "Bom dia, doutor". A juíza o interrompeu, dizendo que havia outro jurado que não podia esperar. Pediu um intervalo rápido. Dr. Coelho também foi ao banheiro; durante a pausa na sessão, várias pessoas cruzaram o plenário, numa movimentação que fez lembrar o intervalo de gravação de uma cena de novela. Dr. Hewdy Lobo se levantou da cadeira e puxou a calça para cima pelo cós, distensionou o pescoço com movimentos para um lado e para o outro, ficou na ponta dos pés e esticou os braços. Logo, todos voltaram a seus lugares.

Dr. Máximo recomeçou: "Existem casos de pessoas que cometem crime e não têm doença mental?".

Lobo: "Sim, senhor".

Dr. Máximo: "Eu vi aqui, no laudo da Marzy que está acostado nas folhas 41 83 e 41 257... Quando uma pessoa confessa em juízo, ela pontualiza na versatilidade criminal?".

Lobo: "Como foi falado aqui, nós consideramos aquilo que é objetivo".

Dr. Máximo: "É sim ou não!". Aparentemente, o assistente de acusação, que demonstrava muita admiração pela juíza, quis parafraseá-la.

Mas ela não o respaldou. Disse: "Ele [Lobo] não fez 'sim' ou 'não' em nenhuma pergunta...". Para dr. Lobo: "Pode responder, por favor".

Lobo respondeu apenas: "Não". Ouviram-se muitas risadas na plateia. A juíza não achou muita graça.

Juíza: "Só um instantinho, o senhor não ia responder somente 'não', o senhor pode responder, por favor, da forma como o senhor queria responder?".

Lobo: "Como foi explicado aqui anteriormente, nós consideramos o que há de objetivo, e objetivo é o registro na certidão de antecedentes criminais".

Dr. Máximo: "Então, a pessoa que confessa em juízo não pontua na versatilidade criminal?".

Lobo: "Existem situações, e nós sabemos que isso acontece em qualquer lugar do mundo, que a pessoa confessa por motivos diversos, como, por exemplo, estar sendo ameaçada.

Por isso que, mais uma vez, quando nós tratamos de perícia, nós tratamos daquilo que tem… objetividade. E como eu respondi anteriormente, a objetividade é a certidão de antecedentes criminais".

Dr. Coelho foi até dr. Máximo e disse algo em seu ouvido.

Dr. Máximo: "O senhor teve acesso ao interrogatório da Marzy?".

Lobo: "Não, senhor".

Dr. Máximo, como um bedel de escola: "'Não, senhor'? No seu laudo das folhas que eu citei tem fotos do interrogatório da Marzy, doutor…".

Lobo: "Eu tô dizendo…".

Dr. Máximo: "Não, doutor".

Juíza: "Ele está respondendo, dr. Ângelo, por favor, né!". Para Lobo: "Desculpa, doutor".

De repente, dr. Máximo apontou para o banco dos réus e disse: "Excelência, avisa à defesa que a gente não está no circo, não!". O pedido do assistente soou ofensivo aos artistas circenses.

Juíza: "Eu não vi a manifestação da defesa, mas…".

Dr. Máximo, gritando: "… A GENTE NÃO ESTÁ NO CIRCO, NÃO!…".

Juíza: "Peço aos doutores, como já adverti a todas as partes anteriormente, que não procedam a esse tipo de conduta, seja durante o depoimento, seja durante toda a sessão plenária, por favor. O doutor estava respondendo…".

Lobo: "Então, ali tem os trechos que foram solicitados… tirados, interpretados, cada uma das partes".

Dr. Máximo: "O início o senhor pulou?".

Lobo: "Como foi dito aqui anteriormente, toda vez em que nós vamos avaliar um conteúdo, se nós fôssemos avaliar o conteúdo inteiro, inviabilizaria a nossa prestação de serviço. De onde inclusive, nós falamos ali das metodologias, que as metodologias são a aplicação dos nossos conhecimentos a partir de recortes, de elementos selecionados que contribuam para a atividade pericial".

Dr. Máximo: "Eu perguntei se o senhor pulou o início do vídeo em que está o interrogatório da Marzy".

Lobo: "Em termos de... Ali foram feitos e utilizados fragmentos que diziam respeito ao nosso trabalho".

Dr. Máximo: "O início não? Excelência...". O assistente de acusação pediu que fosse exibido o vídeo.

Juíza: "Só um instantinho...". Para Lobo: "Doutor, o senhor assistiu ao vídeo todo, ou só os trechos relevantes?".

Em uma confusa delonga, sem conseguir responder com objetividade, o psiquiatra dava a impressão de estar em fuga. A juíza o deteve, perguntando simplesmente se não havia sido ele que escolhera os trechos analisados. Como quem se rende, subitamente apaziguado, Lobo respondeu que não.

Dr. Máximo, como de costume, sem meias-palavras: "Então, eu pergunto: só foram usados trechos do interrogatório da Marzy que favorecem a defesa?".

Lobo: "Trechos que correspondem, na nossa análise, à resposta da pergunta norteadora do trabalho. A pergunta norteadora é: se existem características correspondentes a comportamento criminal doloso contra a vida".

Dr. Coelho esfregou o rosto com as mãos e fez um sinal para o assistente de acusação, sugerindo que ele encerrasse o interrogatório. Mas o outro seguiu em frente, em um crescendo de bravura. Pediu à excelência que exibisse no telão o interrogatório de Marzy. A juíza perguntou: "Pra quê?". Dr. Máximo: "Porque eu vou perguntar: o senhor tomou conhecimento do depoimento da Marzy em sede de delegacia?".

Lobo: "Não, senhor".

Dr. Máximo: "'Não, senhor'? O senhor entrevistou a Marzy?".

Juíza: "Já respondeu também que sim".

Dr. Máximo: "Ela contou para o senhor que, por conta própria, sem combinar previamente com Flordelis, passou a ministrar remédio na comida e na bebida de Anderson sempre que sua mãe, Flordelis, não estava em casa? Ela contou isso para o senhor, em entrevista?".

Lobo: "Essa informação, ela consta em alguns dos pareceres. Eu não saberia lembrar se...".

Dr. Máximo: "Não...?".

Juíza: "Só um instantinho, doutor. Ele nem terminou de responder".

Lobo: "Essa informação consta em alguns dos pareceres, que eu não vou ter condições de saber exatamente a página...".

Juíza: "Então, o senhor teve essa informação?".

Lobo: "Sim".

Dr. Máximo: "O senhor poderia mostrar onde está no parecer? Eu consultei o parecer, e essas informações não constam, não, doutor". Lobo afirmou que constavam, sim. Dr. Máximo solicitou a ele que as mostrasse. A juíza determinou que, naquele momento, seguissem com as perguntas. Dr. Máximo disse que queria perguntar algo que estava no parecer do psiquiatra. A juíza o interrompeu, disse que ela ainda estava falando. Dr. Máximo pediu desculpas, enquanto a juíza se dirigia a Lobo: "Ao final do depoimento, se o senhor se dispuser a mostrar ao doutor, o senhor me avisa, tá bom?". Dr. Máximo prosseguiu: "A Marzy falou ao senhor que várias vezes teria abordado o Lucas para tramar a morte do Anderson? [...] Ela contou ao senhor que ficou de pagar uma quantia pela morte do Anderson, que ocorreria na mesma semana?".

Lobo: "Não, senhor".

Dr. Máximo quis saber se Lobo conhecia o perito Sami El Jundi. Se tinha relação de amizade, sociedade e trabalho com o perito. O psiquiatra respondeu que os dois mantinham apenas contato profissional. Dr. Máximo perguntou se Lobo havia trabalhado em algum caso de repercussão com El Jundi. A juíza indagou qual era a pertinência da pergunta, ele disse que ia chegar lá.

Juíza: "Então, o senhor chega!". Mas, pelo visto, o advogado queria apenas mostrar que o médico era mais um técnico depondo em um caso midiático, meramente pela visibilidade que a exposição traria.

Ao final, dr. Lobo fez um sumário da avaliação de Flordelis. Repetiu resumidamente os transtornos que a acometiam, comentou o resultado na Escala Hare e falou dos medicamentos administrados à ré — anticonvulsivante, antidepressivo, ansiolítico e calmante. Depois do questionário básico de dra. Isabela, da curiosidade desconstrutivista de dra. Paixão e das perguntas diretas de dr. Máximo, o que restou da oitiva foi um forte indicativo da parcialidade em favor da defesa no trabalho técnico de dr. Hewdy Lobo Ribeiro, e a desmoralização circunstancial da Escala Hare de Psicopatia.

Dra. Nearis determinou um intervalo para o almoço, entre 14h10 e 15h20. Seguiu-se o depoimento de Érica Dias Santos, 36 anos, irmã biológica de Thayane. Negra, encorpada, Érica tinha os cabelos presos em um volumoso coque de *dreadlock*, usava brincos grandes em forma de disco e cílios reforçados; vestia um paletó alaranjado por cima de uma blusa escura e estava de máscara descartável preta.

Assim como todas as informantes arroladas pela defesa, ela foi ao plenário basicamente para falar da índole generosa de Flordelis, da submissão da pastora ao ganancioso Anderson do Carmo e dos abusos sexuais cometidos por ele. Em comparação com as outras, mostrou-se mais segura. Quando dra. Janira perguntou se "Flordelis praticava relações sexuais com os filhos adotivos", Érica riu como se aquilo fosse um disparate.

Então, ajeitou a máscara e, com as palmas das mãos voltadas para cima, disse apenas: "Isso é um absurdo".

Contudo, emocionou-se a ponto de soluçar quando dra. Janira se referiu ao abuso de Kelly por Anderson do Carmo. Depois de longos silêncios chorosos, a advogada perguntou se ela preferiria não falar sobre o assunto. Alguns instantes se passaram, então Érica enxugou os olhos com os dedos e respondeu: "Na verdade, eu não queria expor minha irmã". Dra. Janira: "Se você não quer expor sua irmã, a defesa vai passar". Érica balbuciou um "obrigado", puxando o ar pela boca.

A advogada consultou algumas anotações nas folhas que estavam em seu colo, perguntou qualquer coisa ao prof. Faucz e prosseguiu com perguntas sobre a relação entre Anderson e Simone. Uma assistente da juíza ofereceu um lenço de papel a Érica. Ela disse que Anderson e Simone eram muito próximos, "parecia uma relação de casal". Contou que tinha visto o pastor passando a mão no braço de Simone, ou a abraçando por trás quando ela fazia comida para ele. "É que eu não maldava." Então, a pedido da advogada, a informante falou sobre Rayane, por quem o pastor parecia ter um carinho especial. "Eu nunca vi ele assediando a Rayane. Mas ele sempre chamava ela de [apelidos carinhosos, como] gorda, minha gorda, meu amor."

Ao final, talvez tomada de animação pelo bom desempenho da informante, dra. Janira quis saber: "Tem alguma coisa que eu não lhe perguntei que você gostaria de falar?", o que suscitou um "Pela ordem!" de dr. Ângelo Máximo. A juíza advertiu a advogada: "Ela não está aqui para falar o que quer. Está aqui para responder a perguntas". Janira fechou o interrogatório sendo Janira: "Eu não posso fazer perguntas abertas a ela? Ok, eu acato a sua limitação".

Dra. Nearis chamou a defesa de Simone.

Dra. Daniela Grégio quis saber mais a respeito do abraço por trás que Anderson deu em Simone na cozinha, mas a história não rendeu. Érica afirmou que "ele obviamente não fazia comida, e sempre tava caçando alguém pra fazer para ele. Então, normalmente era sempre a Simone".

Em sua vez de fazer perguntas, dra. Mariah da Paixão agarrou a deixa: "Era Simone a responsável por preparar as refeições e as bebidas do pastor?". A promotora evidentemente não pretendia desmentir as testemunhas de acusação, que haviam dito que Simone "não fazia nada em casa"; tampouco teve o intuito de reconhecer que Anderson costumava abraçar Simone por trás na cozinha. A intenção parecia ser mostrar que quem preparava a comida do pastor era justamente a acusada de procurar veneno na internet. Érica, aparentemente, frustrou a estratégia da doutora ao responder: "Não era oficial, se é isso que você quer saber".

A participação de dra. Paixão foi interrompida por um novo ruído no plenário. Naquele momento, um homenzinho franzino de cerca de sessenta anos, que vestia um terno azul desbotado e um mocassim marrom empoeirado, entrou na sala e passou a falar frases desconexas em voz alta, dirigindo-se ao cercadinho e à plateia. A juíza, que possivelmente reagiria com um espasmo verbal, freou o impulso: "Senhor, eu pedi para fazer silêncio no plenário, e não pode se comunicar com os jurados, os jurados estão no Conselho de Sentença. O senhor é advogado? Senhor...". Ele agora gritava. Disse que era advogado, que tinha 37 anos de profissão e conhecia a juíza e todos os doutores que estavam ali. Elevando o tom: "Quer que eu vá embora? Eu vou!". De maneira afável, dra. Nearis tentou contemporizar: "Não, eu...". Mas ele gritava mais. "Admiro seu trabalho! Não sou jurado, mas..." A juíza adotou uma atitude mais firme: "O senhor, como advogado, deve saber que eles [os jurados] estão incomunicáveis, ok? Então, por favor, não acene para eles. Ponto. Vamos seguir aqui, por favor". O visitante soltou um contrariado "Tá bom!". Outro homem, pelo visto conhecido dele, se aproximou, sorriu amistosamente e o retirou da sala. Lá fora, o advogado contou ao autor deste livro que seu nome era Fernando Camargo Soares. Com um sorriso de poucos dentes e um timbre rouco de voz, disse: "Para de fazer cu doce que meu pau é diabético". E se afastou. Na assentada, ele foi descrito como alguém "aparentemente embriagado".

Houve um intervalo entre 16h27 e 16h38, e a seguir foram ouvidos mais dois informantes da defesa — o filho afetivo Douglas de Almeida Ribeiro, de 23 anos, e um ex-namorado de Simone chamado Marcos Silva de Lima, de 47.

Douglas — que estava no escritório de Paula do Vôlei quando ela concedeu entrevista para este livro — era uma espécie de filho visitante na casa. Contou que havia chegado em 2016 e saído seis anos depois. Fora morar ali depois de travar amizade com Ramon, Lorrane e Rafaela na igreja; disse que à época enfrentava problemas com a própria família, e por isso costumava passar temporadas com os três irmãos, até que se mudou para lá. Afirmou ter sido bem recebido por Anderson e Flordelis, a ponto de se tornar assessor parlamentar da pastora. Em Brasília, segundo ele, seu salário passou por três alterações. O primeiro era mais alto ("tinha muitas demandas"), o último, 5 mil reais. Atualmente, trabalhava como assessor parlamentar na Câmara Municipal de São Gonçalo.

Pardo, magro e ansioso nas respostas, Douglas vestia uma camiseta branca com debruns e detalhes em azul-marinho. Foi mais um a falar sobre os alegados abusos do pastor a Simone e Rayane: "... eu estava em Brasília, aí a Rayane comentou que ele tentou ficar em cima dela enquanto ela dormia nua, o Felipe ficou muito chateado".

O único diferencial da oitiva de Douglas foi a menção a uma conversa encontrada no celular apreendido dele, que os promotores pediram que fosse exibida. A mensagem era de 17 de junho, um dia após o assassinato do pastor. Dizia: "Meu tipo [intuiu-se a palavra correta seria "tio"] foi falar com ela, minha avó, que apagaria tudo que de alguma forma a incriminasse. Fiquei choquito".

Dr. Coelho pediu a Douglas que explicasse o texto da mensagem. Não havendo muita alternativa, o depoente buscou se preservar: "Bom, essa mensagem não é minha porque a Flordelis não é minha avó, nem Simone é minha avó... eu acho que é de uma conversa minha com alguém da casa, pelo bloco de notas". O promotor repetiu: "Certo, então o senhor diz que o texto seria uma mensagem que o senhor recebeu, e o senhor não seria neto da Flordelis, né, que a mensagem menciona minha avó... e o senhor se recorda qual neto, se alguém mandou, porque o senhor diz que...".

Dr. Faucz: "Vai refazer tudo o que ele já falou?".

Dra. Mariah acudiu: "O senhor [Douglas] sabe explicar então como esse texto foi parar no seu celular?". Douglas disse que talvez houvesse alguém junto dele naquele momento e, por isso, a conversa teria acontecido por meio do bloco de notas. Curiosa, a juíza perguntou à secretária pessoal e depois ao próprio Douglas como acontecia uma conversa pelo bloco de notas. "Passando o celular para a pessoa, é isso?"

Douglas: "Isso, um do lado do outro".

Dr. Coelho: "E aí fica uma pessoa escrevendo o texto e apagando. Porque foi deletada a mensagem".

Douglas: "Depois da conversa, a gente possivelmente tenha apagado, né?". Dr. Coelho quis saber por que motivo Douglas escreveu para a pessoa, se ela estava ao lado dele. Douglas: "Possivelmente tenha sido num momento de conversa que tenha outras pessoas no mesmo local". A juíza sugeriu: "É que ninguém podia ouvir, é isso?". Douglas: "Não, uma conversa informal pelo celular, deve ter entrado também, mas possivelmente...". Dr. Coelho: "Certo. E o neto da avó estava do seu lado, mas o senhor preferiu escrever?". Douglas: "É, a gente conversou pelo...". Dr. Coelho: "Sem mais, excelência, obrigado".

Marcos Silva de Lima, 47 anos, ex-namorado de Simone por seis meses, tinha a cabeça inteiramente raspada, usava camisa estilo social verde com os botões abertos e uma placa de identificação estilo militar pendurada no pescoço. Descrito mais à frente pela própria Simone (em uma gravação exibida por dra. Grégio) como o namorado que "fica na putaria", e com o qual, por isso, não podia contar, Lima se apresentou na oitiva como pastor e empresário, e disse ter conhecido Simone em 2017, nas redes sociais. Contou que a princípio demonstrou interesse em ajudar na casa, e então a namorada o convidou para apadrinhar Moisés, o Zequinha; na ocasião, ele teria se proposto a bancar a festa de aniversário do garoto. Porém, de acordo com o que narrou, Simone ligou para ele no dia da festa, chorando e pedindo que ele não aparecesse. Lima disse ter considerado aquilo uma desfeita "inadmissível". "Como assim? Poxa, eu franquear a festa e não ir?" Segundo ele, Anderson ligou uma hora e meia depois, ameaçando-o: "Já foi dado o recado pra você? Se você vier na festa do meu neto, você não vai voltar pra casa". "Eu falei. 'Como assim, pastor?'. Anderson: 'E outra coisa, pede o número da conta da Simone, que eu vou devolver o dinheiro que você gastou na festa.'"

Em outra situação, quando já eram apenas amigos, Simone teria chegado na casa de Lima com o olho roxo, contando que havia apanhado de Anderson ao tentar apartar uma briga dele com Flordelis. O empresário citou ainda uma ocasião em que ela apareceu "drogada, bêbada", ameaçando se matar, e que ele a teria convidado para morar um tempo ali com Zequinha, mas Simone disse que não poderia abandonar a mãe.

24.
A neta biológica

A entrada no plenário da informante Lorrane dos Santos Oliveira, 26 anos, provocou o humor dos ressentidos. "Onde ela pensa que vai?", perguntavam-se na plateia, entre risinhos. A suavidade do rosto de traços delicados mas bem marcados, e a pele alva, levemente maquiada, contrastavam com a exuberante intervenção de um penteado black power, dividido ao meio por uma risca; a filha e neta das duas rés de maior evidência no julgamento vestia um casacão de pele sintética cor de marfim, que ia até a altura de suas coxas e dava à figura dela uma dimensão ursina; estava de jeans escuros e camiseta, e se equilibrava sobre sandálias de saltos muito altos estilo tamancão. O casaco, equipado com capuz, não era uma excentricidade injustificada: apesar de os termômetros naquele dia registrarem média de trinta graus, os frequentadores do julgamento sabiam que o calor úmido do Rio não tinha acesso ao plenário de dra. Nearis, onde a temperatura do ar girava em torno dos dezenove graus.

Lorrane, como praticamente todo o elenco feminino arrolado pela defesa, dedicou seu depoimento a desonrar a memória da vítima. De acordo com um punhado de lembranças só agora relatadas, Anderson do Carmo era descrito como um abusador compulsivo. O repertório de eventos narrados pela depoente juntava os já bastante mencionados "tapas na bunda" nas moças da casa, os estupros de Rafaela e Kelly, e um convite inesperado feito a ela, Lorrane, para almoçar em um motel que ficava no caminho de uma das igrejas do Ministério Flordelis.

O microfone agora estava com dra. Janira. "Boa noite. Já é noite, né?" Passavam sete minutos das dezoito horas. A primeira pergunta tratou da ocupação profissional da testemunha. Lorrane contou que até o domingo anterior estava trabalhando como hostess em um restaurante: "Por conta do júri, fui convidada a me retirar", disse ela, referindo-se ao impacto negativo causado pelo retorno do caso à mídia. A pedido de dra. Janira, ela passou a relatar onde estava na madrugada do crime; disse que tinha ido ao teatro com a mãe ("Não me lembro qual era a peça"), com Marzy e Douglas ("Não me recordo se era o Douglas", "Não me recordo a que horas voltamos pra casa"). A imprecisão nas respostas era uma característica que se verificava em quase todas as oitivas das informantes de defesa — as que eram da família, não as técnicas. Alguns observadores mais astuciosos viam nisso uma tática para deixar margem para contornos, caso, mais adiante, a informante fosse flagrada em contradição. Lorrane contou que quem deu a ela a notícia do assassinato de Anderson do Carmo foi sua irmã Rafaela. "Eu estava dormindo na casa de um rapaz que eu estava conhecendo. [...] [Fui avisada] entre três e meia e quatro da manhã." Ao chegar, ela teria encontrado "todo mundo em pânico". "O corpo já não estava mais lá, na garagem, tinha sido levado para o hospital, tava todo mundo desesperado. [...] Quando a polícia chegou, estava amanhecendo... acredito que eram umas cinco da manhã."

Desde o dia do crime, Lorrane havia prestado depoimento três vezes. A ida à delegacia mais lembrada por ela foi a de 24 de junho, uma segunda-feira, oito dias depois do assassinato de Anderson; na ocasião, dra. Bárbara Lomba e sua equipe interrogaram quinze suspeitos ao mesmo tempo, mas separadamente, para evitar que os intimados combinassem uma versão.

Dra. Janira: "Quando eles perguntaram sobre abuso sexual, por que você não falou o que tinha passado?".

Lorrane: "Eu não me senti confortável para falar com quatro homens na sala [policiais que, segundo a informante, "falavam em pornografia, sobre pênis", quando ela entrou]. Em nenhum momento, eu fui recebida por uma mulher". Dra. Bárbara Lomba, de acordo com Lorrane, não apareceu para lhe dar apoio. Nem ela nem nenhuma psicóloga ou assistente social.

O alegado desrespeito sofrido na delegacia serviu como gancho para Lorrane falar da vulnerabilidade que a presença de Anderson do Carmo supostamente impunha às mulheres da casa. Dra. Janira fazia perguntas que ensejavam relatos assombrosos sobre o assunto. "Sua mãe ou sua avó davam alguma recomendação para que você não ficasse sozinha com algumas pessoas da casa?"

Lorrane: "Minha mãe falava muito para eu não ficar sozinha com meu avô".

Dra. Janira: "Ela falou isso só agora, ou a recomendação é anterior? Você tem noção do tempo dessa recomendação?".

Lorrane: "Ela sempre falou isso pra mim. Ela frisava muito isso em 2019, quando eu passei a ficar mocinha, entre os meus dezenove, vinte anos. Ela sempre falava: 'Não fica sozinha com o seu avô. Toma cuidado'. Falava bastante".

Dra. Janira: "E por que ela falava isso pra você?".

Lorrane: "Eu nunca entendia o porquê [...]. Quando ela falava, eu me questionava. 'Por que eu não posso ficar sozinha com meu avô?' Até acontecer o episódio com ele. Aí, eu falei com ela, e ela brigou muito comigo. Disse. 'Eu falei que não era para você ficar sozinha com seu avô. Não quero você sozinha de jeito nenhum'".

O episódio mencionado seria o convite para almoçar no motel. Dra. Janira pediu a ela que contasse. Lorrane:

Foi em um dia de domingo, a gente tava indo para a igreja, ele não tinha o hábito de ir cedo para a igreja. Quem ia sempre no horário da manhã era minha avó. Ele ia no horário da tarde, e sempre tinha almoço na cozinha. Aí, passamos em frente a uma padaria chamada Glamour, ele gostava muito de comer a empada de camarão e frango que tinha lá. Ele perguntou: "Você tá com fome? Quer comer?". Eu falei: "Sim". Achei que ele fosse parar na padaria, ele passou direto. Quando chegou em Maria Paula [bairro que fica no caminho da igreja], de esquina tem um motel. Ele deu seta para entrar. Tinha uma placa de almoço. Eu falei: "Não, mas a gente vai almoçar *aqui*?". Ele: "É, aqui tem um restaurante maravilhoso". Eu falei: "Não, mas isso aqui não é um restaurante, eu não quero almoçar aqui". Ele: "Não, mas a comida aqui é muito boa". Eu falei: "Não quero. Se você entrar aqui, eu vou ligar para minha mãe". Aí, nós fomos direto para a igreja, e eu contei para a minha mãe. [...] Depois desse dia, eu nunca mais fiquei sozinha com ele.

Lorrane não soube dizer por que não contou o que aconteceu a mais ninguém, só à sua mãe.

Dra. Janira quis explorar mais o tema: "Ele teve algum outro comportamento inadequado com você?". Lorrane:

Sim. Lá em casa, era comum acabar a água. Era muita gente, e os quartos em que acabava por último era o da bisa, lá embaixo, e do pai Niel, do Anderson. Acabou a água, eu pedi para tomar banho lá. Era dia de domingo, iríamos para o culto. Bati na porta, tava o ar bem gelado, ele sempre ficava com o ar muito gelado. Ele me deixou tomar banho no banheiro, tranquei a porta; quando eu terminei, e saí, ele tava vendo filme pornô e se masturbando. Aí, eu fingi [que não percebeu], tal, passei direto e fui pro meu quarto. Deu uns dez minutinhos, ele subiu, tentou ficar puxando assunto como se nada tivesse acontecido. Eu tava na cama sentada, ele ficou do meu lado. Eu levantei, fiquei no armário, ele foi pro meu lado, eu fiquei fugindo dele no quarto, aí ele desistiu e depois nunca mais tocou no assunto.

Pelo que se inferia do relato de Lorrane, a simples presença do pastor na casa era aterrorizante; a tal ponto que, a partir de determinado momento, ela passou a receber mensagens com pedidos de socorro da própria mãe. "Aconteceu várias vezes de eu estar em casa, o telefone tocar, era minha mãe. Eu sabia que meu avô estava no quarto. Eu subia correndo, abria a porta, ele levantava assim [ela faz um gesto brusco], abria o armário, pegava alguma coisa e saía do quarto." Dra. Janira: "Por que ele abria o armário?". Lorrane: "Para disfarçar. Desconversar. Pegava às vezes um perfume, uma roupa, e saía do quarto".

Uma das vítimas dos abusos de Anderson ficou tão traumatizada, de acordo com Lorrane, que "tentou se matar". "O pastor Carlos [Ubiraci] não estava em casa. Aí, ele [Anderson] entrou e abusou dela [Cristiana]. Mas também não sei detalhes."

Dra. Janira: "Quem é que te contou isso?".

Lorrane: "Minha mãe".

Dra. Janira: "O que aconteceu com a Cristiana, depois desse ocorrido? Qual foi a reação dela?".

Lorrane: "Cortou os pulsos, foi para o hospital, aí, depois disso, precisou tomar remédio controlado, e, por diversas vezes, ficava perambulando pela rua até tarde. Inclusive, eu mesma fui buscar ela de carro. Ela tava andando ali em frente ao Fórum da Região Oceânica, no largo da Batalha, totalmente desorientada. Eu parei o carro, coloquei ela no carro e levei pra casa".

Relatos que agora retratavam Anderson do Carmo como molestador crônico surgiam em quantidades industriais. Insaciável, dra. Janira indagou o que a informante tinha ouvido "de outras meninas [da casa]".

Lorrane: "Eu ouvi a questão da Rafaela. Eu ouvi sobre a Kelly".

Dra. Janira: "Vamos lá, a Kelly. O que você ouviu?".

Lorrane: "Sobre a Kelly... eu nunca fui muito próxima dela nem das meninas que ficavam no quarto dela. [...] Então, não sei se ela estava sozinha no quarto, mas soube que ele entrou no quarto dela à noite e abusou dela".

Dra. Janira: "Quem te contou isso?".

Lorrane: "Foi depois da morte dele. Nas conversas na própria casa, ouvi a Érica contando".

Dra. Janira: "Nome da pessoa que te contou isso?".

Lorrane: "Eu soube pela Érica. Érica Dias. Agora, eu não entrei em detalhes".

Dra. Janira: "E da Rafaela? O que você soube?".

Lorrane: "A própria Rafaela, depois do acontecido, depois do que foi exposto na mídia... A Rafaela disse que estava na cama deitada, a mãe tava na cama de cima, porque era uma treliche, e embaixo tinha uma cama de puxar. Aí, ela sentiu uma mão na perna dela, no pé, aí a mão foi subindo para o joelho, para a coxa, e colocou a mão nas partes íntimas dela. Mas ela também não entrou muito em detalhes comigo".

Na piscina da casa, segundo Lorrane, o pastor costumava afogar as meninas desobedientes. Dra. Janira: "Você se lembra de algum comportamento inadequado dele na piscina?".

Lorrane: "Toda vez que ele entrava na piscina, todo mundo saía correndo. Ele tinha uma mania de brincar de afogar as meninas na piscina. E, nessa brincadeira de afogar, desamarrava o biquíni, a parte de baixo, aí desamarrava a parte de cima, e a gente tinha medo de ficar na piscina porque ele era muito violento. A brincadeira de afogar passava dos limites. Quando tinha alguém que ele queria punir, era na piscina que ele punia. Ele fazia a gente passar sufoco na piscina. Era afogamento sério. Aí, a galera não queria...".

Até ali, dra. Janira Rocha se aferrou ao propósito de mostrar que a vítima fez por onde ser assassinada — se é que não mereceu.

Mas a lembrança dos casos de violência doméstica, em relação ao início do processo, se tornou súbita e profusa demais. A diversidade de métodos de estupro, abuso, assédio — perpetrados até por afogamento — era impressionante. Qualquer um que assistisse ao depoimento de Lorrane poderia se perguntar: "Como ninguém falou dessas barbaridades já nos primeiros depoimentos à polícia?". O mais intrigante era que todas aquelas acusações não levavam a conclusão nenhuma: como sempre, desde o início, a advogada não apontava entre os clientes dela nenhum candidato a assassino (ainda que o escolhido pudesse supostamente ter matado com razão).

Dra. Rocha agora queria saber como Lorrane tinha descoberto que o avô abusava da mãe dela — Simone. Lorrane:

> Foi muito estranho, porque minha mãe não podia namorar quem ela queria. E eu não entendia isso... Eu dizia: "Mãe, a senhora tem trinta anos, por que a senhora não pode namorar com ninguém?". Aí, ela falava: "Um dia, você vai entender, um dia eu te conto". Depois, aconteceu tudo isso, ela tava presa já, eu falei: "Mãe, e aí? A senhora já tá aqui, não tem pra onde correr". Aí, ela conversou comigo sobre as coisas que aconteciam... eu julgava muito minha mãe, porque na igreja as pessoas falavam muito dela, sabe?, que ela destruía casamentos, e os homens olhavam pra ela [voz embargada]... eu tinha vergonha, por ela ser uma mulher namoradeira. Mas qual o problema de uma mulher ser solteira e gostar de namorar? [...] Eu achava que minha mãe gostava de ser namoradeira por rebeldia, sabe?, ou por querer chamar atenção de uma maneira errada.

Em uma nova frente de ataque, aparentemente para desintegrar por completo a imagem de Anderson do Carmo, Lorrane contou a dra. Janira que o "comportamento inadequado" do pastor a levou a desenvolver um "relacionamento diferenciado" com seu próprio pai, André Bigode.

Eu não lembro com quem eu conversei que eu tinha medo de ficar perto do meu pai com roupa de dormir, com medo, porque é homem, de ter maldade comigo. Durante muito tempo eu fiquei receosa, meu pai entrava no quarto eu me cobria. Não ficava nem de top. [...] Eu falei para a minha mãe, ela falou para o meu pai, ele me chamou e falou: "Minha filha, eu nunca vou encostar em você! [com voz embargada]. Primeiro, porque eu te amo. Segundo, porque eu sou o seu pai. E terceiro, porque eu sou um homem de caráter e de respeito. Eu nunca fiz mal a mulher alguma [...]. Eu sou seu pai, minha função aqui, enquanto eu estiver vivo, é te proteger, te manter segura". Aí, eu pedi perdão a ele, por desconfiar dele, e aí depois ficou tudo bem.

No banco dos réus, André Bigode enxugou o nariz com um lenço de papel.

Ainda a pedido de dra. Janira, Lorrane falou com detalhes a respeito da aversão que passou a sentir por Anderson. "Ele tinha um perfume que era Jimmy Choo. E ele dava um beijo molhado, ficava um cheiro forte de baba. E aí, quando ele vinha, eu sabia que ele ia dar aquele beijo fedido, eu tinha nojo. Eu não conseguia ficar perto dele, porque tinha aquele cheiro, era muito forte." Essa parte do depoimento, em especial, não combinava com o post que Lorrane publicou nas redes sociais trinta dias depois da morte do pastor. Ela escreveu: "Hoje faz um mês sem você pai! Poxa, como o senhor faz falta, queria tanto que isso fosse mentira, queria tanto que isso tudo fosse um pesadelo horrível, mas não é!! A cada dia que passa meu coração chora e sangra com sua falta! Te amo eternamente. #justiça #painiel". No post, observava-se que Lorrane se referia ao avô como pai.

Contrariando a tese da própria defesa, de que o crime teve como motivação a "violência doméstica" e não a briga na casa por poder e dinheiro, Lorrane passou a se queixar da má administração da renda familiar por Anderson do Carmo. Segundo ela, o "Natal pobre" das moças se devia à injusta distribuição do dinheiro e também ao egoísmo do avô. Pelo que ela contou, Anderson dava apenas duzentos reais para cada uma comprar "uma roupa para o Natal e outra para o Ano-Novo".

> Ele era responsável pelas roupas dos meninos, e minha avó, pela das meninas. Aí, minha avó dava um dinheiro escondido pra cada menina comprar roupa. [...] Enquanto isso, ele [Anderson] entrava na Zara, comprava roupa na Diesel, saía com bolsas e bolsas de roupas, e a gente às vezes tinha de comprar sapato na Di Santinni, contando todos os centavos.

A propósito de dinheiro, dra. Janira perguntou quem administrava financeiramente o gabinete de Misael na Câmara Municipal de São Gonçalo. Lorrane respondeu que "era o pastor". Contou que ela própria fora nomeada para ocupar um cargo na Secretaria Municipal de Políticas sobre Álcool e Drogas; passou a descrever a função que desempenhava ali, mas a juíza a interrompeu. Disse que o depoimento já tinha se estendido demais e que havia outras testemunhas para falar. A advogada se comprometeu a ser breve e concisa. Lorrane prosseguiu:

> Misael nomeava a gente de acordo com o meu avô, e eu fui nomeada como subsecretária, ganhava um salário de 9 mil. Só que o Misael queria que eu ficasse com o salário que eu tinha anteriormente, uma condição mais abaixo, que era de 1200. E quem estava de subsecretário era o Luan [Alexsander]. Aí, o Luan saiu, eu perguntei por que ele quis sair, ele disse: "O seu avô é um vagabundo, é um

safado. Eu ganhava 5 mil…". [Lorrane repete, em tom de pergunta] Cinco mil? [se corrige] Minto, minto [e segue reproduzindo a fala de Luan]. "Eu ganhava 2500. Eu tô indo embora para os Estados Unidos porque meu filho é autista, eu tenho de cuidar do meu filho. Cuidado com esse safado, para ele não te enganar." Aí eu falei: "Misael, eu não vou ficar, se não for com o mesmo salário que o Luan tem". Ele falou: "Fica só esse mês, porque você não pode se demitir. Eu vou te exonerar". Aí, me exoneraram. Eu peguei o salário de 9 mil, fui com meu pai [André] no banco Itaú de São Gonçalo, fui na boca do caixa, peguei o dinheiro, dei na mão do Misael. O Misael recolhia o dinheiro de todo mundo e dava na mão do meu avô.

As perguntas seguintes versaram sobre a relação de Lorrane com Lucas. Segundo ela, "nunca me dei com o Lucas, não". Muito provavelmente, dra. Rocha abordou o assunto para ensejar uma resposta aos ataques promovidos por Regiane Rabello. Regiane havia acusado Lorrane de jogar uma bomba em sua casa e de riscar a pintura dos carros de sua oficina. Dra. Janira indagou por que Lorrane não gostava de Lucas. Resposta: "Ele começou a trabalhar com a Regiane, ela começou a reclamar muito que ele roubava na loja dela, reclamava com a minha avó que ele pegava dinheiro dela, minha avó devolvia dinheiro pra ela. Aí teve um episódio em que ele fugiu de casa, era menor de idade, minha avó tava viajando, eu fui atrás dele, ele tinha id…".

Juíza: "A pergunta é 'Por que não gostava'".

Lorrane: "… e eu chamei a polícia…".

Juíza: "Hein, doutora. A pergunta é 'Por que ela não gostava dele'?".

Dra. Janira: "A pergunta é por que ela não se dava com o Lucas".

Juíza: "É. Ela tá falando da Regiane".

Lorrane: "Então, por esse motivo: porque eu chamei a polícia para ele [...] porque ele fugiu de casa".

Juíza: "Ahhh".

Lorrane: "Eu chamei a polícia para ele na oficina da Regiane, a Regiane começou a gritar...".

Juíza: "A senhora não gostava dele, teve que chamar a polícia, é isso?".

Não era bem isso. Pelo que pareceu, a juíza não gostou da resposta de Lorrane. Nada garantia que fosse verdadeira, mas o que ela disse foi que sua relação com Lucas não era boa porque ele dava muito trabalho, estava envolvido com o tráfico e eventualmente com o roubo de carros; ela teria chamado a polícia porque a responsável por ele era Flordelis.

Lorrane: "Quando ele começou a trabalhar na Regiane, ele começou a se envolver com umas coisas erradas no tráfico...".

Juíza: "O motivo de chamar a polícia eu não entendi".

Lorrane: "Eu chamei a polícia para ele porque ele tinha dezessete anos, ele já estava envolvido com o tráfico e fugiu de casa. Tudo o que ele fizesse nessa idade, minha avó responderia. [...] Eu chamei a polícia, ele ficou bravo desde então".

A juíza pediu que Lorrane fosse mais objetiva em suas respostas.

Dra. Janira prosseguiu: "O Lucas já fez ameaças a sua vida?".

Lorrane: "Disse que me mataria".

Dra. Janira: "Por conta desse episódio?",

Lorrane: "Sim. Daria um tiro na minha cabeça".

Dra. Janira: "Você participou da jogada de algum artefato na casa da Regiane?".

Lorrane: "Não, nunca".

Dra. Janira: "Você já arranhou algum carro da oficina da Regiane?".

Lorrane: "Nunca".

Dra. Janira: "Por que ela lhe faz essa acusação?".

Juíza: "Tem que perguntar para a Regiane, ela vai te dar uma conclusão subjetiva".

O Ministério Público assumiu a palavra, e o microfone estava com a promotora Mariah da Paixão. Em geral, quando quem ia fazer as perguntas era ela, as testemunhas de defesa se ajeitavam na cadeira, como se o autor da sabatina fosse o professor que mais reprova. Dra. Paixão: "Quando a senhora se refere a pai e mãe, a senhora fala da acusada Simone e do acusado André, que estão sentados aqui?".

Lorrane: "Sim".

Dra. Paixão: "A senhora falou de certa conduta policial inadequada que teria impedido a senhora de prestar declarações sobre abuso em sede policial. A autoridade policial naquele momento no inquérito era a dra. Bárbara Lomba, uma mulher. A senhora pensou, em algum momento, em narrar para ela essas condutas policiais?".

Lorrane: "Nesse dia ela estava na sala com a minha avó, aos gritos".

Juíza: "A senhora não disse por que não falou nada para a dra. Bárbara".

Lorrane: "Porque ela estava gritando com a minha avó, e eu saí antes da minha avó. Minha avó continuou na sala durante muito tempo...".

Dra. Paixão: "Mas a senhora foi mais de uma vez à delegacia. Eu quero saber...".

Juíza: "Essa pergunta já foi feita".

Dra. Paixão: "Não, é diferente. Nessa segunda vez, a senhora não estava acompanhada de uma advogada?".

Lorrane: "Não. Nenhuma advogada. Só eu".

Dra. Paixão: "No seu termo de declaração, onde está registrada a presença de uma advogada, não reflete a realidade?".

Lorrane: "Da primeira vez, sim. Luciene Diniz".

Dra. Paixão: "A senhora foi ouvida no Conselho Tutelar de Niterói sobre se havia abusos dentro da casa?".

Lorrane: "Não que eu me recorde".

Dra. Paixão: "2020".

Lorrane: "Sobre abusos, no Conselho Tutelar de Niterói? Não me recordo".

Dra. Paixão: "Dia 3 de setembro de 2020...".

Lorrane: "Não me recordo...".

Dra. Paixão: "Não? Eu vou pedir para exibir, por favor, tá na pasta do apenso...". Como o Conselho Tutelar atua no cumprimento dos direitos de crianças e adolescentes, e citações nominais a menores de idade haviam sido indeferidas, a juíza achou que deveria esclarecer por que autorizaria a leitura dessa vez: "Doutores, eu vou permitir, pelo seguinte: aqui tem um termo de declaração no Conselho Tutelar de Niterói da depoente, maior de idade à época, não faz menção a nenhuma menor de idade, então vou permitir a exibição".

Dr. Rodrigo Faucz vai até a mesa da juíza.

Juíza, para os promotores: "Vou colocar a público, vou deixar os senhores fazerem menção. Mas botar no telão, não vou botar, não...".

Dra. Janira: "Fica à vontade. A defesa aceita no telão, fica à vontade...".

Dra. Paixão: "Então, tá. Tem uma declaração assinada pela senhora aqui, do dia 3 de setembro de 2020. A senhora se recorda que foi ao Conselho Tutelar?".

Lorrane: "Não, não me recordo".

Dra. Paixão: "Diz aqui no termo, assinado pela senhora, que a senhora estava na presença da psicóloga Sheila, da equipe técnica do Conselho Tutelar. A senhora se recorda?".

Lorrane: "Não me recordo".

Juíza: "A senhora não lembra?".

Lorrane: "Não me recordo".

Dra. Paixão: "Eu vou ler um pedaço aqui do que Lorrane Oliveira declara: 'Que a mídia está mentindo, principalmente em relação a abusos cometidos por parte do avô, pastor Anderson. Nem ela, ou as irmãs foram molestadas. Que o mesmo sempre foi respeitoso quanto às crianças, aos adolescentes e adultos da casa. Que nunca ficou sabendo de nada em relação à exploração infantil. Anderson não deixava ninguém transitar na casa com roupa de banho. Que só podia ser usada na piscina, pois tem idosos, adolescentes e adultos na casa'. Esse pedaço a senhora se recorda?".

Lorrane: "Não me recordo".

Dra. Paixão: "Ao final, tem a sua assinatura". A juíza pediu à oficial de justiça que levasse o computador da promotora até Lorrane, para que ela pudesse checar a assinatura.

Lorrane: "É minha assinatura, mas eu não me recordo desse dia especificamente".

Dra. Paixão: "Ok".

A exibição do documento — simples, rápida e inconteste — representou um marco no julgamento. Nenhum outro depoimento havia sido desmentido em tão pouco tempo, e de forma tão categórica. Não se tratava de jogos de palavras nem de sofismas típicos de julgamentos criminais. A promotora apresentou um documento assinado pela depoente. Dra. Paixão prosseguiu, agora nadando de braçada. "A senhora falou aqui sobre uma situação de abuso com a Cristiana. As filhas dela foram ouvidas ontem aqui, e não narraram nada. A senhora sabe se elas tinham conhecimento?".

Lorrane: "Não sei".

Dra. Paixão: "A senhora narrou uma série de episódios, disse que foi em determinado momento que a senhora começou a reconhecer isso como abuso. O que aconteceu para a senhora passar a ver esses momentos de forma diferente?".

Lorrane: "Depois que a dra. Janira entrou no processo, nós conversamos com ela, muitas coisas eu não sabia que eram abusos. Pra mim, abuso era só um homem pegar uma mulher e estuprar. Pra mim, isso era abuso. E ela foi me ensinando que abuso não era só isso, que existiam vários tipos de abusos. E foi nesse período que eu comecei a entender que sofríamos diversos abusos na casa".

Dra. Paixão: "A senhora citou aqui um episódio de uma situação um pouco constrangedora na piscina. Roberta, ouvida ontem aqui em plenário, disse que o pastor quase não entrava na piscina. A senhora confirma isso?".

Lorrane: "Mentira".

Dra. Paixão: "A senhora disse que contou algo para o André, seu pai. Eu não consegui entender exatamente quais os fatos que a senhora narrou aqui que a senhora contou para o André".

Lorrane: "Que eu contei pro meu pai? Não sei do que a senhora está falando".

Dra. Paixão: "A senhora contou alguma situação que a senhora diz que é abuso para o seu pai?".

Lorrane: "Não, não".

Dra. Paixão: "Tá ok, obrigada".

A promotora então quis saber sobre os assédios supostamente cometidos pelo pastor no quarto em que Lorrane e a mãe dormiam. Perguntou: "Quantas pessoas dormiam no seu quarto... no tempo da morte do pastor?".

Lorrane: "Dormia eu, Rafaela, Ramon, Moisés [Zequinha], minha mãe e o Douglas".

Dra. Paixão: "Situações que a senhora contou do pastor entrando no quarto, e tendo comportamentos inadequados. Nunca foram percebidos por esse número de pessoas que dormem no quarto?".

Lorrane: "Tem que perguntar para eles".

Dra. Paixão: "A senhora narrou aqui uma série de inconformismos sobre valores e dinheiro. A senhora não concordava com a forma como a vítima administrava o dinheiro?".

Lorrane: "Sim. Salário de 9 mil, eu recebia 1200. Ele dizia que não tinha dinheiro para me pagar". Sem se dar conta, Lorrane confirmava uma motivação para o crime que a defesa vinha negando desde o início do julgamento. Estava claro que havia insatisfação com a forma como Anderson do Carmo lidava com "poder e dinheiro".

Dra. Paixão: "A senhora tem um iPhone?".

Lorrane: "Tenho".

Dra. Paixão: "A senhora ganhou iPhone novo após a morte do pastor?".

Lorrane: "Não".

Dra. Paixão: "A Raquel, ouvida aqui ontem, disse que momentos após o homicídio a senhora narrou com felicidade a morte do pastor, dizendo: 'Ele morreu, ele morreu!'. Isso é verdade?".

Lorrane: "Mentira". Alguém na plateia comentou em voz baixa, abafando o riso: "Está aí uma palavra que ela deveria evitar".

Dra. Paixão: "Tem algum motivo para a Raquel ter atribuído essa declaração a senhora?".

Lorrane: "Tem. A briga que eu tive na casa com ela".

Dra. Paixão perguntou como foi a briga, Lorrane deu sua versão: "Tem escala na cozinha, inclusive eu também cozinhava, e aí ela tinha a casa dela, onde ficava ela, a Rebeca e a mãe. Ela comia todos os dias na cozinha geral, quando nós fazíamos a comida. E ela não queria participar da escala na cozinha. Ela comia! Eu falei: 'Raquel, se você não quer cozinhar aqui na cozinha, você não coma a nossa comida. Coma na sua casa'. Aí, ela falou: 'Eu trabalho, não vou ficar aqui cozinhando para um monte de gente que fica coçando dentro de casa' Ela me chamou de 'piranha', eu levantei o pé atrás dela. Ela sentada em cima do muro, fui atrás dela, nós brigamos, saímos na mão nesse dia, a Rebeca me puxou, eu caí em cima do entulho, foi a maior gritaria, minha avó chegou, foi separar a briga, na mão, entrou na frente, a Raquel bateu na minha avó, aí a Cristiana entrou, a Raquel bateu na Cristiana, aí foi todo mundo para a casa da Cristiana, e a porta foi trancada".

Dra. Paixão: "Foi depois dessa briga que a ré Flordelis expulsou Raquel e a família de casa?".

Lorrane: "Até onde eu sei, ela não expulsou. Mas foi depois dessa briga que saíram as três de casa".

Dra. Paixão voltou ao assunto dos abusos sexuais, agora para mencionar o "comportamento inadequado" de Anderson do Carmo com a ré Rayane. Perguntou se Lorrane estava em Brasília no dia em que o pastor teria molestado a neta; ela disse que não. "Quem me contou foi a Rayane, mas ela não entrou em detalhes."

Dra. Paixão: "A senhora sofreu com a morte do seu avô?".

Lorrane: "No início, sim, fiquei bastante impactada. Mas depois fui descobrindo as coisas que ele fez, e hoje não mais".

Dra. Paixão: "Eu vou mostrar aqui, folha 32 808. Aqui, Lorrane, são postagens suas na rede social Instagram. Essa postagem a senhora reconhece como sua?".

Lorrane: "Sim. Tem ali meu nome".

Dra. Paixão: "A senhora pode ler pra gente?".

Lorrane: "Não consigo ver".

Dra. Paixão: "Nessa postagem, a senhora lamenta a morte do pastor, é isso?".

Lorrane: "Também não consigo ler".

Dra. Paixão: "Tá, mas a senhora se recorda de ter feito alguma postagem?".

Lorrane: "Postei na morte dele. Mas não tem mais nada no meu Instagram referente a ele. Depois de tudo o que eu soube, do que aconteceu, do que ele fazia".

Dra. Paixão: "Depois dessa virada, né, que a senhora falou…".

Lorrane: "Depois que eu soube das coisas do abuso, das coisas que ele fazia eu tirei...".

Dra. Paixão: "Mas, por exemplo, a cena que a senhora disse que viu. A senhora disse que viu uma cena da Rafaela, não foi?".

Lorrane: "Não".

Dra. Paixão: "Qual a cena que a senhora viu?".

Lorrane: "Abuso dele, diretamente? Nunca presenciei nada com relação a ninguém".

25.
A vítima mais valorizada

À saída do plenário, Lorrane passou o casacão para a irmã Rafaela, que seria a próxima a se sentar na cadeira das testemunhas, como informante. Pele mais morena que a de Lorrane, Rafaela também mantinha os cabelos no estilo black power; era alta, magra, atlética, e irradiava um charme insolente. Lésbica assumida, circulou nos corredores do Fórum acompanhada de uma jovem aloirada, de cabelos naturalmente desalinhados, também na faixa dos vinte e poucos anos. Rafaela era a vítima dos abusos de Anderson do Carmo mais valorizada pelos advogados de Flordelis. O estupro mais "concreto" do pastor, já que Kelly não apareceu para contar como foi com ela.

Em relação à ordem de apresentação das testemunhas de defesa no plenário, cabia uma pergunta: teria sido estratégia dos advogados deixar o depoimento de Rafaela para o fim? Todas as depoentes anteriores citaram o "comportamento inadequado" de Anderson com ela. Se a ordem se invertesse, e o júri tivesse ouvido primeiro a versão original, da própria Rafaela, depois as de segunda mão, recontadas pelas outras depoentes, provavelmente o impacto não seria o mesmo. Do jeito como a cena foi dirigida, era como se a história tivesse vários anúncios e uma estreia oficial.

A narrativa da informante encontrava respaldo em mensagens de celular enviadas por Flordelis a Adriano, seu caçula biológico, três meses depois do crime. "Filho, eu não estava preparada para ouvir aquilo da boca da Rafaela. Parece que

estou morrendo por dentro. Eu não merecia isso do seu pai",
disse. Aconteceu que, já então, a pastora acreditava que a polícia havia grampeado seu telefone. Os promotores não tinham
dúvidas de que, ao desabafar com Adriano, Flordelis estaria
contando com esse monitoramento dos investigadores para
produzir provas a seu favor.

Pela defesa, dra. Janira iniciou a inquirição:

Rafaela, eu queria pedir para você me dizer a verdade, tá?
Me falar somente as coisas que realmente aconteceram com
você, enfim, você pode relatar aqui para o juízo a sua experiência de abuso sexual sofrido por parte do pastor? Você
pode contar pra todo mundo como foi que isso aconteceu?

O pedido para que Rafaela dissesse apenas a verdade deixou
pelo menos três perguntas no ar: 1) Rafaela costumava mentir?
2) Quando alguém depõe em juízo, já não ficou subentendido
que a pessoa está sob juramento e dirá apenas a verdade? 3) Ao
solicitar a verdade, não estaria dra. Janira relembrando gratuitamente as contradições de Lorrane? Isso não seria ruim para
a própria defesa?

Rafaela:

Vamo lá. A minha mãe… era uma cama treliche lá no quarto,
tinha a cama de baixo, a do meio e a de cima. A cama era
de madeira, bem barulhenta, então, se alguém mexesse na
cama, caso mexessem, então dava pra escutar o barulho de
alguém mexendo. E quando o Moisés…a minha mãe pegou
o Moisés, ela dormia na cama de baixo, […] eu dormia na
cama do meio. Aí, com a televisão ligada, minha mãe tinha
o costume de, quando dormia, colocava os braços na cama
de cima, ou ela fazia carinho enquanto dormia… tanto em
mim como na minha irmã, era normal já eu acordar com o

carinho da minha mãe, era normal. Esse dia, eu tava dormindo já, a televisão ligada, eu senti alguém...

Desde o início do depoimento, ouvia-se um choro entremeado de soluços no banco dos réus; dr. Faucz e seus assistentes rodearam Marzy. Dra. Janira, que estava na primeira fila, olhou para trás, disse alguma coisa, e logo retiraram a ré da sala — com a inestimável ajuda de Leandro Crisóstomo, o PM. Enquanto isso, Rafaela continuava falando:

[...] alguém sentando na cama, nos meus pés, [eu] tava dormindo de frente, senti a presença de alguém, mas não me importei, continuei dormindo, porque para mim era minha mãe, já era costume da minha mãe chegar e deitar ali na cama, [...] o sono vai e volta, aí eu senti um carinho na minha perna, o carinho ia subindo, subindo, subindo, e eu sempre dormia, sempre fui meio moleque, dormia com roupa bem larga, shortinho largo...

Apesar de Rafaela se mostrar comovida e de sua voz estar embargada, a juíza não ofereceu água nem perguntou se a depoente gostaria de dar um tempo e respirar fundo, como fizera com as testemunhas de acusação que se emocionaram.

Dra. Daniela Grégio caminhou com sua sandália pata de vaca até o assento de Simone. Em pé ao lado da cliente, colocou a mão no ombro dela e produziu um olhar enternecido, que duelava com suas sobrancelhas assustadas. Ao que tudo indicava, estava mostrando solidariedade em um momento difícil.

Rafaela:

[...] aí, o carinho foi subindo na minha coxa, subindo na minha coxa, aí eu tava com o olho fechado, com muito medo, [...] quando abri o olho eu vi o avô Niel na ponta da cama, eu lembro exatamente onde ele estava... tava com uma blusa regata branca que ele usava, me olhando, fazendo carinho na minha perna. No momento em que eu consegui me mexer, ele tirou minha calcinha de lado e conseguiu introduzir o dedo em mim. Eu rapidamente fechei a perna e virei de lado. E o movimento brusco que eu fiz, de virar para a parede, fez um barulho muito alto, da cama rangendo, cama de madeira, fez um rangido bem alto, e minha mãe se assustou, viu que ele estava sentado na cama, ele rapidamente se levantou e encostou no armário, e minha mãe, eu não mexi, virei para o lado, fingindo que tava dormindo, e minha mãe perguntava: "Por que você tá aqui?", "Que que você fez? Que que você fez? Que que você fez?", escutei minha mãe dar alguns tapas no peito dele, enquanto ele ficava parado, não respondeu nada, e minha mãe: "O que que você fez?". Três vezes. Ele foi embora, saiu, desceu para o quarto dele. Aí, minha mãe voltou na cama, "Rafinha, Rafinha, Rafinha", eu fingi que tava dormindo, eu não tinha reação. Eu lembro que era época de férias, no dia seguinte eu não tinha aula, quando eu acordei eu fiquei o dia todo fugindo da minha mãe, brincando, jogando bola na rua, fiquei fora de casa, não fora de casa, mas no quintal, fugindo, e ela, quando me viu, ela perguntou: "Rafinha, o que aconteceu ontem? Aconteceu alguma coisa?". Eu: "Não, mãe, não aconteceu nada. Normal". Ela: "Rafinha, tem certeza?". "Tenho, certeza absoluta", e nunca tive coragem de contar para minha mãe nem pra ninguém. Foi isso que aconteceu [chorando, sem direito a copo d'água].

Assim como fizera com Lorrane, dra. Janira solicitou a Rafaela que narrasse mais "episódios inadequados" de Anderson do Carmo com Simone. Ela repetiu a história dos telefonemas da mãe de dentro de casa, pedindo socorro. Rafaela: "Ela me ligava no mesmo ambiente que eu, eu não entendia o motivo que ela tava me ligando… e teve um dia em que ela me falou: 'Rafa, por favor, toda vez que eu te ligar, você vem para o quarto'". Porém, de acordo com Rafaela, ela nunca conseguia chegar a tempo de flagrar o assédio do avô. Até que…

Uma noite, minha mãe estava escutando música, […] nesse dia eu tava do lado do quarto. Na janela que era do lado do quarto. […] Eu ouvi no fundo: "Sai, sai, sai, afasta, afasta, afasta!". Eu, como tava bem perto, pensei: "Agora é a chance de eu chegar e tentar encontrar alguma coisa". Saí correndo, foi só o tempo de eu empurrar a porta, minha mãe estava encostada assim [ela reproduz a posição: sentada, levanta as pernas flexionadas, no movimento de quem empurra alguma coisa], ele tentando ir pra cima dela. Quando eu cheguei, ele rapidamente saiu e foi até o armário. Abriu e mexeu, como se tivesse procurando alguma coisa. […] Aí, ele tava puxando a blusa, ele tava com um short branco com uma lista azul. De futebol, de tectel. Eu vi nitidamente que ele estava com o pênis ereto. Aí, ele falou: "Vou lá na sua mãe [Flordelis]" e desceu. […] Enquanto eu fiquei na porta, ele nem tentou sair. Aí, eu saí da porta, ele saiu, eu perguntei: "Mãe, o que tá acontecendo?". "Nada, minha filha, nada. Seu avô me perturbando". Eu falei: "Mas, mãe, toda vez que você me liga é isso?". Ela falou: "Rafinha, toda vez que eu te ligar você vem, não me deixa, eu tenho muito medo". Sempre foi a mesma coisa, de ligar, a gente ir correndo, de pedir ajuda, de falar: "Onde ele estiver, você não fica", "Se você tiver no quarto, e ele chegar, você sai…", "Se ele estiver no quarto sozinho, você não entra", "Se ele te chamar para ir para a igreja, você não vai sozinha no carro com ele…".

Não parecia muito recomendável que a mãe acionasse Rafaela para salvá-la — justo a filha que citava o abuso do pastor como um trauma que a deixou paralisada.

A juíza indagou desde quando Simone pedia socorro por telefone. Aparentemente, tentava entender se os abusos cometidos contra a mãe ocorreram depois dos cometidos contra a filha. Rafaela: "Eu me lembro que cheguei a presenciar bastante[s] coisas quando dormia com o Moisés".

Juíza: "A senhora se lembra mais ou menos o ano?".

Rafaela: "Em 2016... 2015 a 2017. Foi o tempo que eu mais presenciei". A juíza pediu que ela citasse, a título de exemplo, o abuso mais recente. Rafaela respondeu que "eram sempre as mesmas coisas, sempre. Até 2019, de ela ligar, eu estar no mesmo ambiente, de ela pedir para ir, pedir para ajudar. Dele abraçando alguém por trás, dele dando um beijo, sempre foi a mesma coisa, sempre foi a mesma coisa...".

Juíza: "Era abuso? Tinha alguma coisa a mais?". O tom da magistrada era de incredulidade.

Rafaela: "Até acontecer comigo, eu achava que era tudo normal. Depois, eu vi que era realmente tudo maldoso... Tudo nele pra mim ficou maldoso. Um beijo dele em mim ficou maldoso...".

Juíza: "Mas antes, nos abraços dele, a senhora não via maldade?".

Rafaela: "Eu não via maldade. Só depois do que ele fez com a minha mãe, que ela falou 'Evita, evita, evita', eu peguei um ranço. Eu tinha o quê? Em torno de catorze, quinze anos...". O perfume Jimmy Choo foi citado mais uma vez, e também o "cheiro de baba": "Hoje em dia eu não consigo sentir o cheiro de Jimmy Choo. Meu irmão, um tempo atrás, tava usando esse perfume, eu falei: 'Cara, por favor, não usa isso, é horrível! Odeio isso!'".

Juíza, interrompendo: "Eu pediria para falarem mais baixo na plateia, por favor". Para dra. Janira: "Doutora, pode continuar".

Dra. Janira: "Não tenho mais perguntas, excelência, só isso".

O microfone foi transferido para a promotora Mariah da Paixão. "Boa noite, Rafaela. A senhora contou que o episódio do quarto teria acontecido mais ou menos em 2016, é isso?".

Rafaela: "Comigo aconteceu em meados de 2018. Eu lembro que eram férias do meu colégio porque no dia seguinte eu não fui pro colégio. Só não lembro se foi no final de 2018 para 2019, ou nas férias do meio do ano. Só que no dia seguinte eu não fui pro colégio".

Dra. Paixão: "Teve uma testemunha aqui ouvida que disse que, quando o corpo foi levado para o hospital, existia dúvida se ele havia morrido ou não, que a senhora teria dito: 'Se ele estiver vivo, vou pegar minhas coisas e ir embora'. A senhora se recorda? A senhora fez essa declaração?".

Rafaela: "Não, não. Inclusive na delegacia disseram também... Não, não é verdade". O tom da resposta pareceu casual demais para uma acusação tão grave.

Dra. Paixão: "A partir de que momento a senhora passou a considerar esses comportamentos como abuso? Ele estava vivo ainda...?".

Rafaela: "Ele estava vivo. Quando eu vi que cada abraço dele era maldoso, ele tava vivo".

Dra. Paixão: "Nessa declaração [na polícia], a senhora não narra nenhum abuso. Pode explicar para a gente o porquê disso?".

Rafaela: "Quando eu sofri o abuso, eu tinha uns dezessete anos, dezesseis pra dezessete, e eu via tudo o que minha mãe passava, minha mãe nunca foi na delegacia, nunca teve coragem. E todas as vezes, quem estava na delegacia eram sempre homens. Eu não me sentia confortável, hoje em dia eu não me sinto confortável [...]. Eu não aceito que fui abusada, então eu não tenho coragem de falar sobre isso. Eu não denunciei, não denunciaria, justamente por falta de coragem. Admiro quem tem, mas eu não tenho".

Dra. Paixão: "A autoridade policial responsável pelas investigações naquele momento era dra. Bárbara Lomba, uma mulher. A senhora não se sentiu à vontade para conversar com ela?".

Rafaela: "As vezes em que eu vi a Bárbara Lomba, de verdade, foi uma, duas vezes, dentro da casa. Na delegacia, não. Nunca".

Dra. Paixão: "Foram juntados pela defesa alguns vídeos da senhora. A senhora pode contar como esses vídeos foram produzidos?".

Rafaela: "Vídeos? Meus?".

Dra. Paixão: "É. A senhora narrando algumas situações. A senhora sentada no sofá, a senhora não se recorda?".

Rafaela: "Ah... Então, não sei...".

Dra. Paixão: "Uma conversa. A senhora está sentada em um sofá, dando uma entrevista".

Rafaela: "Ah, sim".

Dra. Paixão: "Quando foram gravados esses vídeos?".

Rafaela: "Olha, não lembro".

Dra. Paixão: "Foi esse ano?"

Rafaela: "Creio que sim, não lembro. A única vez que eu falei abertamente sobre isso foi ali. A não ser quando eu falei com a minha mãe. Mas eu contei pra minha mãe e o meu pai por telefone. Não tive coragem de falar pessoalmente. Pra minha avó, eu contei no mesmo dia. [Depois] Na entrevista que eu dei, essa do sofá, e hoje agora".

Dra. Paixão: "Quem estava presente na sala no momento que a senhora faz as declarações na entrevista?".

Rafaela: "Não lembro".

Dra. Paixão: "Quem perguntava pra senhora? Quem fazia as perguntas? Existe uma pessoa perguntando...". A pessoa que perguntava era um homem, e mesmo assim, pelo que a promotora Paixão aparentemente queria mostrar, Rafaela não se sentiu intimidada. Ainda falou diante das câmeras.

Rafaela: "Não lembro mesmo".

O depoimento de Rafaela correu mais enxuto. Era noite de sexta-feira, 11 de novembro, sexto dia seguido de oitivas, e não só os jurados como todos no plenário se mostravam esgotados. A perspectiva de finalizar o julgamento no sábado, como se chegou a imaginar a princípio, se tornou remota. Antes de o Conselho de Sentença se reunir para decidir o veredicto, ainda se ouviriam os acusados e as sustentações do Ministério Público e da defesa — cada um teria duas horas e meia para falar.

26.
A hora dos réus

No sábado, 12 de novembro de 2022, às 10h25, a juíza deu início aos interrogatórios dos acusados; todos foram orientados pelos advogados a só responder a perguntas feitas pela defesa e pelos jurados — não as do Ministério Público nem do juízo. O primeiro réu a ser ouvido foi André Luiz de Oliveira, o André Bigode, ex-marido de Simone, ex-genro de Flordelis, pai de Lorrane, Rafaela e Ramon. Magro, pardo, de aparência abatida, Bigode se expressava com um tom de voz baixo e hesitante, e falava com a boca muito próxima ao microfone, em uma atitude que transmitia nervosismo e pavor. Depois de responder às questões de praxe, que a juíza fazia a todos os depoentes antes do interrogatório — nome, idade, apelido, se já havia sido processado —, Bigode passou a narrar para dra. Janira como era sua vida até ser preso.

Respondeu que tinha segundo grau completo, trabalhava como tesoureiro na igreja, havia sido casado com Simone por treze anos e, mesmo divorciados, eles criaram cinco filhos, três biológicos; além de Lorrane, Rafaela e Ramon, o casal adotou Rayane e Moisés — que ainda era criança quando os dois foram presos —, e assumiu a responsabilidade de cuidar de Rayane. Moisés, quando os pais estavam na cadeia, passou a ser criado por Lorrane. Bigode contou que sua família biológica morava na mesma favela onde vivia Flordelis. Ele era o caçula de sete irmãos, um deles traficante:

Não lembro em que ocasião eu passei a frequentar a casa da minha mãe Flor. [...] Minha mãe [biológica] permitiu que eu fosse, para ficar longe das más influências. [...] Eu dormia um pouco lá, um pouco em casa, da escola pra casa da minha mãe Flor, e eu levei o Misael. [...] Lá tinha um video game muito bom, acho que era um Super Nintendo, e nós passávamos o tempo jogando.

Anderson do Carmo, que ele conhecera jogando futebol, chegou depois. A mãe de Anderson, dona Edna, que frequentava a Igreja Batista, mais tradicional, levou o filho para a igreja de dona Carmozina, onde o culto "era muito dinâmico, envolvente, atraente do ponto de vista de quem é crente, evangélico, pentecostal; som elevado, muito pandeiro, muito barulho, digamos assim".

Dra. Janira indagou qual era a diferença de idade entre ele e o pastor, e por que Bigode chamava Anderson de "meu pai". A diferença era de um ano: "Houve uma série de situações [...], ele já tinha um cargo de liderança, e passa meio que a cuidar dos outros, ele era 'presidente da mocidade' [o grupo jovem do Evangelismo da Madrugada]". Flordelis estava separada do primeiro marido, Paulo, e nesse momento Anderson "passou a ser mais assíduo na casa, acho que é nesse momento que ele [...] passa um pouco mais de tempo com a gente, [...] acho que esse foi o começo desse sentimento de proteção". Bigode relatou a chegada de Carlos Ubiraci, que "seguiu o mesmo triângulo": casa da mãe biológica, igreja, casa de Flordelis.

Dra. Janira: "Isso que é chamado de primeira geração, você, Misael, Carlos [Ubiraci], Anderson, quais eram as tarefas de vocês inicialmente? [...] Como era a relação, o cuidado das crianças, como era isso?".

Bigode: "Eu trocava fraldas, dava banho nas crianças, fazia mamadeira quando era a minha escala, digamos assim, na madrugada. [...] Minha mãe ensinava, nos orientava. [...] O Carlos era nosso cozinheiro, ficava na limpeza também, cuidava das crianças, lavava as coisas". Anderson, segundo ele, já na posição de pai, ficava com Flordelis e não era encarregado de tarefas na casa. Luan (Alexsander) apareceu um pouco depois. Sobre a vida da família após alcançar a prosperidade, André afirmou que Flordelis era completamente dependente da orientação de Anderson do Carmo ("Isso é fato"). Por outro lado, "para ele [Anderson], ela era perfeita". André, em sua própria definição, era "produtor-executivo" na igreja, enquanto Misael e Anderson se ocupavam da administração. "A minha função era executar o que eles pediam, 'André, tem que comprar isso aqui'. Eles comandavam o dinheiro." Segundo Bigode, a igreja chegou a faturar 170 mil reais em um mês, e o cachê de Flordelis por show variava de 3 mil a 5 mil, dependendo do estado do Brasil em que ela ia se apresentar. Quem definia era Anderson.

Dra. Janira perguntou se o depoente alguma vez presenciou "agressão física de Anderson contra Flordelis": "Física, não. Mas ele era rígido na palavra. Se ela interrompia o raciocínio dele, 'Calma aí, peraí, deixa eu falar!'. Sempre foi nesse tom. Ele não sacolejava, mas meio que empurrava". André mencionou brigas com vociferações e xingamentos do pastor com Luan e Misael. Dra. Janira passou às questões sobre violência doméstica: "Houve abusos sexuais de seu conhecimento em relação a algumas meninas da casa?". Bigode: "Não". Dra. Janira: "Você tomou conhecimento disso só...". Bigode: "Após a morte do 'meu pai'". A juíza adverte a advogada: "A senhora fez uma pergunta afirmativa! Por favor, preste atenção nas perguntas para não induzir a resposta".

A propósito da noite do crime, apesar da desorientação que teria impossibilitado André de falar com o atendente do Samu, ele agora afirmava que o assassinato do pastor não fora exatamente uma surpresa. Segundo disse, Lucas teria revelado algum tempo antes que havia um plano para matá-lo. "Se não me engano, foi no quarto dele. Estava eu, o Carlos, não sei se o Adriano estava, só sei que ele falou que tinha alguém na casa querendo matá-lo." Dra. Janira: "Mas ele não deu o nome de ninguém?". Bigode respondeu que não. Mais tarde, ao se referir de novo a Lucas, ele contou que Flordelis levara o garoto para casa — e seus quatro irmãos — depois de ouvir a história deles relatada pelo empresário Carlos Werneck, que citou uma família em situação de risco que morava em um casebre sem vaso sanitário, em Itaboraí, a 33 quilômetros de Niterói.

O acusado desmentiu a informação fornecida por Luana, mulher de Misael, de que ele teria acertado o pagamento de um matador supostamente contratado por Rayane para executar o pastor na porta do templo do Mutondo. "Não, isso não aconteceu", disse, sucintamente. Bigode também negou as muito citadas tentativas de envenenamento de Anderson do Carmo. Dra. Janira: "Você viu alguém da casa envenenando o pastor, colocando veneno na comida dele?".

Não. Meu pai, como todos sabem, era difícil de tomar medicação, muito difícil. Aí, ele colocava o comprimido na boca e fazia assim ó... [careta]. Ele tinha dificuldade para engolir. Já vi, sim, de amassar o comprimido pra ele tomar, mas comprimido de envenenamento nunca houve.

Ao final, a juíza passou a ler as perguntas dos jurados — que chegavam a ela em pequenos recortes de papel recolhidos por um oficial de justiça. A cena de dra. Nearis abrindo os papeizinhos dobrados lembrava um *quiz* de programa de auditório. A primeira pergunta já estava respondida: "Quem o senhor acredita que assassinou o pastor? Sabe qual era a motivação?". Resposta: "Pelo que consta, o Flávio e o Lucas. Eles que mataram meu pai. A motivação realmente não sei dizer". A respeito da "família maravilhosa" formada por Flordelis e Anderson, Bigode afirmou que, apesar do final infeliz, valeu a pena ter optado por viver na casa da pastora. Sobre quem seria o maior exemplo de caráter para ele, Anderson ou Flordelis, o réu presumivelmente respondeu "minha mãe Flor" — que estava viva, e pagando sua defesa: "Meu pai tinha alguns desvios de caráter, né, que hoje a gente sabe que eram mais intensos...". Vieram indagações sobre onde o réu estava no dia do crime, ele contou que acordou com os tiros, mas achou que pudesse ser um assalto na vizinhança e permaneceu na cama. Depois de alguns segundos, desceu e recebeu de Daniel o aparelho de telefone para chamar o Samu — um episódio já relatado. Dra. Janira: "E o que a pessoa do Samu fala pra você quando você pega o telefone?". Bigode: "Ele quer que eu esteja lá, né, pra ver o meu pai, mas eu não consigo, simplesmente eu não consigo chegar...". Um jurado perguntou quem estava na casa naquele dia, Bigode disse: "Vou tentar lembrar... Eu, Danyboy [Daniel], Flávio, Carlos, Cristiana, Raquel, Rebeca, Adriano, a esposa [Marcele] e os filhos, Ramon, Rafinha, as meninas, Ágatha, Júlia, Michele, Vânia, Miguelzinho, Érica, Thayane, Maria, Bruna".

Como última questão, dra. Nearis cumpriu mais uma praxe, que seria repetida aos outros quatro acusados: "O senhor quer acrescentar algo que considere relevante à sua defesa que não tenha sido perguntado?". André Bigode: "Que eu sou inocente. Eu não tive nada a ver com isso, eu sou inocente".

27.
Flordelis chora

Após uma pausa de pouco mais de uma hora, entre 10h39 e 11h47, a defesa iniciou o interrogatório de Flordelis dos Santos de Souza. A juíza proferiu o introito protocolar, e na sequência dra. Janira Rocha fez uma pergunta retórica: "Flor, você sabe quem matou o seu marido?".

Flordelis: "Eu não posso acusar ninguém, eu não estava presente no local, eu não vi. Eu não posso afirmar...".

Dra. Janira: "Sabe se alguém foi condenado?".

Flordelis: "Sei, claro. Meu filho Flávio foi sentenciado. Meu filho Lucas foi sentenciado".

Dra. Janira: "Você sabe qual foi o motivo do crime?".

Flordelis: "Hoje, sim".

Dra. Janira: "Qual foi o motivo?".

Flordelis: "Bem, doutora, é muito difícil para mim falar, mas foi a ciência dos... foram os abusos que aconteciam dentro da minha casa".

Dra. Janira: "Você pode falar desses abusos?".

Flordelis: "Bem, eu não sabia... [com voz pausada]... eu não tinha conhecimento, eu amava demais o meu marido... ele era... ele era tudo pra mim. Ela era minha vida. Eu tive desconfiança uma única vez no decorrer... assim, com a minha filha Kelly, mas eu mesma não acreditava, não acreditava que ele seria capaz de cometer tal coisa comigo...". Texto e carga dramática pareciam fora de sintonia. "... de ter esse

343

tipo de ati... de atitude... [trancos secos] por tudo o que eu representava, que eu parecia representar na vida dele. Tud... queu fazia por... [soco vocal] por ele."

Dra. Janira: "Mas se... é... ele abusou de você?".

Flordelis: "Sim, senhora".

Dra. Janira: "Ele abusava de você, e você não acreditava que ele pudesse abusar de outras mulheres?".

Flordelis: "Em casa, não. Não, senhora".

Dra. Janira: "Você pode falar dos abusos que ele praticava em relação a você? Em que tempo, em que período... pode falar sobre isso?".

Flordelis: "No início, nosso casamento era muito bom... muito bom... eu quero ressaltar aqui que eu casei com ele sem saber que eu tava casando, por causa dos problemas mentais muito fortes que eu tinha na época... Eu sempre tive o costume de assinar documentos, que ele trazia para mim assinar, e Misael, sem ler...".

Dra. Janira: "Eu quero que você fale dos abusos".

Flordelis: "Depois de um tempo de casados, ele começou a me bater. Ele me bati... batia, depois ele parou com essa prática de me bater".

Dra. Janira: "Alguém presenciou ele te batendo?".

Flordelis: "Si... sim, senhora. Ele só parou de me bater... O Lu... Luan... alguns filhos, né? Entrava na frente. Ele só parou de me bater quando um pastor muito amigo dele me ti... tirou do... do quarto...". Os solavancos vocais foram seguidos de uma frase-estirão. "... me tirou da mão dele, depois foi conversar com ele a sós, e aí que nunca mais ele me bateu, por causa do aconselhamento desse pastor. Muito amigo dele."

Dra. Janira: "Quem era esse pastor?".

Flordelis: "Pastor Abílio Santana...". Ela passou a tiritar, como se estivesse com muito frio. "... ele nã... não me... me bateu mais. Foi... um... tempo... de alívio pra mim... ma-as depois e-ele voltou a ficar agressivo na área sexual." Sobrevém uma baforada de alívio: "Haauaah", seguida da aspiração de saliva com ar puxado pela boca. "O meu marido só sentia prazer se me machucasse..." A voz agora era gutural, e saía em um tom meio gritado, operístico.

> Ele me machucava. Só chegava às vias de fato se me machucasse... Eu não entendia, mas achava que era por causa dos problemas familiares que ele tinha sofrido quando era cri--an-aaança. A falta de apego familiar... E eu me sujeitava, até porque eu aprendi isso na igreja... e aprendi também com a mi-minha mã-ãe; minha mãe sempre foi uma esposa submi-missa, sempre deu conselhos: "Se o seu marido fizer alguma coisa, não brigue, depois vai lá com calma...". Eu sempre tentei resolver as coisas do jei-jeito que minha mã-mãe me ensinava e do jeito que eu acha-va que era era certo... Ele fazia essas coisas, depois deitava normalmente, me chamava para deitar em cima do peito dele e voltava a ser carinhoso de novo como se nada tivesse acontecido... Chegou até o ponto de me enforcar, de eu desmaiar... de me sufocar...

Em sua estridência torturante, a cena chamava mais atenção que o próprio relato. Em vez de uma dor contida, que poderia funcionar melhor no convencimento, Flordelis optou por incrementar sua fala com artifícios vocais, soluços e choro convulsivo. A pastora parecia ter tomado o júri por um grupo de fiéis do Ministério Flordelis; tratou-os como se eles estivessem dispostos a acreditar em qualquer expressão de sofrimento, em nome de Jesus. O excesso foi tanto que, quando dra. Janira pediu que ela afastasse o microfone da boca, "porque o som está ficando ruim", não se sabia se

345

se tratava de um aviso cifrado para que a ré maneirasse na dramaticidade.

A advogada solicitou à excelência que fosse reproduzido mais um "videozinho". A juíza informou que a pergunta a ser feita teria de estar relacionada com o vídeo: "Tá, doutora?", completou. O vídeo era uma peça conhecida, mostrava Misael relatando as queixas de Flordelis a respeito dos abusos do pastor. Ele mesmo mencionara o episódio em seu depoimento. Dra. Janira perguntou por que Flordelis procurou Misael para relatar os abusos.

Flordelis: "Pela pro-proximidade que nós tínhamos, ele era o filho mai-mais próximo, porque ele cuidava das nossas finanças, inclusive das-das minhas, tam-também...". Aqui, o relato ganhou o reforço de uma fungada, que produziu um ruído semelhante ao emitido pelo sugador de saliva utilizado pelos dentistas para manter a boca do paciente seca. "... eu não tava sabendo lidar com a situ-tu-a-ção, eu pe-di aju-da pra ele, [...] mas ele mesmo disse que eu não podia expor a família. Eu não po-dia expor o gru-po-po político que a gente tinha..."

Dra. Janira: "Foi dito aqui que a Kelly foi abusada, e que procurou você para falar desse abuso...".

Flordelis: "Como eu falei aqui... ele era tuu-do pra mim. Meu marido era tudo pra mim. Tudo, tudo, ele era minha vida. Eu jamais imaginei a minha vida sem ele. Eu amava ele mais do que tudo... [mais] do que a mim mes-ma... E houve uma época em que eu cheguei a amá-má-lo ma-ma-is do que De-e-eeeus...".

A frase foi pontuada com um solfejo épico. "Quando a Kelly veio falar [comigo], eu não acreditei. Foi um episódio de... ele me tirou do quarto, falou que precisava conversar com a Kelly em particular porque tinha esse costume de conversar com os filhos em particular [tiritando], longe de mim, porque ele queria me poupar dos problemas. Fazia reuniões com a família e até na igreja com os obreiros. Dizia: "Quando tiver um problema, não fale com a Flor. Vem falar comi-go". Nesse dia, ele disse que precisava ter uma conversa muito séria com a Kelly, em particular, e eu perguntei: "Que conversa é-é essa?", e ele disse: "Amor, depois a gente conversa". Eu sentei na esca-da do--da por-ta do meu quarto, e eu fiquei durante muito tempo do lado de fora, senta-da... e foi depois de um tempo que isso foi relatado pra mi-im, de abuso, mas eu não podia acreditar. Não tinha co-mo acreditar. Era impossível acredi-acredi-taaaar..."

Dra. Janira: "É... Você presenciou algum episódio em Brasília com a Rayane?".

Flordelis: "Sim, senhora".

Dra. Janira: "O que você presenciou?".

Flordelis: "Eu acordava para ir para o plenário, para ir para a Câmara Federal, ele acordava também, ele se arrumava, ele sempre se arrumava primeiro do que eu porque ele queria ver mi-minhas roupas, o jeito que eu estava vestida, se eu estava vestida adequada para aquele dia, pelos compromissos que nós tínhamos, eu fiquei no quarto, me arrumando, ele já estava arrumado, saiu do quarto, e depois de alguns minutos eu saí do quarto... O quarto da Rayane ficava do lado, o meu ficava assim [mostra com um gesto] e aqui tinha um outro quarto, e quando eu saí do meu quarto, a pastora Gleice [mãe de Marcele, mulher de Adriano] saiu dele também, e ele estava saindo do quarto da Rayane. Eu perguntei: 'O que você está fazen-do aí?', ele disse: 'Vim me despedir da minha filha'. Naquele dia, a Rayane chorou o-o di-a inteiro. Eu perguntava pra ela o motivo do choro, fui para a Câmara Federal, voltei, almocei, ela chorando [de novo], quando eu fui para a Câmara e voltei novamente, eu achei que ela estava brigada com o marido dela, Felipe, porque ela não parava de chorar, mas ela não me contou. Ela [tranco vocal] não quis me contar".

***

Dra. Janira declarou encerradas as suas perguntas, e a juíza passou a ler as questões dos jurados. Apesar do empenho de Flordelis, seu tempestuoso depoimento não pareceu ter convencido a audiência de que Anderson do Carmo — a quem ela chegou a amar mais que a Deus — era um abusador contumaz de praticamente todas as mulheres da família. O tom insolente das perguntas lidas por dra. Nearis nos recortes de papel anunciava uma prévia nada auspiciosa do veredicto. Em um deles, a juíza leu: "'O seu choro é real?'".

Flordelis, desconcertada: "Sim, senhora!".

Jurado: "Quantos filhos a senhora tem oficialmente, registrados no seu nome?".

Flordelis: "Ah, excelência, eu preciso fazer a co... a conta...".

Juíza: "Pode fazer. Pode ser aproximadamente, não precisa ser certinho, não. Quantos foram registrados, adotados...".

Flordelis: "Wendel, Kiki-ta, Miche-Miché-rré-le, Ka-ká, Dani-e-el, Isa-bel, Ana-bel, Ágatha, Ma-aria, Moni-que, Lu-cas, Júlia, Bruna, Gabi, a minha Gabi...".

Jurado: "A senhora acha normal que irmãos afetivos se relacionassem, uma vez que os considerava como filhos?".

Flordelis: "Não, mas também não podia interferir na vida deles, impedir".

Jurado: "Por que a senhora deu o Moisés para a Simone? Foi um castigo? A Vânia aceitava?".

Flordelis: "Não, senhora. Não foi assim. A Vânia já tinha ficado grávida uma vez, da Clara, só ficamos sabendo na hora do parto, [ela] muito gorda. Do Moisés, a moça que trabalhava lá na cozinha contou que ela estava indo para a piscina, botando gelo em cima da barriga...".

Juíza: "Por que a senhora deu o Moisés, essa foi a pergunta. A pergunta é objetiva".

Flordelis: "É para a senhora entender. Ela queria dar o

Moisés para outras pessoas, e eu disse para ela: 'É meu ne--to. Ele não vai sair daqui-daqui de casa. Você não vai da-ar ele para outras pessoas'".

Juíza: "Então, não foi um castigo?".

Flordelis: "Não, senhora".

Juíza: "A Vânia aceitou?".

Flordelis: "Sim, senhora".

Jurado: "No evento do Maracanã [...] Anderson teria dado carona para alguns filhos. A senhora estava no carro com ele?".

Flordelis: "Sim, senhora".

Jurado: "Se estava, por que, como mãe, a senhora não ficou ao lado dos seus filhos ou tentou impedir essa atitude?".

Flordelis, entre mais solavancos vocais: "Meu marido era quem resolvia tudo, todas as questões, e quando nós entramos no carro já estavam lá os amigos dele, e eu perguntei pelas crianças ele disse que já tinha dado dinheiro para elas voltarem para casa de Uber. Porque ele queria comprar um terno. Queria muito comprar um terno, nós íamos viajar, e ele queria muito aquele terno que ele tinha visto na Zara. E nós fomos para comprar esse terno dele, e as crianças foram para casa".

Jurado: "A senhora disse que tomou conhecimento de que Flávio, com o apoio de Lucas, assassinou seu marido. Apesar de todos os defeitos, bem como dos abusos atribuídos à vítima, como pastora e ser humano, a senhora concorda com a 'solução' dada pelos filhos?".

Flordelis: "Não, senhora [inflexão mista de tons]... Não, senhora [choro seco e baixo]...".

Jurado: "A senhora diz que 'aprendeu na igreja e com sua mãe' a ser submissa. Mas no caso de supostas agressões contra você, contra sua integridade física como pastora, qual a atitude que você entende que deveria tomar à luz da Bíblia, da igreja, de sua família e de Deus?".

Flordelis: "Assim como ele tinha parado de me bater, eu orava, o-orava muito, conver-saaa-va com ele, [...] orava muito, fazia jejum, ia pro monte, subia o monte pra pedir a Deus que assim como ele tinha parado de me bater, tinha alguém para fazer parar, que ele fizesse da mesma forma com as agressões e com as dores que ele me fazia sentir no ato sexual. Eu-eu tinha convicção de que aquilo ia passar [expirada sonora emitida com a boca bem aberta]".

Jurado: "Pensando na sua vida, crianças, vidas resgatadas, abusos, dinheiro, assassinato etc., a senhora [re]escreveria a sua vida igualzinha?".

Flordelis: "Por um momento, sim; outro, não".

Juíza: "A senhora pode dizer qual sim, qual não?".

Flordelis: "O assassinato, por exemplo. Mataram meu marido. Metade da Flordelis morreu junto. Eu morri ju-unto".

Juíza: "Qual a palavra que a senhora usa agora para a sua defesa?".

Flordelis: "Que eu não te-enho que pagar pelos erros de ninguém! Há três anos e pouco, doutora... Exce-xce-lência, desculpa, eu estou paaa-gan-do por uma coisa que eu não fiz, eu estou sendo chama-da de man-dan-te de um assassi-nato...". Barulhento demais, o choro aparentemente estilizado fazia o conteúdo do discurso parecer insignificante. "A pessoa que eu mais ama-va ne-nessa vi-da. Da pessoa que eu mais preci-sava... eu só tinha seis meses de man-da-to na C. Eu precisa--va do meu marido [tom rastejante] ao meu lado! Pra tudo! Eu precisava dele para que meu mandato desse cer-to."

Jurado: "Quando a senhora descobriu esses episódios de violência sexual contra membros da sua família?".

Flordelis: "Depois da morte dele".

Jurado: "Por que o pastor Anderson foi assassinado?".

Flordelis: "Eu acredito que por conta dessas coisas que estavam acontecendo em casa, desses abusos, que eu fiquei sabendo. Depois que eu fiquei sabendo desses abusos. Eu posso contar uma coisa pra senhora [em tom de desatino]? Para os jura-ados?".

Juíza: "Pode falar".

Flordelis: "Depois da morte do meu marido, eu fui a-ajudar a minha filha, Simone, a arrumar as coisas dela para se mudar para Rio das Ostras [balneário a 150 quilômetros de Niterói], para morar com o atual marido dela. Eu levantei da cama, porque eu vivia à base de remédio, como eu vivo até hoje, hoje menos do que antes, e quando eu subi para ajudar a minha filha, eu tive um choque muito gra-an-de. Quando eu abri a gaveta das roupas íntimas da minha filha, as roupas íntimas dela eram iguais às minhas. Eram i-dênticas. Todas. As roupas eram i-dêêên-ticas [gritando] às-às-às mi-inhas! As cal-cinhas, os jogos, a camisola vermelha que eu ainda não tinha, eu não tinha usa-a-do. Eu tive um cho--choque, fiquei calada, desci e fui pro meu quarto, entrei no meu ban-nhei-ro e fui chorar. So-soooo-zin-in-nhaaaa. Eu fui chorar!".

Em meio a tiros disparados em várias direções, a ré agora parecia ter acertado o próprio pé. Pois, se Simone guardava lingeries iguais às da mãe, mesmo depois da morte de seu suposto abusador, aquilo não parecia um bom sinal. Das duas, uma: ou Simone ganhou as lingeries do abusador e guardou como lembrança, ou comprou lingeries iguais às da mãe para parecer — aos olhos do abusador — tão atraente quanto a mulher dele.

Jurado: "O que é mais importante na criação, na formação do caráter de uma pessoa?".

Flordelis: "Amor... Amor, educação. Amor é a palavra base de tudo pra mim. Amor, dedicação, carinho, educação".

Jurado: "Diante dos relatos de agressão, por que a senhora nunca procurou ajuda da polícia ou qualquer outra?".

Flordelis: "Por vergo-nha. Até, até ho-je eu nã-o go-gos-to de f-ala-ar sobre i-isso porque eu tenho ver- [gritando] VERGO-NHAAAA. Eu sinto mui-ta ver-go-nha, senhora".

Jurado: "Por que a senhora estava gritando no quarto na hora do assassinato? O que a senhora ouviu ou viu?".

Flordelis: "Nós chegamos de um passeio muito bom, e ele tinha mania de ficar no telefone, eu subi e fui ver os filhos como eu sempre fazia quando eu estava em casa, desligar a te-levisão dos quartos, essas coisas. E quando eu subi, eu fui ao banheiro, e quando eu saí do banheiro eu vi uma luzinha acesa, o quarto tava todo escuro. Eu fui em direção à luzinha acesa, era o Ramon, comecei a conversar com ele sobre o culto, falei do culto, que a gente tinha de ir, eu todo domingo de manhã... eu ia para a igreja, dar atendimento pastoral para as pessoas e realizar o culto... Foi quando eu ouvi os tiros... uma sequên-cia, depois teve um segundo de pausa, depois deram os dois últimos, aí as crianças do outro quarto, Gabi... as maiores já estavam saindo do quarto, gritando, foi quando eu comecei a gritar o nome dele, ele não respondia, e como ele não respon-dia... porque a primeira pessoa, numa hora de perigo, que ele socorria era eu. Ele abandonaria tudo para me socorrer. Eu já sabia que alguma coisa tinha acontecido com ele, eu comecei a gritar por ele. Comecei a gritar: meu marido, Ném, Niel, co-mecei a gritar muito, muito, muito por ele, até porque o meu marido já tinha passado por dois episódios na igreja de tenta-tiva de assassinato...".

Jurado: "Qual o serviço que foi prestado ao filho da Andrea que justificasse o pagamento de 2 mil reais?".

Flordelis: "Senhora, pode pegar [clamando] o meu celular, minha conta bancária, eu pedi várias vezes aos advogados que pedissem à senhora [dirigindo-se à juíza], que suplicassem à se-nhora [rouca] que bloqueasse a minha conta bancária... Eu não dei só 10 mil... [corrigindo] 2 mil para a dona Andrea, não foi...".

Por coincidência, os 10 mil citados no ato falho eram a quantia que, segundo a acusação, Flordelis teria oferecido a Lucas para executar Anderson do Carmo.

Juíza: "Eu não entendi a relação que a senhora fez com o bloqueio da conta bancária".

Flordelis: "Porque [no extrato] viria que...". A fala voltou a sair aos trancos. "... eu não fiz só esse depósito de 2 mil para a dona Andrea. Foram vários outros depósitos..."

Juíza: "Então, a senhora pode falar agora...".

Flordelis: "Sobre?".

Juíza: "A senhora tá questionando aqui, né? Então, a senhora tem oportunidade de falar. Se não foram só esses depósitos, a senhora tem oportunidade de falar".

Flordelis: "Foram vários outros depósitos porque eu não conhecia ainda a dona Andrea, pessoalmente. Conheci através de meu filho Gerson e de um advogado que frequentava o Bangu, e ela dava comida... Tem umas mulheres que entram com umas comidas, com os alimentos, para dentro da prisão com o pagamento que a gente faz. E eu toda semana pagava, e ela mandava as fotos das comidas que ela fazia para o Lucas e para o Flávio...".

Juíza, soando incrédula: "Toda semana a senhora depositava 2 mil reais para ela, é isso?".

Flordelis: "Toda semana eram mil e poucos reais, e teve uma semana que eu depositei 2 mil porque ela disse que o Lucas, o meu Lucas, queria comer camarão. Eu dava e falava: 'Não faz só para ele. Faz para o Flávio e para os amigos também'. Então, não tinha só esse depósito de 2 mil...".

Jurado: "Uma das suas filhas disse que, ao relatar um episódio de abuso, a senhora afirmou que um homem só fazia o que uma mulher permitia. Por quê?".

Flordelis: "Eu não lembro disso, senhora".

Juíza: "A senhora nunca fez essa afirmação?".

Flordelis: "Não, senhora".

Jurado: "Por que a senhora pediu perdão ao desembargador Siro Darlan aqui no plenário?".

Flordelis: "Por vergo-onha!". Ninguém perguntou de quê, exatamente.

Jurada: "O que a senhora quis dizer ao André sobre dar algo a ele [Anderson], um arrozinho, já que não podia se separar para não escandalizar o reino de Deus?".

Flordelis: "Senhora, essas coisas que estão falando não é verdade. Quando eu disse ao André para dar comida para ele é porque o meu marido estava doente, ele tomava remédios... remédios, meu marido estava com crise de ansiedade e *H. pilory*, eu tenho todos os exames dele, eu é quem levava o meu marido para o hospital, se eu não levasse ele não iria, ele era contra, ele não gostava de médico. No hospital Niterói D'Or tinha uma enfermeira... Ele tinha que tomar uma injeção na barriga para não dar trombose, e ele se recusou, e ela disse: 'Poxa, um pastor fazer uma coisa dessas'. Ele era bem grosso para isso, e alguns remédios, não todos, eram colocados na comida dele, sim...".

Juíza: "É, mas a pergunta aqui, senhora, é porque a senhora falou desse arrozinho, e disse que era para [não se] separar para não escandalizar o reino de Deus. Ou a senhora não falou isso?".

Flordelis: "Olha, eu jamais imaginei a minha vida sem Anderson do Carmo. Eu nunca cogitei...".

Juíza: "Separar aqui é formalmente, se separar do seu marido, a senhora entendeu?".

Flordelis: "Eu nunca...".

Juíza: "Alguma objeção a explicar a pergunta? É isso, doutora? [Dirigindo-se à defesa.] Alguma observação? Então, tá bom, vou seguir, se a senhora [jurada] acha que já foi respondido".

354

A juíza se dirige aos advogados de Flordelis, referindo-se à intervenção feita por ela na pergunta anterior: "Qualquer interferência que os senhores acharem indevida [já que os réus a princípio, só deveriam responder às perguntas feitas pelos advogados de defesa], pode falar. Só tô querendo esclarecer a pergunta dos jurados".

Jurado: "O que Paula do Vôlei foi fazer em sua casa?".

Flordelis: "Eu não conhecia a Paula. Eu fui conhecer a Paula depois da morte do meu marido". A própria Paula informou, na entrevista para este livro, que a conheceu antes da eleição. "Ela foi lá como pastora, como vários pastores, minha casa virou um lugar de concentração de muita gente. Eu a recebi como pastora, para orar por mim…"

Jurado: "Aqui, houve relatos de filhos a seu favor, e de filhos contra. O que a senhora, como mãe, tem a dizer àqueles cujo relato é contra?".

Flordelis: "É doído para mim falar isso, mas eu sou uma mulher, eu me sinto uma mulher agraciada por Deus, abençoada por Deus, porque dá a entender que foram vários filhos que ficaram contra mim, não foram, foram alguns filhos, seis ou sete, e tudo isso por dinheiro. Porque todo o meu dinheiro, senhora, todo o meu dinheiro foi roubado, foi desaparecido, do meu trabalho, eu sempre trabalhei. Dinheiro do meu trabalho. Eu, como deputada federal, quando meu marido morreu, eu peguei empréstimo do Banco do Brasil para pagar as dívidas da igreja, eu cheguei a depender de cesta básica, de amigos, se a senhora quiser eu posso citar o nome desses amigos que me deram cesta básica para que eu pudesse ter comida dentro da minha casa".

Jurado: "O que a senhora escreveu no caderno no seu quarto?". A pergunta se referia ao descarte do celular de Anderson do Carmo, supostamente lançado da ponte Rio-Niterói.

Flordelis: "Senhora, eu não escrevi isso para Misael. Ele está mentindo. E, se eu escrevi, e ele pegou o papel, por que ele não ficou com o papel? Isso não é verdade, senhora. Pelo contrário: eu quero o celular do meu marido, porque nele estão nossas melhores lembranças, minha última viagem para Bruxelas... tudo ficava, os contatos de agenda, tudo ficava no celular do meu marido. Eu perdi todos os contatos, todos os contatos, todos os nossos vídeos, todas as nossas fotos, de passeios, foram perdidos quando o celular do meu marido sumiu...".

Jurado: "Constam do processo pareceres técnicos, médico-legais [citam-se os números dos documentos] e o prontuário médico da vítima no hospital Niterói D'Or, atribuindo administração de veneno contra Anderson. A senhora sabia disso? Se puder comentar".

Flordelis: "Não, senhora... O que eu posso dizer é que eu vivia com ele. Meu marido pouco comia em casa, tinha uma padaria chamada Glamour, onde ele fazia reuniões, era tipo um escritório dele mais perto de casa, para não ir para igreja, ele tomava o café da manhã lá, muitas vezes almoçava lá, meu marido comia muito mais fora de casa do que dentro de casa. E ele tinha muitas manias, e entre as manias [estava] colocar a própria comida no prato [se servir], eu não acredito, até porque quando meu marido morreu, eu estava cuidando dele, ele chegou a vestir 38, ficou magro, e quando ele morreu, já estava vestindo 42. Quem está sendo envenenado não melhora. E meu marido estava melhorando".

Juíza: "Encerradas as perguntas dos jurados, a senhora quer acrescentar alguma coisa importante para a sua defesa que não tenha sido perguntada?".

Flordelis: "Eu só queria dizer pra senhora e pros jurados que estão aqui que eu não, em momento algum, em momento algum, senhora, em momento algum, eu mandei ou pensei em matar o meu marido. Em momento algum eu tive esse pensamento. Eu tô, eu estou na cadeia hoje, pagando por algo que eu nã-não fiz. Eu amava meu marido. Eu jamais... Tá sendo muito difícil. Muito, muito difícil a vida pra mim".

Juíza: "Ok, encerrado o interrogatório".

28.
A garota encontrada no lixo

A terceira ré inquirida no sábado pela defesa foi Rayane dos Santos Oliveira, celebrizada nos testemunhos e pregações da pastora Flordelis e de Anderson do Carmo como a garotinha encontrada em um lixão com apenas quinze dias de vida. No plenário, Rayane recuperou a história que na igreja costumava levar os fiéis às lágrimas; o relato poderia ajudar a convencer o júri de que alguém com um coração tão dadivoso não seria capaz de planejar a morte do próprio marido. Depois de dizer que teve sua criação (ou a responsabilidade de cuidar dela) atribuída a André Bigode e Simone, Rayane se apresentou como maquiadora autônoma e mãe de dois filhos — João Guilherme, de sete anos, e Joaquim, de dois, que ela lamentou ter deixado com três meses, quando foi presa; contou que se lembrava muito pouco da única visita que recebera do marido na cadeia: "Eu estava extremamente dopada".

O interrogatório de Rayane ficou a cargo do advogado Marco Antônio Faria de Souza, que, segundo dr. prof. Faucz, trabalhou "por contratação específica, pois era da região [São Gonçalo]". O revezamento de advogados não ocasionou alteração nas perguntas e respostas, que pareciam seguir um padrão. A ré interrogada por dr. Souza foi mais uma mulher da família a declarar que só soube o que de fato era abuso sexual depois da morte de Anderson do Carmo. O discurso era basicamente o mesmo que o das outras. "Hoje, eu entendo que era abuso, mas comigo, eu, Rayane, [foram] só essas situações de passar a mão, apertar o bico do peito, bater na bunda, meu avô tinha esse hábito." E em Brasília?, indagou o doutor. Ela deu sua versão (a única, já que o pastor estava morto) do que aconteceu no apartamento funcional da deputada.

> Eu tinha feito massagem no cabelo, e aí fiquei com aquilo na cabeça, que meu cabelo ia cair, e já tava tarde; lavei a cabeça, e aí deitei de toalha. De manhã, quando eu acordei, acordei com o pastor em cima de mim. Meu avô. Passando a mão em mim [chorosa]. E aí, quando eu senti que a mão dele tava chegando perto da minha vagina, eu virei, para ver se ele parava... ele me deu um beijo na testa e falou: "Tô indo trabalhar, filha, tô indo trabalhar!".

Dr. Souza indagou por que ela não contou do abuso para ninguém. Rayane:

> Porque eu tava em Brasília, ele [Anderson] me deu essa oportunidade, ele me proporcionou a vida em Brasília, eu tinha medo de contar [para alguém], o assunto vazar e eu perder aquela oportunidade... No Rio, eu trabalhava como autônoma, de maquiadora, fazia sobrancelha, e meu marido trabalhava em um posto de saúde. [...] Sempre tive medo, mas depois do fato, do acontecido...

Dr. Souza: "Quando você contou para alguém?".

Rayane: "Depois da morte. Contei pra minha mãe, pra Flor, pra Lorrane... Porque já vinha tendo relatos de acontecidos com ele. Então, eu falei: 'Já não está mais aqui, eu posso falar'". As palavras "crime" e "assassinato" pareciam ser cautelosamente evitadas. No lugar, a acusada usava eufemismos como fato, acontecido e morte.

Na mesma época em que Rayane disse ter contado sobre os abusos para Simone, Flordelis e Lorrane, ela postou uma homenagem ao avô nas redes sociais, em que dizia:

Nem sei como vou começar a dizer essas coisas... eu só sei que nunca senti tanta dor na minha alma. Agora eu entendo, minha alma está chorando, sangrando e isso é o que estou sentindo nesse momento. Era um pai turrão, tinha umas atitudes estranhas que nos chateavam, mas era só o papel de pai que você tinha de fazer. Me disse essa semana que estava tão orgulhoso de mim, e queria que eu fosse pro Congresso ficar na recepção cuidando de você igual cuidava no apartamento. E pela primeira vez na vida acho que te dei orgulho de verdade. Agradeço a Deus por ter o privilégio...

A postagem foi apagada e o discurso de Rayane mudou. Ela passou a dizer que era com alguma reserva que dedicava o amor a Anderson do Carmo:

Eu não me entregava tanto a esse sentimento por causa das situações que eu via minha mãe passar... a Kelly ter me falado... Eu evitava essas coisas. Eu achava estranho. Ele me dizia: "Filha, senta aqui no meu colo". Todas as vezes, era me alisando. Eu não me sentia confortável, [...] mas fazia a minha parte, que era evitar...

Ao mesmo tempo que reconhecia que era o "quindim" do avô, ela agora lembrava: "Se a Flor me pedisse pra entrar no quarto: 'Pega minha bolsa' e ele estivesse [lá] deitado, eu não entrava. Nunca fiquei sozinha com ele, não me sentia à vontade". A propósito das alegadas agressões físicas a Flordelis, dr. Souza perguntou se sua cliente já tinha visto a avó (também cliente dele) com hematomas. Rayane: "Já. Nas pernas, na coxa... 'Chochó, o que é isso?' 'Nada, procedimento estético'". Assim como as outras testemunhas (informantes) de defesa, a ré narrou com algum atraso que sua mãe, Simone, ligava para ela de dentro de casa para pedir que a socorresse contra o assédio de

Anderson. Os relatos dos abusos eram feitos por Rayane com um tom ligeiro, superficial, o que transmitia a impressão de inconsistência e leviandade. Em comparação, os depoimentos da acusação — de Luana e Roberta, por exemplo — eram decididamente mais firmes e comprometidos.

Dr. Souza pediu a Rayane que falasse a respeito do suposto matador contratado por ela para emboscar Anderson. Disse o doutor: "A Érica narrou que você teria em uma ocasião perguntado a ela sobre o número de um bandido. Por qual razão ela teria narrado isso?". Rayane respondeu que "nunca entendeu", mas agora, depois de ouvir os depoimentos das testemunhas (informantes) de acusação, ela podia "explicar melhor". "Eu cheguei numa conclusão que foi totalmente combinado, orquestrado por eles mesmo, porque eu não tinha motivo nenhum para chegar até a Érica e pedir o número de um bandido." Dr. Souza: "Esse fato então não existiu?". "Não existiu." A única verdade dita por Érica, segundo Rayane, era que ela havia escondido o celular no momento em que os policiais revistaram a casa — alegou como motivação o comportamento grosseiro de um deles. "Também não adiantou nada, porque houve busca e mandado em Brasília, entreguei meu celular perfeitamente." A resposta foi a mesma em relação ao pistoleiro que apareceu na igreja para cobrar o serviço: "Mentira". Dr. Souza: "Sabe por qual razão ela inventaria uma história dessas?". Rayane: "Então, como eu disse, acabei de dizer, acredito que foi o que eles quiseram falar. Muita coisa que eu ouvi do depoimento deles batia, a mesma frase que um falava, tinha acabado de ser ouvida aqui, a outra testemunha chegava no meio do depoimento, a mesma frase, então, muito estranho…". Rayane haveria de convir que as frases das testemunhas (informantes) de defesa, e dos acusados, também "batiam".

As perguntas dos jurados, assim como no caso de Flordelis, mostravam que o depoimento da ré não serviu para amolecê-los.

Dra. Nearis leu num dos recortes de papel: "'A senhora tem privilégios na cadeia para fazer unhas, cabelo?'". Rayane: "Não chega a ser um privilégio. A Seap permite que entre prancha, esmalte, acetona, então, por esse motivo, a gente consegue se arrumar um pouco. Não é porque está presa que a gente vai ficar relaxada".

Jurado: "O que merece um homem abusador?".

Rayane: "Merece que a justiça seja feita, né? As providências cabíveis. Não necessariamente a morte, que ninguém deveria morrer dessa forma. Acho que deveria ter sido feita a coisa certa, denunciado, todo mundo se unido e falado...". Em uma das perguntas que se repetiam, a respeito da principal qualidade de Anderson do Carmo, a resposta também foi parecida com as outras: a "inteligência". "Tudo que a família conquistou, a maior parte foi por causa dele. Por ser quem ele era, assim de dar a cara a tapa."

Apontada como integrante da ala favorecida da família, a ré negou que houvesse diferenciação no tratamento dos filhos: "Todo mundo era tratado igual. Eu fico muito chateada de ouvir essas pessoas vir aqui depor, tipo viveu lá em casa, sentar aqui e dizer que tinha tratamento diferente". Apesar de supostamente ter se beneficiado do favorecimento, Rayane declarou ter engravidado "para sair de casa, para não viver mais sob essa pressão da religião, de ter de ser crente". Ao final, quando lhe foi oferecida a palavra para dizer algo em sua própria defesa, ela reafirmou que não era preciso matar o pastor para solucionar o conflito: "Sinto muito a situação toda. Infelizmente, pelo nível familiar que eu tinha, o acontecido foi desnecessário, se conversado teria sido resolvido. Eu não estaria sentada aqui, sem os meus filhos [chorando]".

29.
A filha leal

Recuperada da crise nervosa, a quarta ré a ser ouvida, Marzy Teixeira da Silva, 38 anos, passou a narrar uma parte de sua infância, e como foi a chegada à casa de Flordelis. Disse à dra. Janira que até os oito anos morou com os avós, e dos nove aos 23, com os pais biológicos ("Na verdade, não morei com ninguém; cada dia estava na casa de um, ou amigo, tio, parente"). Contou que trabalhava em um posto de saúde e, no tempo vago, colaborava como voluntária no Ministério Flordelis. Um dia, em uma carona que pegou com Anderson do Carmo de volta para casa, ele propôs a ela que se juntasse à família; eles já moravam em Pendotiba, onde o pastor foi assassinado. Não houve problema de adaptação, segundo ela, porque sua família biológica também era numerosa. A partir dessa menção à família biológica, Marzy passou a relatar, um tanto gratuitamente, um episódio de violência sexual que o irmão de sua avó teria cometido contra ela. Apesar do choro comovido, ofegante da ré, a juíza, diferentemente do que fez em relação às testemunhas de acusação que se emocionaram, não perguntou se ela precisava de uma pausa ou de um copo d'água. Um dos possíveis motivos, no caso de Marzy, era o fato de o episódio relatado não ter ligação com o crime do pastor. Dra. Nearis se mostrava particularmente intolerante com relatos apelativos, injustificados, que pareciam ter como única função sensibilizar os jurados. No sexto dia do julgamento, com o ritmo no plenário mais acelerado, já não havia tempo para apêndices dramáticos.

Dra. Janira se interessou em explorar o abuso do tio-avô de Marzy, mas adaptou o tema ao personagem do crime. Perguntou se em algum momento Anderson do Carmo havia "passado dos limites" com ela. A ré respondeu que "várias vezes". E iniciou uma série de relatos. Em uma ocasião, o pastor teria jogado o "prato de miojo" dela na pia da cozinha, porque "eram onze da noite" e ele não achava que fosse hora de alguém jantar; em outra, ele havia gritado com ela sem motivo na sala VIP do templo do Mutondo ("Eu não te quero aqui! Desce que aqui não é o seu lugar!"), na frente de "deputados e pregadores renomados", durante o CIM; em um terceiro momento, quando ela preparava algo para ele comer, tarde da noite, Anderson a teria "encurralado" na cozinha e dito: "Sabia que você tem um corpão?". E insistido: "Tô falando sério, você é muito...". Antes de completar a frase com a palavra "gostosa", Marzy hesitou ligeiramente; disse estar constrangida. Para se defender do pastor, ela o teria empurrado, passado por baixo do braço dele e dito: "Niel, dá licença. Ou você quer a comida... ou você tá com fome... ou come ou não come...". Dra. Janira pediu que fosse projetada no telão uma foto de Marzy muito mais magra, e perguntou: "Você era mais ou menos assim quando chegou na igreja?". Na plateia, alguns espectadores não entenderam a intenção da pergunta. Indagavam-se se a advogada pretendeu mostrar que a ré, quando magra, era "abusável". Marzy justificou o sobrepeso: "É que eu não gosto de comida, só como besteira".

Fiel ao itinerário adotado desde o início, a advogada perguntou à cliente se ela havia observado um "comportamentos inadequados" do pastor com outras meninas da casa. Marzy disse que, na época, não. Só depois. Citou reações estranhas de Annabel, que teria sido acariciada na perna pelo pai, e por isso não queria mais ficar sozinha com ele. Mais adiante, dra. Janira perguntou à ré se ela havia presenciado algum "atrito" entre Anderson do Carmo e Simone. "Não sei nem se foi atrito... ou uma discussão", respondeu ela. Os relatos de Marzy eram longos e cheios de parênteses.

Uma vez, eu estava no closet dela... o meu chuveiro estava frio, o dela ainda era quente, eu entrei para tomar banho. Ela tava dormindo... a única coisa que ela sempre falou: "Quando entrar, não faça barulho pra não acordar ninguém". Eu entrei, fui tomar meu banho. Quando saí, a porta do closet não tava fechada toda. E eu ouvi ele falando: "B...", ele chamava ela de B, às vezes. "B, B, acorda, acorda..." E eu pensei: "Uma hora dessa, não tem agenda, não tem nada, o que ele vai fazer?". E ele: "B, acorda, acorda". E ela dormindo. Aí... eu só vi... ele descobriu ela até a cintura e começou a acariciar as pernas da Simone. Depois desse dia, a Simone passou a não ficar mais sozinha no quarto. Cada dia, uma irmã ficava.

Em outra sugestão de dra. Janira, Marzy se lembrou de pelo menos uma agressão de Anderson contra Flordelis: "A Simone entrou na frente, e ela... não sei se foi um tapa ou foi um soco, eu sei que ela ficou roxa. Se eu tivesse lá, eu também iria entrar na frente, como eu já entrei com os meus pais. É uma coisa que eu não accito também".

Então, a advogada abordou a ré sobre o roubo do cofre da casa, atribuído a ela. "Você furtou alguma coisa na casa?" Marzy contou que ela e o irmão Douglas costumavam tirar dinheiro do armário de André Bigode. Quando sumiu dinheiro da casa, ela foi acusada por Anderson de ser a responsável. "Ele tinha essa mania. Pegava a vassoura e ia atrás de mim." Mesmo tendo assumido o roubo de André e desmentido o do cofre de Flordelis, Marzy contou que Anderson

365

ainda a pressionava. Ele teria dito: "Você vai fazer o seguinte. Ou você faz isso, ou você vai embora de casa. Você vai entrar no quarto, você vai dizer para a sua mãe que furtou o dinheiro dela, enquanto ela estava na lavanderia, e que você se arrepende". No plenário, ela contou que obedeceu cegamente ao pastor: "Com medo, eu entrei no quarto, igual robô, ele falava, eu repetia, 'fala com a sua mãe', aí eu [para a mãe]: 'Eu mexi no cofre, enquanto a senhora estava na lavanderia; me perdoa?'".

As próximas questões de dra. Janira versavam sobre castigos severos aplicados na casa, sempre por ordem de Anderson do Carmo; de acordo com Marzy, o pastor teria dado uma surra em Lucas, por conta do envolvimento dele com o tráfico, e trançado o filho em um quarto, sem direito a comer nem a ir ao banheiro; segundo ela, ele fez o mesmo com algumas meninas que lhe teriam desobedecido. Também por menção da advogada, Marzy falou sobre jovens da casa que se assumiram homossexuais, especialmente Artur [filho afetivo do casal de pastores]. A narrativa foi prolongada. Marzy chafurdava em uma pieguice desenfreada, relatando episódios de solidariedade fraterna dela, de Lorrane e de Simone com o rapaz, sem perceber os sinais de impaciência de dra. Nearis, que abreviou o relato com um sucinto "Qual a relevância da história para a defesa?" e pediu à dra. Janira que se ativesse "aos fatos relacionados ao crime". A advogada alegou que Marzy estava "contando a história da família". E a juíza: "Bom, mas se for contar a história inteira da família...".

Dra. Janira: "Mas a imprensa ficou três anos, até aqui, contando a história da família. Agora, a família tem que poder contar sua história. Essa é a relevância. Mas se a senhora indeferir, eu vou aceitar".

Superada a questão da orientação sexual de Artur, a advogada retomou o caso do furto. Quis saber se a ré havia sido castigada. De acordo com Marzy, Anderson teria parado de falar com ela, e Flordelis foi reconquistada aos poucos. Dra. Janira: "Ela parou de falar com você?". Marzy: "Um pouco, mas depois a gente sentou e conversou. Expliquei a ela que não tinha sido a primeira vez, que eu já tinha essa mania, ao qual hoje o presídio me ajuda em relação a isso também". Em relação à "mania", Marzy mencionou furtos anteriores, na casa da mãe biológica.

Ao responder se alguém a havia orientado, ou a levado a confessar um plano para matar o pastor, disse: "Não. [...] Chegou a intimação, eu fui para a delegacia, onde fiquei oito horas e meia depondo, porque quando eu cheguei a inspetora me mostrou na tela que tinham seis acusações contra mim. Não fui com advogado, não tive instrução nenhuma, a única instrução era: 'Falar a verdade' Eu tive intenção, tentei e desisti. Se eu tiver que pagar pelo que eu fiz, eu vou pagar".

Em meio a muitas voltas, Marzy passou a falar sobre a mensagem que enviara a Lucas, segundo ela por causa de um carro que ele teria roubado e deixado na porta da casa. Era para tirar o carro dali. "O Niel quer ir atrás de você", ela avisara. "Só para deixar claro que a minha mensagem foi [de] janeiro de 2019, não março, no iPad, como eu estou escutando a semana inteira... Não tenho iPad." Segundo esse relato, Marzy continuou conversando com Lucas, até que ele "deu uma brecha", e ela teria dito: "Lucas, as coisas aqui em casa não tá legal, o Niel tá muito autoritário...". Lucas teria perguntado: "O que está acontecendo?". E Marzy, segundo ela própria: "Vou te falar só uma coisa: ele tentou abusar da Annabel. Você faria o serviço, ou algum amigo?". Nessa versão, Lucas estaria sem camisa (ela não esclareceu se os dois conversaram pessoalmente, ou por videochamada), "com uma pistola do lado", e disse: "Deixa ele vir. Daqui onde eu tô, eu tô vendo tudo. Eu acabo com ele". Mas então o relato de Marzy sofreu uma guinada, e de repente ela passou, de mandante do crime, a não muito mandante: "Eu falei: 'Assim, não, Lucas. Tenta fazer como um assalto. Latrocínio seguido de morte [o termo, àquela altura banalizado, era usado erradamente. O correto seria "assassinato associado a roubo"]. Mas não hoje. Faz amanhã, às onze horas, que é o horário que ele sai de casa, sozinho, sai de Maria Paula...'". A orientação dada a Lucas teria sido: "Vou pegar os relógios e vou botar na mala do carro. Depois que fizer o serviço, você pega o dinheiro [os 5 mil que estavam na mochila] e os relógios". Marzy respondeu à pergunta de dra. Janira, olhando para a juíza: "Nisso, de umas dez até meia-noite, eu insistindo pro Lucas falar comigo, o Lucas não falava. Até que, às duas horas da manhã, ele me ligou, e falou: 'Desce, que eu estou aqui no portão' Eu desci do jeito que eu estava, de baby-doll, passei pela família Oliveira na cozinha... Rafaela, Lorrane e o Douglas, conversando, e Ramon. Eu desci, e fiquei das duas às quatro da manhã convencendo o Lucas a não fazer [a história ganhava um contorno rocambolesco]. Ele deu uma ideia: 'Você sobe, tira a mãe do quarto, desce pelo closet, abre a porta, que eu vou subir, e mato ele dormindo'".

Dra. Janira: "O Lucas estava sozinho ou acompanhado?".

Marzy: "Tinha três amigos". Ela falava como se estivesse proseando com uma vizinha de porta: "O maior ódio que o Lucas tem de mim é que eu sei quem são os três meninos. Eles não estavam encapuzados, ele não queria prejudicar os meninos...". Em razão da insistência dela em adiar a morte do pastor para o dia seguinte, Lucas teria respondido que "de dia, não tem como fazer". Marzy: "Então, não faz". Lucas: "Os meninos vieram do Rio, você [tem de dar] alguma coisa". Marzy, para a juíza: "Aí, eu falei: 'Lucas, eu não vou te dar nada. Você não fez serviço nenhum, vou te dar o quê?'. Aí, ele: 'Ah, essa parada aí amanhã eu volto'. Nisso, que ele tá saindo da casa, parou um pouquinho assim no condomínio que tem do lado e falou assim: 'Pede para o seu Deus para ele te proteger, porque se eu te pegar na rua, eu vou te estourar todinha'".

A partir de então, sempre de acordo com o relato da ré, ela teve medo de morar na casa: "Aos poucos, comecei a ir aos domingos para a casa do Misael; depois passei a ir durante a semana e dormir lá".

Dra. Janira: "Você contou para a Flordelis essa questão sua com o Lucas?". Para quem estava assistindo ao julgamento desde o início, a indagação da advogada pareceu despropositada. Janira perguntava a Marzy, apontada por diversas testemunhas como a devota mais humilhada da casa, se ela, Marzy, havia contado a Flordelis sobre seu plano de matar o pastor; o pastor, a quem ela, Flordelis, amava mais que a Deus... Marzy: "Não, de início não! Era uma coisa que eu queria. [...] Com o tempo, lá pra março, final de março, chamei minha mãe, e falei com ela". Àquela altura, Marzy parecia ter perdido o controle da história que contava. Entre idas e vindas, sua versão era mais uma que evocava a máxima da delegada Bárbara Lomba sobre a "narrativa de um mentiroso". Dra. Janira: "E o que ela fez, quando você falou com ela?". Marzy: "Ela falou... brigou comigo e [falou]... 'Você vai ter que contar para o seu pai'... foi onde... ele tava no closet, sozinho, e a gente conversou. Ele disse: 'Você ainda tem essa intenção?'" (como se Marzy tivesse a intenção de fritar um ovo, ou ir à padaria). Então, o pastor, que supostamente batia na mulher, prendia e mandava soltar quem ele quisesse na casa, teria perguntado ponderadamente: "Por que você teve [a intenção de matá-lo]?". E Marzy: "Porque eu junto raiva do senhor desde o episódio da igreja. E quando eu soube da Annabel, pra mim foi o estopim...". O final da conversa com o abusador contumaz das mulheres da família foi feliz: "Ali, a gente conversou, ele me perdoou, orou, e continuei na casa do Misael".

Dra. Janira perguntou se Marzy havia contado sobre o plano para alguém na casa, ela disse que só para Flordelis. Depois, incluiu Luana. Então, a advogada indagou se a ré sabia de algum desentendimento entre Lucas e Lorrane; ela respondeu com uma história comprida sobre o dia em que Lucas fugiu de casa, e Lorrane foi atrás dele para tentar trazê--lo de volta. Os dois teriam brigado. Dra. Nearis, muito impaciente, reclamou da falta de pertinência da briga com os fatos do julgamento.

No momento reservado às questões dos jurados, eles quiseram saber se Marzy já havia sido presenteada com viagens ao exterior, iPhones e roupas de marcas caras — uma pergunta recorrente. Ela acabou dizendo que "só telefone, perfume e roupa".

A juíza passou a ler as perguntas nos papeizinhos: "'A senhora acha que é melhor matar do que denunciar?'".

Marzy: "É melhor denunciar, mas num momento de explosão eu tinha decidido matar".

Jurado: "Hoje, qual o seu sentimento em relação aos irmãos que a acusaram?".

Marzy: "Não vou negar para a senhora que eu não os amo. Mas não quero contato".

Jurado: "A senhora pode citar uma qualidade do seu pai, Anderson, e da sua mãe, Flordelis?".

Marzy: "Minha mãe é uma pessoa... se você precisar de tudo, você falando a verdade, você tira tudo dela. O pastor Anderson, a qualidade que ele tinha era sempre ouvir os dois lados. Se acontecia alguma coisa, ele ia ouvir uma pessoa, depois a outra, para depois tirar conclusão".

Jurado: "Na sua opinião, o que merece um homem abusador?".

Marzy: "A morte".

Jurado: "Por que você não aceitou a ajuda da Luana?".

Marzy: "Porque uma vez, em Cabo Frio, eu senti que ela tava me usando. Ela tava com raiva da minha mãe, e ela estava me usando".

Jurado: "A senhora acha que existem motivos para terem matado o pastor?".

Marzy: "Sim, acredito, principalmente politicamente".

Jurado: "Por que você diz que seria um sonho ser adotada pela Flordelis? Faria qualquer coisa para agradar a Flor? Por quê?".

Marzy: "Sim. Porque eu tenho ela como minha mãe... Independente de qualquer erro... é o que eu falo, catorze anos não são catorze minutos. A Flordelis não é Flordelis, é minha mãe. Não importa, é minha mãe".

Jurado: "A senhora faria qualquer coisa para agradá-la?".

Marzy: "Tudo, tudo, não".

Jurado: "Por que você disse que odiava a Flordelis [no princípio]?".

Marzy: "Primeiro, porque ela era da Assembleia de Deus, e minha mãe biológica ficava insistindo muito para eu ir pra lá".

Jurado: "Qual a sua relação com a vítima? Qual o sentimento que a senhora tinha por ele antes da morte?".

Marzy: "Eu gostava muito dele. Sofri muito, fiquei em choque quando soube, porque era uma coisa que eu não queria mais. Hoje, eu me sinto culpada. Porque eu comecei com o plano, não concluí, mas alguém concluiu. E em relação a ele, a gente tava começando a se aproximar, e eu já estava vendo ele não só como pastor, sou muito grata a ele, por ter me levado para morar com ele. Muito grata a ele. Por tudo que ele me ensinou, principalmente [sobre] Deus, e a gente estava se aproximando, só que infelizmente ele se foi...".

Jurado: "Considerando os relatos de grosserias do Anderson com você e outras pessoas da família na casa, e com os supostos abusos sexuais, você acredita que o assassinato dele resolveu esses problemas? Com a morte dele, a paz se instalou na casa?".

Marzy: "Continua a mesma família, mas muitos foram embora, perderam o contato; os que ficaram são unidos, e antes de eu ir presa, eu via as meninas no canto, chorando, sentindo falta dele. Quando cheguei em casa [no dia do crime], fiquei sabendo pelas crianças menores o que tinha acontecido. E elas em choque".

Jurado: "A senhora acha que a morte resolveu os problemas?".

Marzy: "Não".

Jurado: "Por qual motivo você acha que não foi realizada a sua adoção formal?".

Marzy: "Por causa dos meus pais biológicos. Porque eu precisava de alguns documentos, e a minha mãe não queria ceder".

Jurado: "Em depoimentos colhidos aqui, foi relatado que a senhora era desprezada pela Flordelis. A senhora confirma isso? Se sim, a que atribui esse desprezo?".

Marzy: "Esse desprezo foi após o crime... após o furto, quando ela ficou um período sem falar comigo, junto com o pastor Anderson".

Jurado: "Foi relatado em alguns depoimentos que constam desse processo que havia um lema na casa: 'Negue até a morte'. Você confirma?".

Marzy: "Não".

Jurado: "Consta também do processo que algumas pessoas apanhavam com taco de beisebol. A senhora confirma?".

Marzy: "Nunca. A única coisa que eu ouvi, não presenciei, mas ouvi, foi o Lucas apanhando com a vassoura".

Jurado: "Foi relatado na maioria dos depoimentos que vocês só ficaram sabendo dos casos de abuso após a morte do pastor. Como você pediu ao Lucas para matar o pastor, justificando o abuso da Annabel?".

Marzy: "Em dezembro de 2018, a Annabel já tinha contado que ele tinha colocado a mão na coxa dela... só que de uma maneira diferente".

Antes de encerrar, a juíza perguntou se Marzy tinha algo que considerasse importante acrescentar em sua defesa, ela disse que não, "só queria fazer um agradecimento".

30.
A filha e o câncer

Simone dos Santos Rodrigues, 42 anos, primogênita biológica de Flordelis, que enfrentava um câncer que evoluiu para
a metástase, foi a última a ser ouvida. Assim como os outros
acusados, Simone seguiu a orientação de sua advogada, Daniela Grégio, e respondeu apenas às perguntas feitas pela defesa e pelos jurados. Na reta final do julgamento, dra. Grégio caprichou na apresentação. Por baixo da toga, usava um
vestido longo de malha fina em um tom marfim, com listras
horizontais pretas, que lembrava uma saída de praia. O sapato repetia o salto plataforma da sandália dos primeiros dias,
mas era confeccionado com um tecido sintético plastificado,
cor de suco de goiaba: quase todo fechado, o modelo possuía
apenas um pequeno orifício à frente, que deixava à mostra os
dedinhos espremidos da intrépida advogada; os anelões nos
dedos das mãos e o esmalte vermelho eram os mesmos. Depois das formalidades iniciais, Simone passou a contar como
havia sido a convivência com Anderson do Carmo, desde o
primeiro contato dos dois, quando ela tinha doze anos, e ele,
"cinco anos mais velho". Embora já houvesse negado anteriormente que eles tivessem namorado, Simone agora assumia sem reservas o relacionamento. Durante os doze meses
que durou, ela nunca comentou nada com a mãe, de quem
se considerava muito próxima. Explicou que quem pôs fim
ao "namorico de escola" foi ela: "Terminei porque, já bem
novo, ele era aquela pessoa grossa, ignorante, que queria

ficar grudada. Na escola, já na adolescência, não queria nem que eu ficasse brincando com meus colegas". Era sabido que Simone costumava atualizar suas versões a cada novo depoimento; desta vez, ela fez questão de afirmar que estava ali disposta a "falar a verdade". Restava saber se a ré ainda tinha crédito com os jurados, que, ao final da oitiva, em suas perguntas, cobrariam explicações a propósito das reiteradas contradições dela.

De acordo com o relato atual, o início do relacionamento afetivo entre Anderson do Carmo e Flordelis havia levado a então adolescente Simone a se sentir constrangida ("muito, muito"):

> Nessa época que ele começou a frequentar a minha casa… ele ainda ia atrás de mim… Quando eu fui perceber que ele tinha parado, vi que ele já estava se relacionando com a minha mãe. Eu devia ter uns catorze para quinze anos, eu tinha muita vergonha, e graças a Deus ele me deixou em paz, graças a Deus fiquei de lado.

O tom de voz lânguido, aerado, de Simone fazia o conteúdo soar inconsistente, desprovido de confiabilidade. Anderson teria voltado a assediá-la em 2012, quando ela foi diagnosticada com melanoma e precisou de dinheiro para custear o tratamento da doença. Na ocasião do julgamento, a paciente detenta ainda precisava de atenção médica especial. Apesar de dra. Daniela Grégio ter priorizado em seu discurso de defesa o assédio sexual supostamente promovido por Anderson do Carmo à sua ex-namorada de adolescência (ou irmã afetiva, ou filha de consideração), o momento que mais provocou empatia no depoimento de Simone foi a menção à negligência médica na cadeia — em especial o relato do exame ao qual ela se recusou a se submeter. A advogada perguntou: "Tem uma informação no processo de que você teria se negado a fazer uma punção de um nódulo de um cisto que você tem na vagina. Você pode explicar se você realmente se negou?".

Simone: "Sim, sim, me neguei. Foi lá em Benfica [penitenciária na Zona Norte do Rio], eu estava acautelada. Fiquei um mês. Aí, chegou o médico... quando eu desci, que eu olhei a maca... tudo bem, é um presídio, mas era totalmente insalubre. Era pra fazer um furo para esvaziar o tumor, para limpar o tumor. Não tinha gaze, não tinha algodão, só uma luva em uma mão, e a seringa. Eu me neguei de fato a fazer. Tanto é que, depois da audiência [...] depois disso, chegou o Carnaval, e eu já estava em [no presídio de] Niterói, e o ambulatório lá era mais limpo, mais adequado... mesmo assim... eu fiz [o procedimento] dois dias antes do Carnaval, aí a cadeia fechou por causa do Carnaval, e aquilo [procedimento] infeccionou. Todo mundo que passa mal não quer ir para a UPA [Unidade de Pronto Atendimento], porque é muito humilhante, muito constrangedor, doloroso e difícil... nós não somos tratados como ser humano... a gente chega doente... eu cheguei lá com covid, ganhei uma dipirona, e me mandaram de volta pra cadeia. Nem o teste não fizeram... Não teve como ir [ser atendida no ambulatório], porque a cadeia estava fechada, o tumor cresceu. Era bem abaixo na vagina, e o meu lado direito todo inchou. E para eu fazer xixi, eu tinha de segurar, abrir, era uma dor absurda. Como eu estava na cela de nível superior, tinha enfermeiras, dentistas, elas me deram a ideia de eu colocar uma lâmpada no local, quente. Fiz isso durante três dias, com um pano limpo. [...] No terceiro dia, estourou sozinho. Foi uma dor horrível, e eu mesma espremi o cisto".

A crueza do relato provocou esgares de aflição na plateia, até porque Simone, dessa vez, não parecia preocupada em aumentar o que já era suficientemente lancinante.

Então, dra. Grégio passou às perguntas sobre o planejamento do crime — e o barco voltou a adernar perigosamente. A impressão era de que o cuidado redobrado que Simone precisava ter com o que dizia, sobretudo ao justificar desmentidos de versões anteriores produzidas por ela mesma, comprometia a fluência da narrativa. Ela estava longe de parecer convincente. Dra. Grégio: "Agora, eu quero que você nos fale um pouco sobre de onde partiu, num primeiro momento, a ideia de matar o pastor Anderson do Carmo... Como surgiu essa ideia? Isso realmente começou com a Marzy, você teve alguma participação?". À beira do descaramento, a pergunta da advogada demandava um engajamento extraordinário dos jurados: eles precisariam partir do princípio de que Simone estava ali quase que por acaso.

Entre abstraída e claudicante, a ré voltou a transmitir inconsistência na resposta: "Então... participação, né, não... não. Eu ouvi boatos. Como todo mundo na casa ouviu dizer...também ouvi dizer que estava surgindo... tinha surgido um negócio no iPad do Niel... e aí, depois ele chamou para ver, no quarto... tava eu, Adriano, Marcele, ele me chamou e mostrou, do mesmo jeito que ele mostrou para Adriano e para Marcele. E perguntou se eu sabia disso, eu falei que não, e realmente eu não sabia de fato, e depois ele resolveu com a Marzy, conversou com a Marzy. Não tive participação nenhuma nisso...".

Dr. Grégio: "Ele levou a sério esse plano de morte?".

Simone: "Não, não, ele não acreditou. Ele brigou, conversou com o Lucas, com a Marzy, mas eu acredito que ele não levou muito a sério. Depois disso, a Marzy sofreu muito na mão dele. Muito mesmo. Ele humilhava a Marzy inúmeras vezes na frente das pessoas depois desse ocorrido".

Dra. Grégio: "E a sua mãe, qual foi a posição da sua mãe diante desse plano inicial da Marzy?".

Simone: "Minha mãe, como sempre na dela, quietinha, não falava nada, [...] ele que sempre tomava a iniciativa de tudo, nunca era ela". Depois de tudo o que se havia ouvido nos depoimentos das testemunhas, nada parecia mais inexequível do que imaginar Flordelis "na dela", "quietinha".

Dra. Grégio: "Com relação ao crime em si, o dia dos fatos, 16 de junho de 2019, você pode contar pra gente se você teve alguma participação na morte dele, como foi isso?". A pergunta soava tão estapafúrdia que até Simone pareceu atordoada; demorou a engrenar uma resposta: "Então... No dia dezess... no dia 15, né?, porque ele morreu no dia 16 de madrugada, dia 15, na sext... no sábado... ele morreu... ah, não sei! Vamo lá: cedo. Eu fui pro shopping... pro shopping, pro [Teatro] Miguel Falabella com a Marzy, com a Lorrane, com o Douglas e... só. Fui encontrar o Rafael, namorado, lá nós assistimos à peça, eles foram embora pra casa, eu fui para uma churrascaria, tem foto eu, na porta da churrascaria, até com o ator que fez a peça, *Tem uma mulher em nossa cama*, que era amigo do Rafael, tirei foto, fomos pra churrascaria, beleza... depois, fomos para uma resenha, da resenha eu fui dormir com o Rafael, na casa dele, no apart-hotel, no apart-hotel com ele, lá na Barra da Tijuca, e fiquei sabendo às três e pouca da manhã, quando acho que foi Rafaela ou Ramon que me ligou... Rafaela! Rafaela me ligou desesperada, uma gritaria, um tumulto, eu acordei no susto, botei a roupa correndo, o Rafael querendo me levar, falei "Não, não precisa", ele tinha bebido muito, eu falei "Não, não, não", peguei um Uber e fui. Até, no meio do caminho, eu mudei a rota, na ponte já, eu mudei a rota do Uber, porque me falaram que [o corpo] não estava mais em casa, tava no hospital, eu cheguei ao hospital...".

A versão de Simone sobre o ambiente que encontrou no hospital era parecida com tudo o que já havia sido dito. Choro, desespero, desconsolo. A diferença apareceu quando ela contou como foi a volta do hospital para casa: "Já tinha sido confirmado que ele tava morto, aí eu peguei carona para voltar pra casa, se eu não me engano... se eu não me engano, não! Tenho certeza... Eu voltei no carro junto com a minha mãe; o Flávio estava dirigindo, eu... tinha mais pessoas no carro, mas eu não consigo me lembrar no momento...".

O langor no tom da voz ressurgia como um vício apelativo, ou recurso de sedução, que coincidentemente sinalizava o retorno do relato à imprecisão.

Dra. Grégio: "Depois que foi constatada a morte, que vocês voltaram pra casa, o seu irmão Flávio, que já está condenado como executor desse crime, ele te procurou pra falar alguma coisa?". A indagação de dra. Grégio contava com outra forcinha dos jurados: a advogada agora precisava que eles admitissem a possibilidade de Simone ter voltado para casa ("de carona") com Flávio — que logo confessaria o assassinato do pastor — e Flordelis — acusada de ser a mandante —, sem que nenhum dos três fizesse menção ao crime. Imbuída do espírito da inocência, Simone encampou a pergunta da advogada e abstraiu o suposto vácuo verbal no percurso de volta do hospital; contou que a casa estava lotada, e a mãe, dopada ("grogue"), atendendo as pessoas. No meio desse entra e sai de gente, Flávio a teria procurado no quarto dela, com uma camisa enrolada debaixo do braço.

[Ele] falou assim: "Nanha" — ele me chama de "Nanha", "coloca fogo nessa roupa pra mim". Eu: "Por quê?". Ele: "Não me pergunta nada, coloca fogo nessa roupa pra mim". Eu peguei aquela blusa, botei no banheiro, no box, tava seco... ainda era cedo, o Moisés... ninguém tinha usado o box para tomar banho, botei fogo ali mesmo, no box, fez muita fumaça na casa, eu rapidamente apaguei, liguei o chuveiro e apaguei, joguei dentro do lixo do banheiro...

Perguntei: "Flávio, o que tá acontecendo, me fala, foi você?". Ele: "Não me pergunta nada! Não me pergunta! Não quero falar sobre isso, não me pergunta nada!".

Por mais numerosa, peculiar e disfuncional que fosse a família de Flordelis, o quadro incendiário descrito por Simone exigia dos jurados uma capacidade de alheamento fenomenal: poucas horas depois de Anderson do Carmo ter sido assassinado a tiros, Flávio pediu à irmã que incinerasse uma camisa ensanguentada, recusando-se a explicar o motivo. Mesmo sem saber exatamente do que se tratava, ela ateou fogo à camisa no box do banheiro. A polícia chegaria em instantes ao local e a repercussão do crime já tomava proporções midiáticas, mas a fumaça não despertou nenhuma suspeita nos investigadores nem nos moradores da casa.

Aqui, é importante rememorar algumas declarações anteriores de Simone. Primeiro, na audiência de instrução de 22 de janeiro de 2021, ela chegou a assumir a autoria do crime; afirmou que havia planejado a morte de Anderson do Carmo. A motivação: "Ele tinha segundas, terceiras, quartas, quintas intenções comigo, e tudo se agravou depois que eu fiquei doente, que ele…". Na ocasião, a juíza Nearis perguntou: "A senhora chegou a planejar a morte dele em algum momento?". Simone: "Sim. Porque todos os dias ele ia no meu quarto. Todos os dias, depois que eu fiquei doente, ele ia no meu quarto de manhã e de noite. Eu passei a dormi…". Juíza: "… Aí, a senhora, em lugar de falar com sua mãe, tomar alguma providência, achou por bem matá-lo? É isso?". Simone: "Eu não aguentava mais os abusos dele… não aguentava mais".

Três meses depois, em abril de 2021, no depoimento que prestou no Conselho de Ética da Câmara dos Deputados, Simone afirmou que tinha dado dinheiro a Marzy para que ela a ajudasse a pôr um fim em seu sofrimento. Ao relator do processo, deputado Alexandre Leite, ela explicou:

> Eu estava em desespero, não aguentava mais, né? As investidas dele [Anderson]... porque ele queria ficar comigo de qualquer forma... Ele ameaçava cortar... o dinheiro da minha medicação, do meu tratamento de câncer, e eu não conseguia falar com a minha mãe, concernente a isso, e aí, num desespero, eu comecei, até mesmo... eu fiquei com síndrome do pânico [...] infelizmente, usei drogas por causa disso [mordisca os lábios], fiquei totalmente atordoada [executa movimentos em ondas com a cabeça], desorientada, e infelizmente, no desespero, eu peguei o dinheiro, 5 mil reais, que era o único dinheiro que eu tinha, e falei: "Marzy, você também está sofrendo...". Porque ele [Anderson] era uma pessoa que fazia muito bem para a minha mãe, mas para todos da casa ele não era uma pessoa boa... tirando as crianças, que são inocentes, a maior parte da casa não gostava dele, da atitude dele, ele era uma pessoa muito ruim de atitude, um egocentrismo gigante, e eu peguei o dinheiro no desespero e pedi a minha irmã Marzy: "Me ajuda pelo amor de Deus, que eu não aguento mais".

Eis que agora, menos de dois anos depois, ao ser interrogada por dra. Grégio, a história já era um pouco diferente. Simone passou a dizer que a decisão de matar o pastor partiu do próprio Flávio. E invocou a versão de que naquela madrugada o irmão, armado, havia seguido Lucas pela casa, disposto a proteger a família de um traficante criminoso. No caminho, encontrou Anderson na garagem e, lembrando do desabafo de Simone a respeito dos abusos, disparou seguidamente contra ele. No plenário, agora, a ré lamentava ter estimulado o irmão a matar o pastor. Usava um tom de voz choroso e infantilizado, que soou insuficiente para o tamanho da clemência que parecia estar rogando. "Eu me sinto um pouco culpada de tudo isso que está acontecendo com a minha família. Porque eu é que fui até ele [Flávio], [...] eu tava no desespero e contei tudo pra ele: [contei] o que ele [Anderson] tinha feito com a minha filha [Rafaela], tinha feito comigo..."

Dra. Grégio quis retomar o episódio do abuso de Rafaela pelo pastor. Foi a vez de Simone contar. O relato era o mesmo que fizeram as informantes de defesa, mas com consequências que Simone considerou devastadoras para ela própria.

> Daí, foi nessa época que eu fiquei usando mais remédio controlado, uso até hoje remédio controlado, tenho síndrome do pânico, tenho ansiedade até hoje, não consigo dormir sem medicação até hoje, inclusive sonho, já tive vários sonhos com ele. Na cadeia. Ele chegando perto... É horrível.

O drama excessivamente estilizado parecia impor um vão entre Simone e o que ela contava: era como se ela narrasse a história de uma terceira pessoa.

Dra. Grégio: "Então, foi depois desses relatos...".

Simone: "Foi depois desses relatos... Nesse dia, que eu contei para o Flávio, ele falou: 'Irmã, você tem a senha do cofre. Eu quero só a senha do cofre' 'Pra quê?' 'Me dá a senha do cofre e não me pergunta mais nada' Eu ainda pensei, pensei, no meio do dia, fiquei pensando... e dei a senha do cofre para ele".

Dra. Grégio: "Você sabe por que ele queria a senha do cofre?".

Simone: "Acredito que era para pegar o dinheiro".

Dra. Grégio: "Pra quê?".

Simone: "Hoje... eu não sei, eu não sabia, mas hoje eu sei que era para comprar a arma. Tenho certeza".

Dra. Grégio pediu que fosse mostrado o trecho de um vídeo, a respeito do qual ela faria uma pergunta. Os assistentes de dr. Faucz o exibiram; ouvia-se no áudio a voz do promotor Coelho, no depoimento de Luana, perguntando se, quando ela chegou à casa, Flávio já havia se envolvido em algum episódio de violência, alguma briga... Luana, então, dizia o seguinte:

"Ele sempre foi bem reservado, mas eu sempre tive um ótimo relacionamento com o Flavinho. Sem dificuldades. Mas a família conta, eu não vivi, que teve um episódio, sim, que ele ficou chateado com o André, deu uma tesourada no André, mas eu não vivi isso, tá? [...] Não sei o contexto nem em qual casa, sei que foi por ciúme da Simone. Nas costas. É o que falam [...]. Ele é muito na dele. Vai tomando as conclusões, mas não estressa. Tem uma hora que explode".

Promotor: "E a senhora sabe o que os réus... em especial... a deputada... a senhora falou já... mas a Marzy, a Simone, o próprio Flávio, o que eles diziam acerca da vítima, faziam algum comentário...?".

Luana: "A Simone tinha nojo do pastor, tinha raiva do pastor. Uma vez eu tava bebendo Coca-Cola no canudinho, e o pastor pediu, eu dei, depois eu fui beber de novo, ela disse: 'Ai, que nojo, você bebe as coisas que ele bebe, eu tenho muito nojo dele, eu tenho muita raiva dele'. Ela não gostava dele. É fato".

Dra. Grégio: "Tá ótimo. Simone, esse nojo que a testemunha Luana disse ali no vídeo, que você tinha do pastor, era referente às investidas sexuais dele contra você?".

Simone: "Era. Todos os dias. Todos os dias. Não existia um dia sequer que ele não fosse no meu quarto. Eu tomava remédio psiquiátrico, tomo até hoje...".

Juíza: "É preciso fazer silêncio no plenário, senão atrapalha aqui, por favor".

Simone: "Todos os dias ele ia no meu quarto, eu já estava dopada, acordava com ele me alisando, com ele com a mão dentro da minha blusa, não tinha paz para dormir, tranquilidade para tomar banho, tinha que trancar as portas porque dentro da minha própria casa não tinha paz. E, abrindo um parêntese, a Luana expressou exatamente o jeito que o Flávio é. Foi por esse motivo que eu contei para o Flávio. Para ver se ele me ajudava, eu queria acabar com tudo isso logo, eu tinha nojo do pastor Anderson, eu queria resolver, eu queria... não sei explicar. Eu queria dar uma solução para a minha filha, sabe? O que ele fez com a minha filha...".

Dra. Grégio: "Você pode contar pra gente quanto tempo antes do crime ele molestou a Rafaela, sua filha?".

Simone: "Alguns meses antes. Eu não sei explicar. Não me lembro exatamente".

Dra. Grégio: "Simone, é... efetivamente, durante o período em que você ficou doente, e no seu período de remissão, nessa suposta melhora sua, você efetivamente [dra. Grégio era usuária contumaz do advérbio "efetivamente"] teve relações sexuais com o pastor Anderson contra a sua vontade?".

Simone: "Tive. Forçada. Uma vez, eu tinha acabado de... fiquei internada em São Paulo, tava fazendo tratamento no Albert Einstein... Ramon tinha acabado de sair do banheiro, de escovar o dente. Eu tava tomando banho. Falei: 'Filho, fecha a porta do quarto' 'Tá, mãe, bênção, tô indo pra escola', ele saiu, a porta do banheiro ficou encostada. Eu tenho certeza que ele deveria estar me olhando pela fresta da porta, pelo espelho que dava de frente para o box. E quando eu saí do box, ele já empurrou a porta, e já me agarrando, e já conseguindo me penetrar".

Dra. Grégio informou à juíza que ia exibir uma conversa entre Simone e Lorrane. O material seria o mais contundente exibido pela defesa até então.

Isso é uma conversa de 14 de junho de 2019 — dois dias antes do falecimento do pastor. A Lorrane diz: "A senhora teve muitas oportunidades de ir embora". Aí, você diz: "Pra onde? Marcos [ex-namorado] vive na putaria, viver uma vida de brigas e ciúmes, é viver mal. Mal se sustenta. Quem vai cuidar do meu tratamento? Eu escolhi viver por vocês, para estar perto de vocês". Lorrane: "Então, abraça essa oportunidade e se liberta desse hospício". Simone: "Rafael não é rico, estamos nos conhecendo. Eu não irei sair me entregando, e ir embora, desesperada, porque vivo nesse hospício. Eu quero resolver a vida, sim. Mas preciso de alguém que abrace. Não só eu, mas meus filhos também. Se fosse só eu, seria fácil, eu já teria ido. Mas nunca vou sair e deixar vocês. Eu penso em vocês. Eu não conto tudo a vocês [...]. Vocês são tudo de precioso que eu tenho. Eu não tenho nada, não tenho ninguém que possa me fazer feliz. Eu me sinto um lixo todos os dias, porque não posso e não consigo mudar minha vida e dos meus filhos. Sinto vontade de morrer todos os dias, mas preciso lutar por vocês. E vejo você falar assim... de que adianta lutar para viver? Se luto, é porque tenho esperança. Se luto, é porque tenho vocês". Lorrane diz: "Eu perdi a vontade de viver há muito tempo...".

Promotora Mariah da Paixão: "Excelência, qual é a pergunta?".

Dra. Grégio: "Eu vou fazer a pergunta, se a senhora me deixar fazer...".

Promotora: "Ah, bom, desculpa…".

Dra. Grégio, finalizando a leitura: "'… só não tiro minha vida porque sou uma covarde, e não tenho coragem…'. A pergunta é: Simone, você diz que 'não conto tudo a vocês'. O que você não contava para suas filhas?".

Simone: "Sobre os abusos. Que elas sabiam, só que ele ia todo dia no meu quarto, mas eu não tinha coragem de contar isso pras minhas filhas. Mas minhas filhas sabiam, porque diversas vezes eu ligava para elas, eu não queria ficar sozinha com ele. O jeito que ele me tratava, o jeito que ele abraçava. Meus filhos percebiam, sim. Eu não contava tudo para eles não sofrerem igual eu estava sofrendo. E se eu estava me tratando, fazendo quimioterapia, é porque eu queria viver. Eu queria ver meus netos. Eu queria ver meus filhos grandes, eu quero ver meus filhos grandes [gemido choroso]. Ter uma vida normal, eu queria, eu quero muito ainda…".

Dra. Grégio: "Simone…".

Simone [gemido decrescente]: "Senhora…?".

Dra. Grégio: "Depois da sua prisão, você recebeu visita da sua filha Lorrane?".

Simone, gemendo: "Recebi, um ano depois".

Dra. Grégio: "Alguma vez ela comentou com você que a guarda do Moisés estava em risco?".

Simone: "Sim, e ela tinha ido no juizado de menores. E eu falei para ela: 'Quando você for, não fala dos abusos, para não perder a guarda do Moisés'".

Dra. Grégio: "Moisés é o Zequinha?".

Simone: "É o Zequinha [volta o gemido]. Zequinha é nossa vida! [Repetindo o que teria dito para Lorrane:] 'E não conta sobre os abusos, pra gente não ter que perder o nosso Zeca… E para não ter de perder as crianças que estão em casa'. Porque é difícil, não tem, não existe como a gente viver dentro de uma casa e não amar as pessoas que a gente convive.

É uma família normal. Tinha amor, tinha carinho, era uma família, gente, normal, todo mundo briga, qualquer família briga, tem ciúme nas famílias, isso é normal. Tem ciúme, tem inveja, tem briga, tem fofoca, é família...".

Dra. Grégio: "Ok, Simone, já estou finalizando, tá? No seu interrogatório, na primeira fase do processo... você não falou que havia contado para o Flávio sobre o abuso da sua filha. Por que você só tá contando hoje?".

Simone: Porque eu pensei que ainda podia ajudar [o Flávio], fazendo alguma coisa, não contando, mas já tá todo mundo no mesmo barco, não adianta mentir, não adianta esconder. O melhor é falar a verdade, já está tudo exposto, todo mundo já está sabendo de tudo. Eu queria defender minha família, não queria que ninguém soubesse de nada. Tenho vergonha, muita vergonha, muita humilhação tudo isso. Mas é família, é isso aí...".

Dra. Grégio: "Foi muito dito aqui que você não gostava de pobre, de preto, como era o seu relacionamento com a Marzy?".

Simone: "Eu tinha muita pena da Marzy. Tenho ainda. Minha irmã, me dou muito bem com ela... eu não gostar de gente negra, gente, pelo amor de Deus, eu queria ser negra, meu sonho. Eu sou parda. Eu queria ser bem pretinha mesmo. Pelo amor de Deus, meu marido é negro. Hoje, eu tenho um relacionamento com um homem negro. Meu Moisés... meu Moisés não é branco. É o amor da minha vida. Eu gosto da Marzy, sempre ajudei a Marzy em tudo o que eu posso. [...] Desde que a família do Lucas chegou em casa, eu me apeguei muito em Júlia. Minha irmã que eu amo muito, eu sinto muita falta dela. Eu só vi na plateia uma vez... eu levei Júlia para morar comigo. Como que eu não amo, gente? Como que eu não gosto de gente pobre, nós éramos pobres, como que eu não vou gostar de pobre? Como assim? Isso é loucura...".

Dra. Grégio: "Você tinha problema de convivência com Lucas? Se sim, pode explicar por quê?".

Simone: "Sim. No início era tudo normal, muito tranquilo, não era muito próximo. 'Oi, oi, oi, bom dia, bom dia.' Almoçar, jantar... Em casa, normal, igreja. Só que minha mãe viajava, pastor Carlos ia dormir na casa dele, eu ficava responsável por trancar a porta da casa, eu dormia muito tarde, passava pelo quarto das meninas para saber se estava tudo ok, as meninas dormindo, janelas fechadas, tudo tranquilo. E comecei a perceber que Lucas, finais de semana, quando minha mãe viajava, comecei a perceber que Lucas não estava dormindo em casa. E de manhã, quando acordava, Lucas estava. Eu comecei a falar para a minha mãe, sim. Por isso que eles falam que eu sou fofoqueira. Porque tudo de errado que eu via na casa, é óbvio, eu ia me calar? Falei pra minha mãe: 'Mãe, Lucas não tá dormindo em casa; Niel, Lucas não tá dormindo em casa'".

Orientada pela juíza a ser mais objetiva no encaminhamento do interrogatório, dra. Grégio encerrou perguntando se Simone, que fazia as compras da casa, via discriminação nos alimentos que se destinavam aos irmãos.

Simone: "Não, não, não. Como as meninas falaram que eu não fazia nada, óbvio, que elas não queriam ver eu fazendo, elas trabalhavam, estudavam, eu abri mão do sonho da minha vida para estar ali porque eu quis. E eu fazia compras. Compras para uma casa grande demanda muito tempo, muitas horas. Eram dois, três mercados, era Ceasa, era o dia todo. Quando eu chegava em casa, eu chamava as crianças para subir as bolsas, eram muitas bolsas, e tinha bolsas separadas com nozinho, que eu subia para o meu quarto. Lógico. Porque os grandes, eles trabalhavam, e os que trabalhavam comiam coisas na frente das crianças, e não davam para as crianças. As coisas das crianças ficavam lá em cima...".

Além das compras, contou Simone, ela ainda fazia comida, checava a agenda, lavava a roupa de Anderson e as roupas de sair da mãe. "Na mão."

***

Quando se deu aos jurados a oportunidade de esclarecer eventuais dúvidas, registrou-se o número recorde de vinte perguntas. A primeira já era uma cobrança de uma versão anterior de Simone: "Em depoimento [na audiência de instrução], a senhora afirma ter planejado a morte de Anderson. O que a senhora planejou?".

A resposta saiu na forma de um desmentido meio torto: "Não foi planejado. Foi como eu falei, eu conversei com meu irmão... Eu falei aquilo ali na hora [do depoimento] porque... medo, sei lá, medo do meu irmão pegar muito tempo [de cadeia], mas não adianta, já tá preso... vou falar a verdade, foi o que eu falei para a senhora [juíza], né?, eu vim aqui para falar a verdade... Que não foi uma coisa planejada. Se fosse planejada, gente, jamais teria sido dessa forma... Do jeito que foi, prejudicando uma família inteira. Não existiu planejamento".

A explicação era tão embaralhada que, na tentativa de alcançar o que estava sendo dito, o ouvinte poderia entender que o crime havia sido apenas mal planejado — e não que o crime não deveria ter acontecido. A juíza abriu mais um recortezinho de papel e leu: "'Por que você jogou fora o celular de Flávio e Flordelis? Você tinha medo de quê?'".

Simone: "Eu peguei o telefone... como a Érica hoje falou, que eu tinha escondido o telefone no telhado, escondi mesmo, foi o meu telefone que eu escondi, não foi o de ninguém... e, no closet, eu escondi o meu iPad, que eu não queria perder o tablet que era do Moisés brincar. Tem a perícia do tablet, a senhora pode ver que só tem joguinho de criança, e eu botei lá, nas roupas, dentro do quarto, dentro do closet... E o telefone do pastor Anderson eu joguei... do pastor Anderson, da minha mãe e o do Flávio junto... sei lá, com medo de tudo ser descoberto. De tudo, das mensagens... de tudo...".

Jurado: "Por que a senhora declarou que os fatos imputados a você são em parte verdadeiros?".

Simone: "Em parte verdadeiros... por quê? O envenenamento: não aconteceu, isso não existe. Não existe o envenenamento. E eu ter combinado, né, como a senhora me fez a pergunta agora, o... combinado... o ocorrido, o assassinato... também não ocorreu. Foi uma coisa de desespero. De... de eu expor uma situação para o meu irmão, e o meu irmão por esse jeito de ser, aconteceu tudo isso".

A desordem com que Simone citou a parte "não verdadeira" dos fatos acabou por contaminar o ritmo da argumentação, de forma que ela transmitia mais culpa que inocência.

A questão seguinte, bem básica, prenunciava uma trégua. "A senhora é formada em quê?". "Técnica de enfermagem." Mas logo os inquiridores voltaram à carga: "O que a Marzy fez com os 5 mil reais que a senhora deu a ela?". Ao responder, Simone se mostrou perdida em meio às versões que ela mesma havia produzido. Disse: "Eu dei 5 mil reais para a Marzy... Não dei... Eu falei que eu dei 5 mil reais para a Marzy, sim, tá gravado, mas pensando que ia ajudar meu irmão porque... eu não falei que eu dei a senha do cofre, como eu já falei aqui, eu dei a senha do cofre para o meu irmão...". Flávio, de acordo com essa atualização, teria roubado no cofre da vítima o dinheiro para comprar a arma.

A juíza passou à sexta pergunta: "'A senhora disse que, por ocasião do câncer, conversou com uma psicóloga. Não estaria ali a chance de se abrir e contar sobre os abusos sofridos, e ela então a orientaria sobre como fazer para denunciar o pastor?'". Talvez a exaustão por conta dos seis dias que passou sentada no plenário, sendo julgada pela participação em um homicídio, justifique a atitude de Simone, que agora mostrava desapreço pela inteligência alheia. "Ela [a psicóloga] frequentava a igreja. Ela era muito assídua, e muito fã do ministério do pastor Anderson. Porque, de verdade, eu também, eu era fã dele pregando, ele era um excelente orador. Mas ele tinha esses rompantes dele de... esse lado dele ruim, sabe?"

Juíza: "A pergunta é por que a senhora não falou com a psicóloga...".

Simone: "Porque não tinha coragem, por ela ser frequentadora da igreja".

A questão de número 7 era relativamente tranquila. Bastou a Simone explicar de novo por que havia se consultado com uma oncologista do Hospital Israelita Albert Einstein, se já tinha sido bem atendida no Instituto Nacional de Câncer (Inca), considerado uma referência no tratamento da doença. Ela repetiu que o Inca não dispunha de um medicamento de última geração chamado Nivolumabe, que os médicos do Einstein estavam ministrando em pacientes que se dispunham a participar de um experimento. Pelo que explicou, seu corpo reagiu bem à droga, mas não houve cura definitiva. Quando ela parou de tomar, os tumores, que haviam regredido quase que por completo, reapareceram.

De volta aos assédios sexuais, os jurados quiseram saber por que Simone denunciava o pastor só agora, que ele estava morto. Ela alegou que no passado tinha "vergonha e medo". Seguiu-se mais uma pergunta que havia sido respondida durante o depoimento: se Simone não contara para a mãe que tinha namorado Anderson do Carmo. Ela disse de novo que "nunca". Ainda sobre os primórdios de Anderson na casa, indagaram se ele foi morar lá como "filho". Não, disse ela. "Ele não chamava minha mãe de 'mãe'. Chamava de 'pastora'." A próxima questão foi da série "Flordelis não sabia de nada": por que Simone não alertara a mãe sobre o temperamento do pastor?

Simone: "Alertei várias vezes. Deve ter no meu telefone. Eu falei várias vezes: 'Quem é a pastora é a senhora, mãe;

391

quem é a deputada é a senhora, mãe! A senhora tá deixando crescer essa pessoa que tá se tornando...' Eu orientava. Mas ela dizia: 'Filha, tô orando, entregando na mão de Deus. Deus vai fazer alguma coisa, filha. Eu tô orando, eu tô entregando... vamo confiar'. Eu não conseguia expor pra ela tudo. Mas o que eu consegui fazer, eu fiz".

Juíza: "Se algum jurado achar que a pergunta não foi respondida, é só falar com o oficial de justiça que eu refaço, tá bom?".

Sobre Moisés, cuja gravidez Vânia manteve em segredo — e por isso teve de dar o bebê para que Simone e André o criassem —, a interrogada afirmou que o menino sabe de tudo. A pergunta seguinte parecia elementar: "Por que a senhora não arranjou um emprego e saiu de casa com os seus filhos? Você não pensou nos seus filhos, no risco que eles estavam correndo em relação ao abuso?".

Resposta: "Pensei. Como, com 36 tumores, totalmente dependente deles financeiramente... Eu tinha o curso de técnico de enfermagem, mas não tinha assinado o Coren [registro no Conselho Regional de Enfermagem]... debilitada da doença, como que eu ia arrumar um emprego? Tanto que a minha filha falou: 'Mãe, por que você não foge desse hospício?'. Como que eu ia sair e deixar eles nesse lugar? Eu pelo menos queria estar ali perto deles para proteger. Não consegui".

A questão 14 soou provocativa: "A senhora não acha estranho chamar o ex-namorado de 'pai'?". Simone espalmou com segurança: "Nunca chamei ele de pai. Não existe nenhuma mensagem chamando ele de pai. Sempre chamei de Niel, de pastor, de Anderson". Mais sobre os abusos: "A senhora sentia ódio do pastor, pelos abusos?".

Simone: "Eu tinha nojo dele. Ódio... eu não sei explicar. Eu tinha medo dele. Ele tinha um carro chamado Mohave [da montadora coreana Kia], e toda vez que eu escutava o barulho daquele carro chegando, minhas carnes tremiam por dentro, não sei se isso é medo. Quando eu escutava o barulho dos passos dele, o sapato, todo dia subindo no meu quarto, eu me estremecia por dentro".

Juíza: "A pergunta não foi medo, não. Foi ódio".

Simone: "Ódio, não. Tinha medo. Pavor".

E então, mais uma vez, a clássica: "Qual é a maior qualidade da sua mãe, Flor, e do seu pai [na verdade, padrasto] Anderson?". "A maior qualidade da minha mãe é querer cuidar. Amar, perdoar, ajudar. Dele, era ser o provedor; era inteligente, corria atrás. Das provisões financeiras."

E, afinal: "O que merece um homem abusador?". "Merece cadeia." Sobre o início do relacionamento de Anderson com Flordelis: "O pastor era menor? Qual a idade e qual a idade da Flor?". "Ele era cinco anos mais velho que eu."

Juíza: "Na época do relacionamento dele com a sua mãe, você sabe dizer?".

Simone: "Não me lembro. Não, senhora, não sei dizer".

Juíza: "Hoje? Qual a diferença de idade deles dois, a senhora sabe?".

Simone: "Minha mãe tem 61. Eu tenho 42, ele ia estar com 47". Na verdade, em novembro de 2022 Anderson do Carmo estaria com 45.

Jurado: "Você disse há pouco que é normal na família brigas, confusões etc. A senhora também [acha normal] o desejo de dentro da família, de um filho chegar às vias de fato, ainda que houvesse supostos abusos?".

Simone: "Não, não é normal. Ter conflito entre famílias é normal. Chegar às vias de fato não é normal".

E a última: "Se sua mãe não fosse conhecida, cantora, pastora, se a vida financeira da sua família fosse ruim, como a da maioria das famílias brasileiras, se você não fosse evangélica, o desfecho da sua história de abuso e sofrimento psicológico teria sido outro?".

Simone: "Eu acredito que a exposição, o nome, tudo, a história, me inibiu muito. Mas eu não sei explicar, se não fosse esse... vamos dizer, esse glamour, se eu contaria ou não. Acho que não, não teria coragem de contar mesmo assim. Por vergonha. Por medo. Medo de a minha mãe não acreditar. Por medo, vergonha".

Juíza: "A senhora quer dizer algo que ainda não tenha sido perguntado, que a senhora acha importante para a sua defesa?".

Simone: "Não".

Fora do plenário, o banco de personagens continuava bastante sortido. Os desfavorecidos que não haviam conseguido credencial para entrar na sala, e acreditavam que tinham muito a acrescentar ao julgamento, difundiam amplamente suas desventuras. O morador de rua Elias de Souza Azevedo, de 44 anos, declarava ser pai de um menino chamado Allan, de seis anos, cuja mãe, Monique, havia sido adotada legalmente por Flordelis. "Quero entrar aí dentro para falar tudo o que eu sei dessa família", disse ele, com uma pasta de documentos debaixo do braço. Pelo que relatou, estava impedido de ver o filho já havia alguns anos. "Estive seis vezes no Ministério Público, e até agora não resolveram nada", contou.

Louro, olhos azuis sempre muito abertos, dentes trincados, Elias disse que era dependente químico e que Monique também fazia uso de drogas. Naquele dia, ele vestia uma jaqueta branca com manchas coloridas, estilo batique, camiseta clara, calça jeans e chinelos; na cabeça, um boné em que se lia "Quality Goods, Hurley". Elias contou que, depois de conhecer Monique, trabalhou como vigia em um dos templos do Ministério Flordelis ("Eu abria e fechava a igreja"), numa época em que morava na calçada em frente ao local. Ali, descobriu que "Simone era amante de todos os fiéis" e que "ela dizia que não gostava de pobre". Separado de Monique, ele relatou que a reencontrou depois de ela passar um período de maus-tratos na casa de Flordelis ("Foi, inclusive, ameaçada de ficar sem ver o filho").

Em suas tentativas de rever Allan, Elias teria acampado na porta da casa dos pastores. "Avisei que só sairia dali quando falasse com o pastor Anderson do Carmo." Na ocasião, segundo narrou, acabou sendo covardemente agredido por Anderson e André Bigode, que, nas palavras dele, "era um vagabundo que acordava ao meio-dia e não fazia nada". Ao se queixar das injustiças cometidas contra ele, Elias se dirigia a todo mundo no corredor e a ninguém ao mesmo tempo. A quem se aproximava para ouvir sua história, ele começava a contá-la e não parava mais, mesmo que a pessoa se afastasse. Seu comportamento despertava no observador a ideia de que a vida — qualquer uma — pode ser um grande mal-entendido que não se explicará mesmo que o indivíduo fale até morrer.

31.
Os debates dos doutores

A pedido de dr. prof. Rodrigo Faucz, a juíza registrou em ata que os promotores Carlos Gustavo Coelho de Andrade e Décio Viégas de Oliveira não se encontravam no plenário durante os interrogatórios dos acusados. Chegaram somente às 18h39, para o início das sustentações e debates. Pelo Ministério Público, apenas dra. Mariah Soares da Paixão acompanhou os interrogatórios. À chegada de dr. Coelho, dra. Nearis o repreendeu severamente:

Não, doutor, pela ordem! É uma falta de respeito dos senhores só chegarem aqui agora! Inadmissível! Sem discussão! Vamos lá! Estão com a palavra! Deixa pra ver os equipamentos depois. Um organiza. Não vão falar os dois ao mesmo tempo! Um inicia, por favor, os debates...

Dr. Coelho proferiu, de maneira meio frouxa, mecanicamente, uma introdução que é praxe no teatro dos julgamentos: "Excelentíssima senhora juíza de direito, presidente deste egrégio Tribunal do Júri da Comarca de Niterói...". Saudou dra. Nearis como manda a formalidade, mas naquele caso com ênfase especial, por se tratar de uma juíza que a defesa fizera tudo para substituir. Disse: "Vossa excelência, que é conhecida por ser uma juíza firme, enérgica, respeitadora dos direitos das vítimas e dos acusados, é... uma juíza certamente comprometida com a prestação jurisdicional célere, adequada, eficiente...". Mencionou o histórico de adiamentos do julgamento, atribuiu os pedidos de prorrogação à defesa; agradeceu a dr. Décio e a dra. Mariah por aceitarem o convite de se juntarem à equipe dele no processo, exaltou a disposição dos dois de ouvir as "mais de 150 horas de gravações de depoimentos", um "trabalho sem dúvida exauriente, que está realmente nos consumindo há muitos meses". Tanto trabalho seria compensado pela "grata e enorme satisfação" de ver "a justiça sendo realizada nesta data, nesta semana... neste mês". Declarou-se, em relação ao caso, "assombrado com a quantidade de provas e evidências que foram relacionadas". Enquanto ele falava, dra. Paixão e dr. Décio carregavam, de um lado para outro, pilhas de papéis, em um movimento de arrumação. E dr. Coelho: "[...] a sociedade de Niterói, a sociedade brasileira está feliz e orgulhosa". Ele esclareceu, a título de justificar sua ausência durante os interrogatórios dos réus, que estava trabalhando desde cedo, em sua sala, e que "houve problemas com a internet"; agradeceu especialmente ao técnico de TI do tribunal, que, coitado, naquele sábado "estava em Saquarema, já no seu feriado [que seria dia 15, terça-feira], veio pra cá para conseguir instalar a nossa internet, e... conseguimos, aos trancos e barrancos, fazer esse plenário, a sociedade vai ter a resposta que merece". Na plateia, um circunstante, comovido, comentou: "Como é dura a vida de um promotor!".

Para tirar uma dúvida recorrente — e razoável, diante do que se assistiu naqueles seis dias de julgamento —, dr. Coelho apelou para um pedagogismo importante. Explicou, a tempo, que Ministério Público não é sinônimo de "acusação". "Como eu costumo ressaltar nos meus discursos iniciais, o Ministério Público não tem interesse no processo; o Ministério Público quer fazer justiça. A gente quer a solução justa para o caso, a resposta prevista na lei, na Constituição..." Como a plateia não podia se manifestar, uma pergunta ficou no ar: por que o personagem interpretado por dr. Ângelo Máximo, do advogado que trabalhava em apoio ao Ministério Público, era chamado de "assistente de acusação"?

Oito minutos depois de iniciar seu discurso, o promotor passou, enfim, a falar do crime em si. Principiou atribuindo à defesa a criação de "várias teses", que

> foram se sucedendo de maneira incoerente, e, na visão deste humilde promotor de Justiça, lamentável. São teses de conveniência, que vão sendo desmontadas uma a uma, vão sendo desmascaradas. A farsa que a gente viu ao longo desses dias de instrução foi desmascarada: a máscara caiu...

Na sequência, apontou alguns exemplos de queda de máscara, a começar pelo "perito contratado pela defesa", o psiquiatra Hewdy Lobo Ribeiro,

> que disse que não tinha visto depoimento de nenhuma testemunha... o que o Ministério Público considera até algo indigno com a memória da vítima... A vítima já foi, gente, assassinada! Ela tá executada! Dez, doze, quinze disparos! [...] A vítima está embaixo da terra, depois de ter sido envenenada por meses, passava mal, voltava pro seio daquela família, e essas pessoas que organizaram, realizaram, que fizeram toda a gestão, o mando dessa trama macabra... e todos os seus asseclas e partícipes e subordinados, e cada um evidentemente tem uma culpa diferente, e particular...

Dr. Coelho listou os partícipes, especialmente indignado com a tentativa de imputar a culpa do crime a Lucas, "um filho pobre, negro, adotado! Era tratado como um escravo, como todos os outros não privilegiados".

Embora tivesse como base o que estava nos autos, a história da família contada por dr. Coelho sofreu pequenos ajustes para pior, a fim de ficar ainda mais abjeta. Para quem assistia, mesmo os que concordavam que se tratava de um crime execrável, a impressão era de que o Ministério Público podia se dar ao luxo de flertar com a leviandade.

> A Flordelis viu que ele [Anderson] era capaz de elevar aquele o grupo para cima, de transformar aquela família, vamos dizer assim, em dinheiro! E resolveu que ele seria... ele era namorado da Simone, os dois tinham cerca de catorze, quinze anos, ela então, com seus trinta e poucos, resolveu pegar para si o namorado da filha, e casar com o Anderson do Carmo!

Não foi bem assim.

Definido por dr. Coelho como um menino inteligente, com tino empresarial, um empreendedor, Anderson do Carmo foi preservado de críticas quando o promotor precisou falar daquilo que, para o Ministério Público, teria sido a motivação do crime. "A gente aqui não quer vilipendiar a honra da vítima, que foi assassinada covardemente"; mas era preciso reconhecer que o pastor "gostava de fazer dinheiro":

> Talvez não fosse uma pessoa tão afetuosa, talvez não tivesse tanto tempo para ficar com os filhos, talvez não tivesse tempo para ser um bom pai para todas aquelas crianças, mas ele queria trazer dinheiro para aquela casa, ele considerava que tinha de ser o provedor daquela família, para que a Flordelis, a deusa dele, tivesse uma carreira em ascendência... Ele falou: "Minha rainha, sua voz é maravilhosa"... conseguiu a gravadora posteriormente, do senador Aralde [sic] de Oliveira... é... é... ih... é... conseguiu fazer aquilo render

dinheiro, ela virou uma cantora gospel de sucesso, ele catapultou a carreira política dela [...] e, segundo relatos de todas as testemunhas, do próprio Misael, que era privilegiado
também, mas foi um dos privilegiados que não compactuou
com esse projeto homicida, apesar de ser privilegiado...

Então, em meio ao embalo do discurso, dr. Coelho sofreu
um branco:

... é... é... onde eu estava mesmo? São tantos nomes e tantas pessoas numa trama tão macabra que a gente fica assustada... [Lembrando:] Ah, a carreira, perdão! As testemunhas relataram aqui que quando começou a entrar [em
voz alta] dinheiro!, aí veio [tom decrescente, como o de
um padre no trecho da homilia que exorta os fiéis à reflexão sobre maus comportamentos], veio a discórdia, vieram
os problemas, veio a disputa... veio a cobiça, veio a vontade de ter mais, e de dividir menos...

Conforme mencionava as personagens da família, dr. Coelho
dava exemplos das condutas reprováveis dos réus. De fato, era
o que mais havia. Mas a falta de fluência, de continuidade no
que era falado indicava que não houve um planejamento, e
que tudo saía de acordo com o que o promotor ia lembrando...
ou não — de improviso. Nessa temerária tirolesa discursiva,
por vezes ele se perdia na própria narrativa.

Aqueles filhos que eram os filhos biológicos, especialmente
a Simone e a família dela..., o ex-irmão André, agora marido..., André era o irmão afetivo da Simone que casou com
ela... é... tiveram seus filhos, né?, a Lorrane, a Rafaela, o
Ramon... adotaram... tiveram... adotaram é uma palavra
forte dizer... houve uma adoção formal, mas a história que

é trazida aos autos é que Flordelis entregou Rayane para que Simone, então com treze ou catorze anos, cuidasse... e posteriormente adotou Rayane como sua filha... e ela é filha efetivamente da Simone, mas a diferença de idade entre elas é uma diferença é... que não é tão comum assim em processos de adoções, processos de adoção de pessoas adultas que adotam crianças... mas, enfim, essas pessoas ligadas à família da Simone, filha biológica [de Flordelis], filha mais próxima, filha mais querida!, elas começaram a receber mais privilégios...

Mudança abrupta de personagem:

... fora desse grupo, Daniel, que então era apresentado a todos na igreja, enfim, na mídia, como filho... e na casa [também], como filho biológico do casal, o que era outra farsa... ele não era filho biológico. [...] Adriano, filho biológico da Flordelis, do primeiro casamento, também tinha vida boa, também tinha o seu iPhone, também tinha as suas atividades, vamos dizer assim, de classe média alta. [...] E o Lucas! O Lucas tava lá, tendo que trabalhar... as crianças estavam lá, tendo que trabalhar... às vezes com quinze, dezesseis, dezoito, vinte, 25 anos, na casa, fazendo serviços domésticos, às vezes sem receber...

De certa forma, a desordem com que dr. Coelho citava os personagens, em cascata, combinava com a falta de planejamento com que Flordelis teria comandado o projeto de matar o marido. Marzy foi lembrada pelo promotor como a auxiliar sempre disposta a ajudar Flordelis: "Tem mensagens nos autos de Marzy dizendo: 'Pela minha mãe eu faço tudo; até presa eu vou!'". Ao longo do curso de instrução processual, disse Coelho, Marzy atraiu para si "o máximo de culpas". "Simone também tenta, sendo desmascarada já na terceira, quarta, quinta versão trazida pela Flordelis."

Dra. Mariah da Paixão fez um aparte irônico, a respeito das teses apresentadas por Simone: "Então, Carlos, eu estava [presente] nos interrogatórios [dos acusados], a tese de hoje ficou só [na conta do] Lucas e do Flávio, [já condenados]".

Dr. Coelho:

É mesmo? Elas desistiram [de assumir a culpa]? Que fantástico... a sétima, oitava tese... Incrível... Por falar no Lucas, vamos tocar um trecho do interrogatório dele, onde ele resume a dinâmica da carta que foi obrigado [a escrever]... um crime que apenas Flordelis foi imputada, uso de documento falso.

O promotor lembrou que a trama da carta reescrita pelo "filho que era escravo, se revoltou e virou traficante" veio depois da versão do "latrocínio": "Latrocínio que não leva celular, ficou com ela; latrocínio que não leva carro, não leva dinheiro, não leva relógio! Que latrocínio é esse? Latrocínio com vinte, 25 perfurações?".

Caprichando nas tintas, dr. Coelho apontou até onde Flordelis teria ido para tentar transferir a responsabilidade do crime para Lucas.

O coitado... [Ela] colocou o menino em um presídio para milicianos! Menino que se autodeclarava integrante da facção Comando Vermelho. Ele podia ter morrido lá dentro! E se tivesse morrido, talvez solucionasse o problema dela... porque diriam: "É, foi ele [que matou o pastor]. Infelizmente mataram o menino no presídio! Quem mandou, da Seap, botar o menino que era do tráfico ali? Poxa, morreu, que pena!".

Em novo solavanco narrativo, o promotor voltou a citar o psiquiatra Hewdy Lobo Ribeiro, agora se referindo ao diagnóstico dado pelo médico às acusadas:

> O perito contratado pela defesa veio dizer: "Não, mas eu acho que a pessoa não tem nenhuma relação com o crime, não me importa se ela confessou ter envenenado o próprio pai, a [ficha] criminal dela era limpa, então no meu score eu vou dizer que teve zero propensão à criminalidade". Peraí, isso é um absurdo! Depois, ele [Lobo] diz que não viu o trecho do interrogatório. Além de não ter assistido os depoimentos das testemunhas sobre a vítima e sobre os acusados, o perito sequer o interrogatório assistiu!

Durante a performance do promotor, o movimento no plenário era intenso: muito agitado, dr. Décio circulava entre o canto da promotoria e o do assistente de acusação, organizando uma papelada; um técnico da equipe de audiovisual adentrou o cercadinho, levando um longo fio até a mesa do centro; dr. Faucz foi até a juíza e lhe disse alguma coisa; a juíza, ela própria, se levantou para avisar aos técnicos que a câmera que registra as sessões estava captando os jurados, que devem permanecer ocultos. Dr. Coelho seguiu falando:

> ... o perito [Hewdy Lobo] disse que assistiu... como é que era o nome, Mariah? Ele falou "fragmentos", "trechos", "pedacinhos"... "pontos"... que foram indicados... ele não sabia [dizer] por quem: se pela defesa técnica, pelo estagiário, ele não sabe se foi pela... ele não sabe! "Ah, me apresentaram esses fragmentos aqui, e disseram que eram os que eu necessitava para traçar o perfil psicológico da Flordelis, da Rayane, da Marzy... E da vítima!" Que, evidentemente, ouvindo a versão da boca das assassinas, só tinha

coisa ruim. Ele não quis ouvir mais ninguém. [...] Ele só precisava ouvir a palavra da boca de quem o tinha pago... ou de quem o tinha indicado, segundo ele disse. Fantástico! Segundo ele, uma avaliação de altíssima qualidade, que a defesa juntou [aos autos] quatro dias úteis antes do plenário, apesar de as entrevistas terem sido feitas em abril!

Antes da exibição dos vídeos solicitada por dr. Coelho, a juíza pediu que fosse suspensa a gravação da sessão, a fim de que os técnicos pudessem posicionar a tela de frente para os jurados, de forma que eles conseguissem assistir ao que seria apresentado sem aparecerem no registro da câmera do Tribunal. Para facilitar a operação, ela solicitou que a tropa de vigilantes de prerrogativas da OAB cedesse a mesinha que estava à frente deles: "Os promotores precisam apoiar o laptop", explicou. "Obrigada, doutor, pela gentileza." Então, perguntou se os jurados estavam conseguindo ver bem e pediu que se desse início de novo à exposição.

Dra. Mariah da Paixão assumiu o microfone, para fazer uma espécie de introito retroativo:

Boa noite, a gente começou um pouco atrapalhado aqui, como vocês puderam perceber... Infelizmente, né? Dr. Carlos já iniciou a exposição, ele está no processo desde o início, sabe muito, a gente vê uma informação, pergunta: "Carlos, onde está?". Ele sabe quem falou, quando falou, a hora... isso é muito importante pra gente.

Dra. Paixão falava como se o promotor tivesse ido muito além de suas atribuições. Na plateia, ouviram-se risadas.

Apesar de saber muito sobre o processo, dr. Coelho atropelou a praxe de celebração aos jurados, e então a promotora cumpriu essa parte. Louvou a atenção daquelas três mulheres e daqueles quatro homens, falou do interesse deles "e entender [o processo] para além do que escutaram lá fora", e destacou a qualidade das perguntas feitas ("Percebe-se que reconhecem a importância da função que exercem hoje").

A gente, por esse início atrapalhado que foi, não conseguiu prestar essas homenagens: recebam por parte do Ministério Público, desta promotora de Justiça, destes promotores de Justiça nosso verdadeiro agradecimento... Os senhores, mais do que ninguém aqui, pararam as suas vidas, estão sem acesso a celular, televisão, família, há seis dias, pra dar uma resposta justa para esse caso!

Clara na dicção e no raciocínio, dra. Paixão seguiu em sua exposição uma espinha dorsal com começo, meio e fim. Escolheu um tema e o destrinchou, sem se deixar dispersar. "Esse júri poderia ser mais curto", iniciou.

A gente está aqui há seis dias, porque fez dois júris! [...] Hoje, para serem julgados, estão aqui a sra. Flordelis, André, Simone, Rayane e Marzy. Mas o que a gente viu aqui foi uma tentativa da defesa de fazer o Anderson se sentar ali [apontando para o banco dos réus]. Todo esse tempo, a gente está esmiuçando e acusando a pessoa morta de diversos fatos! Morto não fala! [...] Na visão do Ministério Público, essa tentativa, mais uma tese de conveniência [consultando um papelório], é extremamente violadora da dignidade e da memória da vítima. [...] A vítima, nesse processo, é Anderson. Anderson, que foi encontrado com trinta perfurações, de cueca, na garagem de casa. [...] Acredito que, com a oitiva das testemunhas de defesa e com os interrogatórios, a coisa se perdeu um pouco. Então, é preciso a gente parar e observar: o que a gente está fazendo aqui!? A gente está julgando diversos crimes. Tentativa de homicídio, falsidade ideológica, associação criminosa e um homicídio consumado. Em nenhum momento, a gente colocou aqui o Anderson para responder. [...] A gente passou uns dois dias aqui discutindo abusos sexuais. Isso não está em julgamento, senhores. É mais uma tese. Mais uma que surgiu, a mais nova. Como o dr. Carlos bem colocou, a primeira foi a do latrocínio, que durou um dia. Agora, há uma transformação nesse processo. Quer se fazer uma releitura de tudo o que aconteceu na vida dessas pessoas, e jogar nessa história pontos de abusos. E aí as pessoas: "Ah, não, mas eu não sabia o que era um abuso" [...]. Lamentável!

Recostado no portãozinho do gradil de madeira que limitava o plenário, dr. Coelho emendou: "É um deboche, né, doutora...!", e renovou a promessa de "desmascarar mais uma versão"; indicou "a sexta ou sétima... agora oitava versão". Disse que os vídeos que exibiria eram simples, "seis, sete minutos cada um", e, além da oitiva de Lucas ("que apanhou, sofreu, enveredou pela carreira do crime, carreira errada, para ele útil, talvez por se considerar injustiçado pelos espancamentos..."), mencionou também o vídeo do depoimento do perito do Ministério Público Luiz Carlos Leal Prestes Junior; antes que a defesa alegasse que um perito do MP obviamente trabalharia pela tese do MP, o promotor louvou a isenção de Prestes Junior, um "servidor público estadual!". Recordou também a afirmação de El Jundi de que "a parte apenas contrata o perito que tem a opinião que vai servir a ela". Enquanto dr. Coelho falava, a técnica baixou a intensidade das luzes do plenário. Dr. Décio fez uma breve introdução aos vídeos. Desculpou-se pelo atraso do início e anunciou Lucas como "um menino pobre, carente, que foi utilizado pela quadrilha que hoje está aqui sentada no banco dos réus". Interrompida em sua preleção, dra. Mariah da Paixão permaneceu instalada na cadeira que fazia conjunto com a mesinha do centro do plenário, onde ela espalhou parte da papelada que pretendia usar quando houvesse uma brecha.

Na tela, o depoimento de Lucas em juízo apareceu já iniciado. Dra. Nearis pediu aos encarregados que voltassem a gravação ao ponto que se queria ouvir e fez a contagem dos minutos "perdidos" nos ajustes técnicos, para compensar o Ministério Público mais tarde: "Antes foram quatro, agora dois minutos, ok?". Enquanto se providenciavam os ajustes, dr. Faucz caminhava de um lado para outro à frente do banco dos réus, sempre com as costas das mãos sobrepostas na altura da lombar. A técnica reiniciou a exibição. Lucas: "[…] Então, excelência, eu fui com o Flávio no dia da compra da arma, não sabia que era pra isso [matar Anderson do Carmo]". Juíza: "É, mas nessa época em que o senhor foi comprar a arma, o senhor estava ciente já da intenção de outros corréus de ceifarem a vida da vítima... alguém já tinha feito proposta ao senhor, inclusive do senhor praticar esse crime...?". Lucas: "Sim, a Marzy e a Rayane...". E então, na tela, ele responde a tudo sobre a compra da arma, as tentativas anteriores de Marzy e Rayane de cooptá-lo para executar o pastor, fala sobre sua movimentação no dia do crime, a prisão, explica que ficou em uma cela contígua à de Flávio, de "grades vazadas", e afirma que, sim, as declarações dos dois aos investigadores foram "voluntárias", que não houve "coação"; oferece também detalhes sobre a carta que chegou a ele na penitenciária pelas mãos do "faxina" Marcos Siqueira: "A carta tava assinada com a assinatura da Flordelis, falando para eu ajudar, senão, ela poderia ser presa". Em troca, segundo Lucas, Flordelis garantiu que o socorreria no que fosse preciso: "Ela falou que tava com a ajuda de um ministro e de uma primeira-dama". Os fatos eram conhecidos, mas recuperar o depoimento do próprio Lucas, com a voz dele, em pleno julgamento de Flordelis, tornava a história bem mais arrebatadora — especialmente porque Lucas, ao contrário das testemunhas de defesa da pastora, não se mostrou hesitante ou recitativo ao responder às perguntas da juíza.

A partir da gravação, dr. Coelho retomou sua turbulenta purgação acerca dos desmandos de Flordelis e do alegado empenho homicida dela; as tentativas de envenenar o pastor, as pesquisas de Simone no Google em busca de substâncias tóxicas; falou dos "pozinhos brancos" que se misturavam ao suco e à comida de Anderson do Carmo, das internações de emergência dele, incluindo a do dia em que a pastora foi eleita deputada (7 de outubro de 2018). Dr. Coelho: "O homem entrando no hospital, saindo do hospital, trabalhava, voltava para o hospital… Trabalhava para eleger ela! […]". O promotor então passou a debulhar uma espécie de pot-pourri com as piores "falas" de Flordelis, com mensagens que foram recuperadas na investigação:

No dia 13 [de outubro], ela mandando mensagem [para os cúmplices]: "Vamos acabar com isso, me ajudem! A gente está quase lá! É só fazer ele comer um franguinho, um arroz, vamos lá! Independência financeira é pouco! Até quando vamos ter de aguentar esse traste no nosso meio!?".

Em sua explicação de por que o veneno nunca chegou a matar o pastor, dr. Coelho especulou a respeito da eventualidade de a intoxicação ter sido dosada de forma lenta e calculada, a fim de que seus efeitos se confundissem com os de uma doença crônica e, assim, não chamassem a atenção dos médicos. No mesmo turbilhão, acrescentou a questão do dinheiro na casa ("Ele dava 40% para Flordelis, e outros 60% ficavam para ele pagar as despesas da casa, contas de luz, todas as contas de uma casa com cinquenta filhos…"); lembrou a queixa dos réus de que "o chato do Niel" era avarento, e questionou: "Mas ele merecia morrer, por isso?"; então, voltou ao dia do crime, à suposição de latrocínio, e abriu um parêntese para um tributo especial:

Aliás, eu gostaria de fazer uma homenagem a dra. Bárbara Lomba! Uma delegada dedicada, uma delegada excelente, uma delegada que colocou a equipe toda na rua e conseguiu colher as provas, conseguiu pegar a arma do crime na casa da mandante! No quarto do assassino! O DNA dele já estava na arma! Só não conseguiu colher mais provas porque a associação criminosa sumiu com muitas delas.

Voando em céu de brigadeiro, o promotor desembarcou em Brasília para citar a frase ouvida por Luana um dia antes da posse da deputada, no café da manhã do apartamento funcional: "Agora não precisamos mais dele". Tomado por um ardor que soou como um arremedo do que acomete os pastores evangélicos em seus louvores, dr. Coelho bradou:

Mas ela não podia se separar, porque senão ia escandalizar a obra de Deus! A pastora que se elegeu como uma pastora exemplar, de uma família exemplar, de uma família-modelo! De uma família com uma mãe de 55 filhos! Na campanha eleitoral, por sinal, o número do partido dela [PSD] era 55! A campanha era assim [com um tom de voz infantilizado]: "Vote em mim! Eu tenho 55 filhos! Vote 55! Eu sou Flordelis! Mãe de 55 filhos!". Não sei nem se ela disse que tinha um a menos ou a mais para [inteirar] os 55 do partido.

Em sua muda ruína, no auge do abatimento, os cinco acusados não se mostravam capazes de produzir uma reação à altura da tempestade que desabava sobre eles. Flordelis, em determinado momento da sustentação do MP, abaixou a cabeça para a frente, com o queixo na direção do esterno e as mãos largadas entre as pernas esticadas e abertas, numa posição que remetia à figura de uma boneca de pano.

"Então", continuou dr. Coelho, em voz alta,

> depois que ele tinha elevado... lutando para levar pra cima aquela carreira dela, para colocar ela pra frente, pra botar ela com dinheiro, com poder, ela falou: "Beleza, agora o poder é meu e dos meus [filhos] biológicos, você pode ir embora". Só que ela não tinha como fazer. Ela se elegeu... [o promotor produz novo arremedo prosódico, agora da fala da pastora:] "Ai, fui com meu amor pra Copacabana, comemos um peixinho, fizemos amor, ai, me senti tão livre".

A dramatização do promotor resultou comicamente cruel. Ele se desculpou pelo mau desempenho:

> Eu estou tentando imitar a entonação da voz dela, não sou bom nisso, não tenho tanta capacidade de voz, mas ela fala assim desse jeito! [...] E como é que ia ficar a imagem de pastora, depois de dizer tudo isso? Ela falou: "Vamos nos livrar desse chato do Niel". Agora: fazer isso com as mãos dela? O que ela fez? Ela era a cabeça da casa, ela era venerada, considerada uma deusa por alguns, né? Dona de uma vontade soberana [...]. Flordelis tinha voz final sobre tudo naquela casa... Até mesmo Lorrane, que ontem falou aqui: "Não, ele era dominador, mas fazia tudo o que ela mandava". Peraí! Como é que a pessoa é dominadora e faz tudo que a outra manda? Isso é incompatível!

Vieram as menções ao nepotismo e ao reparte de salários em Brasília. Os filhos biológicos, de acordo com dr. Coelho, começaram a se sentir lesados com a gestão de Anderson do Carmo.

Por quê? Porque o pastor Anderson exigia que eles contribuíssem. Fazia rachadinha mesmo: vamos falar o português claro. Já que eles não trabalhavam, eram funcionários fantasmas, que ganhassem uma parte e devolvessem outra parte: supostamente [ia] para a família, para a igreja, para novos projetos [...] e ele ia recolhendo aquelas rachadinhas dos familiares que passaram a ser assessores parlamentares. Eles foram ficando incomodados com isso. Rayane disse: "Pô, eu fui pra Brasília junto com minha avó, achando que eu fosse ganhar um salário de 15 mil". Eram 15 mil brutos, na verdade, 10 mil líquidos, ela recebia 5 mil para dividir com o marido. E aí aquilo foi criando descontentamento... A Rayane não foi sozinha também, não virou empregada da casa. Levaram uma escrava. A irmã do Lucas, Bruna, de babá não remunerada, ajudante nas coisas da casa...

Nesse ponto, dr. Coelho aproveitou para relembrar a busca "ostensiva" de Rayane por um "bandido bom", pouco depois da posse da avó. "Claro que não era Rayane que decidia isso, mas ela participava."

O vídeo agora apresentava a reprise do depoimento prestado um ano antes, na audiência de instrução, pelo perito Luiz Carlos Leal Prestes Junior — começando pelo currículo do médico: "Eu sou perito legista há 28 anos, tenho mestrado e doutorado na área, sou coordenador da Câmara Técnica de Medicina Legal do Conselho Regional de Medicina, sou presidente da Associação Brasileira de Medicina Legal e Perícia Médica — Regional do Rio de Janeiro". No vídeo, o promotor Coelho informou que o perito é o "emissor do parecer médico-legal do Gaesp [Grupo de Atuação Especializada em Segurança Pública]", e que "analisou diversos boletins e prontuários médicos da vítima, ainda no ano de 2018". Dr. Coelho: "O que o senhor constatou a partir da análise desses BAMs e prontuários médicos de seguidos atendimentos do pastor Anderson?".

Prestes Junior:

Chamava muita atenção o fato de ele estar com seis atendimentos num período curto, com os mesmos sinais e sintomas. Então, foi levantada a hipótese de que poderia haver uma tentativa de intoxicação exógena. A análise dos boletins mostrava que todas as vezes ele deu entrada com a mesma sintomatologia. Eu fui fazer uma análise bibliográfica, um estudo, e cheguei à conclusão de que esses sinais e sintomas se coadunam com a chamada "intoxicação crônica" por arsênico, visto que é um produto, né, um tóxico, muito usado como herbicida, inseticida, e que, uma vez ingerido em doses subletais, vamos dizer assim, causaria exatamente esses sinais e sintomas que ele apresentou no hospital. Cheguei a essa conclusão não só pelos sintomas, mas também porque o arsênico pode ser apresentado numa forma solúvel [...]; facilmente misturado à comida, à água, ele tem o aspecto de um pó branco, e isso facilita a, vamos dizer assim, a intoxicação — para que a vítima não perceba. Não tem cheiro, não tem gosto, e isso facilita muito. A equipe médica [do pronto-socorro], se você não tiver um indício, uma informação, ela não vai desconfiar de que pode ter sido uma intoxicação porque são sintomas extremamente genéricos. Dor abdominal, muitas náuseas, muitos vômitos, desidratação, enfim. Então, reunindo todos esses elementos, eu concluí no meu parecer que havia fortes indícios de que isso poderia ter sido uma intoxicação, vamos dizer assim, crônica, como a gente chama. Intoxicação aguda seria uma dose elevada, e mataria a pessoa na hora.

Para corroborar seu parecer, Prestes Junior afirmava no vídeo que Anderson do Carmo relatou, em uma de suas internações, a sensação de "boca amarga" e "gosto metálico" — que estariam descritos na literatura médica como alguns dos efeitos da ingestão de arsênico. O perito reconhecia, porém, que não se pode levar tais sintomas em consideração, por serem genéricos demais. Menos preocupado com a citação de exames laboratoriais e análises clínicas feitas no pronto-socorro, o depoimento dele não soou tão científico quanto o de El Jundi.

Dr. Coelho perguntou se os sintomas de infecção por *Helicobacter pylori* — à qual Flordelis atribuiu o problema gástrico do marido — poderiam ser confundidos com os de ingestão de arsênico: "Não", respondeu o perito. "São sintomatologias completamente diferentes." Interessante observar como ninguém do Ministério Público mencionou o fato de a bactéria *Helicobacter pylori* ser muito comum — encontrável no estômago de mais de 50% da população mundial — e, o mais importante, de a infecção causada por ela ser tratável.

Dr. Prestes Junior afirmou também no vídeo que não chegou a cogitar o uso de outra substância na intoxicação de Anderson do Carmo ("O arsênico é o que mais se coaduna"). Mencionou o "chumbinho" ("que é o carbamato"), mas afirmou que sua toxicidade é muito alta. "Qualquer dose mínima pode levar à morte imediata." O perito diz que ficaria "muito evidente". Mais evidente do que trinta perfurações? Além disso, o chumbinho se apresenta na forma de grânulos escuros, o que chamaria a atenção na comida do pastor.

Depois do encerramento do vídeo, dr. Coelho voltou a dizer que o veneno não estava fazendo efeito ("O bicho não morria!"), e que, então, pensaram em uma forma mais efetiva de matar o pastor. E escolheram uma pessoa para assumir a responsabilidade. "Logo depois de o Lucas fazer dezoito anos [Lucas completaria dezoito anos na semana do crime], temos alguém para atribuirmos a culpa. Alguém que já tinha ligação com a criminalidade, alguém com busca e apreensão por tráfico..." Dra. Paixão, que aguardava para continuar sua preleção havia cerca de quarenta minutos, interrompeu dr. Coelho e pediu encarecidamente para falar. Em uma afetuosa reverência, o promotor juntou as palmas das mãos, flexionou ligeiramente as pernas e disse: "Pode, lógico".

A promotora voltou a dedicar atenção aos jurados, já que dr. Coelho parecia partir do princípio de que todos ali sabiam o suficiente sobre o processo e sobre a coreografia no plenário. Disse ela:

> Aqui, nós temos cinco acusados de vários crimes, e os senhores vão ter de votar por crime. Uma das imputações é a tentativa de homicídio, com esse envenenamento. Quem responde por esses crimes aqui? Quem o Ministério Público imputa a participação? Ré Flordelis, réu André, ré Simone e ré Marzy. O que a gente ouviu do perito aqui é algo em que vocês vão votar — em relação à materialidade. E agora, nós vamos passar a demonstrar as provas de participação. De autoria. Que demonstram que os acusados aqui presentes participaram...

Dr. Coelho se aproximou da promotora, aparentemente agoniado, dando um passo para a frente, outro pra trás, e tentou dizer algo. Ela sorriu e prosseguiu; ele recuou, sorrindo também, com uma das mãos na boca. Dra. Paixão:

... porque quando se vota, primeiro vem a materialidade, depois a autoria. Aqui, a gente vai demonstrar que [...] quando o celular da ré Simone foi apreendido, verificaram-se algumas pesquisas no celular, "cianeto", "cianeto onde comprar", "cianeto nos alimentos", e, aí, a ré Simone nessa oportunidade é questionada sobre isso. Vamos ouvir a resposta.

O depoimento recuperado era, mais uma vez, o da audiência de instrução. No vídeo, a juíza pergunta a Simone: "A senhora chegou a pesquisar matadores na internet?". "Não, não, não... não... não." (Dr. Coelho, aproveitando a exibição do vídeo, se aproximou de dra. Paixão, passou o braço por cima do ombro dela e a abraçou fraternalmente, como quem quer ficar "de bem".) A respeito da procura pelos venenos no Google, Simone diz no vídeo, aparentemente para diluir a toxicidade da pesquisa, que buscou "não só veneno, mas outras coisas". "Mas não foi para matar o pastor Anderson." Como já citado em um capítulo anterior, a acusada então afirmou que o que teria despertado nela a curiosidade pelo cianeto foi um episódio do programa do canal Investigação Discovery. No vídeo, entre incrédula e irônica, dra. Nearis perguntou: "E a senhora costumava, com relação ao que a senhora via no Discovery, colocar nos alimentos, comprar...?". Simone: "... Não". Dra. Nearis: "Deixa eu terminar a pergunta... Consta pesquisa de "cianeto nos alimentos", "cianeto comprar"... por que a senhora pesquisou como comprar cianeto? Tinha interesse em comprar para usar...?". Segue-se o prosaico relato de

Simone sobre uma amiga que teve o quintal invadido por um cachorro que estava com "câncer na bunda".

Dra. Paixão perguntou a dr. Ângelo Máximo se a acusação tinha registro da pesquisa feita por Simone na internet. Dr. Máximo prontamente acionou sua auxiliar, que sacou da maleta com rodinhas um calhamaço de papel; ele passou a folheá-lo. Impaciente, a promotora disse que o tempo era curto e se preparou para prosseguir. Eis que dr. Coelho, em novo acesso de hiperatividade, atravessou mais uma vez a apresentação da colega; sentado com seu laptop aberto na cadeira instalada no centro do plenário, ele anunciou que ia ler o texto de um diálogo entre Marzy e André. Explicou que Marzy, assim como Simone e Flordelis, era acusada de colocar "pozinhos" na comida do pastor; André respondia na Justiça apenas por "contribuir", "incentivar", "prestar apoio moral e até material" à mãe. Uma assistente da juíza ofereceu um microfone ao promotor, que o recusou. Ele explicava agora que o diálogo ocorreu em 5 de janeiro de 2019, pouco antes da posse de Flordelis. Na mensagem, Marzy pergunta: "André, você está em São Gonçalo!?". No banco dos réus, Marzy assistia à apresentação com o tronco inclinado para a frente, os cotovelos apoiados nas coxas e o maxilar nas palmas das mãos abertas. André, como na maior parte do tempo, permanecia com as pernas cruzadas e as mãos enfiadas nos bolsos do moletom estilo canguru. Para dar ênfase ao amadorismo dos acusados, dr. Coelho se pôs, de novo, a interpretar o diálogo. Primeiro, comentou: "É engraçado o jeito como eles falam. 'Paz!', 'Bênção!'". Depois, recomeçou a leitura da mensagem de Marzy: "'André, paz! Você está em São Gonçalo? Se estiver, vai ao portão do Extra de Alcântara, que dá de frente para o viaduto, tem um coroa que vende chumbinho. Custa vinte reais. Traz, por favor'". Coelho explicou que Marzy era "uma pessoa de pouca instrução", e por isso se referia a "veneno" como "chumbinho", de maneira genérica; como se, para ela, fosse tudo a mesma coisa. André respondeu que não passaria pelo local naquele dia. Eles falaram de outros assuntos; o promotor explicou que, "enquanto o pastor estava no hospital, entre a vida e a morte, envenenado", Flordelis se comunicava com André em um celular antigo, "era um outro número", a respeito das providências para o assassinato. "Um celular próprio para tratar das coisas menos lícitas." Com passos rápidos, a um canto do plenário, dr. Faucz se dirigiu ao banco dos réus e se sentou ao lado de André; cruzou as pernas na forma de um quatro e enfiou as mãos nos bolsos da calça. A atitude transmitia virilidade e altivez. Dr. Coelho agora lia outro diálogo entre Marzy e André, ocorrido em 25 de janeiro de 2019: "'A paz! André, amanhã, por favor, passa lá do lado do Extra do Alcântara. Tem um velho que vende chumbinho. Compra lá, e entrega o vidro na mão da mãe, por favor!'". No plenário, Flordelis, que agora assistia a tudo de braços e pernas cruzados e cabeça baixa, olhou ligeiramente para trás, na direção de Marzy, e voltou a baixar a cabeça. Marzy não viu, porque estava com a cabeça deitada sobre os braços cruzados. O promotor leu mais uma mensagem. "'Paz, boa tarde! Por favor, não esquece do chumbinho não!'" André: "'Pô, mas tem que ser hoje mesmo? Tá engarrafado, tá chovendo, lá é ruim de parar. [...] Dá pra comprar amanhã?'". O promotor fez questão de ler em voz mais alta a resposta de Marzy: "'ELA QUER HOJE!'". André: "'Ela quer pra hoje?'". Marzy: "'Ela disse que esse foi o único que funcionou! Os outros têm cor!'". Dr. Coelho repetiu, pausadamente: "Os outros têm cor!". E concluiu: "Se fosse chumbinho, teria cor de chumbo. Ela tava falando de veneno!". André: "'Aleluia! Vamos que vamos! Vamos ver se eu acho...'". Na mensagem seguinte, o promotor exibiu o áudio de André: "'Achei, achei, achei! Glória, glória, glória!'", e repetiu a frase. Inquieto, dr. Décio ia e voltava no centro do plenário com o laptop aberto, enquanto dr. Coelho repetia aos gritos: "É HOJE!", "TEM QUE TRAZER O VIDRO, ENTREGAR NA MÃO DA MÃE!", "PÔ, MAS TÁ DIFÍCIL TÁ ENGARRAFADO! "ELA QUER, TEM QUE SER HOJE! "ELA MANDA! É A MÃE!". Por fim, o promotor disse: "Eu passo a palavra para...".

Dra. Paixão, já com o microfone, tornou a pedir que fossem exibidas as buscas de Simone por veneno na internet. Ao mesmo tempo, citou datas e falou de um conjunto de fatores: as internações do pastor, o emagrecimento dele e as mensagens dos acusados — como as lidas por dr. Coelho.

O que o Ministério Público sustenta é que o envenenamento foi crônico. O pastor foi, algumas vezes, quando não aguentou mais, ao hospital. E o que a gente pôde perceber aqui, narrado pelas testemunhas, foi que o pastor não era uma pessoa que gostasse muito de ir a médicos. Então, essas vezes que a gente viu aí, foi quando ele chegou no limite. Não significa que nos outros dias, em momentos posteriores, ele não estivesse sendo envenenado.

Ela cita as pesquisas de Simone e repete a suposta justificativa: "'Eu estou assistindo a uma série [da Discovery]'". "Aí tem a amiga que tinha um cachorro que tinha um tumor... Cadê a amiga?" Dra. Paixão se afastou da tela e passou a checar anotações nas folhas de papel que deixara espalhadas em cima da mesa no centro do plenário; dr. Coelho, que estava sentado na cadeira ao lado da mesa, indagou: "Quer falar sobre a Rayane... entrar na temática?". Dra. Paixão riu, ele se levantou e, sem esperar a resposta da promotora, passou a falar sobre Rayane. Disse que ela não estava sendo acusada de ter participado dessa tentativa de homicídio. Do envenenamento. "Ela apenas responde [o promotor junta as palmas das mãos e as move para a frente e para trás] por ter contribuído, por ter tentado ajudar no projeto homicida que acabou resultando na morte a tiros do pastor Anderson..."

Dra. Paixão: "... foi o que eu expliquei, ela é a única...".

Dr. Coelho repetiu o que já havia dito sobre André: "... ele também não é acusado diretamente de ministrar veneno...". Cortada já pela terceira vez, a promotora fez um gesto de cansaço e passou a mão no rosto. Afastou-se.

Às 20h28, a juíza determinou um intervalo até as 20h35.

Dra. Mariah da Paixão estava de volta à sua espinha dorsal. Recapitulou o que dizia sobre a intenção da defesa de jogar a culpa do crime em Anderson do Carmo:

> Passamos aqui dois dias [...] atribuindo a ele uma série de comportamentos que não foram demonstrados. Não foram provados. E muitas narrativas no sentido de: "Ah, depois eu percebi que isso era abuso". O que me causou estranheza foi que todos os réus que se sentaram aqui negaram a autoria [do crime]. [...] Se não foram eles, por que a gente passou dois dias acabando com a memória da vítima? É uma justificativa para a conduta? Mas se eu não fiz nada, se sou inocente de tudo, por que atribuir à vítima, pessoa morta, uma série de crimes!?

A promotora lembrou que os acusados chegaram a pedir para não se sentar no banco dos réus. A fim de demonstrar que a defesa, em sua determinação de provar a tese do "crime de cunho sexual", extrapolou o mérito do julgamento, disse: "Por que Flordelis se sentou aqui e narrou agressões que aconteciam durante o ato sexual, se ela diz que não foi ela [quem matou]? Eu estou aqui há dois dias esperando para ver se alguém vai assumir que fez alguma coisa".

Ao recordar que não só as rés, mas também algumas testemunhas se disseram vítimas dos abusos do pastor, dra. Paixão mencionou os "depoimentos simulados" que a atleta Paula Barros teria promovido. Relembrou o relato de Rebeca de que a psicóloga a orientara a excluir qualquer menção ao envolvimento de Flordelis no crime. Dra. Paixão:

> A gente não estava apurando abusos — não posso dizer levianamente se aconteceu, se não. Mas esse não é o objeto deste processo. [...] É um jogo muito inteligente da defesa. Porque a gente para de falar de autoria e materialidade, para discutir [o comportamento de] uma pessoa que foi encontrada morta dentro da sua própria casa, de cueca.

Depois de dizer que o tempo de sustentação era reduzido, a promotora informou que dr. Décio Viegas seria o próximo a falar. Frequentadora assídua do julgamento, Paula "do Vôlei" Barros ora estava no corredor do 12º andar, ora na plateia. Ninguém explicou por que uma personagem tão importante para a acusação nunca foi intimada a depor.

Logo no início de sua exposição, dr. Décio Viégas tratou de esmiuçar a atuação de Paula do Vôlei junto à família e a Flordelis. Citou uma matéria publicada pela revista *Veja*, em que Flordelis se referia à atleta-psicóloga como seu braço direito. No mesmo instante, dr. prof. Faucz se levantou e se dirigiu à mesa da juíza, argumentando que a matéria não estava juntada aos autos. O promotor reagiu: "Excelência, pela ordem! O dr. Faucz é doutrinador, e sabe que fato notório não precisa ser provado". Seguiu-se um breve protesto por parte de Viegas e Coelho. Por fim, a juíza anotou que a matéria da revista "não [versava] sobre fato em julgamento", e sim "sobre fato secundário", e portanto não "haveria necessidade de [ser] juntada no prazo legal previsto no artigo 479 do Código de Processo Penal".

Na sequência, o promotor apresentou um trecho de uma entrevista de Raquel no Conselho Tutelar, que revela que Paula a procurou para pedir que ela, a mãe (Cristiana) e a irmã Rebeca não falassem mais sobre o crime. As três já haviam deixado a casa de Flordelis. Pondo o dedo na ferida de dra. Janira — que renegou falas suas à jornalista Vera Araújo para o livro *O Plano Flordelis: Bíblia, filhos e sangue* —, dr. Viégas mostrou no telão os agradecimentos da autora à "douta advogada" pelos "inúmeros depoimentos" prestados a ela.

Embora repetitivo, o material apresentado tinha apelo. O que muitas vezes tornava a exposição do promotor angustiante eram as tentativas inglórias de florear o texto e de se arriscar em arroubos retóricos. Mas então, em meio a uma espécie de *making of* da própria sustentação, dr. Viégas se tornou o artífice das revelações mais bem apresentadas no julgamento. "Senhores jurados, eu e dr. Carlos nos atrasamos porque há um excesso de provas nos autos. É difícil até a gente colher, em duas horas, duas horas e meia, sintetizar tudo [...] é muita prova, senhores jurados." Ao citar os bastidores do trabalho do Ministério Público, o promotor queria chegar em uma pesquisa específica feita no celular de Simone.

A título de contextualização, ele exibiu o depoimento de Simone à advogada dela, Daniela Grégio, em janeiro de 2021. Dra. Grégio: "Simone, o pastor, ele sempre teve, vamos dizer assim, uma obsessão por você. Ele te perseguia... Isso começou quando, efetivamente, já que no passado você não teve nada com ele? Quando começaram essas investidas?". Simone:

Sempre demonstrou. Sempre. Mas veio começar a dar a entender de verdade a partir de 2012, quando eu fiquei doente, e ele começou a pagar meu tratamento... As coisas maiores ele pagava, e as menores, ela [Flordelis] custeava. Então, ele começou a falar: "Ô B, olha pra mim com carinho, me dá oportunidade, deixa eu chegar mais, sua mãe não vai ficar sabendo". Eu falava pra ele: "Não viaja, não viaja". E apagava as mensagens, para ninguém ver... achava aquilo um absurdo.

Seguindo o propósito de flagrar as contradições de Simone, dr. Viégas anunciou que exibiria outro vídeo, em que ela contava que deletava as mensagens não porque as achasse absurdas, mas porque sobrecarregavam o celular. "Meu telefone era de pouca capacidade de acumular as coisas." Em sua pesquisa, o promotor verificou que as mensagens foram apagadas, na verdade, para que todas as conversas desaparecessem, inclusive as que Simone tinha com a mãe, potencialmente comprometedoras. Por esse motivo, continuou, ela "convenientemente" passara a dar outra justificativa para o apagamento: não seria mais por causa do absurdo das mensagens, mas por causa da falta de espaço para armazená-las no celular. Nessa hora, o promotor se preparou para surpreender o tribunal com uma astuciosa providência que tomara em sua busca. Por meio de um programa israelense chamado Cellebrite — "utilizado pelo Ministério Público e pela Polícia Federal para investigações" —, ele abriu o aparelho de Simone e mostrou que ela havia consumido apenas 20% do armazenamento do seu iPhone, que era de 128 gigabytes (capacidade considerada média no mercado de celulares). No banco dos réus, Simone, Rayane e Marzy abandonaram a letargia de sempre e se comunicaram.

"Aí, eu pensei", prosseguiu ele, "se eu continuar investigando o celular da Simone, o que mais será que a gente acha?

Porque ela apagou muita coisa. [...] Enfim, a gente continuou analisando o celular da Simone, porque tem esse relato aqui: uma conversa entre a ré Flordelis e seu filho de consideração, porque não é biológico, André, ex-marido de Simone, pai das meninas e réu aqui no presente processo. Essa é uma das provas mais contundentes do presente processo. André estabelece uma conversa com Flordelis, no dia de um jogo de futebol, em que eles falam o seguinte...".

Por questões ligadas à informática, o promotor precisou se posicionar com seu laptop próximo ao gradil do plenário; ali, ele leu o diálogo.

Flordelis: "André, estou revoltada. Você acredita que o Niel, aqui no Maracanã, não quis levar Rafinha, Érica e Paulo Roberto no carro? Dá pra acreditar? E foi para o shopping comprar o terno...".

André: "Tá de sacanagem! E foram de onde? Caramba, mãe, na boa, eu não tenho pena. Na verdade, acho que Simone hoje nem chora, de tanta revolta".

No banco dos réus, André olhava fixamente para o chão, em um ângulo de aproximadamente 45 graus. Dr. Coelho e dra. Paixão desceram da bancada do Ministério Público para acompanhar a leitura das mensagens do centro do plenário. Dr. Viégas prosseguiu: "Flordelis: 'André, pelo amor de Deus, me ajuda! Por amor a mim!".

Com o microfone na mão, dra. Paixão fez sinais descensionais com os braços na direção de Viégas, para que ele lesse mais devagar. Ele não viu. Ela foi até ele. "Dra. Mariah tá dizendo para eu falar mais devagar", disse ele, voltando à leitura: "Flordelis: 'Está faltando muito pouco!'. André: 'Mãe, eu tô com a senhora!'".

Dr. Viégas: "Quem está com ela é o André, que está ali

sentado. Então, se perguntarem por que ele está [ali] sentado, taí. Dentre outras provas, uma delas é essa...".

Ele prosseguiu na leitura:

André: "Não dá pra fazer muita coisa, mas tô com a senhora!".

Flordelis: "Vou te explicar, vem comigo, é simples. [...] Em uma semana, a gente consegue pôr um ponto-final nessa história. Vamos sofrer pra caramba, mas vai passar...".

Dr. Coelho perguntou qual era a data da mensagem. Dr. Viégas respondeu que era 13 de outubro de 2018. Oito meses antes do crime.

André: "Entendi, mas não vou sofrer não...".

Flordelis: "Tomara que ele coma alguma coisa. Só essa ajuda que eu preciso. Que você faça ele comer ou beber alguma coisa. Um arroz fresquinho, com um franguinho, que não faz mal".

Viégas:

É. Não faz mal pra ela. Mas pra ele, com certeza... Essa conversa começa às 20h02, termina às 22h33. Aí, eu pensei: "Se conseguíssemos registros do celular de Simone...". Por quê? Porque Simone relata na Comissão de Ética [da Câmara], salvo melhor juízo, que quem passou essa mensagem [para o André] foi ela, e não Flordelis, porque o celular dela estava descarregado, e aí ela pegou o celular da mãe. O que é estranho, o André chamar a própria ex-mulher de mãe, mas enfim...

O Cellebrite travou no computador. Técnicos da informática foram convocados no plenário para resolver o problema.

Dr. Coelho aproveitou a oportunidade e fez nova intervenção, lembrando que no dia da troca de mensagens o pastor tinha acabado de passar uma semana no hospital, "envenenado".

Ela tinha ganhado as eleições no dia 7 de outubro, um domingo; ele foi internado, ficou do dia 7 pro dia 8, saiu, teve alta, no dia 9 voltou para o hospital, saiu no dia 10... No dia 13, o que a Flordelis fala? "Vamos lá, estamos quase... até quando a gente vai aguentar esse traste na nossa vida? Falta pouco!..."

De sua mesa, a juíza informou que restavam dezesseis minutos para o final do tempo de sustentação do Ministério Público.

Os promotores e também dr. Ângelo Máximo circulavam com agitação pelo plenário.

Dr. Coelho: "Vou aproveitar que eles [Viégas e Paixão] estão ali na parte da computação, para lembrar as teses". Então, o promotor suspendeu a faixa vermelha da toga, que àquela altura atravessava seu quadril pelo meio, e fez, sem microfone, um resumão dos apontamentos produzidos pelo Ministério Público. Tudo de novo. Latrocínio, apreensão da arma do crime, confissão de Flávio, descontentamento com a administração da casa pelo pastor, versões dos abusos...

No meio do déjà-vu promovido por dr. Coelho, os jurados souberam que o Ministério Público pediria a absolvição de André Bigode pelo crime de homicídio consumado — já que ele não estava presente "na hora" [da execução do pastor]. Flordelis até o procurara, mas ele não atendeu o telefone na casa de Daiane, onde estava, e, depois, aparentemente, voltou pra casa e dormiu sem ouvir a mensagem da pastora. Contudo, o MP informou que manteria contra Bigode as imputações por associação criminosa armada e a participação em homicídio tentado por envenenamento. Dr. Coelho anunciou ainda que pediria redução de pena para Rayane, por participação de menor importância — ela contribuiu para o crime "incentivando, instigando".

Dr. Décio se aproximou de dr. Coelho com o celular na mão, teclou alguma coisa e mostrou a ele. Como se para esclarecer a fala anterior, a respeito da mudança no pedido das penas, dr. Coelho terminou dizendo que o Ministério Público pediria a "condenação de todos os réus por associação criminosa armada".

Dra. Mariah da Paixão se sentou em uma cadeira instalada em frente à bancada dos jurados e exercitou com afinco sua especialidade — esmiuçar a nomenclatura jurídica. Explicou que "crime de associação criminosa armada [...] é a mera reunião de pessoas com o propósito de praticar diversos crimes". Ressalvou que nem é preciso que todas as pessoas o pratiquem para que o crime seja configurado. "Por exemplo, o crime da carta. É praticado depois da morte do pastor, [mas] dentro dessa associação." A promotora informou que falaria mais sobre o assunto na tréplica e acrescentou: "Eu só quero fechar a nossa exposição. A ré Flordelis foi colocada aqui pela defesa, até pelo laudo [produzido pelo psiquiatra], unilateralmente, como uma mulher submissa, sem agressividade, sem impulsividade, ali totalmente dominada... Eu vou exibir um vídeo...". Antes que ela terminasse de falar, dr. Décio soltou o áudio e a imagem. No vídeo, Flordelis aparece em um post, aos berros, respondendo à mulher que afirmou tê-la reconhecido como frequentadora de um clube de swing.

Flordelis: "Eu vou te achar, eu vou atrás de você! Não euzinha não, a Justiça! Tá bom, meu amor? A Justiça vai te encontrar! Tudo o que se fala tem que se provar! Né não, maestro? Tudo o que se fala tem que se provar, lindona! Você acha que você foi lá... em setembro! Em setembro!? Eu queria saber por que só falou isso agora, gente! Em setembro? Em setembro? Que eu e o meu marido frequentávamos casa de swing! Ah, misericórdia, Senhor! E se fosse verdade? Infelizmente, não é verdade. Não é. Olha a minha cara pra você! Pôxa, taí um negócio que eu e meu marido não fizemos! Jesus! O marido era meu, a mulher era dele! Mas não fiz, não, lindona! E você vai ter que mostrar a filmagem, o meu rosto, a minha voz, euzinha, bem clarinha na filmagem, em casa de swing. Ok, Carlinha? [...] Se eu fosse você começava a ir na casa de swing agora! Porque se você não tiver nenhum videozinho meu... E outra coisa: tem que ter euzinha bêbada! Trêbada... porque se você não tiver, meu amooor! Você vai ter que me pagar por danos morais! Tem dinheiro não? Começa a fazer faxina! Tem dinheiro não? Vende tudo o que você tem na sua casa! Tem dinheiro não? Vai ter que me pagar por danos morais! Ok, meu amor? Euzinha aqui não vou ficar mais calada, nem parada, diante de acusações nenhuma mais! A partir de hoje, entenderam bem? Fofoqueiros de plantão! Conseguiram mexer comigo! Agora, vamos pro vamos ver, ok? Mexam com a minha família, façam o que vocês bem entenderem. Mas agora, a partir de agora, não vou ficar mais calada! Nem parada! Agora: falou, provou! Eu tenho todos os *prints*! Todos os *prints*! Burrinho! Inteligente! Pecado chamar... Quem levantou falsa calúnia contra mim, me chamou de assassina! Sem ter me visto com uma arma atirando! Achou que eu sou idiota! Não sou! Eu tenho *prints*! Porque tudo isso, através dos meus advogados, viu que lindo, chique?! Meus advogados, no plural, vão atrás de vocês. Lamentavelmente, você vai se dar mal, por ter ido igual piolho na cabeça dos outros. Tá bom? Tadinhos de vocês, que me acusaram... e que eu consegui printar. Tenho dozinha de vocês... ok?".

Em sua cadeira, Flordelis olhava de vez em quando para a tela. Como se fosse demais permanecer assistindo, ela abaixava a cabeça até quase enfiá-la dentro do moletom que vestia.

Ao final, dra. Paixão comentou: "Um pouco diferente, né?, do que se tentou construir aqui".

32.
A sustentação da defesa

Assim como o Ministério Público, a defesa dividiu as duas horas e meia de que dispunha pelo número de advogados que representavam os réus. A primeira a falar foi dra. Daniela Grégio, advogada de Simone. Falou das 22h31 às 22h59 do sábado, 12 de novembro. Gastou significativa parte do seu tempo com agradecimentos. Muito desenvolta, ela caminhou com seu sapato plataforma cor de suco de goiaba até o centro do plenário para fazer as saudações de praxe. Primeiro, pôs-se a exaltar as qualidades da juíza.

Todo mundo a conhece pela condução rígida dos trabalhos, muitas vezes, né, a defesa fica um tanto melindrada com tamanho rigor, mas a gente acaba por reconhecer que esse rigor é necessário, principalmente na condução de um processo dessa complexidade, dessa magnitude, dessa responsabilidade...

Dra. Nearis: "Obrigada".

Sempre que foi enaltecida nas preliminares das sustentações dos advogados, a juíza os encarava de volta com uma expressão fixa, impenetrável. Tanto podia estar pensando "Meu Deus, isso tudo de novo!" como "Eu não sei quem é pior, a Simone ou essa advogada dela". Ou: "Será que a Nice [manicure] vai poder me atender na segunda?".

Dra. Grégio ainda demonstrou "todo o respeito" pelos excelentíssimos promotores de justiça, dr. Carlos, dr. Décio, dra.

Mariah, e pelo Ministério Público em geral. Ao excelentíssimo doutor assistente de acusação, dr. Ângelo, dedicou uma surpreendente declaração de apreço. [Ele] "era uma figura que no início desse processo me gerava uma certa resistência, mas... acabei desenvolvendo uma admiração por ele, pela pessoa dele, pelo trabalho dele... fica aqui consignado...".

Em sua mesa, dra. Nearis pareceu dispersiva. Agora, conversava com a assistente que se sentava imediatamente ao seu lado.

Os últimos a receberem "o respeito consignado" de dra. Grégio foram dr. prof. Rodrigo Faucz e dra. Janira Rocha. Faucz foi saudado por ela como "uma lenda no mundo jurídico, um profissional que eu nunca imaginei um dia na minha vida ia dividir a tribuna com alguém tão ilustre"; coube também admiração consignada a toda a equipe do advogado: dra. Priscilla, dra. Alanis, dra. Isabela... Dra. Janira foi aclamada como "guerreira". "E não menos importante", iniciou dra. Grégio, segurando com a mão esquerda uma pasta aberta, "dra. Janira, por quem eu tenho, além de uma grande admiração, um enorme respeito e um grande carinho, por toda sua história de vida...". Parecia incrível que a doutora precisasse recorrer à pasta para se lembrar dos termos de um discurso tão repetitivo. Ela agradeceu ainda aos policiais militares, pelos quais disse nutrir "um carinho especial", por tê-los defendido havia mais de quinze anos.

O caminho até a bancada dos jurados foi feito a passos curtos e cautelosos, enquanto a sandália altíssima emitia o shlap shlap característico do contato com os pés. Depois de cumprimentar todos, a doutora disse que tentaria ser o mais objetiva possível. Na plateia, arriscavam-se palpites sobre a argumentação que ela poderia usar para reaver a dignidade de Simone, minuciosamente desconstruída na exposição do Ministério Público. Soube-se logo que a advogada não viu saída a não ser martelar a tese do crime de cunho sexual. Ela pediu que fosse recuperada a fala do perito Thiago Dutra Vilar (desqualificado pelo colega Sami El Jundi, trazido pela defesa), de que "não é comum fazerem disparos nas genitais".

Disse a doutora:

É fato que a vítima sofreu lesões múltiplas na região pubiana. Ninguém na Polícia Civil, desde o início da investigação, ninguém! cogitou a hipótese de esse crime ser de cunho sexual. O perito deixou claro que [...] ele nunca viu tiro nessa região que não fosse de cunho sexual. Mas ninguém levantou essa hipótese.

Parecia haver um contrassenso na fala da advogada: Thiago Dutra Vilar, o perito citado por ela, era da Polícia Civil. Trabalhara na investigação junto com a equipe da delegada Bárbara Lomba. Em nome de sua tese, porém, dra. Grégio foi em frente: "A fome de se incriminar a qualquer custo, de se mostrar que a motivação era poder e dinheiro — não se sabe o motivo de não se ter investigado a fundo os fatos — deixou a polícia cega!".

A propósito da indignação demonstrada pela promotora Mariah da Paixão, ao apontar que a defesa estava tratando a vítima, Anderson do Carmo, como réu, dra. Daniela Grégio disse aos jurados que lamentava — era "muito triste e constrangedor" —, mas que fora preciso fazer isso.

Se tem uma coisa que ficou demonstrada nesse processo, acho que ninguém tem a menor dúvida, é da obsessão da vítima pela minha cliente! Isso não foi dito só pela minha cliente. Isso foi dito por uma das testemunhas mais hostis em face da defesa, que foi a dona Roberta dos Santos.

Dra. Grégio pediu que fosse exibido "um trechinho" da confissão de Flávio em que ele diz que os relatos de Simone a respeito dos assédios de Anderson do Carmo passaram a ser frequentes, até chegarem ao do abuso da filha dela (ele disse não saber que se tratava de Rafaela), o que o teria deixado especialmente enfurecido. Numa tentativa extremada de salvar sua cliente, a defensora de Simone despejou toda a culpa do crime em Flávio — que já estava condenado. Ele teria puxado o gatilho por conta própria. Porque era "doente", "esquisito", uma "pessoa desequilibrada".

A minha cliente, já não conseguindo mais lidar com aquela situação, [...] acho que ninguém tem mais dúvida disso, vendo que aquela situação estava sendo transmitida para a filha, num ato desesperado, ela conta para o irmão... Embora muitos namorados dela tivessem brigado com o pastor, [...] inclusive com ocorrência de lesão corporal, ninguém nunca tinha tomado uma providência. Então, ela recorreu ao irmão.

Dra. Grégio perguntou aos jurados: "O que os senhores acham que ele iria fazer com a informação dada pela irmã de que estava sendo molestada?".

Ao fim de sua exposição, a doutora pediu a absolvição de Simone de todos os crimes a ela imputados. "Eu pediria que os senhores analisassem, dentro das suas consciências, diante desses poucos relatos que eu fiz hoje aqui, se a minha cliente merece ficar dez, quinze, vinte anos na cadeia." Falou da família que Simone tinha do lado de fora da penitenciária, citou a doença incurável dela, e afirmou que a ré "não cometeu crime nenhum". "Se ela merece uma pena severa por isso [ter recorrido ao irmão "maluco"], caberá aos senhores dizer: vocês acham que Simone realmente merece ser condenada por todos esses crimes elencados pelo Ministério Público?" A advogada repetiu que sua cliente "nada mais fez" do que tentar se livrar dos abusos que sofreu durante anos, "calada!".

A próxima a falar foi dra. Janira Rocha. Proferiu primeiro um discurso filosófico sobre o "sentido do júri". Para ela,

> é poder colocar ao lado dos réus aquelas pessoas que estejam próximas a eles, que possam ter empatia por eles [...]. O sentido do réu [ela se confundiu] é a concretização da democracia, do estado democrático de direito, é a concretização dos direitos fundamentais dos réus, assim como da família da vítima...

Ao que tudo indicou, dra. Rocha quis evitar homenagens à juíza. Disse apenas: "Não vou fazer grandes saudações, até porque dra. Daniela já fez...", como se algum advogado economizasse na bacharelice adulatória, "... mas não posso deixar de cumprimentar vossa excelência", e logo se virou para o lado, na direção dos assistentes de dra. Nearis, "... não posso deixar de cumprimentar os trabalhadores, os serventuários, os policiais militares...", pulou a bancada do Ministério Público, finalizou na dos réus: "... não posso deixar de abraçar vocês, vocês sabem que nós estamos juntos, né?, nosso coração está nessa causa junto com vocês...".

Houve ainda menções ao sacrifício e ao sofrimento (dela própria), algo que, pelo que já se percebia àquela altura do julgamento, fazia parte do arsenal de defesa permanente da doutora. "Eu tô... tô com muita tosse, muita dor de garganta, não sentindo o paladar das coisas... então, eu prefiro ficar distante [do júri]." Pediu aos jovens colegas da equipe de dr. prof. Faucz que veiculassem um "videozinho inicial". "Foi produzido pela defesa, com aquilo que a defesa acha que hierarquiza esse debate", disse, lançando para trás, por cima do ombro, uma das pontas do cachecol preto que usava. Para a exibição da peça, foi reduzida a iluminação no plenário. Com imagens da família e locução feminina em off, a apresentação levou seis minutos que pareceram longuíssimos (era quase meia-noite, e os jurados estavam no plenário desde as dez da manhã).

O texto do vídeo, de estilo institucional, abre falando que as famílias, assim como as pessoas, não são perfeitas ("Todos e todas temos em nós luz e sombras") e que dentro da família brasileira acontecem abusos físicos acobertados pela vergonha. Sobre a de Flordelis: "Em sua família imperfeita", narra a locutora, "havia um filho condenado pela prática de violência doméstica; familiares homossexuais; divórcios na família; e principalmente uma convivência de anos a fio com a violência e os abusos reiterados de Anderson do Carmo contra ela [a pastora] e outras mulheres da casa". O videozinho defende ainda a ideia de que a pastora devotada, mãe de 55 filhos, cantora gospel internacional, que encantou multidões, parlamentar respeitada por sua trajetória, se torna vítima de quem ela tanto teria ajudado. Após a morte do pastor, "embaixo de acusações antes inimagináveis", Flordelis vira mercadoria explorada pela indústria da mídia — uma máquina de fazer dinheiro. Amigos, aliados políticos e até setores evangélicos, antes simpáticos a sua carreira, se voltam contra ela, se apressam a condená-la para evitar contaminação. "A Flordelis que emerge após toda essa desconstrução é uma mulher que tem de enfrentar seus próprios fantasmas, uma Flordelis refém de sua própria história." A voz da locutora transmite um entusiasmo engessado; remete ao tom de uma síndica profissional que apresenta sua "forma de trabalho" pela enésima vez em uma concorrência.

Ao final, ouvimos que "é hora de colocar os pingos nos is, hora de mostrar uma família esmagada por anos e anos de sofrimento".

Anderson do Carmo não foi morto por Flordelis. Ela não planejou a sua morte. Não foi por poder e dinheiro. Foram os inúmeros abusos praticados contra ela, contra Simone, e contra outras mulheres e meninas da casa, que levaram seus filhos biológicos Simone e Flávio a planejar e executar essa morte trágica. É essa a história real, que Flordelis e seus filhos lutam incessantemente para contar.

A trilha sonora é suave, algo parecido com o que se costuma tocar nas salas de espera de clínicas de tratamentos alternativos orientais.

Dra. Janira passou a explicar por que começou o debate com o videozinho.

Qualquer pesquisa que se faça lá fora sobre o julgamento, [vai mostrar que] 95% das pessoas, antes de entrar aqui, antes de ouvir a defesa da Flordelis, antes de ouvir a defesa dos filhos, antes de ouvir o debate das provas, antes de discutir cada uma das provas para o homicídio, para a tentativa, para fraude ideológica, para a associação criminosa...

Dr. Faucz se aproximou e falou algo no ouvido de dra. Janira, que se assustou: "Ai... desculpe", disse ela. E continuou: "... já chega aqui com a condenação na cabeça. Então, a defesa da Flordelis tem de chegar aqui e pedir aos jurados para darem uma chance para os réus, para que eles possam ser ouvidos a partir daqui". A advogada esclareceu:

A defesa não veio até aqui para dizer que o crime não aconteceu! [...] Mas ela quer discutir com base na realidade, e não na alimentação de uma mídia que quer o quê? Que quer um produto que possa ser vendido, que possa ser comercializado, que possa ser explorado, que possa virar série, que possa virar documentário.

Pelo que se percebia, dra. Janira simplesmente desconsiderou o fato de Flordelis, ela própria, ser um produto dessa mídia. E isso, como sempre acontece com uma figura que inventou uma imagem para si — e, no caso, a explorou a ponto de criar um ministério cristão com sete templos, de eleger o filho vereador e de se eleger deputada federal —, funciona para forjar e demolir reputações. É o ônus dessa escolha.

Ainda a respeito da condenação promovida pela mídia, dra. Janira recorreu a uma alegada satanização de Flordelis, utilizando a declaração "amplamente trabalhada na internet" de um homem chamado Alex Vigna, que disse ter frequentado a casa da pastora e depôs contra ela em audiência realizada em dezembro de 2020. Vigna declarou que, ao olhar para Flordelis, via a imagem do "satanismo", pois o globo do olho dela, em vez de branco, aparecia preto (para ele). A partir disso, dra. Janira afirmou que o "pânico satânico é uma tática utilizada comumente em casos de júris midiáticos". Tal estratégia tiraria a pessoa acusada do "campo do concreto". Quando isso acontece, continuou a doutora, ela deixa de ser tratada como uma pessoa e perde os direitos humanos fundamentais.

Ainda, em sua determinação aparentemente irrevogável de instalar a vítima no banco dos réus, dra. Janira comparou as teses apresentadas no tribunal (pelo MP e pela defesa) a respeito do que motivou o crime: poder e dinheiro versus abusos sexuais. Lembrou que a diferença das motivações teria consequências jurídicas que afetariam as penas aplicadas aos réus.

Eles [os promotores] sabem disso. Tanto é que, no final, o promotor chegou aí e falou: "Olha, eu deixei o André e a Rayane dois anos presos, eu deixei a Rayane sem ver os filhos, ela estava amamentando, eu tirei o bebê do peito dela, né, o André ficou lá, tal... mas hoje eu vim aqui dizer para vocês que nós vamos pedir a absolvição do André".

De seu assento na bancada do Ministério Público, dr. Coelho reagiu: "Ninguém falou isso!". Àquela altura, já se havia perdido um pouco a noção do que cada um falou de fato, tamanha a desfaçatez com que o Ministério Público e a defesa reinterpretavam com as próprias palavras as argumentações do adversário.

Levemente perturbada com a interferência de dr. Coelho, dra. Janira seguiu em frente. Um pouco adiante, a advogada repetiu as palavras da promotoria ("Eu vou dizer aqui que a Rayane teve uma menor participação"), para então cobrar a justiça retroativa: "Sim, mas acontece que eles ficaram presos, e não dentro de uma proporcionalidade; porque se essa fosse a realidade, será que eles estariam presos até agora? Então, é sobre isso que se quer falar...". A cobrança soou razoável.

O tom de voz de dra. Janira ganhou uma intensidade extra, e agora vibrava próximo do rancor, quando ela passou a relatar o resultado de uma devassa realizada pela equipe da defesa na vida sexual de Anderson do Carmo. "Nós vimos que o pastor fez várias pesquisas, em vários momentos, sobre acompanhantes em Niterói e não sei onde... Sobre acompanhantes, meninas de programa em São Paulo, no Rio de Janeiro, na Bahia... Mas aqui [no plenário], o pastor é um santo!"

A revelação da busca por garotas de programa serviria como um recurso — que alguns poderiam considerar moralista — para reforçar a perversidade do alegado abusador sexual doméstico — cujo delito é inegável. Ocorria que naquele plenário se julgava, entre outros crimes, um homicídio triplamente qualificado. Não parecia razoável dar aos supostos abusos uma dimensão maior do que a do próprio assassinato de Anderson do

Carmo — ainda que ficasse provado que todos os relatos eram reais. No auge do distanciamento da execução a tiros do pastor, dra. Janira citou, aos gritos, várias personalidades "mundiais" que vieram a público denunciar agressões que sofreram de familiares ou companheiros:

> Por que a Xuxa, há vinte anos atrás, não teve força para contar que foi abusada!? Por que a Hebe Camargo levou tantos anos para dizer que o Lélio, marido dela, abusava dela!? Por que a Tina Turner, uma cantora internacional, [...] no final de carreira vai lá e diz: "Eu apanhei durante quase trinta anos do meu marido!"? Nina Simone! Vocês querem que eu fique enumerando aqui o nome de mulheres fortes, poderosas, cantoras públicas, que passaram por isso? Ou eu tô mentindo? [...] Por que a Flordelis é uma exceção? Por que a Flordelis não pode ser essa mulher?

Possivelmente porque nenhuma das outras foi acusada de mandar matar o suposto abusador.

Dra. Janira prosseguiu: "Sabe o que quem é abusado sente? Muuuuito medo. Muuuuito medo. O passado pesa, o futuro some. Sabe o que mais quem sofre abuso sente? Vergonha. Vergonha, muita vergonha! De repente, você vira a menor pessoa da Terra".

Era preciso um certo esforço de alheamento para associar aquela figura envergonhada, minúscula, à virulenta Flordelis que o Ministério Público havia acabado de exibir no post em resposta à mulher que a identificou como frequentadora de uma casa de swing.

O desdobramento desenfreado do tema "abuso" levou à menção de mais pesquisas mostrando que, em geral, abusadores são pessoas próximas da vítima: "É o pai, o padrasto, o irmão, o vizinho". Nessa altura, a advogada forneceu uma informação eventualmente útil: "Nem todo homem é canalha!". A ressalva foi feita a tempo de preservar os jurados do sexo masculino. Ao pedir encarecidamente que todos no júri usassem sua sensibilidade na decisão do veredicto, dra. Janira fez alusões sombrias: "Até porque amanhã [a abusada] pode ser uma das três juradas".

Tal foi a lonjura a que dra. Janira havia chegado para imputar a Anderson do Carmo a responsabilidade pelo assassinato no qual ele havia sido a vítima.

Ao se defender da associação com Paula do Vôlei no episódio em que a atleta-psicóloga teria submetido parte da família de Flordelis à simulação de depoimentos ("o grande factoide desse processo"), dra. Janira revelou, com incontido ar de triunfo, que, na época em que os investigadores interrogaram os primeiros suspeitos de participação no crime, ela "nem carteirinha da OAB tinha".

> Esta senhora que está [aqui] é uma jovem advogada. [...] Minha OAB foi expedida em 30 de julho de 2019. Eu era servidora pública, 36 anos de serviço público, no Ministério da Previdência, me aposentei em dezembro de 2019, comecei a atuar como advogada seis meses depois. [...] Fui convidada pelo advogado anterior a ajudar na Comissão de Ética, em Brasília, em fevereiro de 2021. Dois anos depois dos depoimentos que disseram aqui que eu estou ajudando a fraudar.

Apesar de ter desqualificado o trabalho da jornalista Vera Araújo dias antes, no próprio plenário, ela agora assumia as "aspas" publicadas no livro:

Onde está a ilegalidade? Onde está dizendo aqui que eu fraudei depoimento? Se os promotores não sabem, existe uma coisa chamada — apesar de ser uma jovem advogada, eu sei disso — "provimento 188 da OAB". Dá como prerrogativa ao advogado o direito de fazer investigação defensiva. Significa que eu posso conversar com as partes. Com responsabilidade, sem fraudar. É lícito, é um direito meu. Como é que eu sou advogada de um caso como esse e não converso com a família?

De 12 de maio de 2021, que dra. Janira cita como "data da minha procuração nesse processo", a 7 de novembro de 2022, primeiro dia do julgamento, houve tempo para conversar com as partes à vontade. Talvez o Ministério Público estivesse se referindo aos depoimentos prestados por algumas testemunhas de defesa no próprio julgamento em curso; não se deve esquecer que algumas disseram ali no plenário que só tinham tomado conhecimento do que configurava abuso sexual depois das explicações dadas por dra. Janira Rocha.

Enquanto a advogada terminava sua exposição, dr. prof. Faucz arrumava diligentemente o material que pretendia utilizar na dele. Quando ela finalizou, o advogado pousava à frente da bancada dos jurados uma cadeira com uma caixa grande de plástico duro azul-escuro. Girou a cadeira, de forma a ficar de frente para ele, e ajeitou alguns papéis em cima da tampa: fazia lembrar um mágico preparando seu número.

Em razão da escassez de tempo, afirmou, ele apenas reiteraria os cumprimentos já realizados pela defesa. E logo iniciou. Em vez de gastar os cerca de sessenta minutos que lhe restavam renovando o discurso dos abusos, preferiu investir numa alegada falta de provas por parte do Ministério Público. Parecia boa a tática, uma vez que, como alguns dos próprios envolvidos no crime revelaram, provas importantes haviam sido descartadas ou destruídas por eles mesmos. Não podiam existir.

Contornando a cadeira com a caixa de plástico, dr. prof. Faucz afirmou que

as provas têm que ser produzidas perante os juízes naturais, que são vossas excelências... Desculpe, eu estou acostumado a chamar de "vossas excelências"..., mas é que vossas excelências hoje são efetivamente os juízes do fato e, sendo juízes do fato, é assim que chamarei.

Tal qual dra. Mariah da Paixão, o advogado enveredou pelo didatismo. Como passo 1 de sua exposição, explicou aos jurados o papel da acusação e da defesa — no caso dele, o fim da aula era o triunfo da defesa.

A acusação inicia o processo com uma denúncia. [...] "Eu vou comprovar que Flordelis, André, Rayane, Marzy e Simone cometeram um homicídio triplamente qualificado, uma tentativa duplamente qualificada..." Cada um desses crimes imputa uma determinada con-du-ta...

A separação das sílabas foi acompanhada por três pingos no ar, traçados com a junção dos dedos indicador e polegar da mão direita. "Ou seja, eu vou comprovar que tal pessoa planejou, arquitetou, arregimentou..." Ele agora desenhava um retângulo com os dedos indicadores. "Cada verbo desse, cada conduta deve ser comprovada. E cada comprovação, e isso é o bacana de viver no estado democrático de direito, tem que ser próxima da certeza [tocando a boca com o indicador da mão direita recolhido]". Esse gestual transmitia a impressão de apuro extremado, minúcia, algo que contrastava com o atropelo observado na sustentação dos promotores. "E olha que interessante: não bastam indícios, não basta ouvir dizer. Não basta acreditar na palavra de quem tem interesse..." Se a aula servia para todas as partes, o doutor professor haveria de convir que mais da metade dos depoimentos prestados pelas testemunhas de defesa, arroladas por ele, deveria ser desconsiderada.

No passo 2, dr. Faucz destacou um suposto favorecimento ao Ministério Público; apontou para um carrinho estacionado a um canto do plenário, com várias caixas de papelão empilhadas, e disse:

Dentro dessas caixas estão mais de cem celulares. Alguns nós ainda não tivemos acesso. Não é por culpa do juiz, que tentou, fez um trabalho hercúleo para nos dar... Quem teve acesso? O Ministério Público! [...] As perícias foram feitas pelo Ministério Público. Ponto! [Indignado:] Tá comprovado!

O professor deixou de explicar quem — se não foi a juíza — deu ao MP o acesso exclusivo às caixas.

Citou dr. Viégas ("O promotor ainda falou: 'Levamos um susto muito grande com a quantidade de [provas] para se analisar'"), e acrescentou:

Imaginem o susto da defesa, ao receber uma série de equipamentos um mês antes do júri, dois meses, três meses, quando o Ministério Público tinha [isso] há dois anos, três [jogando o braço para a lateral, em um gesto amplo e arrebatado]. Vamos lá: o Ministério Público precisa comprovar, além da dúvida razoável, precisa comprovar de forma absoluta a responsabilidade dos acusados [...]. E o que foi feito, desde o início do processo? Desconstruir a imagem.

É mais importante do que provar. Porque se você desconstrói a imagem, você não precisa [em voz alta, num ligeiro falsete] praticamente de provas!

De novo, a defesa e o Ministério Público provavelmente estariam empatados: os drs. Faucz e Janira se referindo à desconstrução da imagem de Flordelis, e os promotores, à de Anderson do Carmo.

Seguindo, o doutor professor contou que uma das primeiras lições que aprendeu, no começo de sua carreira, foi não subestimar a inteligência dos jurados. Na plateia, comentaram que ele deveria transmitir o ensinamento especialmente a Simone e a Thayane. O advogado apontou para a tela e anunciou que ia demonstrar tudo o que estava falando. "Não é a palavra daquele que ganhou milhares de reais para afastar Flordelis da igreja", disse, referindo-se a Misael. No passo 3, o professor ensinou como se chega a uma "decisão de pronúncia" (o instituto ou regimento que determina que o acusado vai a júri popular). "A juíza tem que decidir: 'Mando a júri, ou não?'" Em sua experiência, ele observou que "a maioria [das vezes] vai, porque você precisa de um limite muito baixo de indícios". (Chamar o que se investigou no inquérito de limite baixo de indícios não seria subestimar a inteligência dos jurados?) Dr. Faucz: "Para quem não é do direito, indícios são menos que provas, são coisas frágeis, elementos...". No passo 4, ele afirmou que "nesse processo, nunca [foram] produzidas provas defensivas". Fizeram constar, então, as que havia: "só acusatórias". Esse era, de acordo com o advogado, o motivo de a decisão de pronúncia ter "uma quantidade muito grande de depoimentos que já foram produzidos, acusatórios, mas não tem defensivos". Ele preferiu evitar a lembrança de que os réus foram representados até 2021 por dr. Anderson Rollemberg, cuja atuação, na opinião do próprio dr. Faucz (revelada na entrevista em Icaraí), provocava risos. "Nem alegações finais ele apresentou."

Para começar sua demonstração da inexistência de provas, o advogado escolheu o "elemento" envenenamento. Na tela, ele exibiu o relatório do Ministério Público com as internações do pastor, em 2018, as respectivas descrições dos sintomas, e mostrou a incompatibilidade desses registros com as datas das pesquisas ("relacionadas a cianeto") feitas por Simone e Marzy, na internet. Depois, leu um trecho do depoimento de Rogério, ex-namorado de Simone, em que ele declarava que ela havia "confessado" que dava remédio para o pai... "Era remédio!", esganiçou-se dr. Faucz. "Aqui, ele [Rogério] ainda [diz] que era tarja preta... Excelências! Tá documentado: nos relatórios médicos ele toma uma série de medicações..."

Veio então a menção ao depoimento do médico gaúcho Sami El Jundi, que, de fato, foi o mais convincente da defesa (não que houvesse grande concorrência). O advogado exaltou El Jundi como o "único, ú-ni-co perito toxicologista do Brasil que atua como assistente técnico!". Ao mesmo tempo que parecia sugerir que o parecer do perito Luiz Carlos Leal Prestes Junior, que trabalhou para o MP na necropsia do corpo de Anderson do Carmo, não era equiparável em qualidade ao de El Jundi, o advogado citou Prestes Junior em favor de sua tese: "O perito afirmou com todas as letras que não existiu nem hipótese de envenenamento. Aliás, que não existe nem hipótese de envenenamento, nem indícios. Nós não estamos falando de provas. Estamos falando de indícios!".

No auge da emoção, o advogado caranguejou a passos largos para o lado esquerdo, com as palmas das mãos no peito. "Vejam: o médico do Ministério Público fez um laudo para o Ministério Público, dizendo que era 'possível'... Querem condenar alguém [por ser] 'possível'!" Tomado por um espanto estilizado, dr. Faucz leu um fragmento do depoimento de Prestes Junior na Comissão de Ética da Câmara, no qual o perito declarava que não poderia "afirmar categoricamente" que o pastor havia sido envenenado.

E eles querem que vocês condenem [virando-se para o banco dos réus e apontando] a Flordelis, a Simone, a Marzy e o André... acusados de um envenenamento que não existe... Eu vou refazer a frase: que tecnicamente não existe!... Por conta da elaboração dos exames, das análises, não existe!

Com os braços projetados para a frente, as palmas das mãos viradas para cima, dr. Faucz produziu um berro dramático e oscilante, com um registro pontiagudo, e completou: "Eu não estou fazendo uma interpretação aqui!". O tom flauteado do advogado parecia tão distante da natureza dele que soava como uma ameaça à seriedade de seu discurso.

Nas considerações finais, [...] o perito [Prestes Junior] diz: "Porém, não posso afirmar a intoxicação por falta de exames toxicológicos. Não existem elementos técnicos para determinar que o envenenamento por cianeto foi consumado. Há uma possibilidade...". Olhem a palavra escolhida! Uma "possibilidade"... não é prova! "... de que se foi administrado algum tipo de substância tóxica..." [...] Pelo amor de Deus! Como é que nós vamos condenar!? [...] Nós estamos falando de processo penal, de liberdade, de vida!

Então, em um avanço temerário, dr. Faucz indicou que as testemunhas de acusação ("os detratores, aqueles seis, sete que ficaram no grupo do Misael, que ficou com todo o dinheiro da igreja, retirando a Flordelis") teriam pensado: "Se todo mundo falar a mesma coisa a respeito do envenenamento, se torna verdade". Algo na conjectura do professor fazia lembrar a técnica que Paula do Vôlei havia usado, segundo a acusação, nos depoimentos simulados com as testemunhas de defesa. Ele quis deixar claro que não estava dizendo que a orientação a Misael e seu grupo, se houve, teria partido do Ministério Público.

Em caso de dúvida a respeito do envenenamento, dr. Faucz propunha que se procedesse à exumação do cadáver de Anderson do Carmo. Ele mencionou que "um dos delegados" do caso teria dito, no julgamento da segunda leva de acusados (Carlos Ubiraci, Adriano, Andrea e Marcos), que não se fez a exumação do corpo porque já havia se passado muito tempo. Assombrado com a alegada desinformação do delegado, prof. Faucz lembrou: "Foi feita em Napoleão!", citando o imperador francês que esteve no poder entre 1804 e 1814. A exumação do corpo do imperador ocorreu em outubro de 1840.

Em determinado momento, a sustentação de dr. Faucz acerca da suposta falácia do envenenamento do pastor passou do drama ao empirismo, com traços lúdicos. Foi a parte da exposição do professor que mais atraiu a atenção dos jurados. Ele se aproximou da mesa instalada no centro do plenário, enfiou a mão no bolso da toga e tirou dali um saquinho de plástico. Anunciou que continha cinco gramas de açúcar. Munido de uma pequena prancha, despejou o conteúdo do saquinho ali e disse:

Vou dividir mais ou menos pela metade. Vou dividir metade da metade, fico com quatro partes. E aí vou dividir, fico com oito partes. Eu vou dividir de novo, são dezesseis partes. Tá vendo isso na minha mão? São dezesseis partes.

Para a gente ter uma dose letal de arsênico, seriam 25 partes. Menos do que isso daqui.

Colocando-se no lugar dos jurados, ele perguntou: "De onde o senhor está tirando essa informação, doutor?". Ele respondeu:

Claro, não precisa nem perguntar. Vamos ver o próprio laudo do Ministério Público. O perito do MP vai dizer qual é a dose letal. "A ingestão por adultos de duzentos miligramas de cianeto poderá ser fatal." Eu tenho aqui na minha mão cerca de quatrocentos miligramas, 350 miligramas. O dobro do de cianeto. Agora, imaginem: como é que eles vão colocar um pouquinho? Eles vão pegar três grãos... tá aqui, pronto. Hoje é isso [ele pega um punhadinho]; na semana que vem, eu coloco mais isso; na semana que vem, mais isso... porque, senão, ele morre [instantaneamente]!

Levantando os braços, dr. Faucz exclamou: "É uma acusação leviana! [...] A Luana falou que davam um comprimido amassado. Alguém já viu remédio, cianeto, vender na farmácia? 'Vamos na Droga Raia comprar um comprimido de cianeto. Daí amassa e dá pra ele'". Enquanto guardava a prancha, o professor disse, como se estivesse falando sozinho: "Não faz sentido".

Referindo-se à intenção do Ministério Público de voltar ao plenário em réplica, dr. Faucz tratou de desqualificar o que quer que os promotores viessem a alegar: "Eu espero que a acusação não venha para a réplica, porque estamos todos exaustos. [Passava da meia-noite.] Não precisamos... A acusação, como a defesa vai mostrar agora, está absolutamente dissociada da realidade probatória". De volta ao tema do estado democrático de direito, "onde todo mundo tem direitos e garantias, como a Janira já falou", dr. Faucz apelou para a estratégia de irmanar os réus, como seres humanos, a todos que estavam na sala: "Não é a minha [garantia], não é da Flor, não é do André, da Simone, da Rayane, da Marzy! É de cada um de nós, é da nossa família [olhando para a plateia], é de cada um que está aqui!". No calor de seu manifesto, o doutor pareceu se esquecer momentaneamente do que tratava o julgamento. E passou a conclamar os presentes a considerar a absolvição irrestrita de cinco réus acusados de assassinato. Alguém na plateia sussurrou: "Ele estava indo tão bem com os saquinhos de açúcar...".

Ao final, dr. Faucz informou que quatro pessoas ali nunca tinham atuado como jurados, e que

> no Brasil não é igual nos Estados Unidos, que, vossas excelências sabem, todos deliberam e saem com uma decisão consensual unânime. No Brasil, é algo muito mais sensível. Porque por 4 a 3, mesmo quando há dúvidas nos dados, ainda assim a pessoa pode ser condenada. Por isso que eu preciso da atenção de todos. [...] Por conta de algo chamado sigilo das votações, ninguém jamais vai poder cobrar o resultado de vossas excelências... porque ninguém vai saber como votaram. [...] Então, vossas excelências têm liberdade total para seguir a justiça.

Ele quis dizer, claro, que tinham liberdade total para inocentar, sem que ninguém ficasse sabendo, Flordelis e os outros. O fecho: "Para dar um julgamento humano para essas pessoas, que merecem, simplesmente por serem humanos".

33.
As réplicas da madrugada

À 1h12 do domingo, dr. Décio Viégas iniciou a réplica pelo Ministério Público. Disse que retomaria a linha de raciocínio da sustentação, e que explicaria "a farsa" muito bem para os jurados. Ocorreu que, até engrenar em algo que fizesse sentido, a linha anunciada pelo promotor se compôs de fragmentos isolados de depoimentos, sem um fim.

Falaram... uma testemunha de acusação falou uma coisa... Não sei se os senhores se lembram... O pastor Alexsander, testemunha de acusação, aqui, foi narrado, foi mostrado inclusive um vídeo juntado pela defesa de que foi tentado contato com ele para que ele falasse com certas pessoas.... os senhores lembram quem era a pessoa, não vou mencionar de novo...

Enfim... outra coisa. Kelly [...]. A Kelly, pelo que eu saiba, tem uma idade bem parecida e próxima do pastor Anderson, né? Diferente da ré Flordelis, que tinha 31, e ele quinze, quando começaram um relacionamento, segundo a mãe do pastor Anderson... [...] Agora, senhores jurados, eu não estou lá fora, né, botando uma câmera em todo mundo, para poder saber o que as pessoas estão fazendo em portas fechadas...

Após um início trôpego, ele passou a valorizar o que estava prestes a dizer. Tratava-se de uma continuação das descobertas que ele fizera ao investigar o celular de Simone. Eram três áudios, mas, de acordo com o que avisou, o mais importante era o segundo. Em que pese o fato de os advogados gostarem de volteios, acontece com frequência de seus discursos serem tão alongados que acabam esvaziando o impacto da revelação anunciada. Foi o que ocorreu durante o relato sobre o celular de Simone, interrompido pelo próprio dr. Viégas com avisos como:

> Senhores jurados, se os senhores [referindo-se aos advogados de defesa] fizerem insinuações de falsidade por parte do Ministério Público, a gente vai pegar o celular da Simone, colocar no Cellebrite [finalmente destravado] o original que tá no cartório e não vai pegar bem para os senhores.

O promotor iniciou então o relato do caminho que percorreu. Lembrou que Simone havia afirmado em depoimento que seu celular estava descarregado, e que ela usara o de Flordelis na conversa que teria tido com André, a partir do Maracanã, sobre dar um "franguinho" (supostamente envenenado) para Anderson do Carmo. "Ela [Simone] disse [em depoimento] que era ela se passando pela mãe..." Com o objetivo de provar que o telefone de Simone não estava descarregado, dr. Viégas mostrou na tela o aplicativo Health. "Tem um registro feito em 13 do 10 de 2018, às 21h10..." O promotor apontava que, estando com o celular ligado, Simone não precisaria pedir emprestado o telefone da mãe. Portanto, seria a própria Flordelis quem falava com André sobre o "franguinho".

Animado com suas revelações a respeito do celular de Simone, dr. Viégas aproveitou a oportunidade para dar um cutucão na defesa. "Dr. Faucz, acho que vocês também devem trabalhar assim", disse, a respeito da busca em aplicativos, em geral começando pelo mais óbvio, o WhatsApp. "Quando eu começo a mexer no celular da Simone, eu noto isso aqui embaixo: '*Recordings*, 3'. [...] São três áudios..." Gratuitamente provocativo, o promotor se dirigiu a Faucz como quem comemora por antecipação a vitória do time, depois do primeiro gol. "Dr. Faucz, fique à vontade para conferir na sua cópia, tá?" Na sequência, dr. Viégas explicou que o primeiro e o terceiro áudios eram gravações de Simone conversando com Rafaela. "Um monte de coisa, papá... nada muito útil. [...] Mas o segundo, senhores jurados, o segundo..." No calor da emoção, ele chegou a dedicar o segundo áudio à atuação da delegada Bárbara Lomba, "que fez um trabalho sério nesse caso". "Eu vou mostrar o iniciozinho, e vou pro ponto que interessa [...]. É a Simone falando com a Rafaela [...]. Ela fala várias intimidades, não vou ficar aqui expondo a intimidade da Simone, o Ministério Público não age dessa forma..." A fala dadivosa do promotor exalava um ranço cabotino. Até que, finalmente, ele apresentou a grande revelação. Como a reprodução era muito ruim, quase inaudível, ele voltou e repetiu. A voz de Rafaela dizia: "Chochó tá dando remédio pro Niel morrer, né? Tá, não tá?". Simone, pelo que se ouve, confirma e se mostra penalizada. "Tadinho."

"Em menos de um minuto", diz dr. Viégas, "a gente sintetiza muita coisa nesse áudio". "Dr. Carlos, dra. Mariah [aos gritos], alguma vez na vida dos senhores, os senhores já viram uma pessoa cuja filha foi estuprada, cuja mãe foi estuprada, cuja outra filha foi estuprada, se referir ao estuprador como 'tadinho'? Eu também não."

Dr. Carlos Coelho lembrou a fala de uma das testemunhas de defesa: "O chato do Niel...".

Dr. Viégas: "Chato? Ela diz que está sendo estuprada desde 2012! Vamos falar da data da produção do áudio. É de 24 do 6 de 2018! Há alguma peculiaridade nessa época, dr. Carlos?". O diálogo à distância, em voz alta, dos dois promotores remetia a um ritual sádico do qual eles pareciam extrair muito prazer.

Dr. Coelho: "Ele estava sendo internado no hospital?".

Dr. Viégas: "Issoooo!". Antes de citar as datas das internações, o promotor disse mais uma vez a dr. Faucz que ficasse "à vontade" para consultá-las nos autos. "9 do 10 de 2018!, 7 do 10 de 2018! [aos gritos], 9 do 7 de 2018! [...] Mesma época do áudio. O dr. Faucz falou que era remédio. Ela fala remédio mesmo. Mas eu nunca vi remédio matar os outros..."

Eufórico, ele propôs: "Vamos ouvir de novo? Vamos ouvir de novo!". "Uma coisa elas conseguiram provar: o Niel era chato pra caramba. Mas, pô, matar o cara por causa disso eu acho um pouco demais... Até a assassina ficou com pena dele... Agora, até eu fiquei... Vamos continuar..."

Para se prevenir contra "elementos que a defesa pode querer explorar nesse áudio", dr. Viégas disse que iria dar uma explicação "rapidinho".

Primeira tese: pastor Anderson estupra ela desde 2012. Ela mesma cita a data; e fala que ele é "tadinho"; segunda: [no áudio] eles falam "Ele faz mal a Chochó", exatamente o que o Ministério Público sustenta desde o início. [...] Elas não falam: "Ele faz mal pra gente".

Em um complemento que soou orgásmico, o promotor acrescentou em êxtase: "É assim que se investiga! É assim que se trabalha! Não é vindo fazer ilações! Não é vindo aqui difamando repórter, não é vindo aqui difamando policiais!".

Dr. Viégas ainda mostrou a parte do diálogo entre André e Flordelis na qual ela se refere a Anderson como "traste" e diz: "Vamos pôr um fim nisso, me ajuda [...] independência financeira é pouco!". Finalizando com um "Sem mais, senhores jurados", ele passou a palavra para dra. Mariah.

Depois da quebradeira heavy metal da exposição de dr. Décio Viegas, o retorno à clareza de ideias na fala de dra. Mariah da Paixão soava como uma tercina em uma peça de Bach. Ela iniciou com uma explicação dos crimes imputados a Flordelis pelo Ministério Público — homicídio consumado, homicídio tentado, falsidade ideológica e associação criminosa armada — e as respectivas qualificadoras. Em relação à primeira qualificadora do homicídio consumado, "motivo torpe", afirmou que o MP não vinculava a motivação à questão de gênero nem de violência sexual, como a defesa, mas à questão patrimonial. "Eu peço que os senhores recordem aqui quantas vezes ouviram as palavras 'dinheiro', 'iPhone', 'consórcio', 'silicone', 'contrato', '120 mil reais', 'terno', 'camarão', 'Bruxelas', 'Brasília', 'procedimento estético', 'Zara'..." E emendou:

É feio? É. É mesquinho? É. Mas não adianta agora olhar pra trás e reescrever uma história dando uma roupagem mais palpável. Não. Não foi uma questão de gênero. Pode ser que isso tenha acontecido? Não sei. Esse não foi o objeto da apuração. A gente não investigou o pastor Anderson, porque ele é a vítima.

Em referência à argumentação de dr. Faucz, de que o Ministério Público não havia apresentado provas cabais do cometimento dos crimes, dra. Paixão estabeleceu alguns parâmetros. Disse que Flávio e Lucas tinham sido julgados pela "execução"; Flordelis, pelo "mando"; os outros nove acusados seriam "participantes".

A prova que a gente apresenta quando vai julgar o executor é diferente da prova que a gente tem que reunir para verificar participação e mando. O que a defesa, acredito, pediu da gente é uma mensagem da Flordelis assim: "Mate o Anderson". Não, a gente não tem. É preciso analisar [...] a posição que a ré Flordelis tinha naquela casa. [...] A influência dela,

Luana falou: "era bizarra". [...] [Havia quem a considerasse] uma sacerdotisa. Ela própria se colocava como anjo. [...] É preciso analisar uma série de mensagens, linkar uma coisa com outra, até porque, é aquilo... [...] Flordelis não falava diretamente com as pessoas. Pedia para que outros falassem.

Ao citar a segunda qualificadora, "meio cruel", dra. Paixão buscou mais uma vez responder à menção de dr. prof. Faucz, de que o pastor teria morrido rapidamente depois do disparo efetuado em seu ouvido direito, sem sofrimento nem agonia. Ao replicar ao professor, ela não usou afrontas nem provocações — diferentemente do que costumavam fazer os colegas homens do MP. Disse: "Sobre crueldade, aproveitando o que o dr. Rodrigo falou, eu vou ler aqui [abrindo o Código de Processo Penal] a parte de exposição... foi uma dica até do dr. Carlos".
Ela leu: "'Foi produzido por meio de veneno, fogo, explosivo, asfixia, tortura ou meio sigiloso ou plano?'. Resposta: 'Sim, meio cruel em decorrência da multiplicidade de tiros'. Quem está dizendo aqui não sou eu, é o perito que assinou o laudo de necropsia". Dra. Paixão leu no Código de Processo Penal o trecho que se referia à definição de "cruel": "Cruel, isto é, que aumenta inutilmente o sofrimento da vítima, ou revela uma brutalidade fora do comum, ou em contraste com o mais elementar sentimento de piedade." E aí, dr. Carlos mesmo, conversando com a gente sobre isso, falou: "Se eu pego um martelo e bato na cabeça de uma criança, e ela morre instantaneamente, isso não é cruel? Isso não se encaixa nessa definição de uma brutalidade fora do comum?".
Enquanto a promotora falava, dr. Coelho ia e voltava ao lado dela, no centro do plenário.
Sobre a terceira qualificadora, "recurso que impossibilitou a defesa da vítima", não havia muito o que discutir, uma vez que Anderson

454

foi atingido de surpresa na garagem da sua residência, inclusive vestindo só suas roupas íntimas, como foi a narrativa aqui da delegada Bárbara quando falou disso; ela diz que, pela dinâmica do fato, como ele estava perto do closet, e o carro estava do lado de fora, possivelmente o Flávio chamou a vítima, e a vítima foi atendê-lo, e assim recebeu essa quantidade de tiros [gesto de mão amplo, de cima a baixo de seu corpo] dentro de sua própria casa.

Ainda haveria dois agravantes contra a ré Flordelis: "Em razão da relação doméstica de coabitação contra cônjuge, e porque ela promoveu, organizou, cooperou, ou seja, ela foi a mandante do crime, exerce uma posição de liderança na prática desse fato e também na associação criminosa".

O segundo crime imputado pelo Ministério Público a Flordelis era o de "homicídio tentado", com duas qualificadoras: "motivo torpe" e "emprego de veneno". Dra. Mariah da Paixão agora estava na mesa do centro do plenário, checando agitadamente suas anotações. Em via de explicar o porquê da imputação, ela foi acudida por dr. Máximo com um microfone. Agradeceu. Citou o planejamento e a iniciativa de Flordelis nos "atos executórios da empreitada criminosa, eis que foi autora do plano homicida e arregimentou cúmplices no âmbito familiar para sua execução, além de ministrar e dissimular sucessivamente o uso de veneno nas comidas e bebidas da vítima"; acrescentou que quem decide se a qualificadora incide ou não sobre o crime são os jurados, e que a incidência da qualificadora pode fazer com que um crime simples se torne um crime hediondo. "Há um tratamento diferenciado no crime hediondo, não só na quantidade de pena, mas também no cumprimento dessa pena."

Então, ao citar o terceiro crime, falsidade ideológica, e relembrar aos jurados os detalhes da carta confessional que

Flordelis teria forjado para ser copiada por Lucas na cadeia, dra. Mariah sofreu uma barulhenta interferência, desta vez por parte de dr. Viégas. No momento em que a promotora relatava como a carta havia chegado à cela que Lucas ocupava com Flávio, o colega se adiantou a ela e passou a vociferar sobre a "farsa da carta". Eram quase três horas da manhã, e o promotor regurgitando o que já havia sido dito algumas vezes a respeito da condição de Lucas na casa: "... ele foi manipulado para que colocassem a culpa do crime no [aos berros] GAROTO POBRE! NEGRO!, QUE NÃO ERA BIOLÓGICO!, NÃO ERA PRIVILEGIADO!".

Em vez de emocionar, a efusão do doutor provocou um silêncio indagativo, como se todos aguardassem uma explicação para aquele descarrego... Dra. Mariah, que segurava o microfone na altura do rosto, olhando para as folhas de papel que estavam em sua mão, prosseguiu com a história da carta.

A última imputação, associação criminosa armada, dizia respeito à reunião para a prática de diversos crimes. "'Armada' porque o pastor foi morto com o emprego de arma de fogo."

Na sequência, a promotora passou aos crimes imputados pelo MP a Simone — que eram praticamente os mesmos. Homicídio consumado, com as mesmas qualificadoras ("porque prestou auxílio a Flordelis no planejamento do crime, e no convencimento dos já condenados Flávio e Lucas a executarem a empreitada criminosa"); homicídio tentado, idem sobre as qualificadoras ("porque ministrava veneno dissimuladamente nas comidas e bebidas da vítima, além de auxiliar na escolha e aquisição da substância tóxica, mediante pesquisa na internet em busca de tipos de veneno que fossem letais e possíveis de se adquirir"); e associação criminosa armada ("lembrando que Flávio e Lucas também integraram essa associação, e já foram condenados por isso").

Rayane, disse a promotora, respondia por homicídio consumado, com as três qualificadoras. "Ela prestou auxílio a Flordelis no planejamento do crime, no convencimento de Flávio. As mensagens com que Rayane abordou Lucas para executar a empreitada..." Porém, nesse caso, apesar de a acusada ter permanecido mais de dois anos na cadeia, o Ministério Público fez uma revisão e pediu a chamada "causa de diminuição de pena, por participação de menor importância". Dra. Paixão explicou:

Não porque nós não trabalhamos bem... mas é comum, eu não sei se os senhores já foram jurados... O Ministério Público, antes de ser um órgão de acusação, é um fiscal da ordem jurídica. Portanto, quando a gente chega nesse momento, a gente olha para o processo como um todo, e vai verificar se há provas suficientes para sustentar a condenação até aqui. [...] Se o Ministério Público verificou que Rayane participou desse homicídio, mas que, comparada aos demais, sua participação foi de menor importância, deve pedir a causa de diminuição [da pena]. [...] Esse é o momento oportuno.

Rayane também foi acusada de associação criminosa armada. Marzy, de acordo com o tutorial de dra. Paixão, era

acusada de prestar auxílio no convencimento de Flávio e Lucas no homicídio consumado, com as três qualificadoras; também do homicídio tentado, pelo emprego do veneno. A gente ouviu aqui diversas testemunhas dizendo que ela ministrava a substância [...] além da associação criminosa.

Por fim, André, que era acusado de homicídios consumado e tentado, e de associação criminosa armada. A gente [MP] está pedindo a absolvição do consumado, porque a

gente olhou o processo, viu a mensagem do "franguinho"...
o André participa, compra o chumbinho... Isso mostra que
ele estava envolvido na tentativa com emprego de veneno,
aí o MP pede a condenação. No homicídio consumado, a
gente olhou o processo, e hoje, no momento oportuno, reconhece que não há provas su-fi-ci-en-tes [ela destacou as
sílabas ao pronunciá-las] para a condenação. E aí, a sua posição correta [do Ministério Público], de fiscal da ordem jurídica, pede a absolvição [dele] no consumado.

Dra. Mariah da Paixão passou a palavra ao assistente de acusação, dr. Ângelo Máximo, que só então, na réplica do Ministério Público, fez sua sustentação.

Dr. Máximo chegou à mesa instalada no centro do plenário car-
regando uma pilha de papéis nos braços, o que, àquela hora da
madrugada, transmitia a materialidade de um mau presságio.
O aparato reforçava a suspeita de que os trabalhos se estende-
riam até o alvorecer. Dirigindo-se à dra. Nearis, ele disse: "Bom
dia, senhora juíza, é uma honra mais uma vez estar aqui, em um
júri presidido pela senhora, uma juíza de direito imparcial, que
busca sempre o cumprimento da lei e da ordem; receba considerações desse digno advogado...". A expressão da juíza remetia à de uma criança obrigada a comer quiabada. Com adjetivos
semelhantes, o assistente de acusação cumprimentou os promotores e advogados de defesa.
Ele começou exibindo na tela uma foto feita no enterro de
Anderson do Carmo, e postada à época nas redes sociais: "Essa
senhora aqui, de óculos, de boca aberta, chorando, é a Simone.
A vítima de violência sexual, de abuso". Em seguida, ele anunciou que ia "mostrar a personalidade de Flordelis":

Que não é eu que classifico, não! Excelência, folhas 14 727, por favor! Quem classifica ela são vários depoimentos. Ninguém melhor classificou Flordelis do que a sra. Yvelise [de Oliveira, da gravadora gospel MK Music]. [...] Eu estava lá na delegacia nesse dia, 11 de fevereiro... eu estava lá porque nesse dia, senhores... desculpe não me apresentar aos senhores... eu sou advogado da assistente de acusação, que é a sra. Cláudia, irmã da vítima. [...] Morreu a Michele, depois desse crime, irmã do pastor. Morreu a mãe e morreu o pai [...]. O crime dizimou a família do Anderson. A Cláudia não está sentada aqui na plateia hoje porque teve medo de acontecer o que aconteceu com o pai dela, que, a caminho de casa [na volta do julgamento de Flávio e Lucas], infartou e morreu.

Fechado o parêntese, o advogado leu "o ponto forte" do depoimento de Yvelise na delegacia:

Perguntada a respeito do perfil psicológico da deputada federal [Flordelis], afirmou que a mesma era enigmática e nebulosa. Que percebia, em alguns momentos, uma personalidade diferente daquela que aparentava publicamente, considerando-a dissimulada e perigosa, sendo capaz de tramar algo desse tipo.

Em uma briosa demonstração de proatividade, falando quase sempre aos gritos, o assistente de acusação citou algumas iniciativas importantes que havia tomado no acompanhamento do processo, entre as quais uma ida à Subsecretaria Operacional da Seap para entender por que Lucas e Flávio haviam sido instalados na mesma cela. Lá, teria ouvido que ambos estavam em Bangu 9 (Penitenciária Bandeira Stampa) porque haviam participado de um crime de grande repercussão e estavam ligados a uma política (deputada) conhecida. Era naquela unidade, segundo teriam informado, que ficavam "os famosos". Dr. Máximo solicitou a transferência de Lucas, argumentando que ele era ligado ao tráfico e corria perigo em uma penitenciária ocupada por milicianos, mas não obteve sucesso. "Um absurdo. Ela, como deputada federal, detinha poder no governo aqui do Rio de Janeiro."

Ao mencionar a desistência de Lucas, na última hora, de participar da reprodução simulada, dr. Ângelo Máximo disse ter descoberto que dois advogados contratados por Flordelis haviam ido à cadeia, supostamente para convencer o jovem a não colaborar,

> Este patrono pediu ao juízo que oficiasse o presídio para saber quem visitou o Lucas naquela semana da reprodução simulada. Lembrando: os advogados aqui não estão sendo julgados. Eu estou julgando a conduta dela! [apontando para Flordelis]. Se nós levantarmos o perfil de todos os presos do complexo penitenciário, [gritando] é a pessoa mais perigosa que tem lá!

Ele pediu a exibição do ofício na tela. "Dr. Mauricio Eduardo Mayr e dr. Flávio Soares Crelier eram advogados do Flávio!"

O assistente de acusação virava energicamente as páginas de um calhamaço que segurava com as duas mãos, sem parecer se pautar por ali — ao que tudo indicava, era apenas um gesto retórico. Foi quando, de repente, no auge do arrebatamento, ele cometeu mais uma formidável "gafe jurídica". Sempre aos gritos, atacou a decisão dos réus de não responderem às perguntas da juíza nem do Ministério Público.

> Senhores, quem é inocente se presta a um papel desses!? Aí, eu deixo para a consciência de vocês! [...] Quem é

inocente vai se sentar aqui e ser interrogado não vai nunca se negar a responder à pergunta do Estado-juiz! Não vai [nunca deixar de] responder ao Ministério Público!

De uma só vez, dr. Máximo acabava de passar por cima da Constituição e do Código de Processo Penal, que garantem aos réus o direito de permanecer em silêncio. Sem se dar conta do cataclismo que havia provocado, ele chafurdou na jactância: "Eu sou criminalista há dezoito anos! Meus clientes que se julgam inocentes nunca ficaram calados, se negando a responder pergunta do Estado-juiz!". De acordo com o artigo 186 do CPP, usar o silêncio dos acusados em prejuízo da defesa pode tornar o processo nulo.

A ameaça de estrago, com sequelas imprevisíveis para o Ministério Público e para o próprio processo, levou o plenário a um alvoroço silencioso. Dra. Mariah da Paixão, que confabulava com dr. Coelho, tomou o rumo do portãozinho que dava acesso à saída da tribuna; nenhum dos dois pareceu perceber de imediato o que se passava. Dr. Coelho teria sido avisado por dr. Viégas, que foi até o colega e comunicou discretamente o incidente; a essa altura, dr. Faucz se dirigia à mesa da juíza. Quem sabe dessa vez ele conseguia a dissolução do Conselho de Sentença? Já ciente, dr. Coelho se apressou a tentar conter o fogo, enquanto o incendiário dr. Máximo seguia altivo em seu discurso, indiferente à movimentação ao redor. Para conseguir silenciá-lo, o promotor precisou chegar perto e anunciar em seu ouvido a gravidade da situação. Com o assistente de acusação finalmente aquietado, dr. Coelho se dirigiu aos jurados:

O Ministério Público gostaria de se manifestar, complementando o doutor assistente... Ainda que, na opinião pessoal do assistente, haja algum problema nessa questão de não responder ao Estado-juiz, a ré pode, eventualmente, exercer esse direito, e isso não vai, de forma alguma, isso não vai macular o exercício de sua defesa, isso não vai macular sua tese, de forma nenhuma [...] ainda que seja uma opção de interrogatório seletivo [quando o réu é orientado a responder apenas às perguntas da defesa e as do júri]...

Ao mesmo tempo que falava aos jurados, dr. Coelho dava passos em direção à mesa da juíza. Dr. Máximo aproveitou que o promotor se afastava para seguir com a sustentação; não parecia disposto a abrir mão da oportunidade que o julgamento de Flordelis, uma celebridade, lhe oferecia de buscar justiça. De volta a seu discurso, manteve o roteiro do início: "Exibe pra mim agora, por favor, o laudo...", orientou à técnica. A situação era extremamente embaraçosa: como pedir ao cioso dr. Ângelo Máximo Macedo da Conceição que fosse menos ele mesmo? Eis que dr. Décio Viégas, que havia saído do plenário e agora voltava, o conteve com um comando decisivo; em tom firme, o promotor abortou a exposição do assistente de acusação: "Dra. Mariah, vamos mostrar aqui alguns recortes...". Percebendo a falta de controle do Ministério Público, dr. Faucz bramiu um "Questão de ordem!". A juíza tentou tranquilizá-lo: "Eu vou fazer constar, doutor". Dr. Faucz: "Vai fazer constar? Tá bom. Eu vou até aí".

Indignado com a interrupção de sua fala, dr. Máximo disse a dr. Coelho: "Eu tô dando a sustentação, doutor...". O outro reagiu em voz alta: "O Ministério Público afirmou expressamente o contrário do que o senhor disse". Dr. Faucz agora conversava com a juíza. Todos falavam ao mesmo tempo. A juíza determinou: "Vamos descontar o tempo". Aparentemente irredutível em sua disposição de ir até o fim, o assistente de acusação recomeçou a falar. Pediu à técnica que soltasse um áudio: "52, por favor, 52...". O equipamento reproduziu a voz de uma mulher, mas não era a que ele queria: "Não, desculpe, é 55, 55…". Agora ouvia-se a voz de Andrea Maia, dando uma informação a Flordelis: "[…] ele [Lucas] quer [ser representado pela advogada que é] a mulher desse bandido aí que eu te falei. Aí, meu marido [Marcos Siqueira] falou: 'Sua mãe tá com o melhor advogado pra você, o cara tem influência. […] Ela não vai botar ninguém de fora, não'". Dr. Máximo: "Então vejam que com a resposta da Andrea… nós vamos [saber]… [virou uma página dramaticamente]… como que a carta foi feita…". Enquanto ele lia um trecho dos autos, pontuando as frases às cegas, os promotores circulavam apreensivos no plenário; faziam lembrar recreadores que observam uma criança perigosamente expansiva numa piscina de bolinhas. "[…] aí, eu vou mostrar para os senhores o depoimento do Lucas no dia 17 de dezembro na delegacia…" Em mais uma tentativa de refreá-lo, dra. Paixão se aproximou dele e lhe disse alguma coisa em voz baixa. Mas ele se mostrava resistente. Disse: "Só vou mostrar esses áudios aqui, só". Havia pelo menos quatro pilhas de folhas do processo em cima da mesa. Dr. Faucz, que estava falando com as auxiliares da juíza sobre a consignação da fala do assistente de acusação, voltou a seu assento. Dr. Coelho e dr. Décio observavam a movimentação do doutor professor. Dr. Coelho foi até a mesa das auxiliares. Ainda refratário aos pedidos de dra. Mariah da Paixão, dr. Máximo disse que "já, já" daria a palavra a ela. De cócoras, ao lado da cadeira da colega, dr. Viégas se levantou e encerrou de vez a sustentação: "Dr. Ângelo, nós temos cinquenta minutos. O MP vai continuar, ok?". Dr. Máximo reagiu com um "ok" contrariado.

Além de empreender um novo pedido de dissolução do Conselho de Sentença, dr. Faucz solicitou a cobrança de uma multa ao assistente de acusação. Por sua vez, o promotor Coelho invocou o artigo 478 do CPP e o artigo 129, inciso I, da Constituição

Federal, para restringir o efeito da fala de dr. Máximo. "A parte no processo penal é o Ministério Público, a quem compete exercer privativamente a ação penal pública." O promotor argumentou ainda que o MP

> refutou de forma imediata as sucintas referências especulativas do advogado assistente de acusação [...]. A Sexta Turma do C. Superior Tribunal de Justiça firmou jurisprudência no sentido de que a menção ao silêncio no plenário do júri apenas enseja nulidade em caso de efetiva exploração do tema, o que não ocorreu no presente caso, posto que a referência realizada pelo advogado do assistente não se alongou.

A juíza acolheu a ponderação do MP. Ficou consignado que, "em que pese a argumentação defensiva, de fato o Ministério Público, logo após a manifestação da assistência, registrou não ser este o posicionamento do titular da ação penal, retificando as palavras do causídico, de forma que o prejuízo não se evidencia". Divulgado o indeferimento à demanda da defesa, dra. Nearis determinou uma pausa, entre 3h02 e 3h14, "para a recomposição dos jurados".

Enquanto dr. Ângelo Máximo juntava as pilhas de papel para voltar à sua mesa, dra. Paixão anunciava a exibição de "recortes" de mensagens trocadas entre Simone e Anderson do Carmo. A promotora explicou que, embora as rés tivessem se desfeito dos celulares durante a investigação, foi possível baixar as mensagens da nuvem. A intenção do Ministério Público, ao apresentar aquelas conversas, era relativizar a aversão que Simone dizia sentir por Anderson do Carmo. Em um dos diálogos, de 5 de março de 2019, menos de quatro meses antes do crime, ela dizia: "Nieeeeel, aluga um filme de terror para hoje!". Dra. Paixão fez questão de ressaltar que quem iniciou o diálogo foi Simone

("É importante observar isso"). Niel respondeu: "Oi, eu faço a pipoca e levo o refri, quando estiver indo". Simone: "Não demora, então!". Dra. Paixão: "Essa é uma conversa entre Simone e a vítima, de quem ela diz que tinha extrema ojeriza".

Em um raro momento de atenção à tela, Flordelis esticou o pescoço para o lado direito, a fim de enxergar o texto exibido atrás da promotora Paixão.

Em outra mensagem ao pastor, Simone lhe pedia que comprasse ingressos para uma partida de Fla x Flu. De novo, dra. Paixão fez os jurados notarem que quem "puxou assunto" foi Simone: "Conseguiu o ingresso para o jogo do Flamengo?". Anderson: "O jogo é quando?". Simone: "Amanhã". Anderson: "Pedi cinco ingressos. André, você, Rafa, Lolô e Ramon". A promotora falou da situação de cada um deles no julgamento: André e Simone eram réus; Rafaela, "uma testemunha ouvida aqui que narrou extremo pavor do pastor"; Lorrane também relatou "nojo" de Anderson; e Ramon foi visto "limpando" a cena do crime.

Logo em seguida, dr. Coelho exibiu a mensagem do "plano criminoso" que foi parar na nuvem do celular de Anderson do Carmo. Disse:

> O pastor encaminhou a mensagem para o celular de Simone, para o de André, o de Carlos Ubiraci e Adriano Pequeno, o filho biológico. Os filhos nos quais ele podia ter mais confiança; na verdade, eles estavam tramando, sob a ordem, a batuta, da mãe, Flordelis, da rainha! Da divindade para eles! Esse plano macabro!

A promotora leu a mensagem de Flordelis para Marzy (sobre o plano): "'Quando você resolveu com o Lucas, você não conseguiu o telefone do outro garoto que estava com ele? Porque ele ia ser melhor e mais barato. Tinha que tentar [fazer] hoje ou amanhã. Dez mil'". Dra. Paixão se dirigiu aos jurados: "Desse grupo aqui [de réus], quem tinha esse valor para pagar um pistoleiro? Simone falou aqui que não trabalhava... depois veio a história do cofre, de pegar o dinheiro da própria vítima...". Com espanto redobrado, ela emendou: "Gente! Isso aqui [mensagem do plano criminoso] a vítima recebeu no celular dela!".

Dr. Décio Viegas se juntou aos dois promotores para esclarecer eventuais dúvidas acerca das mensagens. Os três passaram a citar outras tentativas de assassinar o pastor: mencionaram a emboscada fracassada, quando Anderson, Misael, André e Daniel foram ao Rio para comprar um carro; falaram da segunda tentativa de convencer Lucas a matar o pai, feita por Rayane; da consulta de Rayane a Érica Kaká por um "bandido bom"; do desaparecimento dos celulares e dos 5 mil que Flávio entregou a Simone antes de ser preso. Lembraram ainda a convocação geral dos suspeitos para depoimentos simultâneos, no dia 24 de junho de 2019, uma segunda-feira, "o dia seguinte ao grande treinamento promovido por Paula Barros, em um domingo, dia 23".

O fecho da réplica ficou a cargo de dra. Mariah da Paixão, que voltou a se referir à tese da defesa como "de conveniência". Ela pediu a dr. Viégas que exibisse trechos da entrevista de Flordelis ao apresentador Pedro Bial. Na data da entrevista, lembrou, a pastora já tinha sido informada por Rafaela, sua neta, do episódio de abuso de Anderson no quarto dela.

34.
A tréplica e a exaustão

Eram 3h16 quando a defesa retornou ao plenário para a tréplica. Dr. Faucz voltou a falar do envenenamento, um assunto
que, àquela altura dos quase sete dias de julgamento, soava
tóxico. Em sua loquacidade globalizada, o doutor professor
repetiu que em lugar nenhum do mundo se chamaria de justiça uma condenação em que "nem a prova do Ministério Público, feita pelo próprio perito deles, é conclusiva em relação
ao envenenamento". "Nem na Coreia do Norte se condena-
ria alguém baseado em um elemento assim." O advogado então afirmou que "dra. Nearis, quando vai condenar alguém
que estupra, alguém que lesiona, ela só pode condenar, ela e
todos os julgadores do Brasil, [...] quando a prova é tão forte
que não permite que se tenha dúvidas sobre ela". Na sequência, Faucz sacou de seu arquivo afetivo histórias vistas em plataformas de streaming.

> Nos filmes norte-americanos, o próprio juiz explica aos
> jurados: "Vocês só podem condenar"... tem a expressão
> que eles usam nos filmes, "*beyond a reasonable doubt*", que
> é "além da dúvida razoável". O que significa? Se houver
> dúvida, a absolvição é necessária. [...] Hoje em dia, tem aí
> na Netflix séries sul-coreanas, é a mesma regra...

Ele acrescentou que a regra não valia apenas nos Estados Unidos, no Brasil e na Coreia do Sul, e sim "em todos os estados

democráticos de direito do mundo!". Dr. prof. Faucz parecia não se dar conta de que, se dra. Nearis só podia condenar alguém que estupra "*beyond a reasonable doubt*", ela não podia condenar Anderson do Carmo — in memoriam — pelos supostos estupros cometidos. Todos eram baseados em relatos sobre os quais ainda havia "dúvidas razoáveis".

Aparentemente exaurido, o doutor falou de novo da fragilidade das "suposições" do MP; na plausibilidade da exumação do corpo do pastor; da pesquisa por chumbinho... Dr. Coelho fez um aparte, não exatamente concedido; disse que, de acordo com a explicação do perito, o arsênico é uma substância encontrável no ambiente em que se vive, e no caso da intoxicação crônica, subletal, e não aguda, como supostamente teria sido a que vitimou Anderson do Carmo, isso mascararia o resultado de um eventual exame. Ainda que houvesse algum órgão público no Brasil, uma instituição, um instituto de criminalística que fizesse a análise, disse o promotor, muito provavelmente o resultado seria "inconclusivo". Dr. Faucz se mostrou irritado com a intervenção. Ao retorquir, recordou a experiência com os sachês de açúcar, para demonstrar que o que ele usara, 1/25 do sachê, era "a dose letal, não a crônica". "Colocar dois, três grãozinhos" na comida do pastor, que seria a dose crônica, "é contra a realidade!" A título de justificativa para a compra de chumbinho pelos suspeitos, ele citou "conversas que mostram que tinha infestação de ratos na casa".

Mais adiante, para desqualificar "o pequeno grupo" de detratores que ficaram "contra Flordelis", fez aquilo que tanto criticava no MP a respeito de acusações supostamente sem prova. "Olha que interessante, o extrato de Luana Rangel [mulher de Misael] era 134 mil reais; mas um mês depois [do crime], o saldo dela foi para 235 mil reais. De onde veio esse dinheiro, se ela trabalhava na igreja cuidando da parte financeira?"

Em um registro pungente de mágoa, comparou o número de pessoas de sua equipe com a "enormidade" de gente mobilizada pelo Ministério Público para trabalhar no processo.

A acusação falou que eu tenho uma banca de advogados, uma equipe, sei lá qual foi o termo... um batalhão sendo utilizado! Mas sabe quantos [profissionais] da acusação foram necessários esse tempo todo para analisar isso aqui? Trinta e cinco pessoas! Eu tenho os nomes aqui, posso dar, policiais e promotores de justiça... só de promotores foram [contando] três, seis... nove! Ainda teve delegados, peritos, papiloscopistas, inspetores, 35 pessoas! Nós estamos em oito, para quatro acusados!

Ao citar a grande quantidade de especialistas mobilizados pelo Ministério Público, o doutor professor avaliou que, mesmo assim, houvera descuido técnico. Segundo ele, os celulares apreendidos "deveriam ter sido lacrados [...] e abertos [apenas] no momento da extração [das informações], no laboratório, [...] assim não tem possibilidade de manipulação [alteração de dados, exclusão de mensagens etc.]". Dr. Faucz passou a mostrar as inúmeras manipulações nos celulares apreendidos. No celular de André, de acordo com o registro do auto de apreensão, feito no dia 21 de junho, já havia três mensagens de WhatsApp no dia 23, enquanto a extração dos dados foi realizada quatro meses depois, em 22 de outubro. "Mais uma vez... 20 de agosto, 19 de agosto, olha quantas manipulações! Quantas ligações do celular!" Ele fez o mesmo com o celular de Simone. "É o que a gente chama no direito de quebra de cadeia de custódia. É técnico. [...] Qualquer coisa, sangue, celular, você tem que preservar. Então, pra mim, a prova já não é prova nenhuma! No máximo, é um indício que você tem de investigar!" E assim seguiu o professor, agora se agarrando desesperadamente a resíduos deixados pela investigação da polícia carioca (que surpresa!), que soavam como migalhas frente à grandiosidade do caso da pastora, deputada e cantora gospel, mãe de 55 filhos, envolvida no assassinato do marido perfurado trinta vezes por disparos de arma de fogo. Em seu último vocativo, como já havia feito na primeira exposição, o advogado apelou para a culpa (dos jurados). "Jesus! Vamos mandar quatro pessoas para cadeia pelo resto da vida! Flordelis tem 61 anos, a gente sabe como são as condições, aliás, eu conheço um pouco por visitar. Não desejo isso pra ninguém!"

De volta ao centro do plenário, a advogada de Simone, dra. Daniela Grégio, tornou a mencionar a "obsessão" de Anderson do Carmo por sua cliente. Citou mais uma vez a fala de Roberta sobre o sentimento de posse dele, e relembrou o depoimento do empresário Marcos Silva de Lima, ex-namorado de Simone, que relatou que o pastor, por ciúme, quis impedi-lo de ir ao batizado de Moisés/Zequinha. Dra. Grégio: "Um pastor que pega o telefone e ameaça um cidadão de bem, que nunca fez mal a ele, nunca fez mal a ninguém, um homem de bem, um empresário... é lógico que [Anderson] era um homem violento!". Parecia pouco, diante da leva de mensagens que o Ministério Público tinha acabado de apresentar (a respeito do pedido do filme de terror e dos ingressos do Fla x Flu). Nelas, quem falava com o pastor era a própria Simone, em um tom inequivocamente afetuoso: bem mais convincente que o relato de uma testemunha que pouco frequentou a casa. A advogada mencionou de novo o desespero de sua cliente quando apelou para o irmão e atribuiu a ele toda a responsabilidade pelo crime.

Ocorria que os relógios no plenário registravam quase quatro horas da manhã, e os jurados apresentavam fisionomias exangues. Para despertá-los, talvez fosse preciso bem mais do que um repetitivo discurso "bate-estaca". Por fim, ao pedir a absolvição de Simone para todas as imputações, dra. Grégio também invocou o proverbial peso na consciência (dos jurados). "Simone não merece ir para a cadeia... continuar na cadeia... doente... com os filhos precisando dela aqui fora... ela tem uma perspectiva de vida... seria justo manter essa mulher na cadeia, por anos e anos, porque ela pediu socorro ao irmão?"

Passava de quatro horas quando dra. Janira Rocha retomou a sustentação, ainda dentro da tréplica da defesa, disposta a "discutir a valoração das provas". Pode-se imaginar a expressão de entusiasmo com que os jurados acolheram o tema. Assim como dr. Faucz, ela voltou a citar o grupo dos sete "detentores" do poder financeiro na casa, Misael à frente, em detrimento dos 25 filhos supostamente desfavorecidos que ainda moravam lá.

Em 2015, tem um documento assinado pelo Misael que demonstra o faturamento de 2 milhões de reais da igreja. Se em 2015 tinha 2 milhões... 2016, 2017, 2018... será que tinha menos ou mais? Não sei. [...] Nós pedimos a quebra do sigilo bancário e fiscal de todo o grupo do Misael, da Flordelis, do André, de todos os réus... nós pedimos, e não houve. O MP não achou necessário também produzir... ou seja, o Ministério Público faz uma denúncia, pede isso, pede aquilo, mas quando o terreno é arenoso, ele não pede a prova... Nós poderíamos estar aqui com documentos oficiais, do sistema bancário, fazendo um debate de gente grande.

Dra. Janira alegava que a quebra dos sigilos fiscal e bancário era necessária para dar consistência (ou não) à motivação apontada pelo Ministério Público para o crime — poder e dinheiro. Ao mesmo tempo, ela parecia sustentar que Misael entregou

Flordelis à polícia porque queria que ela fosse presa para ficar com o dinheiro da igreja só para ele — dinheiro cuja existência pairava no plano da suposição. A questão era que ali se julgavam os assassinos de Anderson do Carmo. Se Misael tivesse matado o pastor e jogado a culpa em Flordelis para ficar com o dinheiro da igreja, o debate proposto pela doutora talvez tivesse pertinência. Mas ela mesma não apontava para isso; deu a impressão de que estava evitando o assunto principal — uma prática a que ela própria havia acusado o Ministério Público de proceder anteriormente. "Qual foi a evolução patrimonial desse império?", ela questionou, referindo-se aos dízimos pagos pelos fiéis, aos cachês de Flordelis em shows gospel e aos discos vendidos.

Então, avisou que também exibiria um trecho da entrevista de Flordelis no programa de Pedro Bial — mas um trecho diferente do que foi apresentado pelo MP. No escolhido por ela, Flordelis conta a Bial que sempre se sentiu uma "mulher especial, sendo tratada de maneira especial", até que, "depois de tudo o que ocorreu, depois do depoimento da minha filha" — e, coincidentemente, após o crime —, ela conversou com advogados, médicos, especialistas e psicólogos, que conseguiram fazê-la enxergar que "vivia de forma abusiva". A intenção da advogada era mostrar que o mesmo vídeo servia para a argumentação da acusação e a da defesa: tudo dependia do recorte que se fazia. "A vida não é uma reta. Ela é dialética." Citou Lulu Santos: "Nada do que foi será, de novo do jeito que já foi um dia... Tudo passa, tudo sempre passará". No auge da madrugada de domingo, o plenário consumido pelo sono, as pensatas soavam como alucinações. "Não existe uma única verdade... a do MP, a da defesa... cada pessoa aqui dentro é uma verdade..." Mais uma vez, a advogada citou o "devido processo legal" e as regras que se deveriam obedecer para garantir seu cumprimento — entre elas, a "paridade de armas". "Se

472

a acusação tem tais, tais e tais recursos para acusar, a defesa precisa ter tais, tais e tais recursos para refutar."

Dr. Ângelo Máximo quis falar, a advogada rebateu com vontade: "Eu não vou dar aparte! É um direito meu! Eu não quero dar aparte! Eu respeitei, não vou dar aparte!".

A seguir, ela questionou o pedido feito pelo Ministério Público de absolvição de André pelo homicídio consumado. Queixou-se de não terem aplicado o mesmo critério para absolver Flordelis; alegava que os dois trocaram as mensagens (do "franguinho") e só a pastora foi incriminada. "Para ela [Flordelis], já não vale [a mesma lógica]", reclamou. A alegação parecia despropositada. Como comparar a participação de André no crime com a de Flordelis? André continuava acusado do homicídio tentado, por supostamente dar suporte ao envenenamento do pastor. Flordelis era acusada de mandar em tudo. De ser a chefe da associação criminosa. Pelo que deu a entender, dra. Janira misturava providencialmente homicídio consumado com homicídio tentado.

Ao abordar mais uma vez o tema que mais a inflamava, os abusos de Anderson do Carmo, dra. Janira fez um adendo esclarecedor. Dessa vez, foi possível entender melhor por que ela empenhava um ódio tão visceral a seu discurso: declarando-se ex-vítima de abuso, a advogada parecia promover o que os psicanalistas chamam de transferência. No plenário, usou a própria história para sensibilizar os jurados; portou-se como se os seus serviços advocatícios incluíssem a concessão da experiência pessoal — e como se essa experiência pessoal fosse transmissível a todas as mulheres da casa de Flordelis:

Sabe por que eu tenho uma sensibilidade diferente para isso aí? Porque eu fui vítima de abuso sexual aos oito anos de idade; depois eu fui vítima de abuso sexual de novo aos doze anos de idade; depois, aos catorze, eu tive que sair! Eu fui pra rua! A rua era mais segura! Então, sim!, dr. MP!, eu tenho uma sensibilidade maior, sim, para chegar em um ambiente de mulheres e perceber o cheiro do abuso. Tenho, sim. Não é invenção. Por que, [se eu tivesse] a mesma responsabilidade que o MP, o acusador que se diz o fiscal da lei, tivesse tido para fiscalizar aquela casa, aquelas mulheres, após todo esse episódio, sabe o que eu faria? Encaminharia todas aquelas mulheres para um órgão estatal, para um órgão que tivesse capacidade de ouvi-las, que tivesse capacidade de avaliá-las, mas o processo criminal está aqui, ó, 40 mil páginas, não sei quantos megabytes... vamos lá ouvir celular, vão agora... Inclusive, a defesa pediu ao juiz que a gente pudesse fazer diligências, vamos lá na casa ver como está a mulherada [com a mão na cintura, olhando para os jurados]. Algumas estão sentadas aqui, ó [referindo-se às mulheres da casa que acompanham o julgamento na plateia], olhando a família que está aqui [no banco dos réus]. Sabe o que está acontecendo com o coração dessas garotas agora!? Vocês querem saber qual é a angústia aqui, ó [sacudindo a mão na direção dà plateia]? Essas garotas estão esperando resolver isso aqui, para saber se vão ter casa. Porque os Werneck já falaram: depois do júri, é rua! E aí? Quando foi que o Estado fiscal da lei se moveu para ir lá fazer alguma coisa? Quando foi que se teve esse tipo de responsabilidade? É molinho fazer o acusador... "Vamos prender a maior assassina que tem em Bangu!, a maior isso, maior aquilo" Cadê? Vai fazer [alguma coisa pelas meninas] a partir de agora? Porque até agora não fez! Olha ali, ó, quanto jovem! Tem criança ali, menor, dezesseis anos...

Para retomar o discurso a respeito do comportamento sexualmente agressivo de Anderson do Carmo, dra. Janira tornou a mencionar o depoimento de Misael acerca das queixas de abuso feitas a ele por Flordelis. Alegou que, se o MP acreditava em Misael quando ele acusava a pastora de ser a mandante do crime, deveria acreditar também quando ele contava que a mãe estava sendo abusada. "O pedaço que não bate com a acusação [eles dizem que] é mentira!"

Mais além, dra. Janira propôs um "desagravo à advocacia": "Infelizmente, nos três últimos júris, eu ouvi aqui falas criminalizando a ação de advogados. Eu não fazia parte do processo na época, [...] mas esse é o terceiro júri em que eu ouço falar mal aqui... dr.... não vou repetir os nomes porque senão...". Ela se referia aos advogados citados por dr. Ângelo Máximo como agentes enviados por Flordelis à cadeia para convencer Lucas a não participar da reprodução simulada.

Aos gritos, de seu canto, dr. Máximo negou que tivesse criminalizado a advocacia e julgado a atitude dos colegas. Dra. Janira o provocou: "Eu jogo o chapéu, enfia a cabeça quem quer...". E prosseguiu:

Eu queria aqui fazer um desagravo aos advogados que participaram do processo, dr. Mauricio Mayr, dr. Maurício Crelier [na verdade, Flávio Crelier], dr. Anderson Rollemberg, e todos os outros advogados que tiveram a sua ação, enquanto advogados, criminalizada. Sabe por que eu estou fazendo questão disso? Porque a coisa mais comum, quando você quer combater a pessoa que está no banco dos réus, é você pegar o advogado dele e colocar junto. Quando você criminaliza o advogado, você tira a potência da defesa. Falar disso aqui não é um ato de corporativismo. Falar disso aqui é defender a advocacia, defender os advogados e suas prerrogativas; é parte da defesa dos acusados.

Por último, disse ela, "a questão de trabalhar os preconceitos".

Uma grande base desse processo foi a idade. Ele era um menino, ela era uma mulher velha... e aí, ela abusava dele... A Simone falou aqui... está nos autos... a Simone, quando o Anderson vai morar na casa, ela tinha doze anos, ele tinha cinco anos mais que ela. Então, ele tinha dezessete, e não os catorze que berraram aqui.

Em sua autobiografia, Flordelis escreve que faltava um mês para ela completar dezenove anos quando deu à luz Simone; se Flordelis nasceu em 1961, como consta no processo, Simone é de 1980. Anderson, de 1977. Assim, ele seria três anos mais velho que ela, não cinco, e teria conhecido a pastora, ou missionária, ainda segundo o que diz o livro, em 1991, com catorze anos — não dezessete. Dra. Janira citou o assunto como se o erro na conta tivesse sido cometido propositalmente pelo Ministério Público: "É só para demonstrar que é mais um factoide que tira os olhos da prova, de todos os problemas que foram elencados aqui pelo dr. Faucz".

Dr. Faucz ainda voltou ao plenário para os finalmentes. Não acrescentou muita coisa diferente ao que já havia dito. A última palavra da defesa ocorreu às 4h46. Então, o que restou do humor dos jurados foi reunido a partir das cinco horas na chamada Sala Especial, para ouvir os "quesitos", entender o significado de cada um e tirar dúvidas.

Quesitos são perguntas que o juiz elabora sobre o crime e encaminha aos jurados, a fim de objetivar a votação do veredicto. Só se admite como resposta "sim" ou "não". No caso, foram dezesseis séries de quesitos, e cada uma tinha entre quatro e sete perguntas a respeito dos cinco réus. Iam desde a mais básica, relacionada à "materialidade" (se o crime de fato ocorreu), como:

No dia 16 de junho de 2019, por volta das 3h30, na residência situada à rua Cruzeiro, nº 145, bairro Badu, Pendotiba, nesta comarca, foram desferidos disparos de arma de fogo contra a vítima ANDERSON DO CARMO DE SOUZA, causando-lhe as lesões descritas no Laudo de Exame de Necropsia de fls. 01/14 — indexador 490, que foram a causa eficiente de sua morte?,

passando por questões de caráter dirigido, condenatório (ou não), até outras mais aprofundadas, como:

A acusada FLORDELIS DOS SANTOS DE SOUZA, em comunhão de ações e desígnios com terceiras pessoas, "decidiu, planejou e iniciou atos executórios da empreitada criminosa" como autora do plano homicida e "arregimentou cúmplices no âmbito familiar para a sua execução, além de ministrar dissimulada e sucessivamente o veneno nas comidas e bebidas da vítima"?,

e ainda: "Assim agindo [em relação ao envenenamento], a acusada FLORDELIS DOS SANTOS DE SOUZA quis praticar crime de homicídio que não se consumou por circunstâncias alheias a sua vontade, posto que a vítima contou com eficiente socorro médico?", e então: "O jurado absolve a acusada?". Acusação e defesa consideraram cabível que a apuração dos votos fosse somente até o cômputo de mais de três no mesmo sentido — com a formação de maioria.

Em uma das extremidades do extenso corredor do 12º andar do Fórum, um pequeno grupo de familiares que ainda moravam na casa de Flordelis e alguns agregados formaram uma roda para orar. De mãos dadas e olhos fechados, Lorrane, as filhas adotivas Gabriela e Maria Eduarda, Humberto (um "fã") e Natália (fiel da Igreja) entoaram os versículos 14-16 do Salmo 91, do Antigo Testamento:

> Pois que tão encarecidamente me amou, também eu o livrarei; pô-lo-ei num alto retiro, porque conheceu meu nome. Ele me invocará, e eu lhe responderei; estarei com ele na angústia; livrá-lo-ei e o glorificarei. Dar-lhe--ei abundância de dias e lhe mostrarei a minha salvação.

Todas aquelas mesóclises, repetidas pelos mesmos jovens que tinham dificuldade com concordâncias nominais e verbais, consagravam a impressão de desamparo, impotência e alienação religiosa irreversível. O produtor musical Allan Soares, então namorado de Flordelis, improvisou um genuflexório em uma das cadeiras geminadas disponíveis aos visitantes das repartições do andar, e, ajoelhado no chão, apoiou os cotovelos no assento, encostou a testa nos dedos entrelaçados das mãos e, à vista das câmeras dos fotógrafos e cinegrafistas que aguardavam o veredicto, rezou fervorosamente pela absolvição da amada. Ali perto, Thayane chorava para as lentes da HBO, em um desabafo à diretora da série: "[...] a nossa vida, né?, vai depender disso... a gente tá para perder a casa... os adultos podem se virar, mas e as crianças? Automaticamente, vão para o abrigo. A gente não tem onde ficar...". Paula do Vôlei puxou um louvor: "Opera um milagre nessa madrugada, Senhor!...". As missionárias Cleide Salles, de 53 anos, e Priscila Santana, de 35, do finado Ministério Flordelis, mostraram uma fé inquebrantável na inocência da ré: "Eu estou com a minha pastora", afirmou Cleide, estoicamente.

Ávidos por uma manchete pronta, que rendesse muitos cliques na internet, alguns repórteres perguntaram aos assessores de imprensa do Tribunal se aquele poderia ser considerado o julgamento mais longo já realizado no Brasil. "Acho que não...

tem que dar uma olhada...", disse um assessor, sem aparentar muita disposição para verificar. De qualquer maneira, a "olhada" não se daria de imediato, então os jornalistas tentaram algo menos abrangente. Talvez o mais longo do Rio? "Também não sei." De Niterói? "É, pode ser..."

Pouco antes das sete horas, dra. Nearis Arce voltou ao plenário, seguida dos promotores, dos advogados de defesa, dos réus e dos jurados, para a leitura do veredicto; André, Marzy e Rayane deram as mãos para os advogados; Simone e Flordelis preferiram aguardar em uma sala contígua, segundo se divulgou, "protegidas dos jornalistas". Todo o contingente de familiares, amigos e fãs que estava no corredor migrou para a sala do julgamento, e agora se aglomerava no espaço entre a plateia e o cercadinho que limitava o plenário. Assim como havia feito ao anunciar a abertura do julgamento, a juíza proferiu o veredicto maquinalmente, em um tom de voz baixo e acelerado. Pediu que todos ficassem de pé, citou a decisão do "egrégio Conselho de Sentença" e iniciou com o anúncio das absolvições de André, Marzy e Rayane em relação a "todas as imputações contidas na denúncia". Mencionou diversos artigos, parágrafos, incisos e circunstâncias agravantes. Em seguida, divulgou a sentença de Flordelis, condenada a cinquenta anos e 28 dias por homicídio consumado, homicídio tentado, falsidade ideológica e associação criminosa armada; e a de Simone, condenada a 31 anos e quatro meses por homicídio tentado, homicídio consumado e associação criminosa armada. Vencidas pela exaustão e pelo desalento, Lorrane, Thayane, Maria Eduarda e Natália ainda tiveram de enfrentar, aos prantos, a curiosidade mórbida dos repórteres. Apesar de absolvida, Marzy, que desde sempre se mostrara disposta a até ir presa no lugar da mãe, tinha o rosto devastado pela expressão da dor: de pé, no espaço reservado aos réus, foi confortada por dra. Janira: "Calma, a gente vai recorrer". Paula do Vôlei ouviu o veredicto ao lado do advogado Jonatan Ramos de Oliveira, que a defesa tentou agregar à sua equipe, mas foi identificado pela juíza como um profissional impedido de trabalhar em julgamentos presididos por ela (por indisciplinas cometidas no passado). Com um esgar de inconformismo, Paula chorou um choro atlético, que parecia mobilizar todos os músculos do seu rosto, de derrota em final de torneio. Junto a ela estava Allan Soares, que se mostrou muito comovido: as lágrimas lhe escorriam pelo rosto e pingavam em sua calça *skinny*, tudo registrado em close pelos cinegrafistas. Regiane — a dona de oficina mecânica que levou Lucas a revelar "toda a verdade sobre a carta" — trajava um look justo, mas sóbrio: blusa preta de renda e calça marfim. Apesar de satisfeita com o veredicto, não achou que era ocasião para comemorações isoladas. Em voz baixa, olhando para a câmera, comentou apenas: "É. Matou, tem que pagar".

O prognóstico de dra. Janira Rocha, de que Flordelis pegaria "quarenta anos de cadeia, no bom", se continuasse seguindo as orientações do advogado anterior, dr. Anderson Rollemberg, acabou sendo extrapolado. Mas a condenação a cinquenta anos não estava tão fora do previsível, uma vez que Flávio, o executor confesso do crime, havia pegado 33 anos; Flordelis estava "acima" de Flávio na hierarquia da "associação criminosa" citada pelo Ministério Público; e ainda havia a inescapável influência do clamor social, fomentado pela escandalização do caso na mídia. Essa perspectiva de pena alta para Flordelis seria um dos motivos pelos quais a defesa empenhou esforços para afastar a juíza Nearis Arce do processo; como havia presidido também os julgamentos anteriores, era esperado que ela determinasse uma sentença maior à pastora que aos outros réus. Em relação a Simone, sempre do ponto de vista de quem assistiu ao julgamento da plateia, dois fatores pareciam ter contribuído para a condenação com pena relativamente alta (quase igual à de Flávio). Primeiro, a possível contaminação de sua imagem pela vinculação profunda com a da mãe; além de primogênita biológica de Flordelis, ela seria a predileta da pastora e líder do grupo dos favorecidos na casa; em depoimentos anteriores, chegara a assumir a autoria intelectual do crime. Desmentiu depois, e foi pior. O segundo fator a prejudicá-la seria justamente a quantidade de versões e desmentidos apresentados por ela, o que pode ter comprometido sua credibilidade junto aos jurados.

Em entrevista para a série da Globoplay, sua advogada, a esforçada dra. Daniela Grégio, fez uma conjectura insólita. Atribuiu a "culpa" do veredicto à eventual falta de cognição dos jurados: "Eu acredito, sinceramente, que em algum momento eles se confundiram".

Mas o que mais surpreendeu o espectador leigo — que, contudo, poderia ser um jurado — foi a absolvição de André, Rayane e Marzy. Para quem conhecia minimamente os detalhes do processo, a participação dos três era inequívoca. "Foi uma baita vitória", orgulhou-se dr. Faucz, em mensagem enviada por WhatsApp, ao autor do livro. Muitos dos que acompanharam o julgamento diariamente compartilhavam a impressão de que o veredicto se deveu mais aos atropelos da coreografia destrambelhada do Ministério Público do que ao empenho da defesa. Ambos recorreram das sentenças. O MP, para tentar anular a absolvição dos três réus e levá-los a novo julgamento, e a defesa, para minorar as penas das rés condenadas. Aos repórteres, depois do anúncio do veredicto, dra. Janira declarou: "Vamos continuar. O placar foi bem apertado, não foi unânime a condenação dela. Por isso, inclusive, que nós vamos recorrer, como já foi colocado aqui".

Liberados da cadeia no dia seguinte, segunda-feira, 14 de novembro, Marzy, André e Rayane voltaram para a casa. Os dois primeiros seguiram a vida discretamente, enquanto Rayane se expôs nas redes sociais. Recebeu alguns comentários negativos e respondeu como achou apropriado; em suas reações, não se reconhecia a ré chorosa do julgamento.

Eu tirei uma foto com a Rafaela, com a minha irmã, no dia do jogo do Brasil, e eu nem percebi, a gente tava saindo para ver o jogo do Brasil, e era na garagem. Gente, na garagem da minha casa, onde aconteceu tudo. Vou fazer o quê? Não tem o que fazer! Aí, a pessoa vem no comentário: "Nossa, selfie na cena do crime". Eu botei: "É, na minha casa, vai se foder", entendeu? Eu sou uma pessoa muito maneira, muito gente boa, mas eu não tô com paciência. Depois que eu passei por esse processo todo, eu realmente tô muito sem paciência, entende? Então, vai ser um "Vai tomar no cu" e vai ser bloqueado, porque eu não tenho paciência mais.

Um tempo depois, o "quindim" do avô Niel criou um canal no YouTube para atender vítimas de abuso sexual. No vídeo de apresentação do "Instituto Começando do Zero", Rayane aparecia dando dicas de especialista no assunto:

Se você sofreu violência doméstica, não tenha medo de pedir ajuda. Seja qual for o tipo de violência, sexual, psicológica, emocional, não tenha medo, peça ajuda, conte para alguém, não guarde para você. Se você sofre algum tipo de violência sexual, conte conosco, conte com o Instituto Começando do Zero; aqui, a gente vai poder te ajudar, vamos fazer o melhor por você. Não espere esse mal chegar até a sua casa, conte com alguém, peça ajuda.

O vídeo termina com a imagem de uma tarja atravessada na tela, onde se lê "DENUNCIE".

Sete meses depois do julgamento, em junho de 2023, Flordelis solicitou à direção do presídio autorização para se casar com Allan Soares. Segundo se noticiou à época, a pastora só queria receber o noivo em visitas íntimas (que permitem relacionamento sexual) depois de oficializar o casamento religioso.

Ela e Simone cumpriam suas penas na mesma cela da Penitenciária Talavera Bruce, do Complexo Gericinó, em Bangu (Zona Norte do Rio).

Em janeiro de 2024, os noivos terminaram o relacionamento. De acordo com matéria postada pelo portal Metrópoles, com base em informação publicada pelo jornalista Ullisses Campbell (autor do livro *Flordelis: A pastora do Diabo*), três motivos teriam levado ao rompimento: a distância imposta pelo confinamento da pastora; a indisposição de parte dos filhos dela, que deixaram de visitá-la por considerarem Allan Soares "um aproveitador"; e a aversão de advogados de Flordelis por Allan. Ainda de acordo com a publicação, dra. Janira Rocha já havia orientado sua cliente a terminar a relação, que, segundo argumentou, poderia prejudicá-la no tribunal. Por WhatsApp, dra. Janira confirmou as informações: "Sim, eles romperam, e os motivos procedem". Allan Soares preferiu não comentar: "Deixa essa parte em aberto. Não quero comentar sobre [o assunto] no momento".

Mais de um ano depois do julgamento, em 4 de abril de 2024, a Segunda Câmara Criminal do Tribunal de Justiça do Rio de Janeiro acolheu o recurso dos promotores e anulou a decisão do júri em relação às absolvições de André, Marzy e Rayane. Para os desembargadores, o veredicto teria sido contrário à prova dos autos. Os três réus deverão ser submetidos a novo julgamento — ainda sem data, na ocasião da conclusão deste livro. O colegiado negou, por unanimidade, os recursos de apelação da defesa contra a sentença determinada pela juíza a Flordelis e a Simone. Por WhatsApp, dr. Faucz afirmou ao autor que ainda pretende anular o julgamento, "por conta das inúmeras violações ocorridas". Disse que "há muitos recursos em andamento". "A gente recorreu no STJ da decisão de pronúncia [que enviou os acusados a julgamento], o STJ não decidiu ainda, tem muita coisa para acontecer."

Questionado sobre o indeferimento da juíza aos pedidos de nulidade, durante as sessões, dr. Faucz argumentou:

O juiz jamais vai querer anular o próprio júri. Ainda mais depois de cinco, seis dias de julgamento. Isso aí é básico. Então, tudo o que a gente pedia, ela mandava constar em ata. Por quê? Para que depois o Tribunal de Justiça ou o STJ pudessem analisar e ver se deveriam anular o júri ou não. No direito é assim: você tem a decisão de primeiro grau, e ali, naquele momento, a juíza sempre entende para manter. Daí, você vai para o Tribunal de Justiça; o Tribunal de Justiça não considerando, você vai para o STJ, depois para o STF. É uma escadinha, sempre assim. Então, todas as decisões são passíveis de reanálise pela instância superior.

Dr. Faucz apontou como "uma das óbvias nulidades" do julgamento o ataque feito pelo assistente de acusação, dr. Ângelo Máximo, ao silêncio dos réus — em prejuízo deles. Segundo o advogado, a própria juíza teria reconhecido a nulidade quando ele foi até a mesa dela para solicitar o registro em ata: "Eu cheguei lá, no ouvido da juíza... ela olhou pra mim e disse: 'Pô, doutor, de matar, né?'. Eu disse: 'É doutora, de matar'. Tipo ela puta da vida com o assistente de acusação, porque viu que foi uma nulidade. Mas ela, no sétimo dia, ia pegar e anular todo o júri?".

O criminalista Fábio Dutra, consultor para este livro, concorda com Faucz. Dutra menciona pelo menos duas razões para que um juiz dificilmente anule o próprio júri:

A primeira é o retrabalho. Nesse caso específico, foram meses realizando audiências, até chegar ao julgamento de cinco réus, com uma duração incomum de sete dias. Pense que foi a juíza que coordenou tudo, desde o início, presidiu os dois primeiros júris [de Flávio e Lucas; e de Adriano, Carlos Ubiraci, Andrea Maia e Marcos Siqueira], e determinou que havia elementos para levar o terceiro a plenário. A dissolução do Conselho de Sentença, a anulação do júri durante a realização, seria vista como uma reprovação ao trabalho dela.

Em relação à enorme repercussão do assassinato do pastor, acrescentou Dutra,

foi um caso que deixou a juíza muito em evidência. Ela teve de lidar com a expectativa da opinião pública e dar uma resposta à altura do que se esperava. Foi a responsável por manter o "show". Até por uma questão de imagem, ou mesmo de vaidade, ela tem todo interesse de que vá até o final, sem nulidades.

O advogado ressalvou que a menção à "vaidade" não é jurídica, tecnicamente falando, nem facilmente comprovável. (Mas é bastante verificável.)

Feito no domingo de manhã, o anúncio do veredicto dos cinco réus trouxe um previsível torpor de ressaca. Para quem assistiu da plateia aos sete dias de julgamento, ficou a impressão de que houve ali um funesto *after hours* — prolongado, ruidoso e distorcido. No plenário, mesmo sem o uso aparente de aditivos, os personagens se portaram como exibicionistas alucinados; o show de acusações ao morto e aos sobreviventes e, ao fim, as sentenças ao mesmo tempo excessivas e insuficientes não os satisfizeram. Eles queriam mais.

Do lado de fora do faustuoso prédio do Fórum — cuja fachada ostensivamente impenetrável compõe-se de placas de concreto e vidros espelhados —, as ruas do centro de Niterói estavam vazias e a atmosfera turgia particularmente oca.

Agradecimentos

Em outubro de 2021, quando o editor Flávio Moura me propôs contar a atribulada história da cantora, pastora e deputada federal Flordelis dos Santos de Souza, tudo o que eu sabia sobre o caso era o que havia lido no noticiário. Não tinha conhecimento de que, àquela altura, já havia pelo menos três jornalistas escrevendo livros a respeito de Flordelis, e duas plataformas de streaming produzindo séries.

Entre outras enormes desvantagens, meu ingresso *atrasado* na apuração trouxe o transtorno de encontrar os acessos à pastora, à família dela e à casa onde todos moravam — e onde aconteceu o crime — bloqueados. Os advogados de Flordelis passaram a restringir as aproximações à cliente e aos demais suspeitos, à medida que ficava claro o envolvimento dela em um crime que a Polícia Civil e o Ministério Público, em conformidade com a lei, classificaram de associação criminosa armada: o processo levou a júri popular onze réus — além de Flordelis, três filhos biológicos dela, um adotivo, três afetivos, uma neta e dois colaboradores que não faziam parte da família. Os onze foram julgados em três ocasiões diferentes.

Havia ainda outro motivo para os advogados preservarem sua cliente de abordagens jornalísticas. Soube-se mais tarde que Flordelis tinha negociado com uma das plataformas de streaming, por algo em torno de 400 mil reais, a exclusividade de acesso a ela e aos agregados que lhe foram solidários. No dia em que a levaram presa, 11 de agosto de 2021, cerca de

48 horas após ser cassada e perder o foro privilegiado, a produtora HBO acompanhou a condução da pastora-deputada desde o interior da casa onde tudo aconteceu até o carro da polícia que foi buscá-la. Registrou sozinha todos os momentos que antecederam a prisão.

Mais de um ano depois, à época em que Flordelis foi submetida a júri popular, em novembro de 2022, o processo reunia 43 mil páginas. Eis que, às vésperas (e mesmo durante) o julgamento da pastora — que se sentou no banco dos réus junto com a filha biológica Simone, os filhos afetivos André e Marzy, e a neta Rayane —, lançaram-se três livros e duas séries a respeito do caso. Parecia não haver muita saída para mim, a não ser aproveitar o que sobrou — mas também o que mais me atraía: produzir uma grande crônica do julgamento em si, que durou sete dias – da segunda-feira, 7 de novembro de 2022, até o domingo, 13 de novembro de 2022. Flávio Moura gostou da ideia, e assim parti para contar algo além do factual amplamente explorado, sem desprezar o relato mais completo que pude fazer dos detalhes que engendram a história da pastora e do processo que a condenou a cinquenta anos de cadeia.

Nos cerca de dois anos e meio que levei na apuração, foi importantíssima a colaboração da juíza Nearis dos Santos Carvalho Arce, que generosamente colocou à minha disposição todas as gravações audiovisuais feitas por especialistas no plenário do Tribunal de Justiça: os depoimentos das testemunhas e informantes, dos assistentes técnicos e réus, e as sustentações dos promotores, do assistente de acusação e dos advogados de defesa. Eu, pessoalmente, frequentei diuturnamente o julgamento, que no fim de semana adentrou a madrugada e terminou na manhã de domingo; como era proibido aos jornalistas gravar ou filmar o que se passava, me apoiei no material cedido pela juíza para relembrar tudo o que vi, ouvi e senti na sala do plenário. Eu mesmo transcrevi cerca de 40 horas de gravações audiovisuais, atento a cada detalhe do que eu havia presenciado. Tive o auxílio logístico do colega André Aram.

Além do registro audiovisual e da observação pessoal, entrevistei todos os advogados e conhecidos da família que toparam conversar comigo. Devo sinceros agradecimentos aos doutores Rodrigo Faucz Pereira e Silva e Janira da Rocha Silva, que representaram Flordelis, André, Marzy e Rayane; ao doutor Jorge Mesquita, que defendeu Lucas, filho adotivo da pastora acusado de intermediar a compra da pistola usada no crime (um dos primeiros a ser julgado, em novembro de 2021); ao assistente de acusação Ângelo Máximo Macedo da Conceição, contratado pela família da vítima; aos promotores Carlos Gustavo Coelho de Andrade e Décio Viégas de Oliveira, que, por e-mail, tiraram dúvidas a respeito do processo e do julgamento; ao investigador Reinaldo Leal, chefe de operações da delegada Bárbara Lomba, que presidiu o inquérito desde o dia do crime, 16 de junho de 2019, até janeiro de 2020; ao delegado Allan Duarte Lacerda, que então assumiu o inquérito; à empresária Regiane Rabello, provavelmente a mais arrebatada testemunha de acusação; ao ex-vereador Wagner Andrade Pimenta, o "Misael", um dos filhos afetivos de Flordelis, e a Luana Rangel, sua mulher, que também depuseram contra a pastora no processo; ao pastor Fábio José "Fabão" da Silva, que acompanhou a trajetória de Flordelis e Anderson do Carmo desde o começo do milênio; ao assessor político Hugo Mello, que trabalhou na campanha da pastora à deputada, em 2018; ao consultor político Jackson Vasconcelos, contratado por Anderson para orientar a mulher no começo do mandato; ao "filho por três anos" dos pastores Artur Duarte; à psicóloga e atleta Paula Neves Magalhães Barros, a Paula do Vôlei, que deu apoio à pastora e aos que permaneceram ao lado dela.

Um caloroso muito obrigado ao criminalista Fábio Dutra, que prestou valiosa (e incansável) consultoria jurídica para o livro.

Também à jornalista Brenda Fucuta, que realizou cortes precisos nos excessos do texto.

Por fim, às bases da vida toda: família (pai, mãe, irmãos), amigos que estão próximos desde a juventude, e os mais recentes; e a figura a quem eu mais devo minha sobrevivência: Arlete Pires, in memoriam, que me fornece apaziguamento desde bebê.

Saudações ao editor Flávio Moura, que acreditou no projeto, empenhou nele seu entusiasmo e se mostrou firme no atendimento aos eventuais (não muitos) dilemas enfrentados por este autor.

© Paulo Sampaio, 2025

Todos os direitos desta edição reservados à Todavia.

Grafia atualizada segundo o Acordo Ortográfico da Língua
Portuguesa de 1990, que entrou em vigor no Brasil em 2009.

capa
Daniel Justi
foto de capa
Salty View/ Alamy/ Fotoarena
composição
Lívia Takemura
preparação
Cacilda Guerra
checagem
Érico Melo
revisão
Tomoe Moroizumi
Jane Pessoa

Dados Internacionais de Catalogação na Publicação (CIP)

Sampaio, Paulo (1963-)
O julgamento de Flordelis : A história de uma família
brasileira / Paulo Sampaio. — 1. ed. — São Paulo :
Todavia, 2025.

ISBN 978-65-5692-808-1

1. Não ficção. 2. Reportagem. 3. Jornalismo.
4. Investigação. 5. Julgamento. I. Flordelis. II. Título.

CDD 070

Índice para catálogo sistemático:
1. Jornalismo 070

Bruna Heller — Bibliotecária — CRB-10/2348

todavia
Rua Luís Anhaia, 44
05433.020 São Paulo SP
T. 55 11. 3094 0500
www.todavialivros.com.br

fonte
Register*
papel
Pólen natural 80 g/m²
impressão
Geográfica